青木三郎 編

フランス語学の最前線 5

【特集】日仏対照言語学

ひつじ書房

まえがき

　『フランス語学の最前線』第 5 巻は「日仏対照言語学」を特集とする。第 3 巻まではフランス語の文法カテゴリー研究（名詞句、時制、モダリティ）を中心として特集を編み、第 4 巻はテクスト言語学にまで射程を広げた。第 5 巻は日本のフランス語学研究者の背景にある日本語との比較を前面に出し、比較対照を通じて見えてくるものを浮き彫りにすることを目論んでいる。

　もともと系統論的にも類型論的にも類縁のないフランス語と日本語では、比較対照すること自体が不可能であるか、または意味をもたなかった。日本におけるフランス語学研究は、古くは明治以来、原典講読（解読というべきか）と翻訳が中心であった。日本語に対応できないフランス語の語彙の解釈は、仏仏辞書にあたって語義を探り、和訳をあてはめるか、あるいは訳語を新たに作った。そうでなければ、フランス語の単語をそのまま写して外来語として用いた。日本語と異なる文法項目は、フランス語の文法書をつぶさに調査し、正確に理解することが重要であった。日本のフランス語学研究では、中平解（なかひらさとる）、朝倉季雄（あさくらすえお）といった偉大な先人の業績を共有している。（中平解著作集は個人研究の目的であれば http://www.toshiy.info/ で閲覧できるのはありがたい。朝倉季雄の主要著作である『新フランス文法事典』『フランス文法集成』はフランス語学者の必読書である。）こうしたテクストを読み、読みこみ、読み抜くための基礎研究は、「人間とは何か」を究極の目的とする人文学としての言語研究には必須であり、これからも継承していくべきものであると考える。日本のフランス語学研究を世界の言語研究の流れの中で捉えるようになったのは、1970 年代からである。世界の言語研究は、特に 70 年代以降、人間の言語一般に関する理論的・記述的研究に大きく舵をきり、そこから積み重ねられた言語普遍性の探究は、一般言語理論と類型論という形で世界の研究者コミュニティの共有財産となった。また 70 年代は語学教育において CREDIF などの視聴覚教育が盛んになり、日本でのフランス語

は、単に文学研究やそれに付随する言語研究の対象に留まるのではなく、文化とコミュニケーション言語として広く日本人に愛され、会話を中心に実践的なフランス語教育に力が入れられるようになった。

　そのような背景の中で、日仏語の対照的アプローチに敏感だったのは、まず、語学教育（学習）の現場であった。学習者の素朴な質問、また何気ない「誤用」は、日本語とフランス語の発想の違いを発見する契機となる。例えば、泉邦寿は一連の著書（泉 1989、1993、2004 など）で、同じ物を指し示す言葉に関して豊富な例を取り上げ、実は日本語とフランス語では現実の切り取り方、範疇化の仕方、言語化の仕方が異なることを論じている。ほんの一例だけをあげると、日本語の「風」とフランス語の vent は同じ空気の流れではないのである。vent は戸外での空気の動き、あるいは扇風機などの手段で起こす空気の動きのことであり、部屋の中を横切るすきま風は courant d'air（空気の流れ）といい、vent とは区別され、一般的に体によくないので嫌われる。またドルヌ・小林（2004: 28）では、Mets le fauteuil au fond de la table.（テーブルの奥に肘掛け椅子を置きなさい。）という日本人学生が授業中に発した「誤用」から出発して、なぜ日本語では「テーブルの奥」と言えるのに、フランス語では au fond de la table と言えないのかを考察する。「テーブルの奥」によって学生が言いたかったことは「テーブルの後ろ」ということなので、derrière la table とするべきところである。なぜ「後ろに」が「奥に」と解釈されてしまうのか。フランス語の fond（底、奥）という語彙が表す空間と、「奥」という日本語の空間では、捉え方が相当に異なるのである。些末に見えるこれらの素朴な疑問は、しかし、辞書を調べてなるほどと合点がいく説明にあうことは少ない。また文法書の中にも記述されることはない。疑問点は小さいが、しかし、つきつめれば世界をどのように認識しているのか、空間をどのように把握しているのかという言語の根本的な問題につきあたる。その観点から、語学教育の現場だけではなく、日本の仏和辞書づくりの歴史の中で三宅徳嘉・六鹿豊（監修）『白水社ラルース仏和辞典』の編纂は画期的であった。監修者の「まえがき」の一部を引用しておく。

　　　どんな語でも、フランス人の世界認識の痕跡、破片です。一語一語の

奥底にひそむものごとのとらえ方、概念の切り方が、日常頻繁に使う基礎語ほど、母語以外の使用者にはつかみにくい、それが日本語での考え方とどう違うかがわからないからです。日仏語の対照研究は、「何を言語化するか」「どのように言語化するか」という、あらゆる人々にとって最も重要な問題を提起することになる。

　私たちは、疑問点をつぎつぎにネイティブ・インフォーマントにただし、討議を重ね、フランス語の構造と機能と、その底にある発想法に迫ろうとつとめました。

　21世紀に向けて世に送る、この新しいコンセプトにもとづくフランス語辞典が、みなさんのフランス語に対する理解を深め、表現力を豊かにする一助となることを期待しつつ…　　（三宅徳嘉・六鹿豊 2001 : IV）

日仏語の対照研究は、辞書の項目となる語彙だけではなく、文法カテゴリー全般（限定・テンス・アスペクト・モダリティ）、談話、テクスト、そして文学作品の翻訳など広範囲にわたる。その対照研究の根本に通底するものは、「何を言語化するか」「どのように言語化するか」という、あらゆる人々 (homo loquens) にとって最も重要な問題である。文法や単語の意味だけではなく、表現上の発想、文化の基盤などの多種多様な要素が複雑に組み合わさり、響き合いつつ、人は言葉を発し、意味を作り、理解していく。どのレベルでの研究にせよ、目ざすところは、一対一の翻訳対応表を作ることではなく、また類型論的カタログを作ることでもない。各言語の独特な意味形成のプロセスを手続きをふんで記述し、その一般性と個性を明確にすることにある。

　対照研究には、すべての言語に適応できる一般理論的枠組みがあるわけではない。いわば個別言語学と一般言語学の間にあって、2つの言語をつきあわせ、「何を比較対照するか」および「どのように比較するか」という2点を常に明確に問題化し、そこで必要な方法論をそのつど援用するケーススタディである。その積み重ねこそが重要である。実際には、日仏語の言語現象の中には、比較しやすい事象、あるいは一見比較がむずかしいが、深いとこ

ろで比較が可能な事象、比較の不可能な事象がある。

　日仏語の対照的アプローチが比較的容易なのは語彙、文法、表現において何らかの形式が対応する事象である。例えば、前置詞 à は移動動詞とともに用いられると「着点」を示す。Il va à la poste.（彼は郵便局に行く）の前置詞 à は日本語では着点を示す助詞「に」に対応する。しかし活動動詞と共起する à は、日本語では「で」と対応しやすい。Il travaille à la poste. は「彼は郵便局で仕事をしている」であって、「郵便局に仕事をしている」とは言えない。日本語では助詞ニとデの区別があるが、その区別の指標ではフランス語の前置詞 à の機能は説明できない。フランス語では、Il est au jardin.（彼は庭にいる、庭に出ている）といえば彼は庭仕事をしていると理解され、庭は活動場所である。それに対して Il est dans le jardin.（彼は庭にいる）では庭は今彼がいる在処である。もう一例だけ挙げておく。フランス語の複合過去は過去の出来事を表すという点で、日本語の動詞タ形と対応する。Hier il a mangé au restaurant.（彼はきのうレストランで食事した。）というフランス語の複合過去（a mangé）は日本語の「食事をした」と一致した時間表現である。しかし「お腹が空いた」というときはタを過去だと感じることはない。あるいは「バスが来た」はまだ到着しなくても、バスが見えれば使える表現である。フランス語の Le bus est arrivé.（バスが到着した）は、必ず到着していなければ使えない。このように一見、一対一対応の形式がありながら、深いところでは異なる意味機能をもつものは、対照的アプローチによって、その類似と相違を明るみにすることができる。本書所収の論文の多くはこのタイプの研究である。渡邊・ルボー論文はフランス語の語彙 sujet と日本語の「主体・主観」を比較する。須藤論文は、発言動詞 dire と「言う」を比較する。稲葉論文はフランス語の指示詞 ça と日本語の指示詞「そんな」の振る舞いを比較する。奥田論文ではフランス語の able 型形容詞／à ＋不定詞構文と対応する日本語表現「べきだ」の分析をする。秋廣論文は、理由を表す接続詞句 parce que / puisque と「から／ので」の分析を行う。田代論文は副詞表現 loin de là と「それどころか」の分析を通じて、その共通点と相違点を明らかにする。そしてドルヌ・青木論文が取り上げる評価副詞 bien と「よく」の考察は、形式と意味の類似から出発して、日仏語の評価モダリティの比較

可能性に迫っている。

　対照アプローチの第2のタイプは、比較対照が一対一対応の形式がなく、直接に比較することが困難なタイプである。例えば、フランス語の文法数というカテゴリーは、日本語とまったく異なっている。日本語にも数量限定は機能として存在するが、単数形・複数形の区別はない。「牛がいる」と言うとき、牛が1匹なのか数匹なのかは不明である。しかし単数・複数の区別が必要であれば、日本語では助数詞を用いて、1匹、2匹、数匹のように数を明示する。日本語とフランス語の文法数を比較するためには、形式の比較はできないので、「数量化」という、より抽象度の高い文法機能レベルから、数を数えるという機能、量をはかるという機能を考察し、その類似と相違を比較することになる。つまり特定の形式どうしを比較するのではなく、広く文法カテゴリーの視野にたち、比較しうる対象を作るのである。たとえば、フランス語では名詞句における冠詞の用法が実に多様であり、複雑である。それに対して、日本語の名詞句には冠詞による名詞限定の機能がない。反対に日本語では格助詞、とりたて助詞、終助詞等、助詞の機能が多彩であるが、それに対応する形式はフランス語にはない。またフランス語は時制システムが複雑であるが、それに対応する形式は上でみた「複合過去＝動詞タ形」くらいしかない。日本語には未来形は存在せず、フランス語の未来形の表現価値は、未来形の現れる文脈ごとに翻訳し、その意味をくみ取らなければならない。対応する形式は存在しないが、しかし「言語的時間性」という文法カテゴリーの観点に立てば、対照すべき機能を見出すことは可能になる。本書では、プヨ論文がフランス語の名詞複数形の表現機能について取り上げ、日本語との比較可能性を論じている。

　対照アプローチの第3のタイプは、比較対照が不可能なの場合である。例えば、フランス語のもつ「文法性（genre）」の問題である。日本語の名詞には「文法性」は存在せず、対照的アプローチによる新たな知見の掘り出しはできない。鉛筆（crayon）が男性（masculin）で、鍋（casserole）が女性（féminin）である、というフランス語の言語事象は日本語と比較して考察できる対象ではない。比較可能なのは文法性ではなく、男性・女性の社会的役割を表すジェンダーの現れ方である。フランス語では性別を表すのに、男性形・女性

形を区別する文法性が関わることは事実である。日本語では「女刑事」「女性知事」のような語構成がある。この問題に関しては、本書において藤村論文が詳しく記述を行っている。

　また日本語には女性語があり、広い意味では敬語を含めた待遇表現と関わる問題である。フランス語には特に女性語というカテゴリーは存在しないが、しかし、女性的な語彙・表現がどのように位置づけられるかは対照的アプローチによって照射できる問いとなる。

　以上、大まかに対照的アプローチのタイプを 3 つに分けて論じたが、言語の伝える意味を考えるとき、もう 1 つ重要な側面がある。それは言語の質感ともいうべきものである。普通は案外見落とされてしまうが、外国語の中に日本語を見つけると、日本語とは違ったニュアンスになっていることに不思議な感覚を覚えることがある。フランス語で使われる形容詞の 1 つに zen がある。Je reste zen. はいらいらしたり、ヒステリックになりそうな状態のときに冷静を保っているという表現である。zen は仏教の禅のことだが、フランス語と同じ意味を言うために、日本語で「私は禅だ」という表現はできない。外来語としての日本語、あるいは日本語の中のフランス語を観察することで逆にその語のもっている意味が明確になる可能性がある。日本語では近年プチ (petit) が浸透しつつある。例えばプチ整形、プチ留学、プチ金持ち、プチギフト、プチゴージャスのように用いられる。フランス語の petit に由来する語であることは疑いないが、しかしフランス語の petit とはまったく異なる意味と機能がある。un petit cadeau（ちょっとした贈り物）とプチギフトの意味はかなり異なっている。ひとたび petit が日本語に入ると、連体修飾語プチとなって日本語の中で今までになかった意味を「創発」する。日本語では既婚女性をミセスという場合とマダムという場合がある。ミセスには英語の質感があり、どちらかといえば、活動的で社交的な女性を喚起させ、マダムはフランス語の質感があり落ち着いた上品で妖艶な女性といったイメージを喚起させる。フランス語からの外来語は、日本人のもつフランス語の質感が付与されて、別の言葉として機能するようになるのである。これらの記述も今後の対照的アプローチの 1 つの可能性である。

このように対照的アプローチは、ともすると見過ごしてしまいがちな言語現象を注意深く観察することによって、その言語のもつ個性、つまり「言語らしさ」に迫ることができる。それぞれの言語に個性があるということは、同時に、その個性を支える一般的な構造と機能があるということでもある。本書はこのような問題意識を共有した研究者の論集である。

参考文献
朝倉季雄・木下光一（2002）『新フランス文法事典』白水社.
朝倉季雄・木下光一（2005）『フランス文法集成』白水社.
泉邦寿（1989）『フランス語、意味の散策』大修館書店.
泉邦寿（1993）『フランス語の語彙と表現　一歩進んだ意味の世界』バベル・プレス.
泉邦寿（2004）『フランス語の小径　楽しい意味世界への誘い』白水社.
ドルヌ＝フランス・小林康夫（2004）『日本語の森を歩いて　フランス語から見た日本語学』
　　講談社.
中平解（1944）『フランス語学探索』大学書林（中平解著作集は http://www.toshiy.info/ より
　　閲覧可能。）.
三宅徳嘉・六鹿豊監修（2001）『白水社ラルース仏和辞典』白水社.

【論文内容の紹介】
渡邊淳也、ダニエル・ルボー「フランス語の sujet および対応する日本語の研究」

　渡邊・ルボー論文は、フランス語学を専門とする日本人研究者（渡邊）と日本語の現象に深い関心をもつフランスの言語学者（ルボー）との共同研究の成果である。テーマはフランス語の語彙項目 sujet と、それに対応する日本語との対照研究についてである。哲学的な文脈では、sujet の意味は近代に入って大きく転換したといわれるが、哲学上の sujet という概念の定義ではなく、実際の言語使用で sujet という辞項がどのように用いられているかを論じている。近代になってもなお、古代ギリシア期からの意味とされる従属的な用法が実は多い。その理由のひとつと考えられるのは、sujet は sujet de X や sujet à X のように明示されうる（暗黙の場合もある）他の辞項 X とのかかわりで初めて意味をもつ関係的辞項であることである。sujet と X との関係は、

一方がなければ他方もありえないという相互依存的なものである。そのことをさまざまな事例に即して確認する。つぎに、日本語に目を転ずると、きわめて多様な語が sujet に対応しうる。このことはフランス語の sujet の多義性を示している。また、sujet が形容詞を兼ねる名詞であり、特徴づけのみを示すのに対し、日本語では「主体」、「主語」、「主題」など、実体への指示をともなう特徴がある。この点は両言語の一般的性質から来ていると考える。

守田貴弘「「捉え方」の意味論─ダイクシスに関する日仏対照研究」

　守田論文は、空間移動を描写する表現のうち、話者の視点を表す表現について日仏対照研究を行う。より具体的には、「来る」や venir といった直示動詞と、「私の方に」vers moi といった表現が同じ意味を担っているのかどうかを分析することで、それぞれが異なる意味のレベルに属する表現であることを示す。「来る」や venir は外界世界に照らして真理条件で決定できる意味を持っているわけではなく、認知言語学の分析概念である事態把握（construal）というレベルが存在し、日本語話者とフランス語話者で異なる事態把握を行っている可能性があることを主張する。

　この議論が基づく主要な事実は2つある。1つは移動主体が話し手に向かって移動するときの表現である。この「話し手に向かう」という情報を表すとき、日本語では「来る」や「私の方に」といった表現、フランス語でも同等だと考えられる venir や vers moi といった表現が使われる。実際の実験データでは、日本語では「来る」が必ず使われるのに対し、フランス語では vers moi の方が頻度として高いという結果が得られているが、果たして「来る」に対する vers moi は同じ情報を表す等価表現だと考えていいのかという問題がある。この問題を解く鍵はもう1つの事実から生まれる。移動主体が右から左へ、左から右へと、話し手とは中立的な方向へ移動する場合の表現である。日本語ではこのときにも「行く」や「来る」といった直示動詞がほとんど常に用いられる。話者中立的な空間移動であっても話者の視点が表明されるのである。これに対し、フランス語では aller, venir が使われることは少数の用例の除いてなく、当然、vers moi や en s'éloignant de moi といった表現が現れることもない。なぜなら、このシーンにおいて vers moi のような表現

を使うことは端的に偽であるからである。日本語で直示動詞の使用が頻繁であっても、「私の方に」「私から離れて」といった表現は偽になってしまう。話し手が自己を客体化して使う vers moi のような表現は命題に関与する。一方、話者の客体化表現を必要としない直示動詞は、命題としての意味ではなく、命題以前の話者の捉えた世界をそのまま言語化していると考えることができる。話し手に近づいていても真であり、中立的であっても真となるのは、話し手との距離は真理条件を構成しないからである。事態や聞き手とのインタラクションのレベルにおいて「適切さ」が判断される意味を担う要素と、真偽を担う命題の構成要素という違いが直示動詞と vers moi の間にはある。

　これらの表現のうち、インタラクションレベルに位置する直示動詞は日本語において圧倒的に頻度が高く、フランス語はそうではない。果たしてこれが自動的に、従来の研究で主張されているような「日本語は主観的な言語である」という主張を裏づけることになるのだろうか。この点については、使用可能な統語的スロットという考え方から、直ちに日本語／人は主観的、フランス語／人は客観的という結論には至れないことを示す。

須藤佳子「何を「言う」のか―〈Nヲイウ〉と〈dire N〉の日仏語比較研究」

　須藤論文は、発語行為や発話行為を表す代表的な動詞であるフランス語のdireと日本語の「言う」をとりあげて比較対照的分析を行う。2つの動詞は、使用頻度と用法の豊富において、発語行為や発話行為を表す動詞群のなかでも最重要の動詞である。Gaulmyn（1986）はdireについて、「話者による評価モダリティーがいわば零度」といってよい「すぐれてニュートラルな動詞」と述べているが、同じことは「言う」についてもあてはまり、フランス語と日本語という2つの言語において、direと「言う」が発語行為や発話行為を表す動詞群が形成する意味場の基底をなしていると考えられる。

　須藤論文では、この2つの動詞を構文ごとに分析していき、それぞれの動詞の意味構造を明らかにしたうえ、発語（話）対象の性質や主体と発語（話）対象との関係をパラメータとして2つの動詞を比較対照していくことを目的とする。direの対象は、発語や発話もしくは広義の記号がもつ意味内容などで

あり、いずれも主体にとって有意味な表象である。Paillard（2009）が指摘するように、dire の対象となる表象が主体の「言いたいこと」である場合と、言葉などが「意味すること」である場合がある。主体の意図や言葉の意味は、そのものを言い表すことはできないものとして、実際に言い得た言語表象とは一致しがたい表象として設定される。dire にはこのように対象となる表象をめざす目的指向性がはたらくということが大きな特徴であると考えている。これに対して、「言う」の場合は、有意味な表象を対象とするとはかぎらない。この動詞は、意味のない物理音や自然音といった音の発生、命名行為や翻訳対応性を表すこともできる。「言う」においては、発語（音）対象と発語（音）主体（主体が問題とならないときにはほかの項目）との間に、緊密ではあるが外在性のある関係、すなわち隣接性による結びつけがなされると考えられる。

バティスト・プヨ「名詞の複数表現をめぐる日仏語対照研究」

　プヨ論文では、フランス語の複数形と日本語の複数形の比較可能性を論じる。従来、多くの文法学者は、日本語の複数形は単数形から派生するものとして説明してきた。これは、単数形「une montagne」を基本にして、その派生形としての複数形「des montagnes」が形成されるという西欧語のパターンをなぞったものである。しかし実際には、フランス語においても複数形が複数という数量を表さないことが少なくない。日本語の複数表現の中でも特に畳語形は形式的には単数の複数化と言えるが（「山」に対して「山々」）、意味論的には複数を表しているとは言えない。畳言形を生成する語彙には、ある文法的／意味的な規則があり、例えば「山々」「花々」は言えても、「*海々」「*川々」とは言えない。この制約を説明するためには、個体を数量的に捉えるだけでは不十分であり、異なった姿を備えた大きな対象の塊を捉えるための質的な捉え方が必要となる。本論考では、フランス語の数量を表さない複数形の用法を観察し、非数量的な特徴を明らかにする。それを日本語の畳語形のもつ語彙的制約に照らし合わせて、その制約の要因を明らかにする。このように、直接対応できない日仏語の事象を比較できるように問題を設定することによって、日仏語における文法数の本質的理解に迫っていく。

稲葉梨恵「言語の形式的特性と感情表出とのインターフェースに関する研究——フランス語と日本語の指示詞の用法を中心に」

　稲葉論文では、指示詞の用法に現れる話者の主観的態度の表出のメカニズムについて日仏対照研究を行う。指示詞の用法には、話者の主観的態度が表出するものと、そうではないものがある。フランス語では、たとえば中性代名詞 le/ça や気象表現の il/ça 等の競合において、指示詞の用法に話者の主観的態度の表出が指摘され、これは指示詞の直示的機能に依拠するとの主張が多くなされてきた。一方、日本語では指示詞の中でも「こんな・そんな・あんな」形式（以下まとめてソ系で統一しソンナ形式と記す）において話者の感情・評価的意味が付随することが指摘されている。しかし指示詞の直示的機能に依拠するものではなく、照応的連鎖における先行詞に対する話者の見解（指示対象の確立・未確立）の相違と言語形式の機能的相違に依拠しているというのが本論考の仮説である。日本語の指示詞ではソンナ形式の用法において話者の感情・評価的意味が加わることが多くの考察において指摘されている。これはソンナ形式の照応における「まとめあげの機能（鈴木 2006）」や「先行詞の未分化（松浦 1997）」に依るものと説明されている。日本語とフランス語のそれぞれの機能は異なっているが、しかし共通の解釈を表す。本論考は、フランス語の le/ça および un tel N と、日本語の「ソノ」「ソンナ」形式について対照的に考察し、話者の主観的態の表出のメカニズムを明確にする。

奥田智樹「フランス語と日本語における必然性の意味を伴う名詞修飾表現——-able 型形容詞、à ＋不定詞、動詞＋「べき」をめぐって」

　フランス語の V-able と à ＋ V が名詞を修飾する表現では、いずれも日本語の訳語として V ＋「べき」が用いられることがある。奥田論文ではこの 3 つの表現形式の意味的な関連について、① V-able と à ＋ V が意味的に接近する条件、および② V-able と à ＋ V が V ＋「べき」で訳される際の意味内容の変化の 2 点に注目して分析を行っている。その結果は次のようにまとめられる。①については、V-able には V に「感嘆する」「嫌悪する」「尊敬する」といった主体に自然発生的・無自覚的に生じる感情を表す動詞が用いられる

際に不可避性や義務の意味解釈を持つ場合があり、この場合に à + V と意味的に接近すること、ただし à + V は当該の事行の未来における実現を前提にして話者によって後付け的に名詞に結び付けられるものである。それに対して、V-able は対象が恒常的に持つ評価的属性を話者が抽出して述べるものであることを示す。また、②については、V-able と V + 「べき」とでは、前者は対象が内在的に持つ評価的属性を表すのに対して、後者は話者によるある事行の生起への指向を表すものであり、この両者は本来対象と評価の関係のあり方が全く異なっていること、一方 à + V と V + 「べき」とでは、前者においては当該の事行の現実世界における実現が前提となっているのに対して、後者においてはそうではないことを論じる。

秋廣尚恵「話し言葉における理由節の非節化の現象について ― parce que, puisque、から、ので」

　秋廣論文は、フランス語の接続詞 parce que, puisque と日本語の接続助詞「から」と「ので」の多機能性を対照的に分析する。伝統的には、これら 4 つのマーカーはそれぞれの言語において、因果関係を表し、従属節を主節に結び付ける機能を持つものとして位置づけられてきた。しかしながら、日本語研究の分野では、早くも 1950 年代から、またフランス語の分野でも 1970 年代から、こうしたマーカーに、従属節を導く接続詞、あるいは接続助詞としての用法だけではなく、独立節を導く談話的コネクターとしての機能を持つことが指摘されるようになった。脱従属節化としてのこうした機能の広がりは、一般言語の分野においても盛んに研究されている。秋廣論文では、まず、これらの 4 つのマーカーの談話コネクターとしての用法に着目しつつ、話し言葉コーパスに基づいたデータを用い、分析を進める。談話コネクターは、「談話標識」の一種であると考えられる。類型言語学的研究では、談話標識の中でも、談話の結束性を担う要素は左に、そして話者のモダリティを表す要素は右に現れる傾向があることが示されている。本論考では、実際の話し言葉コーパス中に、4 つのマーカーが、談話の中でどのような位置に現れるかを調査し、フランス語において、puisque, parce que は、基本的に発話の境界線の右に位置すること、そして、日本語では、言いさしや言い切りの

形式が多く現れる「から」や「ので」のマーカーが左に現れることを示す。このことは、parce que や puisque が結束性を担保する機能を果たすのに対し、「から」や「ので」は、言いさし、言い切りの形において、発話者の発話内容に対する態度を表すモダリティを表すマーカーとして機能する傾向があることを表している。

　次に、意味的な観点から、それぞれのマーカーの持つ多義性という点に着目して対照分析を行う。「因果関係」のマーカーの持つ多義性の記述に当たっては、客観的意味から主観的意味、そして間主観的意味への拡大が、文法化の現象と共に、多くの先行研究で指摘されてきた。4つのマーカーのいずれもが、意味の拡大を遂げているという点は明らかな事実であると思われる。

　しかし、それぞれのマーカーの表す意味の細かな違いについては、いまだわからない点が多い。とりわけ、parce que と「から」を比べた場合、談話標識として機能する用法のいくつかにおいて、その違いが大きいように思われる。それは両者が談話で果たす機能が異なるということと大いに関連している。

　また、多義性という観点から見ると、時間的な「起点」から次第に「前提や根拠」を表すように意味の拡大を遂げてきた puisque と、共時的にも「起点」を表す用法を兼ね備えた「から」との間に、興味深い類似点がいくつか観察される。とりわけこの2つは、parce que や「ので」には見られないような、「独立節としての用法」も持つことができる点、また一般に、論理意味的な因果関係ではない「主観的な」因果関係をもっぱら表す（主観性の概念については再検討をする必要がある）とされている点でも共通している。

　一方、統語的観点から、とりわけ焦点化の可能性、共起しうるモダリティの要素をみると、parce que と「から」の間にいくつかの類似点を観察することができる。

　さらに、コーパスにおける出現頻度から、parce que と「から」は、くだけた話し言葉では圧倒的に多く用いられるマーカーであることも軽視できない事実である。Puisque や「ので」は文体的にも、用法的にも、ある程度限られた使用にとどまるのに対し、parce que や「から」はそれぞれの言語において、ほぼ使用例の9割がたを占めている。話し言葉では、とりわけ語彙的

な密度が低く、ある特定の語彙が高頻度で話し言葉に多用されるという現象が観察される。逆に、書き言葉や改まった言葉では、発話者の表現性の追求という観点から、多様な語彙の選択や、より洗練された語彙の選択が行われる。

したがって、parce que や「から」の話し言葉における、頻度の高さは、まずは、レジスターの問題であると言えるのだが、それだけではなく、この事実は、これらのマーカーが、ある意味「万能型」であり、どのような用法も広くカバーしているということにもつながるのではないかと考えられる。万能型であればこそ、語彙の選択に拘らない話し言葉においては、puisque や「ので」の代わりにしばしば用いられてしまうということが起こるという仮説をたてる。

田代雅幸「「それどころか」と loin de là の比較研究」

　田代論文では、主張の対立を表す日本語の「それどころか」とフランス語の loin de là を比較し、意味の類似以外にいくつかの共通点を見出すことができることを明らかにする。語形成的にはこの２つの表現は前方照応（「それ」と là）と空間メタファー（「どころか」と loin）の組み合わせでできており、その用法を見ても否定の後に用いられる点が共通している。その一方で、それぞれの生起する環境の項構造や論証の動きを観察すると、それらの差異もまた見えてくる。本論考では、日仏両表現の例文観察から、そこで行われている論証の動きを記述し、その動きの中でそれぞれの表現が果たしている機能を明らかにする。「それどころか」の機能は、前文脈で提示された２つの値を照応し、３つ目の値を導入することにあり、loin de là の機能は、前文脈に導入されたある視点から離れたところに話し手の視点を位置付けることにある。またこのような考察によって、日本語とフランス語という異なる言語体系における類似表現の比較研究の可能性を探る。これらの比較の意味を探るためには、さらに au contraire、en revanche、反対に、などの接続表現に考察の対象を広げ、両語の論証の特徴を明確にする必要がある。そのための第一歩の研究である。

石野好一「確信度の表現に関する日仏語対照研究」

　石野論文は、フランス語の確信度を表すさまざまなレベルの表現を考察し、それらの表現と日本語の対応表現の関連性を論じる。確信度とはある事柄について発話者が「どの程度事実だと思っているのか、実現可能だと思っているのか」ということであり、確信度は「確からしさ」(la certitude)、「蓋然性」(la probabilité)、「可能性」(la possibilité) として捉えるものであり、多様な形式で表現される。本論考では、フランス語の未来形、条件法などの時制・叙法、準助動詞、動詞、形容詞、副詞を取り上げ、それらがどのような確信度に対応するのかを記述する。確信度を「低い確信度」と「高い確信度」に分けると、時制・叙法・助動詞表現では、フランス語も日本語もほぼ明確に区別することができるが、形容詞、副詞表現では、確信度の中程度を表す形式（たぶん、おそらく、probablement など）が現れることが明らかになる。

藤村逸子「femme médecin の語順の不思議─複合語〈Femme + N〉の構造に関する日仏語対照」

　「ジェンダー」と言語に関する問題には、人間の性別をどのように表象するかという référence に関する問題と、性別の異なる人間が言語活動にどのように参加するのかという interaction に関する問題とが存在する。日本語とフランス語を比較すると、日本語は interaction に関する問題が際立ち、フランス語は référence の問題が際立っているが、日本語にも référence の問題はあるし、フランス語にも interaction の問題がないわけではない。両言語を通じて、また両方の現象を通じて言えるのは、この問題は言語内的な問題であると同時にあるいはそれ以上に、社会権力に関連した言語外的問題でもあるということである。藤村論文では、これらの日本語とフランス語における「ジェンダー」に関連した諸現象をデータに基づいて記述することにより、社会的・政治権力的なファクターと、言語内的なファクターとの相互関係を明らかにする。またこれらの「ジェンダー」は言語機能の経済性の面から見ると非経済的・余剰的であるが、一方で詩的機能を果たして、言語活動を豊かにする面があることを明らかにする。フランス語に関して主として取り上げるのは名詞の文法上の性に関する問題である。人間を表す場合と無生物名

詞の場合の両方を取り上げる。全般的に文法上の性はフランス語のシステムにとって非経済的であるために、社会政治的な問題を引き起こす原因となっている。日本語で主として取り上げるのは「女ことば」の問題である。日本語にはフランス語よりも豊富に方言が存在する。「女ことば」は一種の方言であるが、当初から作られた方言であり、一人称代名詞を除くと、その使用は限られている。ただし小説においては台詞の発話者を指示するために「女ことば」は多用される。フランス語の小説において dit-il（と彼は言う）、dit-elle（と彼女は言う）などによって示されるのに対して、日本語ではそれが文章内の「女ことば」によって示される。

　他の問題に比較して「ジェンダー」の問題が、言語内と言語外（特に権力）との交差する位置に存在し、豊富に問題定期をする理由は、おそらくいわゆる「ジェンダープロブレム」に由来することを結論として述べる。

フランス・ドルヌ、青木三郎「ヨクと bien と評価モダリティについて」
　ドルヌ・青木論文ではフランス語の bien と日本語の対応する副詞ヨクに焦点をしぼって、用法の多様性を記述し、両語のもつ機能の相違を明らかにした。ヨクは「よく知っています。」(Je sais bien.) という例では bien に対応するが、Vous allez bien ?（お元気ですか）という場合、日本語ではヨクは対応できない。フランス語にできないヨクには、例えば、「よくまあいらっしゃいました。」とか「よく落ちなかったね。」などの例が挙げられる。本論考では述語副詞と文副詞の機能に大別した上で、bien とヨクが述語の表す程度の強意において共通点があるが (J'ai *bien* mangé, ヨク食べた、など)、その他の用法には共通点がなく、それぞれ独特な振る舞いのあることを記述する。bien とヨクは述語内容あるは文内容に関する評価判断という機能自体は共通しているが、bien はいかなる用法に関しても間主観性が問題となる。すなわち対象に対して、発話者だけが価値付けできるのではなく、常に他者の視点による価値付けの可能性と拮抗する。拮抗するのは述語内容である場合、文内容である場合、談話レベルでの相手の発話である場合、推論の可能性の場合などに分けることができるが、いずれの場合も bien は拮抗の末、発話者が確信、確認する。ヨクは「普通、一般の認識」から、主観では変更でき

ない「原型」(理念)の実現へと発話者の事態認識が変わることを含む。

(青木三郎)

2017 年 5 月

『フランス語学の最前線』編集委員会
青木三郎(第 5 巻編集責任者)、川口順二、坂原茂、東郷雄二、春木仁孝

目次
【特集】日仏対照言語学

まえがき　iii

フランス語の sujet および対応する日本語の研究　1
渡邊淳也、ダニエル・ルボー

「捉え方」の意味論
ダイクシスに関する日仏対照研究　31
守田貴弘

何を「言う」のか
〈Nヲイウ〉と〈dire N〉の日仏語比較研究　69
須藤佳子

名詞の複数表現をめぐる日仏語対照研究　95
バティスト・プヨ

言語の形式的特性と感情表出とのインターフェースに関する研究
フランス語と日本語の指示詞の用法を中心に　129
稲葉梨恵

フランス語と日本語における必然性の意味を伴う名詞修飾表現
-able 型形容詞、à＋不定詞、動詞＋「べき」をめぐって　167
奥田智樹

話し言葉における理由節の非節化の現象について
parce que, puisque、から、ので　195
秋廣尚恵

「それどころか」と loin de là の比較研究　231
田代雅幸

確信度の表現に関する日仏語対照研究　269
石野好一

femme médecin の語順の不思議
複合語〈Femme + N〉の構造に関する日仏語対照　309
藤村逸子

ヨクと bien と評価モダリティについて　345
フランス・ドルヌ、青木三郎

索引　377
執筆者紹介　383

フランス語の sujet および対応する日本語の研究

渡邊淳也、ダニエル・ルボー

1 はじめに[1]

　本研究の目的は、大きくわけて 2 つある。第 1 に、フランス語の語彙項目 sujet のきわめて広汎な多義性について見通しをつけることである。その方途として、(i) 語源から出発して、主として哲学的著作において、この辞項の使用がどのように変遷してきたかという、歴史的な観察をするとともに、(ii) 語彙項目 sujet が、複数の他の項目とのかかわりにおいてはじめて意味をもつ関係的辞項（terme relationnel）であることをふまえ、多岐にわたる用法を通じて、この辞項が文脈との相互作用でどのような機能を果しているのかを見さだめることをめざす。第 2 に、フランス語の sujet と対応するきわめて多様な日本語を確認することにより、フランス語の sujet の多義性を逆に照らしだすとともに、両言語での概念化のしかたの相違、ひいては認知的に現実を分節するしかたの相違を明らかにしたい。

　そして、これらの議論の副次的な帰結として、言語学で鍵概念とされることの多い、「主体」、「主観」、「主語」といった用語がどのような地平に立っているのかを知ることにもなる。日本語の文脈と異なり、sujet の意味は「主体」、「主観」、「主語」などの辞項の意味の圏域を大きく超え出ており、むしろそれとは異なる部分にこそ本質があるように思われる。

　以下の論述は、つぎに示すような手順からなっている。まず 2 節で、哲学などにおける sujet の概念規定と、sujet という辞項の言語的使用の峻別について確認する。つぎに 3 節で、sujet が関係的辞項であることを確認し、

sujet の機能についての仮説を提示する。4 節では、sujet のさまざまな用法に即して、3 節で提示した仮説の有効性を検討する。5 節では、sujet に対応する日本語の多様性について確認し、フランス語、日本語の語彙のより一般的な特性の対比についても触れる。6 節では、日本語の「主体」、「主観」、「主語」などの辞項について検討するとともに、フランス語の sujet と対比する。

2　sujet の概念規定と、sujet という辞項の言語的使用

　まず出発点として、社会学者 Michel Wieviorka による重要な指摘を見ておこう。なお、sujet を「主体」などと和訳すると意味が限られてしまうので、和訳においてもこの単語はフランス語のまま記すことにする。また、Wieviorka の著作においては、sujet が人間を指示する場合には Sujet と大文字で書きはじめるという約束ごとがある。

> 　ラテン語 sub-jectum［下に - 置かれた］にさかのぼる sujet の語源的意味[2] は、こんにち sujet が帯びている意味とは矛盾する。現用の意味では、Sujet は、古典的定義である「君主の権威に従属する者」ではまったくない。従属から自立へと移行したのである。(…)
> 　現代の社会科学にとっては、Sujet は 2 つの面を有する。
> 　第 1 は防御的な面である。その場合、Sujet は、システム、君主、神、共同体、あるいはその法規などの論理に抗し、それらから逃れようとする者である。同様の観点からいうなら、人間がその生存、自己保存のために行動する能力でもある。(…)
> 　Sujet の第 2 の面は、建設的、あるいは積極的なものであり、行為者である能力、みずからの経験を構築する能力であり、社会学者 Hans Jonas のことばでいう、「人間の創造的性質」である。Sujet は本質でも形質でもなく、自立的になり、経験を統馭しうる能力に存するのである。
> 　　　　　　　　　　　　　　（Wieviorka 2010 : 32–34, 渡邊による和訳）

　Wieviorka は、暴力やテロリズム、紛争といった問題を社会学的に扱う必

要から、Sujetの概念を上記のように規定している。Wieviorkaがたてている2つのタイプは、いずれも近代的な解釈からみたSujetであるといえる。しかし、本研究の直接関心をいだくのは、sujetという語彙単位が言語的にどのような機能を果たしているかであり、その点についてはWieviorkaは（語源に言及しているにもかかわらず）問題としていない。本稿で考察したいのは、哲学的、社会学的な概念化からは独立した、sujetという語彙単位の使用についてであり、その機能についてである。しかしながら、実際にはそれらの領域でのsujetの概念も、実はこの語彙項目の言語的性質に影響されていることがわかってくるはずである。

哲学史上、古代ギリシアのὑποκείμενον（hypokeimenon；「基体」などと訳される）[3]に由来し、どちらかというと従属的な意義をもっていたsujetの概念が、行為者的な意義に変化してきたのは近代に入ってからであり、フランス語で書かれたテクストでは、Descartes（デカルト）にはじまり、Rousseau（ルソー）、Condillac（コンディヤック）、Toqueville（トクヴィル）らによるsujetを問題としうる。われわれは、これらの著者のテクストを順次検討した[4]。その結果、17世紀のDescartesから19世紀のToquevilleにいたるまで、哲学的概念としてのsujetの規定が従属的なものから行為者的なものへと変遷したにもかかわらず、sujetという辞項の使用には、従属的な意義が広く確認できることがわかった。すなわち、新たな概念として用いている事例においても、旧来の意味をいわば「下敷き」にして用いていると見ることができる場合が多いのである。

また、その事情は、sujetを語源要素として用いた派生語の使用においても同様であった。assujettir（従属させる）、assujetti（従属させられた［過去分詞から形容詞に転化した語］）、assujetissement（従属化）の生起はみられるものの、subjectif（主体的な）、subjectivisasion（主体化）の生起は確認できなかった。

検討したテクストで観察されたsujetの使用の実情の特徴的な点について、部分的に紹介しておこう。まず、DescartesのDiscours de la méthode（『方法叙説』）で、sujetの生起[5]は26例あったが、その半数の13例がsujet à＋不定法（…しがちな）であった。そのうちの1例をみておこう。

（1） Mais, encore que je me reconnaisse extrêmement **sujet à faillir,** et que je ne me fie quasi jamais aux premières pensées qui me viennent, toutefois l'expérience que j'ai des objections qu'on me peut faire m'empêche d'en espérer aucun profit (...) 　　　　　　　(Descartes 1637 / 2002 : 38)
(But though I recognize my extreme **liability to error**, and scarce ever trust to the first thoughts which occur to me, yet the experience I have had of possible objections to my views prevents me from anticipating any profit from them.)
　　　　　　　　　　　　　　　　　　　　　　　(John Veitch による英訳)
（しかし、わたしは自分がきわめてまちがいを犯しやすいと認めており、最初に思いついたことを信じることはほとんどないのであるが、わたしに対してなされ得る反論についてのこれまでの経験からして、そこからはいかなる利益も期待できない。）　　　　　　　　　（渡邊による和訳）

つぎに Rousseau の *Du contrat social*（『社会契約論』）について。この著作では、sujet は大多数の場合（全生起 55 例中 44 例）、souverain（君主、元首）、roi（王）、loi（法）、État（国家）、patrie（祖国）、convention（規約）、tyran（暴君）、chaîne（比喩的に「鎖」）などと対置され、従属的な意味あいで用いられている。たとえば、以下のような例をあげることができる。

（2） À l'égard des associés, ils prennent collectivement le nom de *peuple*, et s'appellent en particulier *citoyens*, comme participant à l'autorité souveraine, et *sujets,* **comme soumis aux lois de l'État.**　　(Rousseau 1762 / 2011 : 14)
(Those who are associated in it take collectively the name of people, and severally are called citizens, as sharing in the sovereign power, and **subjects, as being under the laws of the State.**)　　　　(George Douglas による英訳)
（関係する人々は、集団的に、「人民」という名を得る。そして、特に主権にあずかる人々としては「市民」とよばれ、国家の法律に従属する人々としては sujets ［ここでは「被統治者」］とよばれる。）　　（渡邊による和訳）

ここでは、民主制を前提としているため、sujets を「臣民」と訳すこと

はできない。しかしながら、「人民」がもつ主権者の側面と被統治者の側面を区別し、後者の側面をさし示していることに着目するべきである。

一方、Condillac の著作 *Traité des sensations*『感覚論』では、sujet を「テーマ」、「題目」の意味で用いている事例がもっとも多く、全 30 例中 22 例を占める。また、そのうち 19 例は à ce sujet（その件で）という連鎖で用いられている。

（3） Chacun peut faire **à ce sujet** les hypothèses qu'il jugera à propos, et les substituer à celles que j'ai cru devoir préférer. （Condillac 1798 / 1983 : 44）
(Everyone may make his or her hypotheses which he or she will judge properly **about this issue**, and replace the ones I thought I should prefer.)

（渡邊による英訳）

（このことについて、適宜各自が判断することになる仮説を作ってかまわない。そして、わたしがより好ましいと考えた仮説と取りかえていただいてかまわない。）

（渡邊による和訳）

その他の例はいずれも、souverain（君主、元首）、loi（法）などと対置されており、従属的な意味で用いられていた。

「テーマ」、「題目」といった意味もまた、議論の「対象」であるという意味で、ある種の従属性をもっていると考えることができる（このようなときの sujet が日本語でときおり「主題」と訳されるのは、「主語」、「主体」、「主観」などの他の訳語にひきずられているのかもしれない）。

最後に Toqueville の *De la démocratie en Amérique*『アメリカの民主政治』の第 1 巻を検討したところ、sujet の総生起 48 例のうち、「テーマ」、「題目」の意味のものが 26 例ともっとも多く、つぎに従属的な意味が 20 例認められた。おおよそ、Rousseau や Condillac と比較可能な実態であるといえよう。

3　関係的辞項としての sujet

言語的な使用、機能のレヴェルで、sujet の従属性が確認されることの基底には、sujet がもつ、関係的辞項（terme relationnel）という基本的性質があ

ると考えられる。関係的辞項とは、たとえば père（父）、mère（母）といった語が、père de X（Xの父）、mère de X（Xの母）のように、子であるXとのかかわりではじめて意味が明確になることと同様に、別の辞項とのかかわりで解釈がなされうるということである[6]。sujet が関係をとりむすぶ相手となる項は、典型的には、sujet de X（Xの件、Xの理由、など）、sujet à X（Xしがちな、Xへの傾向がある、など）のように、前置詞 de や à にみちびかれて言語化されうる。一見、sujet が単独で用いられているようにみえる場合でも、ある実体が sujet とよばれうる可能性を基礎づけるXが文脈によってもたらされているか、あるいはただ忘却されているだけである。そして、どのようなXが関係しているかによって sujet のもつ意味は変わってくることから、関係的辞項であるということはまた、sujet の広汎な多義性の基盤にもなっている。

　sujet de X の場合は、sujet は名詞であり、属格的な前置詞句 de X によって形容されている。それに対し、sujet à X においては、sujet は形容詞であり、典型的には繋辞動詞 être のあとで用いられる。しかし、本稿は語彙項目としての sujet を問題としており、また、あとでもみるように、フランス語では形容詞と名詞は連続的であることから、品詞による差異を超えて、sujet を包括的に扱うことにする。

　個々の例についての詳細な分析は次節でおこなうこととして、ここでは sujet が実際にさまざまなXと関係しうることを確認しておきたい。

　まず、sujet de X の典型的な例をみよう。

（４）　**sujet** d'un roman　　　　　　　　　　　　　　（Lebaud 2016 : 83）
　　　（**motif** of a novel）（小説のモティーフ［物語要素］）
（５）　**sujet** de roman　　　　　　　　　　　　　　　　　　　　（idem）
　　　（**subject** of novel）（小説の題材［人物、出来事など］
（６）　**sujet** de l'inconscient　　　　　　　　　　　　　　　　　（idem）
　　　（**subject** of the inconscient）（無意識の主体［ラカンのいう Es］）
（７）　**sujet** de Sa Gracieuse Majesté　　　　　　　　　　　　（idem）
　　　（**subject** of Her Gracious Majesty）（陛下の臣民）

(8)　**sujet** de philosophie　　　　　　　　　　　　　　　　　　（idem）
　　　（**problem** of philosophy）（哲学の<u>問題</u>）
(9)　**sujet** de mathématiques　　　　　　　　　　　　　　　　　（idem）
　　　（**problem** of mathematics）（数学の<u>問題</u>）
(10)　**sujet** de conversation　　　　　　　　　　　　　　　　　　（idem）
　　　（**problem** of mathematics）（会話の<u>主題</u>）
(11)　**sujet** de thèse de doctorat　　　　　　　　　　　　　　　　（idem）
　　　（**problem** of mathematics）（博士論文の<u>題目</u>）
(12)　**sujet** de droit　　　　　　　　　　　　　　　　　　　　　（idem）
　　　（legal **personality**）（法的<u>主体</u>〔自然人と法人を包括する総称語として〕）
(13)　**sujet** d'inquiétude　　　　　　　　　　　　　　　　　　　（idem）
　　　（**concern, worry**）（心配の<u>種</u>）

　つぎに être sujet à X の例をみよう。

(14)　Il est **sujet** à des crises d'angoisse.　　　　　　　　　　　　（idem）
　　　（He is **subject** to anxiety attacks.）（彼は不安症の発作に<u>陥りやすい</u>）
(15)　Il est **sujet** à confondre ce qu'il a vécu et ce qu'il a rêvé.　　　（idem）
　　　（He is **subject** to confuse what he experienced and what he dreamt.）
　　　（彼は<u>とかく</u>実際に経験したことと夢にみたことを混同<u>しがちだ</u>）
(16)　Ce cours d'eau est **sujet** à de fortes variations.　　　　　　　（idem）
　　　（This river is **subject** to large variations.）
　　　（この川の流れはたいへん変化<u>しやすい</u>）
(17)　Les paroles sont **sujettes** à caution.　　　　　　　　　　　（idem）
　　　（Words are **unreliable**.）（ことばは<u>信用できない</u>）

　以上の例のおおまかな観察としては、sujet de X の場合は、X によって sujet に対して安定した質的限定がなされるのに対して、sujet à X の場合は、「…しがちな」のような潜在性が問題になっていることがわかる。
　さらに、表面的には X が標示されていない例をみよう。

(18)　Vos **sujets** vous attendent dans le Grand Salon.　　　　　（idem）
　　　（Your "**subjects**" are waiting you in the Large Saloon.）
　　　（あなたの sujets が大広間であなたを待っています）

　この例で sujets がだれをさすかは、ひとえにその sujets が、なにに対する sujets であるかに応じて変わってくる。たとえば、sujets d'un monarque（君主の sujets）なら「臣民」であり、sujets d'examen（試験の sujets）なら「受験者」である[7]。
　そして、sujet が X ととり結ぶ関係がどのようなものであるかについては、より詳しく、objet（対象、目的）との比較によって示すことができる。

(19)　Quel est le **sujet** de votre thèse ?
　　　（What is the **subject** of your Ph.D. thesis?）
　　　（あなたの博士論文の題目は何ですか）
(20)　Quel est l'**objet** de votre thèse ?
　　　（What is the **object** of your Ph.D. thesis?）
　　　（あなたの博士論文の対象は何ですか）
(21)　Quel est votre **sujet** de thèse ?
　　　（What is your Ph.D. thesis **topic**?）
　　　（あなたの博士論文題目は何ですか）
(22)　*Quel est votre **objet** de thèse ?
　　　（?What is your Ph.D. thesis **object**?）
　　　（*あなたの博士論文対象は何ですか）

　(19)(20)と、(21)(22)は所有形容詞 votre（あなたの）の分布が異なる。(19)(20)では thèse（博士論文）のまえに所有形容詞がついているのに対し、(21)(22)では sujet / *objet のまえに所有形容詞がついており、thèse にはいかなる限定辞もついていない。すなわち、(21)(22)では、thèse に指示的自律性（autonomie référentielle）がそなわっておらず、sujet または objet との関わりにおいてのみ thèse が存在しうることになる。このようなとき、objet も関係

的辞項であることには変わりないのであるが、sujet とはちがって、関係する辞項とのあいだの緊密な相互関係を支えることはできない。sujet de thèse の場合は、sujet と thèse が、たがいを不可欠にするような強い相互依存関係にある。そのことを端的に示すのがつぎの例である。

(23)　Ceci n'est pas un **sujet de thèse** ! C'est tout au plus un **sujet de mémoire de Master**.
(This is not a **Ph. D. thesis topic**! It is at most a **Master's thesis topic**.)
（これでは<u>博士論文題目</u>にならない。せいぜい、<u>修士論文題目</u>どまりだ。）

　ここでの sujet は、博士論文を博士論文たらしむるに足る、すなわち thèse の存在を保証する題目ということであり、また、thèse の側から見ても、その学位の段階性からして、sujet の内容に高い水準を要求し、sujet を規定することになる。このように、sujet と thèse のあいだには、緊密な相互作用が認められるのである。
　これまで確認してきた sujet の関係的辞項という性質にもとづき、本稿では、sujet に関して以下のような仮説を保持したい。

(24)　sujet の機能に関する仮説
　　　語彙単位 sujet を用いることは、
　　　(I) 談話空間における実体の存在を措定し、
　　　(II) その実体を、他の項目 X との関係づけによって、質的に限定するという操作をおこなうことである。

　仮説のうち、(II) の部分について敷衍しておきたい。ここにいう「関係づけ」は相互的なものであり、(i) sujet に対応する実体は X の現働化 (actualisation)・有効化 (validation)[8] を可能にすることにより X の存在を基礎づける一方、(ii) X は sujet に対応する実体がどのようであるかを示すことにより、その実体を質的に限定する。
　次節では、それぞれの用法に即して、この仮説を確認してゆこう。

4 sujet のさまざまな用法

4.1 être sujet à X

être sujet à X の X の位置には、名詞句、あるいは動詞の不定法がくることができる。辞書では「X に従属する」、「X を免れない」、「X に陥りやすい」、「とかく X する」などの語釈がくわえられており、多義的で、とらえにくい表現であるといえる。しかし、前節でたてた仮説によるならば、根柢的に理解することが可能である。

前節で、être sujet à X は「潜在性」をあらわすという大づかみの特徴をあげておいたが、より細かくみると、X の位置に来ることができるのは、たとえば des migraines（偏頭痛）のような散発的な事態にかぎられることがわかる。

(25) Je **suis sujet à** des migraines.
　　　（I **am prone to** migraines.）（わたしは偏頭痛に<u>なりやすい</u>。）

(26) ? Je **suis** { parfois / souvent } **sujet à** des migraines.
　　　（?I **am** { sometimes / often } **prone to** migraines.）
　　　（?わたしは { ときどき / よく } 偏頭痛に<u>なりやすい</u>。）

(27) Il m'arrive { Ø / parfois / souvent } d'avoir des migraines.
　　　（I { Ø / sometimes / often } happen to have migraines.
　　　（わたしは { Ø / ときどき / よく } 偏頭痛に<u>なったりする</u>。）

(28) J'ai { Ø / parfois / souvent } des migraines.
　　　（I have { Ø / sometimes / often } migraines.）
　　　（わたしは { Ø / ときどき / よく } 偏頭痛に<u>なる</u>。）

(25) の être sujet à は、それ自体で散発性をあらわしているので、(26) のように頻度副詞をつけ加えることは不自然である。散発性には migraines（偏頭痛）の語彙的性質がかかわっていると思うかもしれないが、この点は、(27) の arriver（ことが起きる）、(28) の avoir（もつ）という動詞の場合には頻度副詞をつけてもつけなくてもよいのとは異なるので、やはり être sujet à の性質

とみるべきである。

　そして、この事例においても、繋辞動詞 être によって形容詞 sujet と繋合された文主語(仮説でいう「存在を措定された実体」を指示する)と、前置詞 à に後続する X とのあいだに、堅固な関係が構築されていることがわかる。その関係は、つぎの 2 つの方向性によってとり結ばれる。第 1 に、文主語の指示対象は、X という性質や行為の実際の(散発的な)生起を担うことにより、X の現働化・有効化を果たしている。第 2 に、文主語が X によって特徴づけられ、いわば強制的に、X という属性を付与されることになる。このように、文主語と X は相互的で、円環的な関係をとり結んでいるのである。

　たとえば (25) に即していうと、第 1 に、文主語「わたし」は、「偏頭痛」の実際のあらわれを担う実体であることにより、「偏頭痛」の存在を保証する「支え」(support) のひとつになっている。そして、第 2 に、「偏頭痛」は、「わたし」にとって習慣的な現象であることにより、いやおうなく、「わたし」を特徴づける属性と化している。第 1 のレベルは散発的である(いつ偏頭痛になるかはわからない)のに対して、第 2 のレベルは必然的である(偏頭痛からのがれることはできない)という非対称性はあるが、「わたし」と「偏頭痛」のあいだには、双方向的に作用しあう関係がなり立っているのである。

4.2　sujet grammatical（文法的主語）

　フランス語のように、人称・数といったカテゴリーを主語と動詞が共有する言語では、主語と動詞はつぎの 2 つの点で相互に規定しあう円環的な関係にある。

　まず、形態論的な次元において、動詞は、活用形におかれたとき、主語名詞句が実際に存在することを前提するとともに、格役割を付与し、場合によってその格に見合う形式(フランス語では、代名詞に関しては、主格、直接目的格、間接目的格の変異がある)を要求する。そのかわりに、主語は動詞に対して、人称、数の標示を要求することにより、その形式を規定する。

　そして、意味論的な次元において、動詞は主語名詞句に対して選択制限をかける。たとえば、penser（考える）、redouter（恐れる）といった動詞は、有生、とくに人間を指す主語を要求する。動詞 suppurer（化膿する）は、plaie（傷

口）や cicatrice（傷跡）といったタイプの主語、percoler（流れる）は液体を指す主語を要求する。主語が一定の性質を有することを前提することにより、動詞は主語に対してさまざまな属性付与をおこなっている。その見返りに、主語は動詞のあらわす行為の現働化・有効化の条件となっており、意味的価値の発生に関与する。

このように、「主語」の意味での sujet の本質は、動詞とのあいだにとり結ばれる円環的関係にあるといえる。

4.3 sujet d'un roman / sujet de roman

sujet d'un roman とは、第 3 節では「小説のモティーフ」と訳しておいたが、たとえば「冒険」、「時間旅行」、「生き別れ」、「殺人事件」のように、小説全体を運命づけるような意義のある要素のことをいう。この場合もまた、つぎのような意味で、2 つの辞項がたいへん緊密に結びついていることがわかる。

まず、この場合の sujet とは、小説のテクストの独自性を総合的に凝縮したかたちで言語化したとみなされる発話（énoncé；ここでは、なんらかの「言われたもの」（dit）、あるいは「言いうるもの」（dicible）の意味で用いている）であり、個別の小説とのかかわりにおいて理解されるべきものである。sujet の前に冠詞をつけるとすれば定冠詞 le（le sujet d'un roman）であり、そのとき定冠詞は d'un roman による限定を予告している。

その一方で、sujet d'un roman は、小説を小説として存在させ、ジャンル分けを決定するような発話でもある。その sujet 次第で、読者が当該の小説を読もうとしたり、避けたり、あるいは研究者が当該の小説を研究しようとしたり、避けたりする。このように、sujet と roman は相互に規定しあう、円環的な関係におかれているのである。

つぎに、roman に冠詞がつかない sujet de roman は、「小説の題材」と訳しておいたが、たとえば、「実在の人物に材をとった小説」という場合の「材」に相当する。小説に着想をあたえ、小説を書くことを可能にするような発話である。sujet d'un roman が実際に小説のなかに重要な要素としてふくまれ、小説を規定しているのに対して、sujet de roman は創作の出発点となるよう

な潜在的な要素であるので、sujet の前に冠詞をつけるとすると不定冠詞 un である (un sujet de roman)。また、ある小説の材が sujet とよびうるのは、まさにその、小説を生む潜在性によってであるという点で、roman から sujet への方向でも作用があるといえる。

4.4　sujet de philosophie, de mathématiques

　この種の事例では、sujet は de によってみちびかれる学問分野への帰属によって正当性を得ることになる。正当性とは、当該の学問分野の規準、知見、方法論とよく合致しているということである。〈sujet de ＋ 学問分野〉は、知見として生産しうるものを提示するとともに、当該分野が規定する方法にしたがって、あらたな知見を実現するような発話である。その際、sujet は、学問分野を構成する諸要素と適合しなければならず、一定の答えを出すことが可能なものでなければならない。

　un sujet de philosophie（哲学の問題）においては、de philosophie によって、sujet が名ざす発話が、哲学という分野に所属する問題として正当性をもつものであることが示される。それと同時に、sujet で示されるような問題によって、哲学という学問分野の存在が担保されるという反作用もある。sujet とよびうるなんらかの問題を提起できないならば、そのような学問分野は存在がおびやかされるといってもよい。ここでもまた、sujet と philosophie のあいだに円環的な相互作用がみられる。

　sujet de philosophie, sujet de mathématiques（数学の問題）のように、de 以下の学問分野名称は無冠詞であることにも注目しよう。sujet de la philosophie, sujet des mathématiques のように学問名称に定冠詞をつける形は、たとえば sujet de la psychanalyse（精神分析の被験者）のように、当該学問の研究対象となるひとやものを指す意味でしか用いられない。sujet de philosophie などでは、de 以下の学問分野名称が無冠詞であることにより、当該の学問分野が独立して存在するわけではなく、上述の相互作用に依存していることが示されているのである。

4.5　sujet de l'énonciation（発話主体）

　まず、Benveniste（1974）と Paillard（2009）による、発話行為や発話主体の概念化に関する見解を引用する。

　　まさしく、「わたし」が話者を指し示す談話の審級において、話者はみずからを主体（sujet）と宣言するのである。したがって、主体性（subjectivité）の基盤が言語活動そのものの中にあるというのは、文字通りの意味で真である。（…）つまり、言語活動とは、つねに表現に適した言語形式からなることからして、主体性の可能性のことである。また、談話は、個別的な審級からなることからして、主体性の発現をひきおこす。　　　　　　　　　（Benveniste 1974 : 262–263, 渡邊による和訳）

　　われわれの接近法において鍵となる概念は、「発話場面」（scène énonciative）である。われわれの仮説によると、発話行為（énonciation）は発話を生み出す主体による行為ではなく、発話を構成する形式の布置から出発して再構成されうる過程である。したがって発話行為とは、発話の生産の際に介在してくる諸限定の総体である（発話行為を構成する諸形式は、それらの限定のマーカーである）。いかなる主体も、いかなる世界も、発話そのものの外部に原初的なものとしては措定できない。それらは発話がのべていることを通してのみ考慮に入れられる。
（Paillard 2009 : 112, 渡邊による和訳）

　諸理論において、主体の概念はさまざまである。Benveniste においては、話者は、話すことにより、そしてある言語に適合することにより、みずからを主体とするに至る。Paillard にあっては、発話主体は、定位（repère）として発話行為を構成すると同時に、産出された発話から出発してのみ再構築されうるような発話行為の過程のなかで、その過程によって構成される主体である。
　しかし、本稿での議論の対象についていうなら、発話行為や発話主体に関してどのような概念化をしていようとも、sujet という辞項の機能に関して

は、ほかの事例と同様であるといえる。Benvenisite においては、sujet は、話すという事実によって sujet とよばれるに値する。sujet は言語の存立の条件をなしている（話者がいなければ言語は消滅する）と同時に、言語の実践の結果でもある（話者としての実践の結果として sujet という質的限定を受けることになる）。Paillard のような概念化においてもまた、円環性ははっきりしている。sujet は、発話が実現したときにしか考慮に値しないが、同時に、発話過程の本質的な定位を構成することになる。したがって、いずれの場合も関係は円環的であるが、対称的ではない。一方では言語と主体の関係（すなわち、ある言語に話者として慣れ親しんでおり、その言語の慣習的な諸規則をわがものにしているという、適合化の問題）であるのに対し、他方では発話と主体の関係（すなわち、みずからの個別的発話を産出するという、発話過程の問題）になっている。

4.6　sujet politique（政治的主体）

　政治的な文脈で用いられる sujet の意味を考える手がかりとして、つぎの例をみよう

(29)　Le peuple est souverain, dit-on ; et de qui ?
　　　— De lui-même apparemment. Le peuple est donc **sujet**.
　　　　　　　　　　　　　　　　　　　　　（Maistre 1821 : 311）
　　　(The people are sovereign, they say; and of whom?
　　　— Of themselves, apparently. So the people are **subject**.)　（渡邊による英訳）
　　　（人民が主権者だというが、それでは、だれの主権者なのか。
　　　—人民自身の主権者のようだ。だから、人民が被統治者でもある。）
　　　　　　　　　　　　　　　　　　　　　　　　　（渡邊による和訳）

　ここで明確になっているように、sujet は元来 souverain（元首、主権者）[9]のような辞項と対比される辞項である。その souverain もまた、souverain de qui ? という疑問が出されていることからわかるように、関係的辞項（souverain de X というわく組みでとらえられる辞項）である。主権者、被統

治者は、民主制にあってはいずれも人民である（という建て前である）が、それにもかかわらず、役割としては対称的に異なっており、その役割を示すための辞項として用いられている。そもそも役割は関係的なものである。ここでも、souverain と sujet は相互に作用しあっており、被統治者に対する主権者、主権者に対する被統治者ということになる。量的な次元では、被統治者なくして主権者はなく、主権者なくして被統治者はないというように、相互の存立を保証しあう関係であると同時に、質的な次元では、いかなる被統治者に対する主権者であるかによって主権者の属性が定まってきたり、逆にまた、いかなる主権者のもとにおかれた被統治者であるかによって被統治者の属性が定まってくるという、2重の円環的関係がとり結ばれている。

5 フランス語の sujet に対応する日本語の多様性と、両言語の特徴

これまで、それぞれの例文につけてきた和訳からもわかるように、sujet に対応する日本語は、sujet の多義性を反映して、きわめて多様である。和訳だけをぬき書きすると、つぎのようである。

(30) sujet のおもな訳語
 (i) 主体、主語、主題、（主観）[10]
 (ii) 問題、題目、題材、種
 (iii) 臣民、被統治者
 (iv) 陥りやすい、しやすい、とかく…しがちだ

フランス語との比較でもっとも目だった特徴は、フランス語の sujet は形容詞と名詞を兼ねる形であり、語源的にいうと sub-jectum（下に - おかれた）という規定のみをしているのに対して、日本語では、フランス語とちがって、(30)で4つに分けたうち、(iv)の系列をのぞいて、いずれももっぱら名詞の形式になっているということである。

この点は sujet の場合にかぎらず、たとえば japonais は形容詞のとき「日

本の」、名詞のとき「日本語 / 日本人」[11]、réaliste は形容詞のとき「現実主義的な」、名詞のとき「現実主義者」、variante は形容詞のとき「変異する（ような）」、名詞のとき「変異体」にそれぞれ対応するという具合で、とくにフランス語で形容詞を兼ねる名詞と、日本語との対応関係に共通する特徴である。

　渡邊（2015）でも指摘したように、フランス語の名詞には、形容詞との兼任が相対的に多く、そのことからも、対象が「なんであるか」を指定する「指示的機能」（fonction référentielle）よりも、対象が「どのようであるか」をのべる「記述的機能」（fonction descriptive）のほうが卓越する傾向がある。そして表現上も、実体への指示のささえを必要とせず、指示対象に対する特徴づけ（caractérisation）を標示するにとどめることが多い。まさに、本稿で問題としている語彙項目 sujet もこの例にもれず、対象を指定することなく、ただ関係や機能のみを示している。すでにたてた仮説にそっていうと、他の辞項 X との関係にもとづく特徴づけをおこなっているのである。sujet の多義性は、このことからも説明されうる。

　たとえば Cadiot et Nemo（1997 : 29）による名詞 client（「客」などをあらわすが、日本語の「客」よりはるかに広範囲の対象に用いることができる）の本質的意味の記述においては、« qu'il faut prendre en charge »（責任を負うべき（相手））、« dont il faut s'occuper »（世話をするべき / 関わり合いになるべき（相手））のように、先行詞のない関係節だけで意味を示そうとしていることに注目しよう。この言いまわしは、フランス語では、辞書などで名詞の定義を示す場合にもよく用いられている。しかし、上記の定義を日本語に訳するとき、「責任を負うべき（相手）」、「世話をするべき / 関わり合いになるべき（相手）」というように、どうしても、もともとはない「相手」という語をおぎないたくなる。このことにも端的にあらわれているように、フランス語では、「特徴づけ」を示すにとどまることが多いのに対して、日本語は、この点ではフランス語と対極にあり、「実体への指示」のささえが必要となる傾向がある。本稿での問題に類似した例をあげると、locuteur に対して「話者」、chanteur に対して「歌手」、éditeur に対して「編集者」、migrant に対して「移住者」、réfugié に対して「難民」など、フランス語ではいずれも形

容詞を兼ねる名詞を用いるところで、日本語では下線をほどこした部分によって、実体指示的な要素をつけ加えている。

　sujet を和訳する際にも、たとえば(30)の(i)の系列でいうと、「主語」、「主体」、「主題」というように、関係的規定をおこなう「主」[12]に、実体への指示をあきらかにする「語」、「体」、「題」をつけ加えてなり立った辞項が用いられる。

6　「主体」をめぐって

　以下では、前節での議論にもとづき、「主語」、「主体」、「主題」など、「主」をふくむ日本語に限定し、とりわけ「主体」を中心として、その意味を考えてゆきたい。これらの語を考察することには、独特の困難がある。それは、これらが基本的には西洋の哲学用語を受容する過程において、訳語として編み出された語彙項目であり、学術的色彩の強い辞項であるということである。この点は、フランス語でまったくの日常語として直観的に用いられている sujet とはかなり事情が異なっており、sujet を論ずる際に強調した、概念としての規定と、辞項の実際の使用との峻別が、同様の鋭さをもって提起されえないように思われる。おのずから、ちがった議論のしかたをせざるを得ない。

　語源要素 sub-（下に）をふくむ sujet の訳語として、一見 sub- とは逆の意味の「主」をふくむ語を日本語を用いていることは、言語的には相当かけはなれているといえるかもしれない。実際、大筋では、西洋語を受容する過程で、2 節でみた近代哲学における sujet の規定を下敷きにして「主体」などがあみだされたのではないかと想定される。

　しかし、その想定には若干のニュアンスをつけなければならない部分もある。第 1 に、漢語のなかでの「主」の意味を確認しよう。以下は『新字源』からの引用である。

　　　なりたち 象形。もと、神壇に供えた燭台に火が燃えている形にかたどる。炷（ぬし）の原字。神火を守る者、転じて「ぬし」の意を表わす。[中

略]
意味①ともしび。同炷。②よりつく。みたましろ。「木主」③やどる。④ぬし。あるじ。㋐一家の長。「戸主」㋑きみ。「君主」㋒かしら。支配者。「盟主」㋓主人。対賓・客。㋔もちぬし。㋕ひめぎみ。「公主」㋖キリスト教の神。「天主」⑤つかさどる。すべる。⑥もと。物事の根本。中心。⑦おもな。おもに。⑧主張する。根本として守る。とうとぶ。
(『新字源』s.v.「主」)

　上記引用のうち、⑥の意味は、sujet のもとになった subjectum や、2 節でみた ὑποκείμενον（基体）とも比較可能である。このことから、sub- と「主」でかならずしも「逆の意味」というわけでもなく、ある部分においては共通するともいえる。
　第 2 に、日本での概念受容の当初から、sujet（あるいはそれに関連する語）に「主体」という訳語を適用していたわけではない。この経緯については小林（2010：42 sq.）[13] がくわしくまとめているので、そちらを参照していただきたいが、以下では 3 つの例だけを紹介したい。1870 年から 1871 年にわたって書かれた西周の講義録『百学連環』には、つぎのようなくだりがある。

　　　茲に subjective（此観）及ひ objective（彼観）の二ツありて相関係するなり。此観とは物に就て論することなく、唯タ己レに於て理如何と思惟するを言ひ、彼観とは物に就て其理を論するを言ふなり。凡そ学問たる此二ツに相関係して之に外なることなし。　　　（西 1960：147–148）

　西周は、subjective を「此観」、objective を「彼観」としている。「此」、「彼」に「観」をつけることで、こちらから見ているか、向こうから見ているかという視座の対立と解していることになる。
　1884 年に刊行された『増補哲学字彙』[14] では、フランス語 sujet に相当する英語の subject の訳語として、「主体」はあらわれておらず、「心、主観、題目、主位（論）」（井上・有賀 1884：120）の 4 つの語があげられている[15]。
　小林（2010：61）によると、「主体」の初出はおそらく 1887 年、井上円了に

よる『哲学要領』においてであった。

> 　均同法とは同一命題のことにして、甲は甲なり、人は人なり、山は山なりというがごとく、すべての事物はその事物自体と同一なりと定むる規則をいう。しかるにフィヒテ氏は、甲は甲なり、人は人なりの命題にては多少の仮定を免れざるをもって、未だ真理の原則と定むべからざるを知り、その命題に代うるに、われはわれなりという一命題をもってす。けだしわれは諸覚諸境の本源にして、その体全く仮定を離れたる絶対の<u>主体</u>なり。　　　　　　　　　　　　　　（井上 1887：142–143）

　ここでは、「全く仮定を離れたる」ということから、西周の「此観」とはほとんど逆の意味で「主体」を用いているようにさえ思える。しかし、この文脈においては、自我の存在論的な基盤を問題にしているのであるから、「体」によってもたらされる身体性（corporalité）の意味がよく合致する事例であり、「主体」が用いられるべくして用いられたといえる。

　ところで、上記で確認した多義性もふまえていうと、「主」単独では、sujet と同様、関係的な辞項であり、「従」に対する「主」、「客」・「賓」に対する「主」、というように、ある周縁的な別の辞項Xに対する中心性をあらわすと考えられる。それに、前節で日本語の特性として確認した「体」、「語」、「題」などの記号素がつけ加わることにより、どのような実体に対する指示であるかを明らかにするに至るのである。

　「主体」、「主語」のように対象規定をともなう辞項をもつ日本語の場合と、sujet という関係規定のみの辞項しかないフランス語の場合とで、「主体」、「主語」を区別する際の表現は異なる。まず Benveniste(1974) から引用する。

> 　まさに言語活動において、そして言語活動によって、人間はみずからを主体（sujet）として構成するのである。なぜなら、言語活動だけが、現実のなかに、存在の現実たる言語活動の現実のなかに、自我（ego）の概念を立てるからである。　　　（Benveniste 1974：259, 渡邊による和訳）

言語活動 (langage)[16] という用語をくりかえし用いて、ここで問題になっている sujet があくまでも生きた現実のなかの存在として解されるべきであることを強調している。このようにしないと、フランス語の文脈では、sujet のなかでもどのような意味であるかがまぎれるおそれがあるからであろう。ここで引用したくだりは、4.5 節で引用したくだりと同じ論文中の別の個所であるが、ほとんど同じ内容をくりかえして言っていることがわかる。主体、主語などをないまぜにした sujet という辞項を用いているかぎり、このようないささか執拗な註釈が必要になるものと思われる。

一方、時枝(1941)が「主体」を語るくだりは、つぎのようである。

　　画家が自画像を描く場合、描かれた自己の像は、描く主体そのものではなく、主体の客体化された、素材化されたものであり、その時の主体は自画像を描く画家自身であるということになるのである。言語の場合に於いても同様で、「私が読んだ」といった時の「私」は主体そのものではなく、主体の客体化されたものであり、「私が読んだ」という表現をなすものが主体となるのである。　　　　　　　　（時枝 1941：42）

Benveniste とおなじく、主体を言語活動によって画定しようとしているのであるが、その際、自画像に対する画家、客体(資材)に対する主体、というように、実体への指示を明示する表現を多く用いていることがわかる。また、このくだりが、「主体」と、言語内的な資材としての「主語」を区別することにもつながってゆく。

しかし、表現のしかたの違いはあっても、Benveniste と時枝には、重要な共通点がある。それは sujet、主体を「直示の中心」と見なしているという点である。Benveniste は、4.5 節で引用した、「わたし」が言語活動にのみ立脚していることをのべたくだりの直後で、つぎのように言っている。

　　人称代名詞は、言語活動における主観性のあらわれの最初の契機である。それらの人称代名詞に依存しているのが、さらに同じ地位を共有する他の種類の代名詞である。それらは、指示詞、副詞、形容詞などの直

示 (deixis) の標示語であり、主体 (sujet) を基準点として、それをめぐって空間的・時間的関係を組織するのである。

(Benveniste 1974 : 262, 渡邊による和訳)

直示とは、「われ・ここ・いま」(ego, hic, nunc) をいわば座標軸の原点として、さまざまな空間や時間を位置づけてゆく操作であるので、発話行為をおこなう主体がその中心になるということである。

時枝もまた、主体を中心においた図式を提唱している。中心にいる主体の四囲の状況を「場面」と称し、言語活動を主体の場面に対する「志向」としてとらえている。

> 我々の言語行為表現は、常に何等かの場面に於いて行為されるものと考へなくてはならない。言語に於ける最も具体的な場面は聴手であって、我々は聴手に対して、常に何等かの主体的感情、例えば気安い感じ、煙たい感じ、軽蔑したい感じなどを以て相対し、それらの場面に於いて言語を行為するのである。しかしながら、場面は只単に聴手にのみその内容が限定せらるべきものではなくして、聴手をも含めて、その周囲の一切の主体の志向的対象となるものをも含むものである。

(時枝 1941 : 44)

ここでいう「志向」とは、直示をもふくむ、場面に対する主体の作用である。場面に対する主体、という関係的規定は、前述の「主」の基本的意味であると同時に、sujet による関係的規定、さらには、sub- の標示する基底としての性質とも相通じる。

しかし時枝は、発話状況を、時間・空間的定位にかぎられない「場面」という用語でさし示すことにより、広い意味を付与している。それは、「不愉快な場面」、「感情的な場面」のように、主体からの志向を投影した結果も含み込む（不愉快になるのも、感情的になるのも、主体である）ほどのものであり、環境との相互作用を含意している。この点は、日本語が、状況のただなかに身をおいて、状況との相互作用から得られるような知覚や認識を表現す

るような認知モード、すなわち「Iモード」（中村 2009 : 359）をとくに好む言語であることとつながっている。時枝は日本語を研究対象とすることにより、日本語の「Iモード性」を理論に取りこんでいったと考えられる。

　一方、「Iモード」の対極に位置する認知モードが「Dモード」である。Dモードとは、「認知主体としての私たちが、何らかの対象とインタラクトしながら対象を捉えていること（認知像を形成していること）を忘れて、認知の場の外に出て（displaced）、認知像を客観的事実として眺めている」（中村 2009 : 363）というモードである。中村はDモードをとくに好む言語として英語をあげ、23項目にわたるたいへん多様な特徴の対比をその根拠としている。

　フランス語は、同じヨーロッパ語ということから、英語と同様、大筋ではDモードの特徴をそなえているものの、細かく見てゆくと、春木（2011 : 61）がいうように、「フランス語が言語タイプとしては英語に近いのは確かであるが、発話者・発話空間と言語表現との関係においては、実は英語よりもむしろ日本語タイプの言語に近い点も持っている。」この対比について、1つだけ端的な例をあげると、川端康成『雪国』の劈頭にあらわれる文（31）と、その英訳（32）、仏訳（33）を比較することができる。

(31)　国境の長いトンネルを抜けると、雪国であった。（川端康成『雪国』）
(32)　The train came out of the long tunnel into the snow country.
　　　　　　　　　　　　　　　　　　（Edward Seidensticker による翻訳）
(33)　Un long tunnel entre les deux régions, et voici qu'on était dans le pays de neige.　　　　　（藤森文吉、Armel Guerne による翻訳）
　　　（直訳：ふたつの地方のあいだの長いトンネル、そしてほらここに、ひとは雪国にいるのであった。）

　（31）の文は、上越線の清水トンネルを上州側から越後側へとぬける汽車のなかからみた眺望をのべる、きわめてIモード的な文であるが、（32）の英訳ではその点は一変し、the train を主語にたてることにより、外在的にとらえるDモードの文になっている。この翻訳は、英語のDモード性が、ほとん

ど不可避的に要請するところであろう。それに対し、(33) の仏訳は、前半を名詞句のみで処理し、後半を直示語 voici (「ほらここに」) ではじめるなど、I モード的な臨場感を重視しており、あたかも日本語に寄りそってきているかのように感じられる。

　それでは、日本語とフランス語はひとしく I モード的なのであろうか。実は、I モードのなかにも 2 つのちがった認知態様があると思われる[17]。本多 (2009 : 396–397) では、他者理解に関する説明として、(i) 心の理論説、(ii) シミュレーション説、の対立があるとされている。(ii) のシミュレーション説は、話者が他人の立場に同化する一人称的な理解のしかたで、(i) の心の理論説は、「人は他者の心についての「理論」を知識として頭の中にもっており、この理論を適用することによって他者の心を推測・理解する」(ibidem : 397) という、三人称的 (あるいは汎人称的) な理解のしかたである。本多論文ではさらに、他者理解だけでなく、事態理解に関しても、(i) 心の理論説、(ii) シミュレーション説が応用できることを示唆している。すると、(31) の日本語の例では、現在の自己を過去に投影してその時の状況と相互に作用する (かのように描写する) のに対して、(33) の仏訳の例では、人称の区別がない一般的な主体 (on であらわされる)[18] として状況との相互作用をおこなうというように、性格が違うことがわかる。

　I モードとは、(a) 身体髪膚をそなえた主体を中心として、(b) 状況との相互作用を前提とした認知モードである。日本語はシミュレーション説による I モードの特徴が強く、I モードのなかでも (a) の側面をとりわけ重視する。フランス語は心の理論説による I モードの特徴が強く、(b) の側面を重視している。このちがいこそが、「主体」、「主語」、「主題」などと、表現上も実体への指示がついてまわる日本語と、sujet という関係規定のみでこと足りるフランス語の対照を説明できる鍵であると考えられる。

7　おわりに

　以上、本稿では、フランス語の sujet の意味・機能の探求から出発して、それに対応する日本語との対照をおこなった。フランス語の sujet は全面的

に関係的な辞項であり、他の辞項との相互的、円環的な関係づけを本質とする。それに対して、日本語の「主体」、「主語」、「主題」などの辞項は、その要素である「主」は「従」、「客」などとの対比において意味をもつという点では関係的辞項であるものの、「体」、「語」、「題」などの実体への指示をあきらかにする要素を加えてなり立っており、この相違はフランス語と日本語が有する全般的な性質に帰することができると考えた。その全般的性質の意味合いや、西洋由来の用語を日本に輸入する際に、もとの言語と日本語の性質の違いがどのように反映するかなど、より詳しく考察するべきと思われるところもあるが、それらについては今後の課題としたい。

注

1 本稿は Lebaud（2016）を出発点として、著者間の討議を経て、渡邊が日本語で執筆したものである。原則として、フランス語を対象とする前半部分を Lebaud が担当し、日本語を対象とする後半部分を渡邊が担当したが、意見交換・調整の結果、両言語の考察に共著者相互の考えが加わっている。また本稿は、科学研究費助成基金（JSPS Kakenhi）基盤研究（C）課題番号 25370422「フランス語および日本語におけるモダリティの発展的研究」（研究代表者渡邊淳也）、同 15K02482「現代ロマンス諸語におけるテンス・アスペクト体系の対照研究」（研究代表者山村ひろみ）の助成をうけて行なわれた研究の成果の一部である。

2 sujet の語源は、*Trésor de la langue française*（s.v. *sujet*）によると、古典ラテン語の前置詞 sub（下に）と、jacĕre（投げる）の過去分詞 jectus からなった subjectus であり、「下に投げ出された」、「下におかれた」という意味であった。一方、*Nouveau Larousse étymologique*（s.v. *sujet*）によると、ラテン語で、subjicere（下に投げ出す）の過去分詞 subjectus と、それを中性名詞化した subjectum の 2 つの単語にわかれており、後者はスコラ哲学などで用いられ、論理学や文法論の文脈で用いられていたという。これに従うなら、フランス語の sujet は、ラテン語の 2 つの単語が融合したものであると見ることができる。

3 ὑποκείμενον とは、ὑπο「下に」＋ κείμενον「置かれたもの」ということで、subjectum と字義的にも対応する辞項である。のべられる属性の担い手という意味であったため、その属性を下ざさえする実体、というメタファーになっている。

4　検討した著作は以下のものである（なお、詳細書誌は、本稿本文中に引用した分のみ参考文献に掲載した）。
・René Descartes : *Discours de la méthode, Méditations métaphysiques*
・Jean-Jacques Rousseau : *Discours sur l'origine de l'inégalité, Du contrat social*
・Étienne Bonnot de Condillac : *Essai sur l'origine des connaissances humaines, Traité des sensations*
・Denis Diderot : *Lettre sur les aveugles à l'usage de ceux qui voient*
・Alexis Toqueville : *De la démocratie en Amérique*
また、原典がフランス語ではないものの、つぎのふたつも検討し、同様の傾向を確認した。
・Gottfried Wilhelm Liebniz : *Monadologie*
・David Hume : *Treatise of human nature, An inquiry concerning human understanding*

5　名詞の場合は単数・複数（sujet, sujets）、形容詞扱いの場合は男性・女性、単数・複数（sujet, sujette, sujets, sujettes）を対象としている。これ以降扱う例も同様である。

6　sujet を関係的辞項とする仮説は、過去分詞出身という語源によっても支持される。sujet が、「下におかれている」（sub-jectum）というとき、なにによって、あるいはなにの下におかれているのかが当然問題になるからである。

7　ただしもちろん、この場合は文全体の意味、とりわけ attendre（「待つ」）という動詞から、主語である sujet の指示対象が人間であることがはっきりするので、「受験者」という解釈が出てきているだけであり、この限定をはずして、単に sujet d'examen というだけなら、「試験のテーマ（題目）」という解釈もありうる。

8　現働化とは、主語と述語からなる叙述関係（relation prédicative）の成立を、主体間、とりわけ発話者と共発話者のあいだで認定することである。有効化とは、叙述関係を、時間・空間的に定位することによって成立させることである。ただし本稿の議論の範囲内では、両者を弁別的に用いる必要は出てこないので、叙述関係を成立させることを「現働化・有効化」と表記することにしている。

9　この例文では民主制が前提になっているので、souverain を「主権者」としておいた。なお、この例文は、19 世紀になってもなお、sujet の使用の実情は旧来の従属的な意義によっていることを示しており、1 節での議論の延長線上にある。

10　「主観」という訳語は、すくなくとも現代語では sujet から訳語としてはあまり用いられず、形容詞 subjectif の訳語として「主観的」、再名詞化の subjectivité の訳語として「主観性」といった形で用いられ、それらの場合にはじめて「主体的」、「主体性」と競合するようになる。本稿では「主観性」、「主体性」などの派生語の議論には立ち入らないので、澤田（編）（2011）を参照されたい。

11 こまかく言うと、名詞で「日本語」の意味のときは japonais、「日本人」の意味のときは Japonais と、語頭を小文字で記すか、大文字で記すかというちがいはあるが、それは弁別のために作られた、後づけの規則である。
12 「主」は関係的規定をおこなっているという点では sujet と同様であるが、sujet、とくにその語源要素の sub- と、「主」とでは、正反対の意味であることにも注目したい。この点は次節で扱う。
13 小林も引用している Burtscher (2006) がこの問題について詳しいが、残念ながら入手できたのが遅く、本稿執筆段階では十分に参照できなかった。
14 小林 (2010 : 52–53) は、1881 年刊行の『哲学字彙』を紹介しているが、本稿の執筆に際しては同文献を参照できなかったので、ここでは国立国会図書館のデジタルコレクション http://dl.ndl.go.jp/info:ndljp/pid/994560/1 で全篇の画像を閲覧できる『補遺哲学字彙』を参照した。
15 subject の訳語としてはじめに「心」が来ているのに驚くが、object の訳語として「物、志向、正鵠、客観、物象」(ibidem : 83) があげられており、「心」と「物」でこれらを対比していることがわかる。しかしながら、mind も「心」(ibidem : 76) と訳されているので、用語の対訳としての完成度には疑問をいだかざるを得ない。
16 英語の language とちがって、フランス語には、体系としての言語をさす langue と、言語活動をさす langage との区別がある。
17 この論述は、2013 年 3 月 18 日、岡山大学文学部で開催された講演会とシンポジウム「ことばと外界認知」の席上で、金子真さん (岡山大学) がくださったコメントにもとづいている。しるして感謝を申し添えたい。
18 小田 (2016 : 43) も、on を I モードによってとらえる可能性を示唆している。本稿では、I モードのなかでもどのような性質であるかを問題としているが、そのなかで述べた「三人称的 (あるいは汎人称的) な理解のしかた」は、小田 (2016 : 40) がいう「on 自体の指示性は限りなく希薄になり、on の対象は発話状況や言語文脈、述語の表す事行をもとに解釈される」という点と相通じるところがあると思われる。

参考文献

Benveniste, Émile. (1974) *Problèmes de linguistique générale*. 1. Paris : Gallimard.
Berque, Augustin. (2016) Nature, culture: trajecting beyond modern dualism. *Inter Faculty* 7 : 21–35. Institute for Comparative Research in Human and Social Sciences. University of Tsukuba.
Burtscher, Michael. (2006) Facing 'the West' on Philosophical Grounds: A View from the Pavilion of Subjectivity on Meiji Japan. C*omparative Studies of South Asia, Africa and the*

Middle East 26-3 : 367–376. Duke University Press.

Cadiot, Pierre. et Nemo, François. (1997) Pour une sémiogenèse du nom. *Langue française* 113 : 24–34. Paris : Larousse.

Condillac, Étienne Bonnot de. (1798 / 1983) *Traité des sensations*. Paris : Fayard.

Descartes, René. (1637 / 2002) *Discours de la méthode*. Saguenay : Université du Québec à Chicoutimi.

Kawabata, Yasunari. (1957) *Snow Country*. Translated by Edward G. Seidensticker. Rutland : Tuttle.

Kawabata, Yasunari. (1982) *Pays de neige,* traduit par Bunkichi Fujimori et Armel Guerne. Paris : Albin Michel.

Lebaud, Daniel. (2016) Réflexions sur l'unité lexicale *sujet* en français contemporain. *Inter Faculty* 7 : 77–99. Institute for Comparative Research in Human and Social Sciences. University of Tsukuba.

Maistre, Joseph de. (1821)*Étude sur la souveraineté,* Lyon : 出版社表記なし.

Paillard, Denis. (2009) Prise en charge, commitment ou scène énonciative. *Langue française* 162 : 109–128. Paris : Armand Colin.

Rousseau, Jean-Jacques. (1762 / 2011) *Du contrat social*. Saguenay : Université du Québec à Chicoutimi.

Toqueville, Alexis. (1835 / 2002) *De la démocratie en Amérique*. 1. Saguenay : Université du Québec à Chicoutimi.

Wieviorka, Michel. (2010)*Neuf leçons de la sociologie,* Paris : Pluriel.

井上円了(1987)『井上円了選集』1. 東洋大学.

井上哲次郎・有賀長雄(1884)『増補哲学字彙』東洋館.

小田涼(2016)「不定代名詞onによる行為主体の希薄化について」東郷雄二・春木仁孝編『フランス語学の最前線4』pp.1–45. ひつじ書房.

小川環樹ほか編(1958 / 1985)『新字源』角川書店.

川端康成(1937 / 2006)『雪国』新潮社.

小林敏明(2010)『「主体」のゆくえ』講談社.

澤田治美編(2011)『ひつじ意味論講座5 主観性と主体性』ひつじ書房.

時枝誠記(1941)『国語学原論(正篇)』岩波書店.

時枝誠記(1955)『国語学原論(続篇)』岩波書店.

中村芳久(2009)「認知モードの射程」坪本篤朗・早瀬尚子・和田尚明編『「内」と「外」の言語学』pp. 353–393. 開拓社.

西周(1960)『西周全集』4. 宗高書房.

春木仁孝(2011)「フランス語の認知モードについて」『言語における時空をめぐって』9 :

61–70. 大阪大学.
本多啓(2009)「他者理解における「内」と「外」」坪本篤朗・早瀬尚子・和田尚明編『「内」
　　　と「外」の言語学』pp. 395–423. 開拓社.
渡邊淳也(2015)「Essuie-tout の意味論」『外国語教育論集』37：75–88. 筑波大学.

「捉え方」の意味論
ダイクシスに関する日仏対照研究[1]

守田貴弘

1　認知言語学のテーゼとダイクシス

　意味とは何か。古くから続くこの問いに対する決定的な答えは未だなく、現代的な言語学では、意味論は命題を意味だと考える理論を中心に発達してきた。この流れに対抗するように現れたのが、意味を話し手による事態把握（construal）や概念化（conceptualization）、あるいは捉え方とする認知言語学である。本稿の目的は、認知言語学的な意味論で使われる「捉え方」という用語で説明しようとするものが何なのかを検討することであり、とりわけ、話し手による捉え方の一種と考えられている「主観的事態把握」や「客観的事態把握」(cf. 池上・上原・本多 2005) の内実を、日本語とフランス語におけるダイクシスの対照を通して明らかにすることを目的とする。より具体的には、日本語とフランス語に見られるダイクシスに関する相違は、そのほとんどが話し手の捉え方として説明すべきものではないこと、そして、主観性あるいは話し手自身の客体化の度合いという意味ではなく、共感度や私的領域をどのように見なすかという意味で、日本語話者とフランス語話者の間には捉え方の違いとしか言いようのない相違があることを示すことが本稿の目的である。

　まず、認知言語学の枠組みにおいて言語を比較することそのものが提起する問題を説明するところから始めていこう。上述のように、認知言語学では言語の意味は話し手による概念化や捉え方そのものであると考えられている。なるほど、真理条件的意味論に対置される形で提示されたこの考えは、

同じ客観的世界に対する異なる表現―たとえば「コップに水が半分もある」と「コップに水が半分しかない」―に認められる相違をうまく説明してくれる。確かに、真理条件という点では同じであっても、話し手による同じ事態に対する2つの評価―不足か充足か―という異なる捉え方が現れている。

このような例に裏打ちされる形で、すべての意味あるいは言語構造そのものには話し手の認識が反映されているという考えがとられることがある。

> 日常言語の表現は、ミクロ・レベルからマクロ・レベルに至るどのような表現であれ、主体が外部世界を解釈していく認知プロセスの反映として規定される。　　　　　　　　　　　　　　　　　　　（山梨 2004: 3）

山梨（2004）では、あらゆる言語表現に話し手の認知プロセスが反映されていることが明確に述べられている。この主張を文字通りに受けとった場合、記号の恣意性すら否定することになり、異なる語彙や統語構造を持つ異なる言語の話者は、異なった方法で外部世界を解釈しているという、極度の相対主義を引き起こすことになる。たとえば、日本語では「雨が降る」と言えるのに対し、明確な主語を立てずに it rains, il pleut, Es regnet などと表現する言語の話者とでは、降雨という現象の捉え方が異なることになってしまう。あるいは、日本語話者であったとしても、「雨が降りそうだね」と日本語で話すときと、学習したフランス語で il va pleuvoir と表現するときでは、同一人物であっても世界の捉え方が変質してしまうという、経験的には何を意味しているのか分からない結論を引き出すことになってしまう。したがって、認知言語学のスローガンとして語られることの多い「意味＝捉え方」というテーゼを、そのままの形で受け容れることはできない。極端な認知主義は対照言語学や類型論という分野の存立基盤そのものを脅かす主張であるため、認知言語学の領域に含まれる対照言語学は、どのような言語表現に、どのような認識が反映されているのかを慎重に判断する必要がある。

どのような言語表現に、どのような認識が反映されているのかという判断を行うにあたり、次の引用には重要な主張が含まれている。

言語の運用との関連で行使されうる人間の認知能力の正確な特徴づけのためには、同じ〈事態〉について、いくつかの違った捉え方、そしてそれに基づいてのいくつかの違った言語化の仕方が可能である場合に、その中のどの言語化の仕方が選ばれるかといった場合への注目も欠かせない。
(池上 2011: 50)

　池上 (2011) の主張には、「同じ〈事態〉について、いくつかの違った捉え方、そしてそれに基づいてのいくつかの違った言語化の仕方が可能である場合に」という限定が加えられている。異なる言語の間であれば、同じ事態を描写するために異なる語を使い、異なる構造にしたがって表現することが普通である。したがって、直接的な比較はできない。だが、コップに水が半分ある状況を指して、日本語で「コップに水が半分 {もある／しかない}」のように対立的な表現が可能であるように、フランス語でも encore (yet) や部分否定 ne‐que を使うことで同等の対立を表すことができる。同じ事態に対して同じように対立する 2 つの捉え方と言えるからである。つまり、捉え方が問題となる言語間の比較にあたっては、同じ事態に対して、各言語において対立する異なる言語化の方法が等しく使用可能であり、なおかつその対立の様相が言語間で同じであるときに (e.g.「も」と「しか」が表す対立と、encore と ne‐que が表す対立が同等であると認められるとき)、捉え方を比べることが可能になると考えられるのである。

　本稿が対象とする言語表現は空間移動表現におけるダイクシスであり、より特定的には、動詞「行く」と「来る」、aller (go) と venir (come) や、それと同等の空間配置を表す視点の含まれた表現「私の方に」「私のところから」や vers moi (toward me), de moi (from me) といった表現である[2]。これに関しては、筆者のこれまでの研究 (cf. 守田 2008, 2012, Morita 2011) によって、日本語とフランス語の間では直示動詞の使用頻度に大きな差があることが明らかになっている。

(1) a. 僕らが食事をしている間にも何人かが<u>入ってきて</u>、何人かが<u>出ていった</u>。

b. Pendant que nous mangions, des gens entrèrent, d'autres sortirent.
   　（While we were eating, some people entered, others exited.）
   　　　　　　　　　　　　　　　　　　（ノルウェイの森，Morita 2011）
（2）a. Dans le ciel, quantité d'oiseaux tourbillonnent et plongent parfois dans les eaux du port pour en ressortir avec dans leur bec l'éclat d'argent d'un poisson.
   　（A lot of birds circle in the sky, sometimes dive into the water of the port, and appear again with shimmering fish in their beak.）
   b. 空にはたくさんの鳥が旋回し、ときおり港の水に潜っては、嘴に銀色に輝く魚をくわえて飛び出してくる。
   　　　　　　　　　　　　　　（La petite fille de Monsieur Linh，守田 2012: 76）

　直示動詞として、日本語には「行く」と「来る」があり、フランス語にはaller と venir がある。日本語とフランス語を翻訳作品に基づいて比較したとき、これらの動詞の使用頻度の差は顕著である[3]。(1)のように、日本語に含まれている直示動詞がフランス語では消失することがあり、(2)のように、フランス語の原文にはなかった直示動詞が加えられることもある。つまり、日本語では直示動詞の頻度が高く、フランス語では低いのである。この結果を認知言語学的に解釈するならば、これらの違いは日本語話者による主観的事態把握とフランス語話者による客観的事態把握の違いに帰せられることになる。第 2 節で詳述するように、ダイクシスのような話し手の視点を含んだ表現は主観的なものだと考えられているからである。
　しかし、このように即断することはできない。「行く」で表される事態と「私のところから」といった表現が同じ事態に対する交換可能な 2 つの捉え方であるかどうかという検討は必要であり、日本語で「来る」が使われる事態に対して、同じようにフランス語でも venir の使用が可能かどうかも分析を要する問題だからである。さらに、「同じ〈事態〉について」という部分でも、翻訳作品だけを元に認知プロセスを決定するのも不十分だろう。一定の表現傾向を見出すことは可能であるが、どのような事態を想起した上で翻訳がなされているのか、定かではないからである。これも第 2 節で説明する

ように、本稿では、同じ実験映像ビデオを用いた発話実験を行った上で、つまり、同じ知覚内容に基づいて、フランス語話者と日本語話者がどのように事態を言語化するのかという観点から分析を進めるという手法をとる。

改めて本稿の目的をまとめておく。認知言語学ではダイクシスを主観的表現だと考えることが一般的であり、その頻度の高い日本語は「主観的な言語である」という主張がなされることがある（cf. 池上 2003, 2004, 2011, Uehara 2006, 上原 2011 など）。そして、その主張と対置させるならば、ダイクシスの表現頻度が（これまでの研究によれば）低いフランス語は「客観的な言語である」という結論が導き出されることになる。本稿の目的は、実験的手法を用い、ダイクシスの表現に関して日本語とフランス語を比較することで、この結論の正しさを検証することであり、さらに、このように意味を話し手の捉え方とする言語観の内実を、少なくともその一端において明らかにすることである。

以下、第 2 節では、Uehara (2006) によって提唱されている主観性の類型論を概観し、その問題点を確認した上で、実験方法および実験結果を提示し、日本語とフランス語の間にはダイクシス表現の頻度だけではなく、その表現方法においても大きな相違があることを明らかにする。第 3 節では、実験結果によって明らかになった相違をいかに解釈するべきか、話し手から離れるとき (andative)、話し手に向かうとき (venitive)、そして話し手に中立的な方向 (neutral) の 3 つの場面に分けて分析する。日本語とフランス語の間においては多くの場合、言語構造からの制約によって表現頻度ならびに表現方法で違いが発生することを明らかにし、さらに、場の共有／非共有を表すという直示動詞が担う機能については、日本語話者とフランス語話者の間で異なる捉え方がなされている可能性があることを議論していく。

2 主観性の類型論とその問題

本節ではまず、言語学的研究として主観性およびダイクシスが最初に問題とされた Lyons (1977, 1982) から、認知言語学の枠組みでダイクシスを考える上で必要となる Langacker (1985, 1990) による主観化 (subjectification) の考

え方、そしてこれらを継承する形で提唱された Uehara（2006）による主観性の類型論を概観する。この主観性の類型論に依拠しながら、日本語とフランス語の対照研究としてダイクシスを扱うときに検討すべき点を洗い出し、真に話し手の捉え方に帰すべきダイクシスの現象はどのようなものなのかを実験結果に則して特定していくことにする。

2.1 表現の義務性と主観性の類型論

　一般的に、主観性は2つの方向性で理解されていると思われる。1つは秘私的なものであり、日本語の感情表現では人称制限がかかることなどを代表例として挙げることができる（Kuroda 1973, Iwasaki 1993 など）。「（私は）うれしい」が許されても、「{あなたは／彼は} うれしい」が許されないといったタイプの現象を理解するときに用いられる理解の仕方であり、話し手にしか把握できないものとしての主観性である。

　もう1つは、話し手の言語的現れという意味での主観性であり、話し手が言語表現の中に現れる場合に主観性を帯びていると考える方向性である。直接的には自己言及、すなわち「私」、moi, I といった形で現れるものであり、「行く」「来る」「やる」「もらう」といった動詞や、aujourd'hui（today）, ici（here）のように、話し手が直接的に言語化されるわけではないが、意味解釈のためには話し手の視点を考慮する必要のある表現、すなわちダイクシスが対象となる。

　Lyons（1982）は後者の意味での主観性に議論を限定した上で、言語間の比較につながる、すなわち、主観性の類型論や相対性仮説にも通じる問いを立てている。

> The notion of locutionary subjectivism which I am operating presupposes no more than the following: (i) that term 'self-expression' is to be taken literally and cannot be reduced, theoretically, to the assertion of a set of propositions; (ii) that there is a distinction to be drawn, in the structure and use of language, between a subjective component in which the speaker (or, more generally, the locutionary agent) expresses himself and an objective component comprising

a set of communicable propositions. （Lyons 1982: 105）

そもそも、話し手が何か述べるのであれば、そこには事態を把握し、表現する主体の存在が不可欠であり、その存在は何らかの主観的表現を使えば言語的に現れることのできるものである (cf. Recanati 2010)。その意味では、どのように客観的だと思われる表現であっても主観性が含まれると考えることができるわけだが、この引用の (i) はそのような意味での主観性は排除し、あくまで自己表現が含まれる表現に限定して話を進めるという主旨である。(ii) は伝達・交渉可能な命題を含んだ客観的部分と主観的な自己表現部分に区別する必要があるということである[4]。

この区別に立った上で Lyons が立てているのは次の問いである。

A further question that I explicitly raise, in connection with (ii), is whether different natural languages differ in respect of the degree of subjectivity that they impose upon their users. （Lyons 1982: 105–106）

自然言語がその話し手に課す主観性の度合いは言語によって異なるのかどうかという問いであり、Lyons 自身の答えは肯定的なものとなっている。

この主観性の度合いを測定するにあたって Lyons (1982) にもいくつかの主観性の段階が挙げられているのだが、ここでは本稿が目的とする対照言語学と親和性の高い、主観性の類型論という形で Lyons の議論を継承している Uehara (2006) による測定基準を紹介しよう。言語ごとに主観的な表現を必要とする度合いが異なるとき、その主観性を測定する適切な基準を用いることで言語間の比較が可能となる。その基準とは次の2つである。

(3) a. how subjectively certain events/entities are construed.
　　b. how obligatorily/preferentially/typically subjective expressions are used.
（Uehara 2006: 178）

(3a) の前に (3b) を説明しておこう。これは主観的表現が使われる義務性、

選好性あるいは典型性に関わる基準であり、要するに言語表現の頻度として理解できるものである。この基準は「使わなければならない」「使われるのが好まれる」「普通は使われる」ということに他ならず、問題となっているのは義務性の度合いであって、言語表現の頻度として計測可能である。ある傾向を測定するときに頻度が重要な基準であることは議論を俟たないものであり、主観的表現の頻度が高ければ、その言語はより主観的だということになる。

話し手の捉え方がより強く関与するのが(3a)の基準である。これは主観性の度合いそのものに関する基準であり、主観性をどのように測定するのかという方法が問題となる。そこでUeharaは、Langacker(1985)の図式に基づき、主観的な表現から客観的な表現を3段階に分けることで、当該言語表現の主観性を測定しようとする。

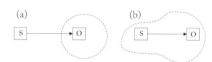

図1　認知文法における主観化
(Langacker 1985: 127)

(4) a. non-reference to the ground (he went to Bill「彼がビルのところに行った」)
　　b. explicit reference to the ground. (he came to me「彼が私のところに来た」)
　　c. implicit reference to the ground. (he came「彼が来た」)

(Uehara 2006: 78)

図1において、Sは主体(Self)、Oは他者(Others)、矢印は注意が向けられる方向、そして点線で囲まれた領域は注意が及ぶ範囲あるいは潜在的に言語化される領域を意味している。図1(a)では主体と他者が明確に区別され、注意が及ぶ範囲に主体は含まれていない。つまり、主体が自己を意識していない状況であり、Oは最大限に客観的である。これに対し、図1(b)では観察者と被観察者の区別があいまいであり、観察者は自身が注意を向けている

場に没入している状況にある。このとき、観察者は観察する者であると同時に観察される対象でもある。ダイクシスを解釈するときに話し手の視点が組み込まれる様相がこの図に該当する。

　Uehara (2006) は、図1に示された観察者の地位を反映した例文および主観性の基準として (4a–c) を示している。すなわち、言語表現としてもっとも客観的 (＝話し手が主体性を最大限に保持している) だと考えられるのは主体と客体が分化されている (4a) であり、図1(a) に対応する。そして、もっとも主観的な表現と考えられているのは、主体と客体が未分化であり、話し手が言語化されることなく、主語の指示対象の移動先が話し手であることが了解できる (4c) のようなケースである。(4b) は話し手が自身を客体化・言語化している場合であり、主観的表現と客観的表現のちょうど中間に位置する表現だと考えられている[5]。

　これら2つの基準にしたがって日本語とフランス語を比較するならば、(4a–c) のうち、どのタイプの表現がどの程度の頻度で表されるかという基準によって、言語の主観性、ひいては話し手による事態把握の仕方が評価されることになる。実験へと議論を進めていく前に、これらの基準を日本語とフランス語に適用する可能性を検討しておこう。

2.2　捉え方の相違に帰せられる言語表現上の相違とは何か

　Uehara (2006) の基準にしたがうとき、言語表現上の相違は主観化の度合いの違いとして説明されることになる。Langacker の図式にならっている以上、その主観化の度合いとは、Lyons が述べている「言語が課している表し方」としての主観性というものではなく、「話し手による事態の捉え方」として理解すべきものだと考えられる。

　ここで、主観性の度合いを示す英語の例を再掲し、この基準の適用可能性を検討しておこう。

(5) a. He went to Bill.
　　b. He came to me.
　　c. He came.

空間移動という事象全体を考えたとき、(5)の対立に現れている移動を構成する概念は非常に少ない。Talmy (1991, 2000) の移動表現の類型論では、移動の構成概念として、少なくとも移動の事実 (Motion)、移動主体 (Figure)、基準物 (Ground)、経路 (Path)、そして移動に付随する様態 (Manner) に代表される共イベント (Co-event) が挙げられている。これらの構成概念のうち、(5) に現れているのは移動主体と経路、基準物、そして経路の下位要素だとされるダイクシスのみである。一方、フランス語においては、動詞で表される移動の構成概念には、少なくとも移動の事実に加えて経路 (entrer (enter), sortir (exit), etc.)、ダイクシス (aller (go), venir (come))、様態 (marcher (walk), courir (run), etc.) があり、さらに、これらがフランス語においては1つしかない動詞スロットをめぐって競合を起こす可能性がある。(5) に現れている移動概念だけで、どのような主観的表現が優勢になるのかを決定することは難しいという問題があるのである。

　実際、中間的な主観的表現 (5b) または主観的表現 (5c) が表す事態に対応する表現として、フランス語では他の経路や様態などが加わることが考えられる。さらに、話し手の視点を表す表現も動詞 venir や前置詞句 vers moi だけではなく、その他の迂言的表現として現れる可能性もある。

(6) a. Il est venu vers moi.
　　　(He came toward me.)
　　b. Il est venu.
　　　(He came.)
　　c. Il est arrivé vers moi.
　　　(He arrived toward me.)
　　d. Il a {marché/couru} vers moi.
　　　(He {walked/ran} toward me.)
　　e. Il a monté les escaliers pour me rejoindre.
　　　(He ascent the stairs in order to join me.)
　　f. Il est entré dans la salle où je me trouvais.
　　　(He entered the room where I was.)

g. Il est monté au 10ème étages (où se trouve mon bureau).
　　　(He rose to the 10th floor (where my office is).)

(6) に挙げた例は考えられる言語表現の一部に過ぎない。(6c–g) の表現は特定の経路や様態を組み込んでいるわけだが、これらの例文が表す客観的事態は、言語化の対象となる概念を限定することによって、(6a) や (6b) のように表現されてもおかしくないものである。

　(6c–g) では主動詞の位置で arriver, monter, entrer, marcher, courir といった動詞が使われており、このとき、話し手に向かうという方向は前置詞句 vers moi で表現することもあれば、pour me rejoindre といった目的節、あるいは où je me trouve のような関係節で表すこともできる。逆に言うならば、フランス語では、主動詞に venir を選択せず、動詞でその他の経路や様態を表現した時点で、グラウンドを明示的に参照する、代名詞を使った表現しか使えないという制約が発生する。ジェロンディフの形 en venant (coming) であっても venir を使うことができないからである。

(7) a.*Il a {marché/couru} en venant.
　　　(He {walked/ran}, coming.)
　　b.*Il a monté les escaliers en venant.
　　　(He ascent the stairs, coming.)
　　c.*Il est entré dans la salle en venant.
　　　(He entered the room, coming.)
　　d.*Il est monté au 10ème étages en venant.
　　　(He rose to the 10th floor, coming.)

「話し手のいるところに来るついでに、{どこかを／相当な距離を}{歩いた／走った}」といった文脈があれば、あるいは (7a) などは容認可能かもしれないが、ふつうには解釈が難しい文である。

　つまり、主動詞で表すべき移動の構成概念の間で競合が発生したとき、場合によっては話し手の視点を venir 以外で表現するしかないという制約がフ

ランス語には加わるということである。これは、言語の対照を目的としたとき、Ueharaの基準には、「意味的あるいは統語的な制約により、implicitに表現しようと思ってもexplicitにしか表現できない」という事情を汲み取ることができていないという問題があることを示している。このような言語的な制約があるときに、言語表現の違いを説明するために話し手の事態に対する捉え方を説明原理に使うことはできないだろう。さもなければ、言語決定論に陥ることになってしまう。

　これとは逆に、ある主観的表現が義務的であるとき、その言語が自動的に主観的だと判断することにも疑問がある。日本語の「来る」の使用に関しては、3人称や2人称から1人称へ行為が向けられるときに使われる逆行態（inverse）としての用法が主張されているからである（cf. Shibatani 2003, 2006, 古賀 2008。また、この見方に対する部分的な反論としては澤田 2013 参照）。

（8）a. 友達が電話をかけ{*た／てきた}。
　　　b. 母が荷物を送っ{*た／てきた}。

（8）において、話し手が行為の受け手であるならば「来る」を省くことはできない。ヴォイスの表現として必須であるならば、ここに話し手の主観的な事態把握という側面を読み込む必要があるとは考えられない。フランス語であれば un ami m'a téléphoné (a friend called me), ma mère m'a envoyé un colis (my mother sent me a parcel) のように与格代名詞 me で表現されるこの行為の方向性が、日本語に比べて客観的だとすることにも無理が生じることになる。これらは確かに表し方が異なっている。そして、この表し方の相違を主観性の度合いとして類型化することもできるだろう。だが、このような義務的表現に関しては、当該言語の文法に課された制約であって、話し手による世界の捉え方といった認知的性質とは異なると考えざるをえない。そうでなければ、異なる言語の文法にしたがっている話者はみな、世界の認識のあり方が異なるという、言語決定論につながってしまうからである。

　認識の相違に関与すると考えられるのは、次のような場合である。

（9）　相手はフォーメーションを変え{た／てきた}。

無標のタ形は客観的な事態の描写として理解できるのに対し、「来る」が使われると、その事態によって話し手が影響を受けていること、あるいは話し手に関係のある事態として受け入れていることを読み取ることができる。ここでは「相手チームがフォーメーションを変えた」という事態をどのように表現するかという選択があり、話し手の捉え方の違いに結びつく相違があると考えることができる。

　ここまでの検討から、主観的表現、あるいは準主観的表現の頻度に基づいて言語の対照を行うとき、注意しなければならない方法論的要請として以下の3点を挙げることができる。

(10) a. 真理条件的に等しい事態を描写するときに2つの言語の間にどのような違いがあるか。
　　 b. 文法的な適格性のためにある表現が義務的であるとき、話し手による捉え方と考えることはできない[6]。
　　 c. 同一事態に対するある1つの表現ともう1つの異なる表現のうち、どちらを使うかという選択が自由であるとき、話し手による捉え方が反映されていると考えることができる。

真に話し手による捉え方の違いとして考えるべきものは、「表現しようと思えば文法構造上できるが、しない」あるいは「表現しなくても文法構造上の問題はないが、する」といった、選択の意志が反映されるものに限定するべきだということである。以下では、この条件を考慮した上で、日本語とフランス語のダイクシスの間で認識の相違と考えられるものはどのようなものかを分析していくことにしよう。

2.3　実験方法

　以上の対照分析のための条件を踏まえた上で、本稿では、ビデオクリップを用いてフランス語話者(26名)と日本語話者(22名)に対する発話実験を

行った[7]。27本のビデオクリップを見せ、その内容をフランス語と日本語で描写してもらうという内容である。見た内容を言語化するにあたり、ダイクシスに影響を与える可能性があるため、被験者には登場人物が自分の友人であると見なすように指示している。しかし、その他の指示、たとえば描写に使う表現の長さや「この点については言及するように」といった指示は一切与えていない。

その他の実験・分析手順は以下の通りである。
・言語による描写は各クリップの提示後に行っており、被験者の記憶に基づく発話となっている。
・被験者一人ずつ実験を行い、各発話を録音・書き起こししたものをコーパスとした。
・書き起こした発話のうち、移動に関与する部分に関して、どの統語要素がどの意味を表しているのかという観点からタグ付けを行い、表現頻度を計算した。

1つのクリップはそれぞれ3種類の経路、様態、方向の組み合わせで構成されている。クリップの構成は表1の通りである。

表1 ビデオクリップの構成

経路	様態	方向
TO（道、話し手または路上の自転車が着点）	Walk	Andative（話し手から離れる）
INTO（公園内の休憩所が着点）	Run	Venitive（話し手に近づく）
UP（野外にある石階段を上る）	Skip	Neutral（話し手に中立的）

これ以降の分析は以上の方法と素材にしたがって収集した発話データに基づいており、このデータに含まれる話し手の視点が現れている表現を分析対象とする。特に断りのない例はすべて実験で収集された実例である。

厳密にダイクシスと呼べるのは直示動詞である aller, venir,「行く」、「来る」しかないが、(6) に示したように、話し手と移動主体の位置関係を表す表現はこれらに限定されない。そのため、後述するように、目的節や関係節、特に話し手の視点が現れる前置詞句表現は頻度も高く、また Uehara (2006) による主観性のスケールとしても中間的なものとして扱われている

ため、分析対象に含めることにする。

2.4　実験結果

まず、フランス語の実験結果を示すことにしよう。表2は、各方向の移動について、話し手の視点が現れていると考えられる表現形式の割合を示しており、パーセントは各方向に対する全トークン数234（各方向のクリップ数9×被験者数26）に対する割合である。そのため、1人の話者が2回以上、該当する表現を使った場合には総数が100%を超えることになる。表中のverbeはallerまたはvenir、pronomはmeまたはmoi、Pは前置詞であり、périphrastiqueは、移動前の状況や移動目的を説明するなど、移動の描写そのものではないが、結果的に話し手の視点を理解できるような迂言的表現を意味する（例15–17参照）。

表2　フランス語のダイクシス表現の頻度

	Verbe	P+pronom	Pronom	Périphrastique	Total
Andative	8.5% (N=20)	9.8% (N=23)	6.0% (N=14)	**35.9%** **(N=84)**	60.3% (N=141)
Venitive	19.7% (N=46)	**62.4%** **(N=146)**	27.4% (N=64)	29.5% (N=69)	138.9% (N=325)
Neutral	9.4% (N=22)	0.9% (N=2)	15.0% (N=35)	**30.3%** **(N=71)**	55.6% (N=130)

表2からは、全体的な傾向として、話し手に近づくという方向が無視されることはなく、むしろ多重に表現されることが多いのに対し、話し手から離れるときと中立的な移動のときには、話し手との位置関係は4割程度無視されることが分かる。

ここからはさらに、使用された形式が具体的にどのようなものであり、それらがどの方向を表すときに優勢な形式だったのかを確認しておこう。まず、動詞である。直示動詞であるallerとvenirの使用は、もっとも頻度の高いvenitiveのときでも19.7%にとどまり、使用頻度としては非常に低い。

(11) a. Elle va dans le kiosque.

(She goes into the kiosk.)
    b. Il vient en courant dans le kiosque.
        (He comes into the kiosk, running.)

　(11a)のように aller が使われていれば、移動主体が話し手のいる方向には向かっていないことが分かり、(11b)のように venir があれば、話し手に近づいていることになる。話し手を言語化しない主観的な表現は、表2が示すように、それほど使われないという結果である。
　話し手を言語化し、移動主体との位置関係を表すのが代名詞を使った用法であり、方向によって頻度に違いはあるが、すべての方向で観象されている。

(12)　andative
    a. Une amie monte les marches d'un escalier en s'éloignant de moi.
        (A friend ascends the flights of a stair, moving away from me.)
    b. Mon ami court, de moi vers l'intérieur du lieu de détente.
        (My friend runs, from me toward the inside of the rest house.)
(13)　venitive
    a. Il y a une amie qui marche sur ce chemin et qui arrive vers moi en marchant.
        (There is a friend who walks on this road and arrives toward me, walking.)
    b. Un ami sautille sur un chemin dans ma direction.
        (A friend hops on a road in my direction.)
(14)　neutral
    a. Une ami passe devant moi, en marchant, dans un chemin.
        (A friend passes in front of me, walking on a road.)
    b. Mon ami est passé devant moi en sautillant pour entrer à l'intérieur.
        (My friend past in front of me, hopping, in order to enter the inside.)

　話し手から離れるとき、話し手の位置は(12a)のように en s'éloignant de moi (moving away from me)という形で現れることが多く、ほとんど使われる

ことはないが、vers とセットであれば（12b）のように de moi（from me）が使われることもある。話し手に近づくときには（s'approcher）de moi（(approach) to me）や vers moi, dans ma direction（in my direction）といったいくつかの形式があり、中立的な移動のとき、形式は devant moi（in front of me）にほぼ限定される[8]。これらはすべて、代名詞で話し手が言語化されている点で共通しており、Uehara のスケールでは中間的な主観性を帯びた表現である。表2からは、話し手に近づくときには直示動詞 venir ではなく vers moi が圧倒的に多いことが分かるわけだが、これが話し手による主観化の度合いによって生じるものなのかどうかは検討が必要である（3.2 参照）。

話し手から離れるとき、そして中立的な移動の場合にもっとも多いのは迂言的な表現であり、これらも代名詞による話し手の言語化を伴うものである。

(15) andative
 a. Je suis avec un ami en bas d'un escalier. Il me regarde, et puis il saute…il monte les escaliers en sautillant, les escaliers deux par deux…
 (I am with a friend at the bottom of a stair. He looks at me, and he hops…he ascends the stairs hopping, two steps by each hop…)
 b. Mon ami me salue, et monte les escaliers en me laissant en bas.
 (My friend greets me, and ascends the stairs, leaving me at the bottom.)

(16) venitive
 a. Une amie entre dans le kiosque dans lequel je me trouve.
 (A friend enters the kiosk in which I am.)
 b. Je vois mon ami monter les escaliers pour me rejoindre.
 (I see my friend ascend the stairs in order to join me.)

(17) neutral
 a. Un ami monte les escaliers en courant, alors que l'escalier est parallèle à moi.
 (A friend ascends the stairs running, while the stair is parallel to me.)
 b. Je suis à côté d'un escalier, je vois mon ami qui le monte en trottinant et qui me regarde.

(I am next to a stair, I see my friend who ascends the stair hopping, and who looks at me.)

(15a)には直接的に話し手の視点を表す表現は現れていない。だが、移動前の位置を説明し、移動主体が階段を上ったことを描写することで、結果的にandativeであることが理解できる。同様に、着点に話し手がいること(16a)や、移動の結果として話し手と合流すること(16b)を描写することにより、venirやvers moiと同様に位置関係を説明することができる。中立的な移動についても、(17)のように経路との位置関係を描写することで、移動方向が話し手にとって中立的であることを伝えることができる。

複合動詞や複雑述語といった形式を持たないフランス語では、動詞で表すことのできる概念は1つの節で1つに限定される。そのため、全体的な傾向に対する説明としては、代名詞を使った中間的な主観性表現あるいは迂言的な表現が増加すると考えることができる。

さらなる分析が必要となる点を特定する前に、日本語の結果を確認しておこう。表3がそのまとめであり、パーセントの表示はフランス語の結果と同様に、全トークン数198(各方向のクリップ数9×被験者数22)に対する割合となっている。表中の「動詞」は「行く」と「来る」、「代名詞表現」は「私の方に」「私のところから」のような、代名詞と形式名詞および助詞からなる表現を指す。「迂言的表現」はほとんど見られないが、「私の前にいた友人が……」「私の前で止まった」のように、移動前の位置や移動後の位置関係を示す表現である。

表3 日本語のダイクシス表現の頻度

	動詞	代名詞表現	迂言的表現	合計
Andative	**99.0%** (**N=196**)	6.1% (N=12)	6.6% (N=13)	111.6% (N=221)
Venitive	**100.5%** (**N=199**)	**41.4%** (**N=82**)	11.1% (N=22)	153.0% (N=303)
Neutral	**87.9%** (**N=174**)	4.5% (N=9)	6.1% (N=12)	98.5% (N=195)

表3からは主要な表現方法が2つあることが分かる。1つはすべての方向に関して優勢な直示動詞の使用であり、もう1つはvenitiveのときに一定数現れる、代名詞を含んだ表現である。

(18) a. 友人が自転車の方に歩いていった。
　　 b. 友人がスキップをして休憩所に入ってきた。
　　 c. 友人が自転車の方に駆け寄っていった。
(19) a. 友人が私のところから自転車のところまで走っていきました。
　　 b. 友人はスキップしながら私の方にやってきました。
　　 c. 友人は私の前を走り過ぎて自転車のところにいきました。

(18) (19) のそれぞれにおいて、a は andative、b は venitive、そして c は neutral の状況で使われた発話である。「来る」が使われている b では venitive だということが明らかであるのに対し、話し手に向かう移動を表さない「行く」は a でも c でも使うことができるため、発話だけでは方向の区別がつかないという特徴がある。代名詞が使われた (19a, c) ではこのあいまいさが解消されることが分かる。また、(19) では代名詞表現が使われているが、直示動詞も同時に使われており、多重に方向を表現する結果となっている。

　日本語の実験結果は非常にシンプルであり、複数の節にまたがる描写や迂言的な表現は少ない。直示動詞の使用率がほぼ100%であることからも、様態(「歩く」「走る」「スキップする」)や経路(「入る」「寄る」など)が使われていても、主要部では直示動詞が使われており、結果的にダイクシスを含んだ複雑述語で表現することがほとんどであることが分かる。

　フランス語の結果と比較するとき、両言語の対立点は以下の相違の中にあると言うことができる。

(20) a. 主観的表現である直示動詞が優勢の日本語と、中間的な主観的表現である代名詞表現が優勢なフランス語の間で、話し手の捉え方に違いがあるのか(同一事態に対する異なる概念化のあり方と言えるのか)。

b. 捉え方の相違ではないならば、直示動詞と代名詞を含んだ表現は完全に等価だと言えるのか。等価でないならば、何が異なっているのか。

知覚した映像は同じものであり、その表現の仕方と頻度には明らかに相違が見られる。(20a) は、果たしてこの相違が日本語話者とフランス語話者の同一事態に対する捉え方の違いを反映したものなのか、それとも言語から適格な文として求められる要請に過ぎないものなのかを分析する必要があるということである。(20a) の検討の結果、捉え方の相違ではないという結論になったとしても、(20b) 動詞を使った話し手の視点表現と代名詞を含んでいるときで、まったく等価な表現だと言うことができるかどうかという点も検討しなければならない。第 3 節では、この 2 つの点に着目して、各方向を描写した表現を分析していくことにしよう。

3 分析

ここからは、andative, venitive, neutral それぞれの移動について日本語とフランス語の間で観察された違いを分析することで、それらが話し手による事態の捉え方と言える相違なのか、単なる文法的要請に基づくものと考えるべき相違なのかを検討していくことにしよう。日本語とフランス語の間で表現頻度の大きな相違をなし、Uehara (2006) でも主観的表現と準主観的表現の違いを構成している、直示動詞と代名詞を含んだ話し手の視点表現がもたらす違いが何を意味しているのかが焦点となる。

3.1 方向に関する厳密性─andative の場合

話し手から離れる移動においては、日本語話者とフランス語話者の表現は明確に異なっている。日本語では「行く」が必ず使われるのに対し、フランス語では aller がほとんど現れることなく、話し手から離れるという側面は代名詞を使った表現や迂言的な状況説明に託されるという違いである。この相違を話し手による捉え方の相違と考えるならば、極端な場合には「日本語話者にとっては話し手から離れることが重要であるのに対し、フランス語話

者ではそうではない」という結論となり、主観化の理論に則しても「話し手自身の客体化の度合いが異なる」という結論となる。果たして、このような捉え方に基づく説明は正しいのだろうか。

　まず、極端な言語決定論を引き起こすような結論は明確に否定できるだろう。フランス語では、動詞でダイクシス以外の概念を表すと、話し手から離れることを表現しようにも直示動詞 aller を使うことはできなくなる。言い換えるならば、着点以外の経路を要求しないという意味で、経路や様態という点では無色透明な移動を表す aller を使う以前に、様態や経路を動詞で表現しようとした時点で、aller を使うことはできなくなる。そして、この制約を補おうとするならば、「話し手から離れる」という方向性は他の手段、前置詞句や迂言的表現、ジェロンディフなどを使って表現せざるを得なくなる。

(21) a. Une amie monte les marches d'un escalier en s'éloignant de moi.　　(=12a)
　　　 (A friend ascends the flights of a stairs, moving away from me.)
　　 b. Mon ami me salue, et monte les escaliers en me laissant en bas.　　(=15b)
　　　 (My friend greets me, and ascend the stairs, leaving me at the bottom.)

このような表現は明らかに文体として重いものである。単文で表現できる日本語に比べて、節に相当する表現を複数産出するのはコストが高く、日本語に比べて頻度が低くなることは不思議ではない。また、重くなってもこのように表現しようとする被験者が一定数（およそ52%）はいることを考えるとき、日本語話者と比べて「話し手から離れる移動を認識していない／重要視していない」という結論を引き出すことには無理があるだろう。

　では、話し手自身の客体化の度合いが異なるという可能性はどうだろうか。もし、話し手による認識次第で、直示動詞を使った表現でも代名詞を使った表現でも自由に選択できるのであれば、日本語でもフランス語のように直示動詞を使わない表現が可能となるはずである。しかし、この操作は奇妙な文を生み出すことになる。

(22) a. ?友達が私から離れて階段を上る。
　　 b. ?友達が私にあいさつし、私を下に残して階段を上る。

　(22)は(21)で表されている概念をできるだけ同じ統語要素で表した例である。それぞれ非文とは言えないが、(22a)であれば「私から離れるように階段を上っていった」あるいは「私から離れる」などと言わずに「上っていった」のみで表現し、(22b)でも「私を下に残して階段を上っていった」のように、やはり「行く」を補った方が自然である。(22)がもたらす不自然さの理由を、客体化の度合いを一段階上げたことによる捉え方の変化に求めてしまうと、必然的に「日本語話者はそのような捉え方をしない／できない」という認知的説明をすることになり、言語を観察するだけでは明らかにできない問題が発生する。ここで確かに言えることは、「日本語では、そういう言い方をしない」という言語的制約であり、話し手の捉え方次第で表現形式を自由に変更することはできないということである。
　では、動詞を使う日本語と代名詞表現を中心とするフランス語の間で何も違いはないのだろうか。実は、捉え方の問題以前に、意味的に大きな差があると考えられる。その違いが明確に分かる例として、経路をINTOの状況に限定することにしよう。

(23) a. Mon ami court, <u>de moi</u> vers l'intérieur du lieu de détente.　　(=12b)
　　　 (My friend runs, <u>from me</u> toward the inside of the rest house.)
　　 b. 友達が走って休憩所に入って<u>いき</u>ました。

　(23a)のように代名詞があるとき、この表現は中立的な移動のときとは明確に区別される。それに対し、代名詞を含まない(23b)の表現は、話し手から離れるときだけではなく、中立的な移動の描写としても使うことができるという特徴を持っている。図示するならば、次の違いである。

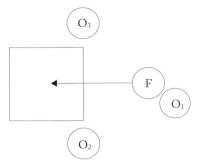

図2　de moi と「行く」の相違

フランス語で en s'éloignant de moi といった表現を使うとき、話し手（O, Observer）の視点の取り方として許されるのは移動主体（F, Figure）と接近した地点 O_1 だけである。日本語の「行く」を使うとき、視点の位置は O_1 だけではなく、O_2 でも O_3 でも許容される。「来る」で表される領域に含まれていなければ可能な視点の位置は無数にあると考えられるのである。これはつまり、実験映像で示したように O_1 の視点をとっているときには (23) の2つの表現は同等だと考えることができるものの、産出された文のみに着目したとき、これらの文の真理条件は異なっているということに他ならない。

　代名詞表現を使うとき、話し手は客観的状況に組み込まれることになり、命題の構成要素に入る。話し手が言語化されない「行く」では、代名詞表現と同じ視点を取ることも可能だが、それ以外の可能性も残されており、方向に厳密ではない。話し手が自身を客体化するかどうかという認識面は検証不可能であり、日本語では (22) のような言い方が不自然であることから、認識による影響は疑わしいと思われるが、結果的に現れた代名詞による話し手の言語化／非言語化にはこの意味的な違いがある。

　直示動詞の表すものが〈話し手と場を共有しないこと〉であると考えれば、日本語話者とフランス語話者は意味的に異なる表現によって同じ事態を描写しようとしていると考えることができる。

(24) a. フランス語：話し手から離れる方向（言語化）→ 話し手と移動主体が

　　　　　場を共有しない（推論）
　　　b. 日本語：話し手と移動主体が場を共有しない（言語化）→ 話し手の方
　　　　　向には向かっていない（推論）

　視点が固定されるかどうかという相違はあるものの、このような言語化と推論的理解のプロセスを経ることで、同じ事態に対する同等の描写として理解できる。
　ただし、フランス語については説明しなければならない問題が残されている。主動詞をめぐって複数の概念が競合し、この競合に負けた概念はその他の手段で表現されるという制約は確かにある。しかし、「では、その競合においてなぜ経路や様態が優先されて、直示動詞が表す〈場を共有しない〉ことが優先されないのか」という問題は説明を要する。視覚的に際立っている様態や経路による影響も考えられるが、andative のシーンで aller が使われた 20 例の中で、明確な傾向があるわけではない[9]。ここでは、フランス語話者においては、直示動詞が表す〈場を共有しない〉ことが言語化するほどには重視されない可能性があるという仮説を提示するにとどめ、この問題については 3.3 で戻ってくることにしよう。

3.2　場の共有の明示と暗示―venitive の場合

　話し手に向かう移動のとき、主観的な表現である直示動詞の頻度と、中間的な主観的表現である代名詞表現の頻度が日本語とフランス語でちょうど対称的な結果となっている。すなわち、日本語では「来る」が venitive の中心的な表現方法であり、「私の方に／へ」や「私に向かって」といった代名詞表現はそこまで多くないのに対し、フランス語では vers moi がもっとも多く、venir の使用頻度はそれほど高くないという結果である。この差はどのように説明できるだろうか。
　まず、andative のときと同様、フランス語では複数の動詞を同時に使うことができないという厳しい制約がある。

(25) a. Je suis dans un lieu de détente, un ami qui était à l'extérieur cours <u>vers moi</u>

pour me rejoindre à l'intérieur.
（I am in a rest house, a friend who was outside runs toward me in order to join me inside.）
b. Il monte les escaliers vers moi.
（He ascends the stairs toward me.）

(25a)では courir、(25b)では monter が主動詞として使われており、このとき、他の概念を表すために動詞を使うことはできない。(25a)では un ami cours en venant にすることはできず、(25b)でも il monte les escaliers en venant は奇妙である。動詞としてある概念が表現されてしまうと、他の概念を表すには別の方略を使わなくてはならず、「走って入って来る」「上ってくる」のように複雑述語を備えた日本語にはない制約がフランス語にはある。表現するにも選択の自由がないとき、そこに話し手による捉え方を読み込むことはできない。

日本語にも表現を選択する自由がないという制約がある。この方向の移動においては「来る」を省くことができないからである。

(26)a. 友人が休憩所の中に{走ってき／*走り}ました。
b. 階段の下にいた友人が私の方に{上がってき／*上がり}ました。

andative のときにも「行く」を省くことで少しの不自然さが発生したが、venitive のときには容認不可能なレベルになると思われる。さらに、(26b)で

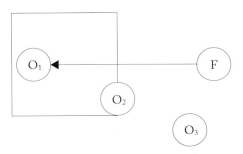

図3　vers moi と「来る」の相違

は、「私の方に」という代名詞表現があるが、これだけでは不十分であり、必ず「来る」を加える必要がある。代名詞表現と直示動詞の違いが話し手の客体化の度合いなのであれば、話し手の捉え方次第でどちらの表現を使っても容認されそうだが、そうではない[10]。義務性の作用する方向が異なるものの、フランス語で直示動詞が使えないことと同様に、日本語で「来る」が必須であるのも義務性の反映である。やはり、ここに捉え方の問題を持ち込むことは適当ではない。

では、動詞による venitive の表現と代名詞による表現で違いはないのだろうか。この問題に関しては、andative の表現方略(24)と対称的に考えることができる。議論の簡便さを目的として再び経路を INTO に固定して説明するならば、「来る」あるいは venir の使用を可能にする話し手の視点は、vers moi や「私の方に」といった代名詞表現を許容する位置よりも広い範囲に位置することができると考えられる。

図3において、vers moi や「私の方に」といった代名詞表現を許容するのは話し手の視点が O_1 にあるときに限定される。話し手が言語化され、方向が明示されたときには実際の移動が矢印に合致していなければならない。しかし、直示動詞を使うときにはこの制限が大幅に広がると考えられる。休憩所の中と外の境界の位置 O_2 であっても、話し手が F の移動によって同じ休憩所を共有すると捉える限り、「来る」や venir を使うこともできる。あるいは、O_1 にいるのが話し手の友達や親族であり、話し手自身は O_3 から移動を観察しているときであっても、共感度によって「来る」や venir の使用は可能になると考えられる(cf. Kuno and Kaburaki 1977, Kuno 1987)。

つまり、andative のときと同様、代名詞表現は方向に厳密であるのに対し、話し手が言語化されないときには、話し手の視点の位置は一意に決定することができないという明確な違いがある。実際の事態を O_1 の視点から描写しているときに限り、結果的にほぼ同等の意味を表すことができるが、直示動詞と代名詞表現の間には、潜在的には大きな違いがある。(24)にならって、直示動詞の表す意味が〈場の共有〉であると考えるならば、日本語とフランス語の venitive の描写方略は(27)のようにまとめることができる。

(27) a. フランス語：
　　　 話し手に向かう方向（言語化）→ 話し手と移動主体による場の共有（推論）
　　 b. 日本語：
　　　 話し手と移動主体による場の共有（言語化）→ 広い意味では話し手に向かう方向（推論）

　このように考えることで、1つの文の中で多重に指定されることの多いvenitiveの表現は、それぞれが別の意味を担っていると考えることができる。

(28) a. Mon ami <u>vient vers moi</u> en courant.
　　　（My friend <u>comes toward me</u>, running.）
　　 b. 友人が階段をスキップして<u>私の方</u>に上がって<u>きた</u>。

　フランス語では、venir が使われるときにはほぼ必ず vers moi も同時に使われる（動詞が使われた46例中44例）。また、日本語でも venitive のときに限り、代名詞を使った表現が増加する。フランス語で他の概念が主動詞で表されるときには、venir で表されていた方向が他の形式で表されるようになり、日本語では逆に、代名詞表現を省いて「来る」は残される。この優先順位は話し手の捉え方次第で自由に決定できるものではなく、(25)や(26)に示したように、容認可能な文であるために文法的な制約を受けていると考えられる。
　最後に、andative のときと同質の問題が venitive でも残されていることを指摘した上で3.3の分析へと進んでいくことにしよう。フランス語の場合、他の動詞が使われてしまえば直示動詞の使用が抑制されるのは確かだが、andative のときと同様に、やはりこの主動詞をめぐる競合において、「なぜ経路や様態が優先され、直示が抑えられるのか」という問いは依然として有効である。この問題はとりわけ、様態動詞との競合については次のような対立として示すことができる。

(29) Il {court/marche/sautille} vers moi. ⇔ Il vient en {courant/marchant/sautillant}.
　　（He {runs/walks/hops} toward me. ⇔ He comes {running/walking/hopping}.）

　(29) の左辺において、vers moi を en venant で置き換えることはできない（例 7a, 25 参照）。だが、右辺のように、ダイクシスを主動詞で、様態をジェロンディフで表すことは可能であるにもかかわらず、実際には様態を主動詞で表す左辺のような表現が実験結果としては一般的であった。移動主体の移動方向を忠実に描写することが好まれ、移動主体との場の共有よりも優先される理由とは何なのだろうか。
　ここでは再び、フランス語では直示動詞が表す〈場を共有する〉ことがそこまで重視されないという仮説を提示し、この仮説を検証する上で有効だと考えられる、中立的移動の分析に入ることにしよう。

3.3　私的領域に関する捉え方の相違―neutral の場合

　中立的な移動のとき、フランス語では話し手の視点が表されることは極めて少なく、表現されても、迂言的に自身がどこから移動主体を見ているかを説明する表現に限定されることがほとんどである（例 17 参照）。それに対し、日本語では他の方向より頻度は下がるが、直示動詞の使用率が高い。この相違は何を示しているのだろうか。
　日本語の中立的な移動で使われる直示動詞は、TO と UP のときには「行く」が使われ、経路が INTO のときに限り、「行く」と「来る」の両方が使われる（実験結果では「来る」40 例、「行く」19 例、直示動詞の不使用が 7 例であり、「来る」が優勢）。実際の映像の一部を図 4 に示す。図 3 における O_2 の位置にカメラを設置してある状況である。

「捉え方」の意味論　59

図4　中立的視点における INTO

　つまり、経路によって「行く」と「来る」の使い分けがなされているわけだが、休憩所の中の空間を移動主体と共有すると考えれば「来る」が使われ、共有すべき空間がなければ「行く」が選択されると考えることができる。この休憩所が半閉鎖的空間であるためこのような選択が可能となっていると考えられる。特筆すべきは、ほとんどすべての話者がすべての中立的移動の描写においてその選択を行っているため、直示動詞の頻度が非常に高くなっているということ、そしてこの選択は、中立的移動の場合には、表現しなくても文が不自然にはならない、任意のものだということである。

　同じ状況において、フランス語では直示動詞がほとんど使われない。また、動詞が使えないからといって、厳密には話し手の方向に向かっているわけでもないため、venir の代わりに vers moi を使うといったこともできない。さらに、代名詞表現や迂言的表現で視点を表すことがあったとしても、それはあくまで「中立的な方向で移動していること」を表すことが中心であり、aller や venir が表す、話し手と移動主体が〈空間を共有する〉ことや〈共有を失う〉ことではない。

(30) a. Je vois un ami qui arrive en, en courant <u>par la droite</u>, et <u>en passant devant moi</u>, jusqu'à l'intérieur du lieu de détente.
　　　（I see a friend who arrived running <u>from the right</u>, and <u>crossing in front of me</u>, up to the inside of the rest house.）
　　b. Une amie marche sur un chemin <u>dans une direction qui n'est pas la mienne</u>.

(My friend walks on a road, in a direction that is not toward me.)

(30a)では devant moi が使われており、自分の前を通過していく中立的な移動がそのまま描写されている。(30b)でも、「私には向かっていない方向」のように、あくまで中立的な方向であることが表現されている。このように、直示動詞が表す〈場の共有／非共有〉という話し手の捉え方が現れないことが他の方向に比べても非常に多く、中立的な方向をそのまま描写することがほとんどだというのがフランス語の特徴である。

　ただし、ごく少数ではあるが、場の共有／非共有を直接的に示していると考えることのできる次のような例も見つかっている。

(31) a. Assise sur le rebord du lieu de détente, je vois mon ami sautiller pour y venir.
（Sitting on the rim of the rest house, I see my friend hop in order to come here.）
b. Il a couru de la droite à la gauche pour aller…ce, pour me rejoindre sous le, sous le patio.
（He ran from the right to the left in order to go … to join me under the patio.）
c. Mon ami qui est en dehors de l'espace de détente, vient à l'intérieur de l'espace de détente en, en sautillant.
（My friend who is outside of the rest space, comes to the inside of the rest place, hopping.）
d. Il va s'asseoir en me regardant, en me jetant un coup d'œil.
（He is going to sit down, looking at me, casting a glance at me.）

(31a)では、目的節の中に venir が使われているため、かなり主観的な方法で移動主体が話し手と合流することが示されていると言える。(31b)でも、目的節の中の代名詞表現によって空間の共有が明示されている。(31c)は日本語の「入って来る」と同等の主観的表現と言うことができるものであり、

方向を明示することなく場の共有を表している。逆に(31d)では aller が使われており、この移動が中立的であり、場の共有が行われないことが理解できるようになっている。

　(31)に示したような迂言的表現は、その使用に制約はないものの、頻度としては非常に低い。INTO の中立的描写 78 例のうち(様態 3 種類×被験者 26 人)、場の共有が起こったことが明確に表現されていたのは 4 例に過ぎない。頻度という面で日本語と比較するならば、その差は圧倒的である。

　この相違は、日本語話者とフランス語話者の捉え方の相違を反映していると考えることができそうである。換言すれば、3.2 までの分析でも問題となっていた、「主動詞で表すべき概念として、他の経路や様態よりも、〈話し手と移動主体が空間を共有する／しない〉という意味が優先されないのはなぜか」という問いに対して、「捉え方が異なる」と答えるということである。

　この「捉え方」には 2 つの解釈が可能である。1 つは〈場の共有〉をフランス語話者は日本語話者ほど積極的に表そうとはしないという、伝達上の意識である。中立的な移動においても、3.1、3.2 の場合と同様に、主動詞で経路や様態が表現されてしまうと直示動詞が使えなくなるという制約はある。だが、頻度の面から考えて、動詞スロットをめぐる競合関係は venitive や andative のときと同じであるにもかかわらず、venitive のときよりも動詞によるダイクシス表現の割合が大幅に低下するのに対し、日本語ではそれがほとんど見られない。しかも、(31)のような表現が可能であるにもかかわらず、そのような表現形式の使用もフランス語では少ない。言語上の制約を超えて、重要な情報として〈場の共有や非共有〉を積極的に表現しようとはしないという、伝達上の意識が現れていると考えることができる。

　もう 1 つの解釈は、「共有される場」の捉え方が日本語話者とフランス語話者で異なっているという可能性である。日本語話者は中立的移動のほとんどすべてにおいて、「行く」か「来る」のどちらかを選択するのに対し、フランス語話者ではそうではない。フランス語話者では直示動詞の使用が少ないだけではなく、代名詞表現や迂言的表現といった構造上の制約がかからない表現のほとんどは中立的な方向を示し、aller や venir が表す〈場の共有／非共有〉は表さない。これは、ある場を共有していると捉えるための基準―

同じ閉鎖空間、同じ高さ、話者と移動主体の親疎関係のレベルなど―の捉え方が、日本語話者とフランス語話者の間で異なっている可能性を示唆するものである[11]。もちろん、この検証のためには新たな実験が必要になるわけだが、言語あるいは文化が生み出す事態の捉え方の相違として認められる可能性はあると言えるだろう。

4　結論：「捉え方」をいかに評価するか

　本稿では大きく 2 つのことを主張した。1 つは、話し手が言語化されない直示動詞を用いたときと、話し手が言語化される代名詞によるダイクシス表現では意味が明確に異なっており、2 つの表現方法はフランス語でも日本語でも自由に選択できるものではないため、各言語における 2 つの表現の頻度を話し手の主観性の度合いによって説明することはできないということである。1 つの事態に対して表現 A と表現 B のどちらも自由に選択できるようなときであれば、話し手の認識によってどちらかが選ばれると考えることができる。しかし、「来る」が多い日本語と vers moi が多いフランス語の間では、言語からの要請によってこれらの表現が使われていると考えられるため、話し手による捉え方が問題になるとは考えられない。

　結果的に産出された表現形式の違い―話し手が自身を言語化するか否か―を、主観化の度合いとして説明すること自体は不可能ではない。ただし、その主観化を、話し手がどのように外界や自身を〈知覚しているのか〉という形で理解することはできない。知覚した事態を言語化するにあたって、言語が課している制約を考慮する必要があるからである。「表し方」の相違を説明するときに持ち出される「捉え方」という考え方は、現実世界をいかに知覚・認識しているかという問題から明確に切り離して考える必要がある。事態を把握する段階と最終的に現れた言語表現の間にもう一枚、言語化にかかる制約というフィルターをかけなければならないということである。

　もう 1 つの主張は、場の共有のあり方をめぐっては、日本語話者とフランス語話者の間で認識が異なる可能性があるというものである。直示動詞が方向に厳密ではなく、中立的な移動に対して使われるとき、それらの使用は場

の共有や非共有といった認識に支えられている。日本語とフランス語の間ではその表現頻度に圧倒的な差があること、さらに、迂言的表現を使えばフランス語でも表現しようとすればできるにもかかわらず、ほとんど表現されないことから、私的領域や他者との場の共有に対する捉え方に違いがあることが示唆される。

　本稿で行った研究の範囲で確かなこととして言えるのは、ある事態を知覚したときに、それを言語化するにあたって言語ごとに好まれる表現が異なっているということであり (cf. Slobin 1996)、「捉え方」の問題とされていたものに明確な意味的な違いがあるということまでである。したがってその相違がなぜ発生したのかという根本的な要因にまでは踏み込めていない。もしかしたら、「行く」「来る」が主観的表現であり、それを多用する日本語話者であるからこそ他者との場の共有に対して敏感になり、vers moi や de moi は話し手が客体化された方向に厳密な表現であるからこそ、フランス語話者は積極的に場の共有を表そうとしないという違いが発生している可能性はある。しかし、これはもちろん、現段階で明らかになっていることではなく、むしろ本当に明らかにできる問題なのかという原理的な問いにつながるものであり、仮にその見通しが明るかったとしても、さらなる対照言語学的研究、心理学的実験によって検証する必要のある仮説である。

注
1　本稿は日本フランス語学会第 283 回例会発表「フランス語は客観的な言語なのか？移動表現の実験ビデオによる検証」(2012 年 12 月 1 日) および 2016 年度『ふらんす』(白水社) の連載「目で見る世界、言葉でつくる世界」の内容を発展させたものである。
2　「行く」と aller は 3 人称領域間の移動を表すことが多く、必ずしも話者から離れる移動 (thither) を表すわけではないため、厳密にはダイクシスではないと考えることもできる。だが、それぞれ「来る」と venir と対をなしており、さらには、話し手に近づく移動 (hither) を表すことはできないという制約も共通しているため、ここではダイクシスとして考えることにする。また、vers や de は明らかにダイクシスではないが、代名詞と共に使われることで話し手の視点を表現することはできる。さらに、2.1 で

説明するように、Uehara (2006) の類型論でも toward me と come の違いが問題とされていることから、本稿でも vers moi などもダイクシスに相当する表現として扱うことにする。
3　詳細な数値等は守田・石橋 (2017) に譲るが、書き言葉と話し言葉の比較では、直示動詞の使用頻度の差は話し言葉の方でより顕著である (cf. Shibatani 2003、守田・石橋 2017)。小説ではフランス語でも一定の直示動詞の使用頻度があるが、それでも日本語との差は歴然としていることを指摘しておく。
4　命題を客観的、それ以外を主観的と考える見方は、文を命題とモダリティの 2 つの部分に分割する見方と親和性が高い。しかし、直示動詞である「来る」や「もらう」といった動詞は命題の構成要素であると同時に話し手の視点を内在しているものであり、同じように「主観的表現」や「話し手の心的態度」とされながら、命題の外にあることが定義上はっきりしているモダリティとは性質が異なる。「捉え方」としての意味が問題となるときの主観性／客観性と命題／モダリティの関係については慎重に検討する必要がある。
5　Langacker (1985) は図 1 だけではなく、主観性の段階を示す次の図も提示している。

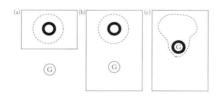

　この図において、G は概念化を行う観察者であり参照点でもあるグラウンド、破線は観察される客観的状況、太線の円はその中でも卓越した観察対象、そして四角が言語化されうる領域を示している。この図においては (a) がもっとも主体と客体が分離した状態であり、(b) では概念化者は言語化されてはいないが全体の状況に組み込まれており、自己客体化がもっとも進んだ (c) では話し手が言語化の対象となっている。Uehara (2006) の基準では、(b) が implicit reference to the ground としてもっとも主観性が高いことになっているが、Langacker の図式においては自己客体化のレベルが中間的な段階であり、Uehara で中間的な主観性とされる (c) は、Langacker においては自己がもっとも客体化された状態である。つまり、Langacker による主観化の段階性と Uehara の主観性のスケールは一致していないようである。ここでは、両者の整合性は追求せず、言語表現の対照という目的に沿い、Uehara の基準にしたがって議論を進めることにする。
6　言語がある表現に課す性質そのものを主観性の度合いとし、話し手の認識に原因を求めることも可能であるかもしれない。だが、文法的要請による義務的な表現すべて

に関して話し手の認識に根拠を求めていては、たとえば「この言語では動詞は目的語の後に置きます。それは話し手の認識によるものです」といった、かなり過激な説明をする必要に迫られることになる。これは、フランス語学の伝統に則して言うならば、ラテン語とフランス語の語順の優劣を競っていた La querelle des anciens et des modernes（古代派と近代派の論争）に逆戻りすることに他ならない。すべてを話し手による認識として説明するのは合理的ではなく、捉え方としか言いようのない意味は最小限に留められるべきだというのが本稿の考え方である。

7 この実験は NINJAL-Kobe Project on Motion Event Descriptions（リーダー：松本曜）の一部として行われたものであり、フランス語のデータ収集は筆者が行っている。日本語データについては松本曜、吉成祐子、秋田喜美、古賀裕章の各氏によって収集されたものを使用している。

8 もう１つの類似表現 en face de moi も〈目の前を横切る〉といった移動の描写に使えそうだが、本稿のデータでは、実際に用いられた状況 Une ami qui était en face de moi monte les escaliers (A friend who was in front of me ascends the stairs) のように、移動前または移動後の静的な位置関係を表す場合に限定されていた。

9 経路が UP であるとき、動詞としてはほとんどの場合に monter が使われるという明確な傾向がある。その他のシーンでも経路動詞が優先され、経路が TO のときには様態動詞の使用が増加するという傾向があるものの (cf. Morita 2015)、aller が使われやすい条件はないと考えられる。

10 これは Talmy の類型論（1991、2000）にとっても問題となる例である。同じ動詞枠付け言語（verb-framed language）あるいは経路主要部表示型（head coding of path、cf. 松本 2017）、すなわち経路を主動詞で表す言語に分類されているフランス語と日本語であっても、フランス語では il court vers moi（彼が私の方に走る）という言い方が一般的であるのに対し、日本語の「彼が私の方に走る」は容認されないからである。このときフランス語は衛星枠付け言語（satellite-framed language）または経路主要部外表示型（head external coding of path）の表現パターンとなっている。

11 松本・夏（2015）は、高さや空間の閉鎖性、話者と移動主体の親疎など、直示動詞の使用に関わる複数の基準について、日本語、英語、中国語の間で優先される基準が異なることを報告している。

参考文献

Iwasaki, Shoichi. (1993) *Subjectivity in Grammar and Discourse: Theoretical Considerations and A Case Study of Japanese Spoken Discourse*. Amsterdam/Philadelphia: John Benjamins.

Kuno, Susumu. (1987) *Functional Syntax: Anaphora, Discourse, and Empathy*. Chicago: The

Kuno, Susumu and Etsuko Kaburaki. (1977) Empathy and Syntax. *Linguistic Inquiry* 8(4): 627–672. The MIT Press.

Kuroda, Shigeyuki. (1973) Where Epistemology, Grammar and Style Meet – A Case Study from Japanese. Anderson, Stephan R. and Paul Kiparsky (eds) *Festschrift for Morris Halle*, pp. 377–391. New York: Holt, Rinehard & Winston.

Langacker, Ronald W. (1985) Observations and Speculations on Subjectivity. Haiman, John (ed) *Iconicity in Syntax*, pp. 109–150. Amsterdam/Philadelphia: John Benjamins.

Langacker. Ronald W. (1990) Subjectification. *Cognitive Linguistics* 1(1): 5–38. Mouton de Gruyter.

Lyons, John. (1977) *Semantics 2*. Cambridge: Cambridge University Press.

Lyons, John. (1982) Deixis and Subjectivity: *Loquor Ergo Sum*? Jarvella, Robert J. and Wolfgang Klein (eds) *Speech, Place, and Action: Studies in Deixis and Related Topics*, pp. 101–124. New York: John Wiley & Sons Ltd.

Morita, Takahiro. (2011) Intratypological Variations in Motion Events in Japanese and French: Manner and Deixis Expressions as Parameters for Cross-Linguistic Comparison. *Cognitexte* 6. Association Française de Linguistique Cognitive (http://cognitextes.revue.org/498).

Morita, Takahiro. (2015) Competing for the Main Verb Slot in French Motion Expressions. *Papers from the 15th National Conference of the Japanese Cognitive Linguistics Association*, 125–137. Japanese Cognitive Linguistics Association.

Recanati, François. (2010) Le soi implicite. *Revue de métaphysique et de morale* 68: 475–494.

Shibatani, Masayoshi. (2003) Directional Verbs in Japanese. Shay, Erin and Uwe Seiber (eds) *Motion, Direction, and Location in Language: In Honor of Zygmunt Frajzngier*, pp. 259–285. Amsterdam/Philadelphia: John Benjamins.

Shibatani, Masayoshi. (2006) On the Conceptual Framework for Voice Phenomena. *Linguistics* 44(2): 217–269. Mouton de Gruyter.

Slobin, Dan. I. (1996) From "Thought and Language" to "Thinking for Speaking". Gumperz, John J. and Stephen C. Levinson (eds) *Rethinking Linguistic Relativitiy*, pp. 70–96. Cambridge: Cambridge University Press.

Talmy, Leonard. (1991) Path to Realization. *BLS* 17: 480–519

Talmy, Leonard. (2000) *Toward a Cognitive Semantics vol.2: Typology and Process in Cognitive Structuring*. Cambridge/Massachusetts: The MIT Press.

Uehara, Satoshi. (2006) Toward a Typology of Linguistic Subjectivity: A Cognitive and Cross-linguistic Approach to Grammaticalized Deixis. Athanasiadou, Angeliki, Costas Canakis and Bert Cornillie (eds) *Subjectification: Various Paths to Subjectivity*, pp. 75–117. Berlin/New York: Mouton de Gruyter.

池上嘉彦(2003)「言語における〈主観性〉と〈主観性〉の言語的指標(1)」山梨正明他編『認知言語学論考』第 3 巻 pp. 1–49. ひつじ書房.

池上嘉彦(2004)「言語における〈主観性〉と〈主観性〉の言語的指標(2)」『認知言語学論考』山梨正明他編『認知言語学論考』第 4 巻 pp. 1–60. ひつじ書房.

池上嘉彦(2011)「日本語と主観性」澤田治美編『ひつじ意味論講座 5　主観性と主体性』pp. 46–67. ひつじ書房.

池上嘉彦・上原聡・本多啓(2005)「Subjective Construal とは何か」『日本認知言語学会論文集』5: 514–557.

上原聡(2011)「主観性に関する言語の対照と類型」澤田治美『ひつじ意味論講座 5　主観性と主体性』pp. 69–91. ひつじ書房.

古賀裕章(2008)「『てくる』のヴォイスに関連する機能」森雄一・米山三明・山田進・西村義樹編『ことばのダイナミズム』pp. 241–257. くろしお出版.

澤田淳(2013)「COME/GO の直示情報と選択システム―直示的中心の下位区分と階層化の視点から」児玉一宏・小山哲春編『言語の創発と身体性―山梨正明教授退官記念論文集』pp. 359–383. ひつじ書房.

松本曜(2017)「移動表現の類型に関する課題」松本曜編『移動表現の類型論的研究』pp. 1–24. くろしお出版.

松本曜・夏海燕(2015)「直示動詞における『話者領域』と視覚性―日中英語におけるビデオ実験による考察」日本語学会第 151 回大会口頭発表.

守田貴弘(2008)「日本語とフランス語の移動表現―類型内の多様性」ラマール・クリスティーン・大堀壽夫・守田貴弘編『空間移動の言語表現の類型論的研究』第 2 巻 pp. 45–68. 東京大学 21 世紀 COE プログラム「心とことば―進化認知科学的展開」研究報告書.

守田貴弘(2012)「翻訳論としての対照言語学」東京大学大学院総合文化研究科フランス語系学生論文集『Résonances』7: 76–77. 東京大学教養学部フランス語・イタリア語部会.

守田貴弘・石橋美由紀(2017)「日本語とフランス語の移動表現―話し言葉と書き言葉のテクストからの考察」松本曜編『移動表現の類型論的研究』pp. 275–302. くろしお出版.

山梨正明(2004)『ことばの認知空間』開拓社.

何を「言う」のか
〈N ヲイウ〉と〈dire N〉の日仏語比較研究

須藤佳子

1 はじめに

　日本語にもフランス語にも発語・発話をあらわす一連の動詞(言う、話す、しゃべる、語る、述べる、など；dire, parler, raconter, exprimer, etc.)が存在するが、そのなかでも発語・発話行為の全般にわたって広く用いられ、他の動詞の上位概念語としての位置にあるのが日本語では「言う」(以下、イウと記す)でありフランス語では dire である。多くの文脈で互いの動詞を用いて訳すことができる。国語辞書と仏仏辞典の記述をみれば、両者の定義に類似がみとめられる。以下に引用するのは辞書におけるそれぞれの動詞の最初の定義である。

　　言葉を口に出す。心に思っていること、考え・判断などを相手に伝達するために、言葉に出したり、文章に表したりする。　(「言う」『大辞泉』)

　　Énoncer un propos par la parole physiquement articulée avec l'intention de le communiquer et d'appeler éventuellement une réponse ou une réaction.
　　　　　　　　　　　　　　　　　　　　　　　　　　　　(dire, TLF)
　　(伝達する意図をもって、場合によっては返答または反応を求める意図をもって、分節されたパロールによりある命題を発話すること。)

　双方の定義には共通して、まず話し手の思惟(「心に思っていること、考

え・判断など」；un propos）があり、それを相手への伝達を目的として（「相手に伝達するために」；avec l'intention de le communiquer）、言葉にする（「言葉に出したり、文章に表したりする」；Énoncer un propos par la parole physiquement articulée）という言語伝達の図式を認めることができる。

そしてこのような言語伝達図式が Franckel（1998）で主張される dire のスキーマの前提となっていると思われる。Franckel（1998）によれば、動詞 dire は、次の2つのものを結びつける。一方で「言うべきこと」（Franckel は、これを à dire と呼ぶ）P があり、もう一方で、その内容を発語した p がある。P が指しているのは概念、つまり、形もなく、それ自体では伝達されることも知覚されることもできないものである。一方、発語された p は知覚可能である。Franckel によれば、動詞 dire があらわしているのは、P から p への移行であり、主観空間あるいは間主観空間において、元来は伝達不可能な P を p のかたちでアクセス可能（知覚可能、共有可能、伝達可能）にすることであるという。

一方で、イウについての先行研究の記述からは上記の言語伝達図式とは異なる特徴がうかがわれる。柴田他（1979）、柴田（1979）によれば、イウには「伝達を目的とせずに単に〈ことばや音声を発する〉という表出の機能」があるとされる。イウがあらわす行為は「相手を意識」しないで「ことばをただ出すだけ」であるので「一方向的」であるとする。

実際、イウと dire の用法をじっくりとみていくと両者の対応関係はそれほど明らかではないことがわかってくる。須藤（2012）では、もっとも対極的な構文（非人間主語構文）において2つの動詞を比較した。本稿では、もっとも類似点の多い構文である〈N を言う〉（以下、N ヲイウとする）と〈dire N1（à N2）〉（以下、dire N とする）をとりあげ、比較することにより、これらの発語動詞の本質的な相違にせまることを目的とする。

2　N の分類と分析対象の限定

N ヲイウと dire N において、それぞれの動詞がとる目的語名詞は大きく2つに分類できる。発語・発話の内容をあらわす名詞（A タイプ）と、N ヲイ

ウあるいは dire N 全体で発語・発話の行為をあらわす名詞（Bタイプ）である。2つのタイプの名詞は異なった意味的統語的振る舞いをみせる。まずはNヲイウをみていこう。次の(1)はAタイプ、(2)はBタイプの名詞である。

（1）　太郎は{犯人の名前/事故の原因}を言わなかった。
（2）　太郎は{冗談/皮肉/寝言}を言わなかった。

(1)では太郎の発言があるかどうかにかかわらず「犯人の名前」（＝次郎）や「事故の原因」（＝機械の故障）が存在しており、否定されるのは、その名前や原因の存在ではなく、そのことを口にだすことで潜在性に形をあたえること（現働化）である。他方、(2)の「冗談」「皮肉」「寝言」があらわす発話内容は、太郎の発言があって初めて存在する。それは「言う」という行為の結果として現れるものであり、発言行為が否定されると同時にNの指示内容の存在も否定される。したがって(1)とことなり(2)の否定のスコープは動詞だけではなくNヲイウ全体にかかっていると考えられる。
　それぞれのグループでは頻度や程度をあらわす副詞のかかりかたも異なる。

（3）　太郎は何度も{犯人の名前/事故の原因}を言った。
（4）　太郎は何度も{冗談/皮肉/寝言}を言った。

(3)では同じ内容を繰り返したことが含意されるのに対して、(4)で繰り返されたのは「冗談を言う」「皮肉を言う」「寝言を言う」という行為であって同じ言葉が繰り返されたとは解釈しにくい。(3)ではNの指示対象は個々の発言状況によらず定まっているという点で動詞にたいして自律性をたもっているが、(4)ではNがさすものがそれぞれの発言状況に依存しその都度ことなるのであって同一の指示内容は定まっていない。本稿のAとBの区別は、江口(1998)の「既定のもの」と「生産されたもの」、宮田(1999)の「発話に先立って存在する要素」と「発話によって生み出される要素」の区別におおかた対応している。

またAタイプの名詞は、Baker(1968)のいう潜伏疑問文(concealed questions)の解釈ができる。

（5）a. 太郎は{犯人の名前／事故の原因}を言った。
　　　b. 太郎は{犯人の名前／事故の原因}が何かを言った。
（6）a. 太郎は{冗談／皮肉／寝言}を言った。
　　　b. 太郎は{冗談／皮肉／寝言}が何かを言った。

　Aタイプの(5a)は(5b)のように間接疑問節で書き換えることができるが、Bタイプの(6a)は間接疑問節(6b)で書き換えることはできない。
　それでは dire N がとれる名詞をみていこう。Giry-Schneider(1981, 1994)は、dire N の名詞について潜伏疑問文の解釈ができるかどうかで 2 つに分類している。

（7）a. Jean a dit le nom de la rue à Marie.
　　　　（Jean told the street name to Marie.）
　　　　（ジャンはマリーに通りの名前を言った。）
　　　b. Jean a dit à Marie quel est le nom de la rue.
　　　　（Jean told to Marie what is the street name.）
　　　　（ジャンはマリーに通りの名前は何かを言った。）
（8）　Jean dit des bêtises à Marie.
　　　　（Jean is talking nonsense to Marie.）
　　　　（ジャンはマリーにばかなことを言っている。）

Aタイプの名詞(7a)は間接疑問節(7b)で書き換えられるが、Bタイプの名詞(8)は書き換えられない。後者の名詞は定冠詞を伴うことはできず、しばしば不定冠詞の複数形をともなう。このタイプの名詞と動詞の結びつきについて詳細な検討をしている Giry-Schneider(1981、1994)は、これらの名詞を目的語としてとるとき dire は支持動詞(verbe de support)に近い性質を有すると述べている。またBグループには以下のようなものもある。

（9） Jean <u>a dit</u> au revoir à Marie.
　　　（Jean <u>said</u> goodbye to Marie.）
　　　（ジャンはマリーに～～～～～～～さようならを<u>言った</u>。）

挨拶表現やパターン化された常套句が直接目的語の位置に置かれるこのタイプの表現は、引用符で囲まれて記されることもあり直接話法との境界線は明確ではない。しかし、bonjour（こんにちは）や merci（ありがとう）など頻繁につかわれるものは、不定冠詞や形容詞をともなって使われることからも名詞化していると考えられる。
　N ヲイウと同様、dire N の B グループの名詞は、N が自律的な発言内容をあらわすというよりは動詞と 1 つになって発語・発話行為をあらわしている。
　以下、N ヲイウと dire N の名詞の分類を例とともに示す。

〈N ヲイウ〉
A タイプ：発語・発話の内容
　A-1 〈N1 の N2〉
　　例：（彼の）名前、（大学の）場所、（事件の）原因
　A-2　N texte
　　例：九九、早口言葉、セリフ
B タイプ：〈N ヲイウ〉全体で発語・発話行為をあらわす
　　例：冗談、嫌味、愚痴；寝言、うわごと；お礼、お別れ、わび

〈dire N〉
A タイプ：発語・発話の内容
　A-1 〈N1 de N2〉
　　例：mon adresse, ma profession
　　　（my address, my profession）
　　　（私の住所、私の職業）
　A-2　N texte

例：des proverbes, une histoire, la messe
（proverbs, a story, mass）
（ことわざ、お話し、ミサ）

- A-3 N état de choses
    例：le sexisme, le secret
    （sexism, secret）
    （性差別、秘密）
- A-4 N sentiment
    例：son mécontentement, sa fierté, sa joie
    （his/her annoyance, his/her pride, his/her joy）
    （彼（女）の不満、彼（女）の誇り、彼（女）の喜び）

Bタイプ：〈dire N〉全体で発語・発話行為をあらわす
- B-1 des N
    例：des bêtises, des flatteries, des remerciements
    （nonsense, flattery, thank）
    （ばかなこと、お世辞、お礼）
- B-2 あいさつ表現などの常套句
    例：bonjour, merci, oui
    （hello, thank you, yes）
    （こんにちは、ありがとう、はい）

本稿ではA・Bタイプのうち、発語・発話内容をあらわすAタイプの名詞をとる場合を対象とする。以下では、まずイウとdireを別々に分析し、最後に互いを比較する。

3　Nヲイウ

3.1　A-1〈N1のN2〉

イウはヲ格名詞として、固有名詞・有生名詞・具体名詞・できごと名詞・行為の名詞をとることができない。このような制約はたとえば「語る」など

にはみられない。

(10) a.*{エッフェル塔 / 母 / 机 / 夏休み / 発掘調査} を言う。
    b. {エッフェル塔 / 母 / 机 / 夏休み / 発掘調査} を語る。

しかしこれらの名詞も、ある局面をあらわす他の名詞により限定をうける〈N1のN2〉型の名詞句であればイウと結びつくことができる。

(11)　母の{名前 / 年齢 / 出身地}を言う。
(12)　夏休みの{計画 / 日程 / 課題}を言う。

つまりイウはある実体や事柄を全体的にとらえて対象とすることはできず、その実体や事柄のある局面を対象としてとらえる必要がある。このような制約は、「語る」をのぞく発話動詞と共通するが、イウについては、〈N1のN2〉のN2が指す内容が比較的短い言葉で表現されるという制約がみられる。

(13)　母の{職業 / ??身の上 / ??人生}を言った。

3.1.1　イウとハナス

　A1タイプの名詞句をヲ格目的語としてとるとき、イウはもう1つの代表的な日本語発話動詞である「話す」(以下、ハナスとする)と入れ替えることができる。ここではハナスとの比較からイウの特徴をさぐっていこう。
　ハナスには聞き手とのコミュニケーションの双方向性が見られるのに対し、イウには発言の一方向性が認められることが指摘されている(北邨他1978、柴田1979、柴田他1979、元木1983)。両者の違いは、「話し合う」と「言い合う」、「話しかける」と「言いかける」などの複合動詞の意味の違いに如実にあらわれている。「言い返す」「言いつける」「言い張る」「言い捨てる」「言い渡す」などイウから形成される複合動詞には発言の一方向性をより明確に示すものが多い。

以下のような例文において、ハナスではト格名詞が双方向的な会話のやりとりの相手をあらわすが、イウでは話し相手をあらわせない（北邨他1978）だけでなく、対象のステータスが異なっている。

(14) a. 友達と夏休みの計画を話した。
　　　b. 友達と夏休みの計画を言った。

(14a)における「夏休みの計画」があらわす内容は、まず未完成のものとしてあたえられ、「友達」と「私」の発話行為をとおして作りあげられていく。それに対して(14b)においては、「夏休みの計画」はイウという行為に依存せず、計画は既にたてられている。
　以下の例文ではハナスは自然だがイウの容認度は低い。

(15) a.　子供たちに祖母の思い出を話した。
　　　b. ??子供たちに祖母の思い出を言った。
(16) a.　妻に昨日見た夢を話した。
　　　b. ??妻に昨日見た夢を言った。

(15a)では、主語の指示対象（以下Sと記す）自身が、自分の知っている祖母のエピソードのなかでも、どれをえらび、どの順番で話すかを決めている。したがってSがどう話を構成するかによって、伝えられる祖母像は変化することになる。同様に(16a)では、夢でみた内容を順序立てて相手に伝えることになる。一方、「思い出を言う」「夢を言う」は特定の文体では「言及する」「指摘する」という意味で用いられる場合があるが、SによるNの叙述がなされる(15a)(16a)の文脈でハナスと言い換えることはできない。
　以下の例文ではイウだけが容認可能である。

(17) a.　携帯電話番号を言うから、メモしてください。
　　　b. ??携帯電話番号を話すから、メモしてください。
(18) a.　確認のため、暗証番号をもう一度言ってください。

b. ??確認のため、暗証番号をもう一度話してください。
(19) a.　先生は名前順に成績を言った。
　　　b. ??先生は名前順に成績を話した。

　これらの例では、「電話番号」「暗証番号」「成績」が指す内容はいずれもすでに決まっており、イウはそれらの言葉を「口に出す」ことを意味している。発語内容についてＳの主体的な判断が入る余地がない文脈である。
　では、次の例はどうだろう。同じ名詞がつかわれているが、イウだけでなくハナスも自然に容認できる。

(20) a.　よく知らない人にはむやみに携帯電話番号を言わないほうがいいよ。
　　　b.　よく知らない人にはむやみに携帯電話番号を話さないほうがいいよ。
(21) a.　その人を信頼してクレジットカードの暗証番号まで言ってしまった。
　　　b.　その人を信頼してクレジットカードの暗証番号まで話してしまった。
(22) a.　ご両親に君の成績を言いますよ。
　　　b.　ご両親に君の成績を話しますよ。

　Ｓによる主体的な関与が問われにくい(17–19)と異なり、(20–22)では忠告や後悔、警告などのモダリティがかかわっている。発話の場での聞き手との間主観的関係がかかわることで、ハナスが要請するＳの主体的な陳述を読み込むことができるために容認されると考えられる。ＮヲハナスはＮを話のテーマとしてとりだす「について」によって言い換えられることが多いことからも、ハナスのＳはＮについて叙述する主体であると考えられる。
　一方でハナスと比べてイウの用例では聞き手に対する働きかけは二次的であり、Ｓの主体的な陳述は問われず、表出に焦点がおかれる。つまりＳがそれを発言するかどうかとは別に「言いえる」状態にあるということである。そのようにすでに「言いうること」を実際に口にだすことをイウはあらわしていると思われる。
　さてイウは(23)や(24)のように認識や見解など話し手の内面にかかわる名詞をヲ格名詞としてとることもできる。

(23)　映画を見終わった後、ひとりひとり感想を言った。
(24)　きちんと意見を言える子になろう。

これらの名詞は、「自分の感想」や「自分の意見」のように〈N1 の N2〉型にすることができる一方で、発話されてはじめて「感想」「意見」として機能する。A グループと B グループの両方の性質を帯びていると考えられるこれらの名詞があらわす内容は、話し手の内面にかかわるが、イウと用いられると、話し手がどのように叙述したかよりも、表出する行為に焦点があたる。このようにイウと結びつくと S の関わりが背面化するという点で、N は S にとって外在性をおびている。したがって (25) のように話し手の内的領域により深くかかわる感情をあらわす名詞群は、イウと共起しない。

(25)　??{喜び / 悲しみ / 恐れ} を言う。

3.2　A-2 N texte

〈N1 の N2〉として用いられる A1 タイプの名詞と異なり、A2 タイプの名詞は単独でイウと結びつくことができる。ここに分類するのは特定の文や数式を指す名詞である。

(26)　登下校時に友達と九九を言いながら歩いた。
(27)　ピタゴラスの定理を言ってごらん。
(28)　五歳の息子が早口言葉を言っている。
(29)　セリフを言うのも楽しい。

　これらの名詞は外延が言葉であり、それらの言葉は S が考えたものではなく、あらかじめ作られすでに存在する「既成の言葉」である。このようなすでに「言いうる」言葉を S が特定の時空間で「現働化」する行為をイウはあらわしている。これらの名詞はハナスと共起しないが、S の主体的な叙述をあらわすハナスがこれらの名詞をヲ格にとりこめないことは当然のことだろう。

(26′) ??登下校時に友達と九九を話しながら歩いた。
(27′) ??ピタゴラスの定理を話してごらん。
(28′) ??五歳の息子が早口言葉を話している。
(29′) ??セリフを話すのも楽しい。

　さて、(26–29)の名詞と一見類似しているがイウと結びつきにくい名詞群がある。たとえば「詩を言う」「寓話を言う」は容認できない。「呪文を言う」は容認不可能ではないが、(30b)にみるように「呪文を唱える」(30a)に比べてすわりがわるい。しかし(31)の文脈では自然に容認できる。

(30) a. 男の人が魔法の呪文を唱えると、帽子からウサギが飛び出した。
　　 b. ?男の人が魔法の呪文を言うと、帽子からウサギが飛び出した。
(31) 　漫画でみた魔法の呪文を口にだして言ってみた。

もし本当に魔法の呪文であればそれを口にすることで超常現象が起こるはずだが、(31)では発語がひきおこす結果を発語行為自体と切り離し、後者だけをとりだしている。「セリフ」や「早口言葉」と同じように「魔法の呪文」が発語される文脈ではイウの容認度があがることがわかる。
　祈祷文や経典をあらわす名詞をイウのヲ格にとりこむのはさらに難しい。これらの名詞も「唱える」との親和性は高い。

(32) a. ??{お経 /「般若心経」/ 念仏 / 祈り} を言う。
　　 b. 　{お経 /「般若心経」/ 念仏 / 祈り} を唱える。

「唱える」は暗唱だけでなく文面の「内面化」をともない信仰心によりそう文脈で生起する。これらの名詞との非共起性は、イウの対象テクストはSが繰り返し暗唱しても外在性を保ったままであることを示唆している。内面化してわがものとする文脈にそぐわないということは、イウのSが「言いうること」の現働者にすぎないということを傍証する。

3.3　Nヲイウまとめ

　イウが A グループの N をとるとき、N があらわす内容は、S にとって外的なものであり、発語行為に先立って「言いうる」状態にある。そのようにすでに「言いうること」を実際に口にだすことによりある時空間において物理的に知覚可能なものとすることをイウはあらわしていると考えられる。

4　Dire N

4.1　A-1〈N1 de N2〉

　〈N1 de N2〉型の名詞句を目的語にとる場合、dire はそれらの名詞が指し示す内容を口に出すという意味をあらわす。

(33)　J'ai dit à cet homme mon état civil, mon adresse et ma profession.
　　　(I told this man what my civil status, address and profession were.)
　　　(私はこの男性に、自分の身分、住所、職業を言った。)

このタイプの名詞との結びつきは、N ヲイウと対応している。

4.2　A-2　N texte

　言葉や文章を指す名詞に関しては、イウと共起する同種のヲ格名詞よりも長い文章を指す名詞を目的語としてとることができる。

(34)　Dans son CD, il dit des fables de La Fontaine, des proverbes où se reflète la malice des anciens paysans, des racontotes[1], etc.　　(ER 2002/01/04)
　　　(In his CD, he tells La Fontaine fables, proverbs that reflect the cunning of ancient peasants, folk tales, etc.)
　　　(彼はその CD のなかで、ラ・フォンテーヌの寓話、昔の農夫の知恵を反映したことわざ、小話などを朗読している。)

(35)　Pendant que les uns compulsent bruyamment [des livres], les autres écoutent sagement une histoire dite par leur maîtresse.（[　]内は引用者）

(ER 2002/01/11)

(While some are noisily consulting books, others are quietly listening to a story told by the teacher.)

(騒がしく調べものをする者もいれば、先生が読んで聞かせるお話をおとなしく聞いている者もいた。)

　これらの用例では、既成の言葉を「発語する」だけでなく「朗読する」の意味で用いられている。

　Dire は、呪文や祈りを「唱える」という意味にもなる。これもイウにはない用法である。

(36)　Le monsieur a dit la formule magique, puis un lapin est sorti du chapeau.
　　　(The man said the magic formula and a rabbit came out the hat.)
　　　(男の人が魔法の呪文を唱えると、帽子からウサギが飛び出した。)

(30)b.?男の人が魔法の呪文を言うと、帽子からウサギが飛び出した。(再掲)

(37)　Personne ne dit le bénédicité ? demanda Boche.　　　(TLF)
　　　(Will no one say grace? asked Boche.)
　　　(誰も食前の祈りを唱えないのか、とボッシュはたずねた。)

　すでに述べたように、「唱える」は定められた言葉の発語だけでなく言葉の内面化をともなっている。呪文を「唱える」者は魔術をつかえる者であり、祈りを「唱える」者は信者であろう。

　このタイプの用例でもっとも示唆的なのは dire la messe「ミサを挙げる」という表現である。これに類似する表現に offrir une (la) messe があり、その主語としては、司式する司祭(38a)もミサの主催者(38b)も可能である。

(38)a. Le prêtre a offert une messe en l'honneur des combattants de la deuxième guerre mondiale.
　　　(The priest gave a mass to commemorate Second World War soldiers.)
　　　(司祭は第二次世界大戦の戦没軍人を追悼するミサをおこなった。)

b. La paroisse a offert une messe en l'honneur des combattants de la deuxième guerre mondiale.
(The parish gave a mass to commemorate Second World War soldiers.)
(小教区の教会員たちは第二次世界大戦の戦没軍人を追悼するミサをおこなった。)

　それに対して dire la messe の主語は、司祭や司教、教皇など、ミサを司式することができる聖職者に限られる。以下の(39b)が容認できないのは、「小教区の教会員たち」が聖職者ではないからである。

(39) a. Le prêtre a dit la messe en l'honneur des combattants de la deuxième guerre mondiale.
(The priest said mass to commemorate Second World War soldiers.)
(司祭は第二次世界大戦の戦没軍人を追悼するミサを挙げた。)
b. *La paroisse a dit la messe en l'honneur des combattants de la deuxième guerre mondiale.
(*The parish said mass to commemorate Second World War soldiers.)
(小教区の教会員たちは第二次世界大戦の戦没軍人を追悼するミサを挙げた。)

　ミサといえば、最後の晩餐に由来する聖変化(パンとブドウ酒をキリストの体と血に変化させること)を中心として、聖書の朗読、説教、聖歌の合唱などを含めた儀式全体を指す。dire la messe はミサを司式することをあらわすが、より具体的にはミサの式文を唱えることであろう。式文はあらかじめ定められているものの、一般人がそのとおりに読み上げても「ミサを挙げる」ことはできない。ミサを司式する、とくに聖変化をおこなうことができるのは、教会の代理人としての資格を有する者(司祭以上の聖職者)のみであるからだ。これが(39b)でみた主語の制約を説明する。しかるべき人(司祭以上の聖職者)がしかるべき状況(典礼儀式中の教会)で発しなければ dire la messe は成立しないのである。すべてがそろい、言うべき言葉が与えられると、「決

定的な変化」(=聖変化)がおこるというのも重要な点である。
　以下の表現にも dire la messe と同様のことが言える。

(40)　Le juge <u>a dit</u> la sentence.
　　　(The judge <u>announced</u> the verdict.)
　　　(判事は判決を<u>下した</u>。)
(41)　L'oracle <u>a dit</u> l'avenir.
　　　(The oracle <u>told</u> the future.)
　　　(巫女は未来を<u>予言した</u>。)
(42)　La voyante <u>a dit</u> les cartes.
　　　(The fortune-teller <u>read</u> cards.)
　　　(占い師はカードで<u>占った</u>。)

いずれも、しかるべき人(判事、巫女、占い師)が、しかるべき状況(法廷、儀式、占い)で、「言うべきこと」を発することにより、決定的な変化(判決の確定、神託が下る、占いの成立)がおこるという、dire la messe と類似する図式がみてとれる。
　また La messe est dite(文字通りには「ミサが挙げられた」)という成句表現は、状況が決定的で変えることができないという文脈でつかわれる。

(43)　À la fin de la première mi-temps, nous avions 5 points de retard. <u>La messe était déjà dite</u>.
　　　(At the end of the first half, we were already 5 points behind. <u>The die was cast</u>.)
　　　(私たちは試合の前半戦で 5 ポイントも差をつけられていた。<u>勝負はすでについていた</u>。)

　一度言われる(dit)と言われる前の状態(non-dit)へ逆戻りすることができないという non-dit から dit への移行の決定的性格は、これらの表現だけにかぎらず、dire のあらわす意味の根底にあるように思われる。動詞が受身で用いられる以下のような表現には、このような dit の不可逆的性格がよくみ

てとれる。

(44) Tout est dit !
 (All is said and done!)
 (もう取り返しはつかないよ！)

(45) C'est dit, tope là ! （Franckel 2015）
 (It's a deal! Give me five.)
 (よし、これで話は決まりだ！)

(46) Ce qui est dit est dit.
 (What's said is said.)
 (決まったことは決まったことだ。)

(47) Il est dit qu'il ne gagnera jamais !
 (He's never going to win!)
 (彼はどうしても勝てない運命なんだ！)

(48) Je viendrai à l'heure dite.
 (I'll come at the agreed time.)
 (定められた時間にうかがいます。)

4.3　A-3　N état de choses

Dire がとる目的語名詞にはすべて既成の言葉が対応するわけではない。ここでとりあげる用例では、名詞はある事態を指している。また〈N1 de N2〉タイプと異なり、de N2 をともなわずに用いられる。これらはヲイウとは共起しないタイプの名詞である。この種の名詞の出現頻度は高くはないが、dire の本質を考えるには看過できない用法であると思われる。

(49) [Par rapport à la nuit du nouvel an,] Sébastien Hosotte, médecin, dit l'ordinaire : « La nuit, on a plutôt des déprimes, des tentatives de suicide, l'alcool qui aggrave tout, accident ou bagarre.» ([　] 内は引用者)
 （ER 2002/01/02）
 ([As regards New Year's Eve,] Medical doctor Sébastien Hosotte describes what

usually happens: 'During the night, we mostly deal with cases of depression, suicide attempts and problems related to alcohol that makes everything worst, accidents and fights.')

（［大晦日の夜について］セバスチャン・オゾット医師は通常どんな状況なのかを教えてくれた。「夜間はどちらかというと鬱や自殺未遂、すべてを悪化させるアルコール摂取、事故や喧嘩などが多いのです。」）

　この例の引用節で語られることは、医療現場の人間しか知らない現実である。巷がレヴェイヨンでうかれる大晦日の夜に、病院はどんな様子なのか、医師だからこそ知りうる実態が dire l'ordinaire でまとめられている。S（医師）は「言うべきこと」（＝大晦日の夜の病院の様子）を語ることができるしかるべき立場にいる。
　以下の例文の出典は、カナダにおける女性の権利を守るための法改正がなされるなかで、Bertha Wilson[2] がおよぼした影響の大きさについて論じた論文[3]である。Bertha Wilson がおこなった講演[4]について言及するくだりに dire が使われている。

(50)　Lors de cette conférence, la juge Wilson a osé dire le sexisme dont les femmes ont fait les frais de la part des institutions juridiques en général et des tribunaux en particulier (...).
（In her speech, Judge Wilson dared to describe the ordinary sexism experienced by women in legal institutions in general, and more specifically in courthouses (...).）
（この講演のなかでウィルソン判事は、司法機関一般、とくに裁判所において、女性が被っている性差別をあえて言明した…。）

　ここでの dire le sexisme は、性差別とは何かを説明することを指すのではなく、当時、暗黙の了解として誰も異議を申し立てなかった差別的事態を公の場で言明することで、その実態をあばき糾弾するという意味あいで用いられている。S は当該の事態をよく知る立場にあり、そのような「言うべきこと」

に言葉を与えることにより、その事態を公に示している。

(51)　Je vais vous dire toute l'affaire.
　　　　(I will tell you the whole story.)
　　　　(事件のすべてをお話ししましょう。)
(52)　Je vais te dire le secret.
　　　　(I'll tell you the secret.)
　　　　(秘密を教えてあげるよ。)
(53)　Dis-mois la vérité.
　　　　(Tell me the truth.)
　　　　(真実を教えて。)

これらの例に共通するのは、SがNをよく知っている立場にいるということだ。Sはその発言により、自分のよく知る事態(「言うべきこと」)に言葉をあたえて知らしめることをあらわしている。

4.4　A-4　N sentiment

　以下にあげるような感情をあらわす名詞が、所有形容詞に限定されて用いられる。

(54)　amitié, attachement, confiance, crainte, détermination, fierté, inquiétude, joie, malaise, mécontentement, peine, satisfaction, sentiment, etc.
　　　　(friendship, affection, trust, fear, determination, pride, worry, joy, uneasiness, annoyance, grief, satisfaction, feeling, etc.)
　　　　(友情、愛着、信頼、不安、決意、誇り、心配、喜び、居心地の悪さ、不満、心痛、満足、感情、等)

これらの名詞につく所有形容詞は、dire の主語と同一指示でなければいけないという制約がある。

(55) a.　Paul m'a dit son mécontentement.
　　　　　(Paul told me about his annoyance.)
　　　　　(ポールは私に不満を語った。)
　　b. ?? Paul lui a dit mon mécontentement.
　　　　　(Paul told him/her about my annoyance.)
　　　　　(ポールは彼(女)に私の不満を語った。)

　Marque-Pucheu (2015) は (56a) の名詞句について (56b) のように感嘆や強調をあらわす節で言い換えられるとしている。

(56) a.　Il lui a dit sa joie.
　　　　(He told him/her he was happy.)
　　　　(彼は喜びを彼(女)に伝えた。)
　　b.　Il lui a dit à quel point il avait de la joie / combien il éprouvait de joie.
　　　　(He told him/her how happy he was.)
　　　　(彼は自分がいかに喜びを感じているかを彼(女)に伝えた。)

　これらの名詞が感情をあらわすことから、気のおけない相手に感情を吐露するという親密な文脈を予想しがちだが、収集した実例では講演など公の場での発言について言及するものが多かった。たとえば (57) は100歳を迎えた村民の誕生パーティーでの村長のスピーチ、(58) は農業大臣が訪問先の農業高校で述べた発言をうけている。

(57)　Dans un long discours, le maire a dit sa fierté de lui souhaiter un joyeux anniversaire en son nom, celui du conseil et des habitants.
　　　　　　　　　　　　　　　　　　　　　　　　　（LD 2011/12/12）
　　　(In a long speech, the mayor told him he was proud to wish him a happy birthday in his own name and on behalf of the council and the townsfolk.)
　　　(村長は、長い祝辞のなかで、個人として、また村議会と村民を代表して、彼に誕生日を祝うことができる誇りを伝えた。)

(58) Sur la flambée du prix des matières premières, Bruno Le Maire a dit son inquiétude, « c'est intenable pour les agriculteurs, il faut se battre pour éviter la volatilité des prix ».　　　　　　　　　（SO 2011/01/28）
(Bruno Le Maire expressed his concerns about the sudden rise of raw material costs: 'the situation has become unsustainable for farmers, we have to fight to prevent price volatility.')
(原料価格の急騰についてブリュノ・ル・メールは「農業従事者にとって耐えられない事態だ。価格の激しい変動を避けるために戦わなければならない」と懸念を述べた。)

どちらの例にも、感情を「打ち明け」たり「告白する」という親密性は認められない。むしろ感じていることを公示することに主眼がおかれている。

4.5　Dire N まとめ

既にみたように、Franckel (1998) は、直接到達することはできないが言いあらすべき対象 à dire があり、これに対して dit という形でアクセスさせることが動詞 dire の意味の本質であると考えている。Khatchatourian (2006) は、Franckel (1998) を敷衍し、dire の主語の指示対象である話し手の内にある表象こそが、「言うべきこと (à dire)、つまりその人の言いたいこと (son vouloir dire)」であるとし、dire とは話し手が内部にもつ à dire を外に表出することであるという。

ここまでの dire N の分析を通して浮かび上がったのは、「言うべきこと」は、話し手の内面にある「言いたいこと」に直結する場合 (N sentiment) もあるが、定められた「言葉」に重点がある場合 (N texte) や、「事態」の現実に重点がある場合 (N état de choses) もあるということである。ただしどこに重点があっても、「言うべきこと」が S と密接に関係するという、内的緊密さにおいて共通している。

5 イウと dire

　ここまで「言いうること」(イウ)と「言うべきこと」(dire)としてきた発語・発話対象のとらえかたの相違を考えるあたって、intentionnalité (志向性)とvisée (意志性)という対概念が有効だと思われる[5]。

　知覚動詞・感覚動詞・知識動詞についての研究である Franckel and Lebaud (1990) は、意図性・目的性の再検討をおこない、visée との比較により intentionnalité と呼ばれる概念を構築した。visée は Antoine Culioli の用語で、彼が提唱する発話理論では、ある概念の事例 (occurrence) はゾーンの内部 (I) か外部 (E) に属するが、まだどちらにも決まっていない場合には、両者から離れたどちらでもないポジション (IE) から I と E をとらえることになる。このようなポジションは、以下のような枝分かれ図 (bifurcation) において I へのアクセスと E へのアクセスとの 2 つの方向にわかれる分岐点 (hiatus) として表記される。

　IE からは次の 3 つの操作が可能である。①アクセスを 2 つとも残す、②どちらかを排除し一方だけを残す、③片方を偏重する。このうち③に対応するのが visée である。

> Cette pondération est due à une valuation : la visée correspond à la sélection de l'une des zones (a priori I) comme bonne valeur.
> 　　　　　　　　　　　　　　　　　　　　　(Franckel and Lebaud 1990 : 224)
> (この偏重には評価がかかわっている。visée とは、2 つのゾーンのうちの 1 つ (基本的には I) を良い価値として選ぶということだからだ。)

分岐点から I を偏重するということは、I へのアクセスが主体にとって〈可能〉

な選択肢の1つであり、かつもう一方（E）へのアクセス可能性も残されていることになる。

　他方、intentionnalité も I が目的であることには変わりはないが、I へのアクセスは〈必然性〉をもっている。ここでいう〈必然性〉とは、選択の余地がないということ、それを選ぶほかはないということを意味する。これが visée との決定的な違いである。visée においては可能な選択肢のうち望ましいものを目標として選ぶという主体の選択可能性がかかわる。それに対して intentionnalité においては「IE—I という関係を必然か決定論的なものとして構築する」(*op.cit*) ことになる。したがって終点 I に必ず到達しなければならないということから出発し、そこからいわば遡って出発点 IE を表象することになる。

　　— La visée consiste à se représenter un point d'arrivée à partir d'un point de départ effectif ;
　　— L'intentionnalité consiste à se représenter le point de départ d'un chemin dont l'arrivée constitue la position effective ou une position nécessaire.
　　　　　　　　　　　　　　　　　　　　　　　　　　（*ibid.* : 225-226）
　（— visée は、実際の出発点から終点を表象することによりなりたっている。
　　— intentionnalité は、到着点が実際または必然であるような道の出発点を表象することによりなりたっている。）

　目的性をめぐる Franckel and Lebaud (1990) の visée と intentionnalité との違いは、視点のおきどころを変えると同じ事物が違って見えるという事実になぞらえると理解しやすい。ある行為の目的あるいは目標は、その行為が未実現の視点からすれば、実現しようとする意志により目指されてはいるが、実際に実現できるかどうかは未定であり〈可能性〉にすぎない。ところが同じ行為を反対側つまり目的実現済みの視点から遡ってみればどうだろう。ある行為の目的は、この視点からすれば行為に継起した結果となる。この先取りされた結果は実現しない可能性がないという意味で〈必然〉となる。前者の見方が visée、後者の複眼的見方が intentionnalité に対応する。

イウにおける発語・発話対象のとらえかたは intentionnalité に属し、S の発語行為は終点 I（「言いうること」が言われる）から表象される。実際の言語行動においては、話し手は自身の思惟をよりよく伝えるために言葉を選び、話を構成し、自分が発した言葉の責任を負う。しかしこの一連の発語・発話行為が終点 I からみられたとき、聞き手への配慮や責任のひきうけから切り離され、話し手は「言いうること」という潜在性を個別の発語空間に現働化する者とみなされる。

　一方、dire における S の対象のとらえかたは visée に属する。すなわち①出発点 IE から I「言うべきこと」が目指され、②終点 I（「言うべきこと」が言われる）に到達する。用例の分析で観察された行為の決定性は②の操作による意味価であると考えられる。

　以上を考慮したうえでこれまでの分析に立ち戻ると、2 つの動詞の機能は以下のようにまとめることができる。

　　イウ：S は外在的な「言いうること」を志向し、特定の時空間において現
　　　　働化する。
　　Dire：S は内的関連の深い「言うべきこと」を目指し、特定の時空間にお
　　　　いて公示する。

6　おわりに

　本稿では、N ヲイウと dire N がとれる名詞のうち、発語・発話内容をあらわす名詞をとるときにイウと dire がどのような機能をもつかを分析した。本稿の序章（「はじめに」）でとりあげた 2 つの動詞の辞書の定義には共通した言語伝達の図式が認められた。しかし分析をとおして明らかになったのは 2 つの動詞のスキーマの違いである。両者は共通して、発語・発話によりある時空間において物理的に知覚可能なものとして提示することをあらわす。しかし行為の対象（「言いうること」なのか「言うべきこと」なのか）と S との関係（「外在的」なのか「内的関連がある」のか）において対照的な違いがみられた。なお本稿でとりあげなかった B タイプの名詞については稿をあら

ためて論じたい。

注

1 フランシュ＝コンテ地方で使われる表現で conte, petite histoire のこと。
2 カナダ初の女性最高裁判事となった Bertha Wilson は、当時の法制度において女性に直接関係する法律が男性優位な観点から運用されていることを問題視し、その後の法改正の基を築いたとされる。
3 Viau, Louise. (2002) Le combat des féministes canadiennes pour la reconnaissance des droits des victimes d'agression sexuelle : l'héritage de Bertha Wilson et de Kim Campbell. Bard Ch., Chauvaud F., Perrot M. and Petit J-G. (dir.) *Femmes et justice pénale XIXe-XXe siècles*, pp. 173–185. Rennes : Presses universitaire de Rennes.
4 « Est-ce que des femmes juges feront une différence ? » 夫婦間暴行における女性の正当防衛に関する法律が制定された直後に Bertha Wilson がおこなった講演。
5 この点に関しては、須藤（2014）ですでに考察したものを基にしている。論述を部分的に再掲しつつ、本稿を展開することをお断りしておく。

参考文献

Baker, Carl. L. (1968) *Indirect Questions in English*, Doctoral Dissertation. University of Illinois.

Franckel, Jean-Jacques. (1998) Au cœur de l'indicible : le verbe *dire*. *LINX* numéro spécial : 53–69. Université Paris Ouest Nanterre La Défense.

Franckel, Jean-Jacques. (2015) Dire. *Langue française* 186 : 87–102. Paris : Larousse.

Franckel, Jean-Jacques. and Daniel Lebaud. (1990) *Les figures du sujet*. Paris : Ophrys.

Gaulmyn, Marie-Madeleine. (1986) Sur les verbes de parole. *Dire, demander, proposer*. M. Le Guern and S. Rémi-Giraud (eds) *Sur le verbe*, pp.307–357. Lyon : PUL.

Giry-Schneider, Jacqueline. (1981) Les compléments nominaux du verbe *dire* (Reconstruction de leur forme prédicative sous-jacente). *Langages* 63 : 75–97. Paris : Larousse.

Giry-Schneider, Jacqueline. (1994) Les compléments nominaux du verbe de paroles. *Langages* 115 : 103–125. Paris : Larousse.

Khatchatourian, Elizaveta. (2006) *Les mots du discours formés à partir des verbes* dire / skazat' *en français et en russe*. Thèse soutenue à l'Université Paris 7.

Marque-Pucheu, Christiane. (2015) Les paroles implicites : l'absence de complément direct

dans les formulations avec *dire*. *Langue française* 186 : 123–137. Paris : Larousse.
北邨香代子・中山晶子・村田知子・中道真木男(1978)「発話行動を表す動詞の意味分析」『日本語教育』34: 73–93. 日本語教育学会.
江口正(1998)「引用節・間接疑問節と内容名詞句の共起関係について」『愛知県立大学外国語学部紀要 言語・文学編』30: 325–344. 愛知県立大学外国語学部.
柴田武(1979)「言葉の意味」『国語教育科学』19(8): 75–90. 国語教育科学学会.
柴田武・國廣哲彌・長嶋善郎・山田進・浅野百合子(1979)『ことばの意味2 辞書に書いてないこと』平凡社.
新川以智子(1994)「「言う」についての一考察」『さわらび』3：41–51. 神戸市外国語大学文法研究会.
須藤佳子(2012)「発語動詞の日仏対照―非人間主語をとる用法をめぐって」『総合文化研究』17(3): 53–69. 日本大学商学部.
須藤佳子(2014)「Intentionnalité をめぐって―伝達動詞を例に」『総合文化研究』19(3): 47–63. 日本大学商学部.
宮田公治(1999)「発話内容を構成する名詞の意味類型と序列関係」森田良行教授古稀記念論文集刊行会編『日本語研究と日本語教育』pp. 39–52. 明治書院.
元木剛(1983)「イウ・ハナス」国広哲弥編『意味分析1』pp. 23–25. 東京大学文学部言語学研究室.
森田良行(1989)『基礎日本語辞典』角川書店.
森山卓郎(1986)『日本語動詞述語文の研究』明治書院.

例文出典

ER : L'Est Républicain
LD : La Dépêche du Midi
SO : Sud Ouest
TLF : Trésor de la Langue Française

名詞の複数表現をめぐる日仏語対照研究

バティスト・プヨ

1　はじめに

　一般にフランス語における複数形は、単数形からの派生形として説明される。例えば単数表現 *Un homme* descend du train（一人の男が列車から降りた）を基にして、複数表現 *Des hommes* descendent du train（複数の男が列車から降りた）が派生する。しかし複数形を単に単数の複数化と捉えると、数量的に複数を表さないフランス語の複数形表現を説明することができない。そのことがはっきり現れている1つの例は、sable（砂）のような不可算名詞である。例えば、複数表現 L'avion pénétra dans *les sables* du désert（飛行機は砂漠の中を飛行した）は、単数表現 L'avion pénétra dans *le sable* du désert（機体は砂漠の砂の中に突っ込んだ）の複数を表しているとは言えない。単数形 le sable du désert と複数形 les sables du désert の違いは、名詞 sable（砂）の表す量の多少の差ではなく、むしろ述語全体の解釈の違いに関わっている。複数形 pénétrer dans *les sables* du désert の場合は、述語（pénétrer 潜り込む）が意味するのは〈フライトの路線としての砂漠に入ること〉である。それに対して単数形 pénétrer dans *le sable* du désert の場合は「物質としての砂漠の砂に入り込むこと」と解釈される。前者の場合、乗客は無事であるが、後者では飛行機はクラッシュしてしまう。

　この例から分かるように、les sables のような不可算名詞の複数形は、数量的な複数化という観点から説明することはできない。ではこの問題をどのように考えればよいのであろうか。

その問いに答えるために、本稿では、まず不可算名詞の複数形に関する先行研究の批判的検討を行い、単数形との比較で複数形の振る舞いを考察する。そこから導きだされる結論として、不可算名詞の複数形は、単数の数量化ではなく、むしろ述語との関連で捉えるべき名詞概念が含む種類、性質などの複数化であるという新たな見方を提示する。それにより文法数の再定義の可能性を示す。最後に、元来文法上単複の区別のないとされる日本語と、同じく元来単複の区別のないフランス語不可算名詞の複数化のメカニズムの類似点と相違点を比較する。

2 不可算名詞の複数形に関する先行研究

2.1 語彙的複数形と文法的複数形

不可算名詞の複数形は伝統的に語彙的複数形(pluriels lexicaux)として定義されている。この考え方によれば[1]複数形と単数形は異なる語彙のレベルで区別される。したがって、これらの複数形の表している複数は〈単数の個物の累加〉という数量化ではなく、何らかの概念の基本意味に内在している語彙的特性としての語彙的複数である(Booij 1994, 1996 ; Acquaviva 2008)。例えば ciel(空)を例にとると、複数定名詞句 les cieux の表している複数は〈空＋空＋空〉というような空の累加から形成される数量的複数とは考えられない。単数名詞 ciel と異なる語彙として考えるべきであり、複数名詞 cieux の意味内容に内在している語彙的複数なのである。また、語彙的複数形が意味しているのが単数形と無関係であることが明らかである他の例として、可算名詞 avoir un travail(仕事をえる); chercher un moyen(手段を探す)と不可算名詞 faire des travaux(工事をする); avoir les moyens(富をもつ)という区別などを挙げることができる。

しかし、語彙的複数形として定義されてきたこれらの不可算複数形の中に、文法のレベルで、さらに2つのタイプを区別する必要がある。1つは、単数形を許容しない不可算複数形であり(例:*un épinard, des épinards(ほうれん草);*une funéraille, des funérailles(葬儀)など)、もう1つは、単数形を許容する不可算複数形である(例：le ciel(空), les cieux(天空)など)。この場合、

前者では *un épinard や *une funéraille などの例に見られるような単数形の語彙が存在しないことから明らかなように、複数形を単数形に置換することはできない[2]。それに対して後者の場合は、例えば(1)が示すように、複数形 les cieux を単数形 le ciel に言い換えることがあり得るのである。

（ 1 ） Il semblait que la Lune apparût pour la première fois sur l'horizon et que personne ne l'eût encore entrevue dans *les cieux* [le ciel].

(Jules Verne, *De la Terre à la Lune*: 43)

(One would have thought that the moon had just appeared for the first time, and that no one had ever before caught a glimpse of her in the heavens.)

（まるで、月が今初めて出現したのであって、以前には誰も月を見たことがない、といった有様であった。）

先に見た les sables についても同じような指摘ができる。

（ 2 ） Mais il arriva que le petit prince, ayant longtemps marché à travers *les sables* [le sable], les rocs et les neiges, découvrit enfin une route.

(Antoine de Saint-Exupéry, *Le Petit Prince*: 64)

(But it happened that after walking for a long time through sand, and rocks, and snow, the little prince at last came upon a road.)

（星の王子さまは、砂漠を横切り、岩を登り、雪をかきわけ、歩いて歩いて、とうとう１本の道をみつけました。）

また、以下の例文においても、不可算複数形 les eaux を単数形 l'eau に言い換えることができる。

（ 3 ） Le capitaine et Francine aperçurent alors dans cette direction quelques ombres projetées sur *les eaux* [l'eau] du lac par la lumière de la lune, et reconnurent des formes féminines dont la finesse quoique indistincte leur fit battre le cœur. (Honoré de Balzac, *Les Chouans*: 154)

(The captain and Francine then noticed in that direction a line of strong shadows thrown by the moonlight on the lake, and among them that of a female figure.)
(大尉とフランシーヌがその方向をみると、月の光が池の面に数人の人影をおとしている。はっきりしないが、ほっそりした女らしい姿もみとめられる。2 人の胸は動悸をはやめた。)

このことから、語彙的複数形という同じカテゴリーの中に、単数形を文法的に許容する les cieux や les sables や les eaux などのような不可算複数形と、単数形を許容しない des épinards や des funérailles などのような不可算名詞を同一レベルで定義すること[3]には限界があると考えられる。本稿では、les cieux や les sables や les eaux などのような単数形と複数形の違いが問題となる不可算複数形のみを研究対象とし、これらを語彙的複数形としてではなく、むしろ単数形との使い分けの中で考えるべき文法的複数形(pluriels grammaticaux)として捉え直す。

2.2　単数形との使い分けとしての不可算複数形に関する観点

　伝統的には、不可算名詞の複数形の扱いは文体論あるいは意味論の問題とされている。文体論的分析として、ラテン語における詩的複数形(De Carvalho 1970, 1993: 105–107)、謙遜の複数形(Cohen 1950)などの観点を挙げることができる。そして意味論的観点として、絶対複数形(Jespersen 1924)、内的複数形(Guillaume 1945 ; De Carvalho 1970, 1993 ; Furukawa 1977 ; Curat 1988 ; Wilmet 1998 : 136)、集合複数形などという観点による分析を挙げることができる。

　以下には、先行研究の中でも、les cieux や les sables や les eaux などの不可算複数形を des épinards や des funérailles とは完全に区別して 1 つの独立した研究対象としては取り扱っていないまでも、不可算名詞の単数形と複数形とを異なるものとして捉え、その説明を試みた研究を取り上げ、検討する。

2.2.1 巨大さ、圧倒的なイメージという観点

不可算名詞の単数形と複数形との違いについては、つとに Guillaume (1945) が « amplification ; vision en élargissement »（意味の展延性）という概念で分析している。例えば単数名詞 ciel（空）は、複数形 cieux では〈天空〉という意味をとる。具体物としての空を意味する単数形 ciel より、複数形 cieux の表している意味の方がより大きな印象をもつということができる[4]。

Guillaume の〈意味の展延性〉という考え方は、指示対象の意味が巨大さ、圧倒的なイメージなど[5]の解釈をとりうる場合を示している。この巨大さ、圧倒的なイメージは、多量、大量の解釈に由来している場合が多い。例えば eau（水）の複数形 eaux は、les eaux du Déluge（ノアの大洪水）では大量の水を意味し、(4)における tomber dans les eaux の場合は、〈人を飲み込んでしまうほどの大量の水〉を意味する。

(4) Ces Bretons sortaient de la rive où Marche-à-terre les avait postés au péril de leur vie car, dans cette évolution et après les derniers coups de fusil, on entendit à travers les cris des mourants, quelques Chouans tombant dans *les eaux*, où ils roulèrent comme des pierres dans un gouffre.

(*Les Chouans*: 147)

(The Bretons swarmed from the bank, where Marche-a-Terre had posted them at the peril of their lives; for after the last volley, and mingling with the cries of the dying, several Chouans were heard to fall into the lake, where they were lost like stones in a gulf.)

（これらのブルターニュ人は、マルシュ・ア・テールが決死の覚悟で配置しておいた池の端から出てきたのだった。事実、この策動のさいちゅうに、そしてまた砲声のやんだ後でも、数人のふくろう党員が水に落ち、石ころのように深みに沈んでいく音が、瀕死者のさけび声を通してきこえた。）

この例では、何人かの人が水に落ち、石ころのように転がっていくという出来事が記述されている。その文脈において、tombant dans les eaux は、人が単に水中に落ちるだけではなく、〈水に飲み込まれて死ぬ〉ほどまでの大

量の水の中に落ちるのである。

2.2.2　日常的経験という観点

これに加えて、De Carvalho (2006) は不可算複数形は日常生活の経験性に基づく場合のあることを指摘する。例えば望遠鏡（une lunette）と眼鏡（des lunettes）との違いを挙げることができる。単数形は専門機器として扱われる望遠鏡であり、日常生活の中に簡単に置くことができないことから、単数形 une lunette となっている。それに対して、複数形は眼鏡を表し、日々利用されて、より身近のものとして捉えられているということで、複数形 des lunettes となるのである。De Carvalho は、日常生活の中で眼鏡は幾度も様々な状況で体験されていることから、複数をとるものとして捉える。この説明を支持する他の例として、例えば、un travail（仕事）と des travaux（工事）、un moyen（方法）と des moyens（資力、富）などがある。

しかし、単数形が望遠鏡を表し、複数形が眼鏡を表す理由が、日常的に頻繁に利用されるかどうかという基準によるという説明は説得性に欠けると言わざるを得ない。なぜならば、複数形 des lunettes（眼鏡）はレンズ2つによって構成されているという一般的な説明で十分だからである。また、単数形で望遠鏡を意味しているときに lunette は可算名詞であるが、複数形で眼鏡を意味しているときに lunettes は不可算名詞であることから、単数形にせよ複数形にせよ不可算名詞 ciel や sable や eau と同様に扱うことはできない。

（5）a.　Je voudrais acheter deux lunettes astronomiques.
　　　　　（I would like to buy two astronomical telescopes.）
　　　　　（私は天体望遠鏡が2台欲しい。）
　　　b. ? Je voudrais acheter deux lunettes de vue.
　　　　　（I would like to buy two glasses.）
　　　　　（私は2つレンズの眼鏡が欲しい。）
　　　c.　Je voudrais acheter deux *paires* de lunettes de vue.
　　　　　（I would like to buy two pairs of glasses.）
　　　　　（私は眼鏡が2つ欲しい。）

2.3 問題点

以上の2つの観点による分析では、les cieux や les sables や les eaux などのような不可算複数形は主観的解釈またはイメージの問題として捉えられていると言える。つまり先行研究において不可算複数形は、意味効果の文学的解釈に重きがあり、必ずしも言語学の分析対象として取り上げられることはなかったのである。しかし、文法の分類のレベルでは、これらの複数形は不可算名詞として分類されている以上、不可算名詞の複数形が可能であるという一見不可解なこの現象について、文学的表現として定義する前に、その言語学的メカニズムを明らかにする必要があるだろう。本稿では les cieux や les sables や les eaux などのような不可算複数形の言語学的振る舞いについて検討し、その扱いの意味と生成基準を言語学的観点から明らかにすることを試みる。

3 不可算名詞の複数形の言語学的位置づけ

まず本稿の問題設定の前提となっている不可算名詞の複数形に関する文法的位置づけについて明確にしておく。

3.1 不可算複数形と単複の概念との非共起

文法の分類における複数形の定義に基づけば、不可算の複数形は説明ができない現象であり、矛盾である。複数を表さない複数形、という矛盾は、単数・複数のとらえ方、および名詞の可算・不可算の考え方に基づくものである。

（i）まず、伝統的に、複数形は単複の枠の中で定義されている。単複の概念は、指示対象の個別性めぐって〈1つの指示対象〉と〈2つ以上の指示対象〉を対立させる二重体系である。この体系における指示対象は個体のかたちをとるものであり、〈1つの個体〉あるいは〈2つ以上の個体〉というような数量的個別性に関して単数形と複数形との扱いが使い分けられる。そのうえで、複数形の扱いは個体性のある指示対象の場合のみに扱いうるものとして定義されている。

(ii) 他方、可算（個体性のある指示対象）と不可算（個体性のない指示対象）の区別は存在論的区別として理解される (Martin 1989)。個体性のある指示対象は、累加的であり、個数を重ねることができる。これに対して、個体性のない指示対象の場合、累加性はない。累加する代わりに、指示対象を分割することはできるが、ほんのわずかな分割量でも、なおもその指示対象と同一である。個物として捉えられない[6] eau を例にとると、⟨eau + eau = eau⟩というように eau がほんのわずかな量しかなかったとしても、なおもそれは eau だと言えることになる。eau のような指示対象は個体性のない不可算の指示対象とされる。それに対して、個体性のある指示対象である glaçon の場合は、⟨glaçon + glaçon = 2 glaçons⟩ というように個体性のある可算の指示対象とされる。

このように見てくると、eau の複数形（eaux）は存在論的にはありえないが、実際には多くの用例が観察される。

(6)　Pataugeant dans *l'eau* boueuse, un petit enfant dans les bras, un autre accroché à sa robe, cette mère tente de fuir sa demeure envahie par l'inondation. (...) Dans la région de Dacca, *les eaux* baissent, mais la situation est de plus en plus dramatique dans le sud-est du pays. *Les eaux* ont submergé une ville entière, Gopalgani.　　　　（Furukawa 1977 : 162）
(Wading into muddy water with a little child in her arms and an other holding her dress, this mother is trying to run away from her house devastated by the flood. (...) In the region of Dacca, flood waters are receding, but the situation is even more dramatic in the southeast part of the country. Waters have submerged the entire town of Gopalgani.)
（泥水の中を苦労して歩きながら、小さな子供の 1 人をその両手に抱き、もう 1 人の子供をその服に掴まらせたこの母は、洪水によって浸水してしまったその住まいから逃げようとしていた。(…) ダッカ地方では、水は引いたが、国の南東部では状況は少しずつ痛ましいものとなってきている。洪水は、ゴーパールガンジという 1 つの街を丸ごと飲み込んでしまったのだ。）

この点について、さらに次節で詳しく検討する。

3.2　不可算名詞の複数形の外延

Wierzbicka (1988) は不可算名詞の単数形と複数形との相違を外延性の観点から説明する。grass や gravel などのような英語の不可算名詞の単数形を "small composite mass" として、oats や groceries などのような複数形を "large mass" とする。

Wierzbicka のこの考え方に対して、Martin (1989) は名詞の意味内容をめぐって概念的解釈と外延的解釈という異なるレベルを区別し、不可算名詞の場合は常に概念的解釈[7]が関連すると述べる。例えば以下のような例文においては、一般的には可算名詞に付く不定冠詞 une が用いられているが、この場合、不可算名詞 eau の概念的解釈が行われる。

（7）　Une bonne eau minérale est riche en fluor.　　　　（Martin 1989 : 42）
　　　（A good mineral water is fluoride-rich.）
　　　（おいしいミネラルウォーターにはフッ素が豊富だ。）

Martin の指摘に従えば、不可算名詞の複数形の場合は外延的扱いとして分類しにくいといえる。その理由は、例えば(8)(9)における l'eau du Nil と les eaux du Nil のいずれにおいてもナイル川のことである以上、複数表現は単数表現より河川量の多いナイル川を意味することはないからである。

（8）　Sur l'azur d'une transparence infinie s'allumaient d'innombrables étoiles, dont les scintillations tremblaient confusément dans *l'eau* du Nil, agitée par les barques qui ramenaient à l'autre rive la population de Thèbes.
　　　　　　　　　　　　　　　　　　　（Théophile Gautier, *Le Roman de la momie*: 135）
　　　（On the azure of an infinite transparency were kindled innumerable stars, whose scintillations trembled confusedly in the water of the Nile, agitated by the barks which were bearing to the opposite shore the population of Thebes.）
　　　（どこまでも透明な青空に無数の星がかがやき、そのきらめきはまた、テー

べの民を対岸へはこぶ船に搔き立てられたナイル河の水にうつって、きらきらと乱れ散った。）

（9）　Elle craignait des massacres où se fussent trouvés enveloppés le jeune Hébreu et la douce Ra'hel, une tuerie générale qui cette fois eût changé *les eaux* du Nil en véritable sang, et elle tâchait de détourner la colère du roi par ses caresses et ses douces paroles.　　　　　　　　　　(ibid.: 292)

(She feared massacres in which the young Hebrew and the gentle Ra'hel might be included, a general murder which would change the waters of the Nile into Real blood, and sought to divert the anger of the king by soft words and caresses.)

（彼女は王の執念深い心のうちに、復讐と鏖殺の計画を見てとったので、あの若いヘブライ人や優しいラーヘルも当然巻き添えになるものと信じて、今度こそナイルの水を真の血の河と変える大虐殺を未然に防ごうと、みずから進んで、愛撫と甘言で王の怒りをやわらげようとしたのであった。）

しかし同時に複数形 les eaux を単数形 l'eau と同じように概念的扱いとするのであれば、（6）において複数形 les eaux のみ、語彙的複数形 les flots に言い換えることができるが説明できないことになる。ともに「大量の水」を意味するからである。

（6）　Pataugeant dans *l'eau* [*les flots] boueuse, un petit enfant dans les bras, un autre accroché à sa robe, cette mère tente de fuir sa demeure envahie par l'inondation. (...) Dans la région de Dacca, *les eaux* [les flots] baissent, mais la situation est de plus en plus dramatique dans le sud-est du pays. *Les eaux* [les flots] ont submergé une ville entière, Gopalgani.　　　（再掲）

しかし以下の例文においても単数形 l'eau の代わりに les flots は用い難い。

（10）　Surtout maintenant que nous sommes fixés sur la qualité de *l'eau* [*des flots] du Tchad. Est-ce que cela se mange, ce poisson-là, Monsieur

Fergusson ?　　　　　　　　　　(Jules Verne, *Cinq semaines en ballon*: 182)
(Particularly now that you have decided upon the quality of the water of Lake Tchad. Is that fish good to eat, Mr. Ferguson ?)
(まさに今になってわれわれはチャド湖の水質についてはっきり理解しました。ファーガソンさん、食べられるのですか、この魚は？)

(11)　Quelque temps après parut une feuille anonyme, qui semblait écrite, au lieu d'encre, avec *l'eau* [*les flots] du Phlégéton.
　　　　　　　　　　　　　　　　　　(Rousseau, *Les Confessions*: 566)
　　　(Some time afterward there appeared an anonymous sheet, which seemed written with Phlegeton water instead of ink.)
　　　(しばらくしたのちに、1つの匿名の文書が刊行された。それはインクの代わりにプレゲトン川の水で書かれたもののように思われた。)

それに対して、複数形 les eaux ならば、les flots に置き換えることが可能である。

(12)　En effet, deux frégates fédérales croisaient alors dans *les eaux* [les flots] de Charleston.　　　　　(Jules Verne, *Les forceurs de blocus*: 149)
　　　(In fact two Federal frigates were now cruising in the Charleston waters.)
　　　(実際、2隻の連合側のフリゲート艦はその時、チャールストンの海ですれちがっていたのだ。)

このことから (6) と (10)–(12) における単数形と複数形との使い分けは、概念的解釈ではなく、外延的解釈が問題となっていると指摘することができる。不可算名詞の複数形と対象の外延との関連づけについては、先行研究では、巨大さ、圧倒的なイメージという解釈において既に論じられていた。例えば (4) における les eaux の意味は〈人を飲み込んでしまうほどの大量の水〉というニュアンスを含み、les flots に言い換えることができる。

（4） Ces Bretons sortaient de la rive où Marche-à-terre les avait postés au péril de leur vie car, dans cette évolution et après les derniers coups de fusil, on entendit, à travers les cris des mourants, quelques Chouans tombant dans *les eaux* [les flots], où ils roulèrent comme des pierres dans un gouffre.

（再掲）

しかし、外延的相違という観点から不可算名詞の複数形の扱いをすべて説明することができるのだろうか。実際、複数形 les eaux を les flots に必ずしも言い換えることができない例も観察される。

(13) C'était vrai, les Hamelin n'y songeaient plus : ils avaient accepté ce million, pêché dans *les eaux* [*les flots] troubles de la Bourse.

(Emile Zola, *L'argent*: 208)

(It was true; the Hamelins had forgotten that: they had accepted this million, fished from the troubled waters of the Bourse.)

(それは正しかった。つまり、アムランたちはそんなことを考えてはいなかったのである。というのも、彼らはブルスの濁った水から釣り上げられたこの大金を受け取ってきたからである。)

4 不可算名詞の単数形と複数形の考え方

以上の考察から不可算名詞の複数形を数量的に説明できないということを踏まえた上で、具体的に不可算名詞 eau をとりあげ、不可算名詞の単数形と複数形の相違を検討していく。まず単数形 l'eau と複数形 les eaux に対する一般的な理解をまとめる。

4.1 不可算名詞の単数形

通常の理解では、単数定名詞句の扱いにおいて〈特定の単数の個物〉（例：*Le chien de la maison* aboie 家の犬が吠える）と〈概念、カテゴリー〉（例：*Le chien* aboie 犬は吠える）という2つのレベルが区別されている。一見すると、不可

算名詞の単数形の場合においてもこの2つのレベルが見られるようである。例えば(10)と(11)における eau は、特定の場所に限定された水を表す。

(10) Surtout maintenant que nous sommes fixés sur la qualité de *l'eau* du Tchad. Est-ce que cela se mange, ce poisson-là, Monsieur Fergusson ?
（再掲）

(11) Quelque temps après parut une feuille anonyme, qui semblait écrite, au lieu d'encre, avec *l'eau* du Phlégéton. （再掲）

これに対して(14)における eau は特定の空間に位置づけることができない。

(14) En France, il y en a un qui soutient que « mathématiquement » l'oiseau ne peut pas voler, et un autre dont les théories démontrent que le poisson n'est pas fait pour vivre dans *l'eau*. （*De la Terre à la Lune*: 140）
(In France there is someone who maintains that, mathematically, a bird cannot possibly fly ; and someone else who demonstrates theoretically that fishes were never made to live in water.)
（フランスでは、鳥は「数学的には」飛ぶことができない、と言い張る者がいて、なおかつ、もう1人、その理論によれば魚は水の中で生きるようには作られていないという者がいる。）

4.2 不可算名詞の複数形

同様に、複数定名詞句もまた〈特定の複数の個物〉（例：*Les chiens de la maison aboient* 家の犬たちが吠えてる）と〈概念、カテゴリー〉（*Les chiens* aboient quand ils ont peur 犬はおびえると吠える）という2つのレベルに区別されている。この場合も eau の意味内容が特定の空間に限定されている例が見られる。

(15) Quelques éléphants, des zébus à grosse bosse venaient se baigner dans *les eaux* du fleuve sacré, et aussi, malgré la saison avancée et la température déjà froide, des bandes d'Indous des deux sexes, qui accomplissaient

pieusement leurs saintes ablutions.

(Jules Verne, *Le tour du monde en quatre-vingts jours*: 86)
(A few elephants, and zebus with large humps, came to bathe in the waters of the sacred river, and also, notwithstanding the advanced season and the already cold temperature, bands of Hindus of both sexes, who were piously performing their holy ablutions.)
（何頭かの象や、大きなこぶをつけた牛が、神聖な川の水を浴びにやってきている姿が見えた。そこではまた、季節の深まりや既に低い気温にもかかわらず、男性と女性のインド人の群れが、うやうやしく禊ぎを行なっていた。）

(16) Jean de Noya, navigateur portugais, s'était égaré dans *les eaux* qui séparent l'Afrique de l'Amérique.

(François-René de Chateaubriand, *Mémoires d'Outre-tombe*: 1143)
(Jean de Noya, the Portuguese sailor, got lost in the waters which separate Africa and America.)
（ポルトガル人の航海士、ジャン・ドゥ・ノヤはアフリカからアメリカを隔てている海で迷っていた。）

それに対して、以下のように、場所の特定が難しい複数形の例を挙げることができる。

(17) Parmi les triangulaires, j'en notai quelques-uns d'une longueur d'un demi-décimètre, d'une chair salubre, d'un goût exquis, bruns à la queue, jaunes aux nageoires, et dont je recommande l'acclimatation même dans *les eaux* douces, auxquelles d'ailleurs un certain nombre de poissons de mer s'accoutument aisément.　　　(Jules Verne, *Vingt mille lieues sous les mers*: 257)
(Amongst the triangular I saw some an inch and a half in length, with wholesome flesh and a delicious flavor; they are brown at the tail and yellow at the fins, and I recommend their introduction into fresh water, to which a certain number of sea-fish easily accustom themselves.)

（三角形のもので、わたしの注目したのは、体長が5センチほどで、肉の味がきわめて上等のやつである。尾は褐色で、ひれは黄色をしている。わたしは、この魚を淡水にならして飼うことをすすめたい。海水魚のかなりの種類は、かんたんに淡水に慣れるものである。）

5 不可算名詞の指示対象の再検討

これを踏まえて、例えば(4)における tomber dans les eaux における述語補語はどのようなものを指示するのか、という問題について検討する。tomber dans les eaux と tomber dans l'eau では、実際のところ、同じ指示対象を示すのだろうか。

5.1 不可算名詞の特定的用法の再定義

まず、tomber dans l'eau や tomber dans les eaux に現れる eau が意味しているのは、場所なのか、それとも物質なのか、それとも別のものなのかを考察する。一般には、Pierre est tombé dans l'eau de la rivière（ピエールは川に落ちた）などのような単数定名詞句 l'eau de la rivière（川の水）は eau の特定的用法として理解される。同様に Pierre est tombé dans le trou du jardin（ピエールは庭の穴に落ちた）においても単数定名詞句 le trou du jardin の特定的用法である。しかし、実際のところ、この2ケースを全く同じように特定的用法に帰することはできない。というのは、不可算名詞 eau の場合、問題なく Pierre est tombé dans l'eau de la rivière を Pierre est tombé dans la rivière に言い換えることができるが、可算名詞 trou の場合はそれができないからである。

(18) a. Pierre est tombé dans l'eau de la rivière.
　　　（Pierre felt into the river water.）
　　　（ピエールは川の水の中に落ちた。）
　　b. Pierre est tombé dans la rivière.
　　　（Pierre felt into the river.）
　　　（ピエールは川に落ちた。）

(19) a. Pierre est tombé dans le trou du jardin.
（Pierre felt into the hole in the garden.）
（ピエールは庭の穴の中に落ちた。）
　b. Pierre est tombé dans le jardin.
（Pierre felt in the garden.）
（ピエールは庭で転んだ。）

また eau の複数形の場合も場所名詞に言い換えが許容される。

(20) a. Pierre est tombé dans les eaux de la rivière.
　b. Pierre est tombé dans la rivière.

このことから、可算名詞の場合とは異なり、l'eau de la rivière と les eaux de la rivière のいずれの場合においても eau の特定性は eau 自体ではなく、具体的な空間である la rivière から生じていると言える。つまり特定であるのは eau ではなく rivière の方である。具体的な空間による特定化がなければ、eau は特定化されない。例えば、Pierre est tombé dans l'eau de la rivière とは異なり、Pierre est tombé dans l'eau では、ピエールが落ちた場所がどこであるのかが不明となってしまう。これは可算表現として特定性のある Pierre est tombé dans le trou との違いである。

以上の考察に基づくならば、特定的用法、不特定的用法のいずれの場合においても、eau 自体の指示対象は（特定することも特定しないことも可能な）物質として捉えることが妥当であり、空間の特定化とは別のレベルであるということができる。

5.2　不可算名詞の存在場所と存在様態

このことから、不可算名詞の場合、特定的用法と不特定的用法との区別は eau の特定性の問題ではないことが分かる。eau の特定的用法と不特定的用法の違いは、eau の指示対象が特定なのか不特定なのかに起因する違いではなく、むしろ物質としての eau の意味限定の違いである。特定的用法の場

合、eau の意味内容を限定しているのは l'eau de la rivière というような特定の存在場所である一方、不特定的用法の場合、それは l'eau de mer というような存在様態が問題となる。eau の特定化には、存在場所と存在様態の2つのレベルがあり、複数化に関して制約をもたらす。すなわち、*Un poisson vit dans les eaux というように eau の存在場所や存在様態を示さないと複数形は容認できず[8]、(21)のように単数形 l'eau しか用いることができない。

(21)　Le son Phâtt est une imitation du bruit que produit la cassure du bambou ; le son Phoutt ressemble au bruit une chose qui tombe dans *l'eau*.

(Vatsyayana, *Le Kama Sutra*: 81)

(The sound Phât is an imitation of the sound of a bamboo being split, while the sound Phut is like the sound made by something falling into water.)

(パットという音は竹の裂け目が作り出す音を真似たものである。プットという音は、水の中に落ちたものが出す音に似ている。)

それに対して、eau の存在場所(例 : Nessie vit dans *les eaux du Loch Nes* ネッシーはネス湖に生息している)や存在様態(例 : Ce type de poisson vit *dans les eaux douce*s この種の魚は淡水の中で生息する)が示されるときは、複数形 les eaux の使用が可能となる。このことから、eau の複数形の扱いが可能であるのは eau の存在が特定の場所、あるいは特定の存在様態の場合、すなわち eau の特定の下位カテゴリー[9]の場合に限定されていることが分かる。eau douce(淡水)や eau de mer(海水)は、下位カテゴリーが様態的に捉えられているが、特定の場所を限定する eau du lac(湖の水)や eau de la rivière(川の水)の場合には、数量的なものなのか様態的なものなのか、その関係をどのように解釈すればよいかが問題となる。

5.3　下位カテゴリーの概念の定義

Sten(1949)は Une jeune fille était assise à ses côtés(娘が彼(女)のそばに座っていた)または envoyer quelque chose par les airs(ほり投げる)などの場合のように、対象の意味内容が曖昧なときは単数形より複数形を用いることを指摘

する。ses côtés や les airs のような慣用的表現の場合は、数量的複数というよりも、意味内容の曖昧化あるいは「ぼかし」という観点の方が説明がしやすい。しかし(22)のような慣用的表現ではない場合はどうであろうか。

(22) a. L'eau dans le lac est froide en cette saison.

（The water inside the lake is cold in this season.）

（湖の中の水はこの時期冷たい。）

b. *Les eaux dans le lac sont froides en cette saison.

(22a–b)の eau は、le lac という特定の空間に限定されている。(22a–b)の場合、les eaux を Sten のいう意味内容の曖昧さを表す複数形と理解することはできない。しかし(22a–b)の l'eau dans le lac を l'eau du lac に置換すると(23a–b)が示すように、単数形、複数形の扱いがともに可能となる。eau の意味内容が le lac という特定の空間に限定されているにも拘らず、(22a–b)と異なり複数形の扱いが可能になるのである。

(23) a. L'eau du lac est froide en cette saison.

（The water of the lake is cold in this season.）

（湖水はこの時期冷たい。）

b. Les eaux du lac sont froides en cette saison.

このことから、l'eau dans le lac と l'eau du lac では、eau と lac の関係のあり方が異なるということができる。この点についてさらに考察してみよう。

　(i) まず、既に見たように、eau などのような不可算物は、どれほど分割しても同質的であり、個別の累加による複数化ができない。しかし量の変化を問題にすることは可能である。

　(ii) l'eau dans le lac では、lac と eau の関係は容器のメタファーで捉えられる。つまり lac は個別の容器であり、eau は容器の中の内容物である。lac は単数とも複数とも扱える個別性をもつものなので、その中で限定される eau も単数の lac の対象として捉えられる。したがって複数表現 *les eaux dans le lac は矛盾をきたす。

　(iii) これに対して、l'eau du lac における le lac は、l'eau dans le lac と同様に容器のメタファーで捉えることはできない。l'eau du lac における eau は、湖の中に湛えられた水として捉えられているのではなく、他にある水とは異なった性質をもつ水として「湖水」あるいは「その湖の水」を問題にしているのである。les eaux du lac が可能なのは、特定の個体の量限定（複数化）を行っているのではなく、その湖で様々な姿で現れうる水が問題となるのである。つまり eau を数量的に捉えるのではなく、様態的に捉えるのである。

　このように、不可算名詞 eau の複数形の使用条件には、2 つレベルを区別することが重要である。1 つは、l'eau dans le lac というような eau の数量的下位カテゴリーである。もう 1 つは、l'eau du lac というような eau の様態的下位カテゴリーである。

6　存在様態の変化による複数化

　eau の複数形を用いることができる場合は、様態的下位カテゴリーとしての eau の場合のみである。Pierre est tombé dans les eaux de la rivière などにおける複数化の意味は、川の水（eau de la rivière）の様態という質的変化の範囲の中で理解されるべきものである。そのことがはっきり現れているのは eau の単数形と複数形との使い分けと述語との関連である。

6.1　1 つの種類、性質などである不可算名詞の単数形

　L'eau dans le lac の場合は、前置詞 dans によって eau と le lac との相互関係が〈内容物―容器〉の関係として規定される。湖に湛えられた水（l'eau dans le lac）の中に、人が飛び込むことも、おぼれることもあり、あるいは、その水に触ると冷たかったり、暖かかったりすることもある。述語で表される出来事や状態には、特に制約はない。それに対して、l'eau du lac などのような場合、述語は水の種類や性質などの属性記述を行うものでなければならない。例えば (24) においては科学的出来事 être soluble であるから、その出来事の補語としての eau も 1 つの種類、性質を指し示している H_2O という

ような科学的オブジェクトとして捉えなければならない。その結果として、eau の複数形が不可能となる。

(24) À vrai dire, ce n'est pas la morphine elle-même, peu soluble dans *l'eau* [*les eaux], qu'utilisent les médecins et les toxicomanes, mais un sel de morphine, le chlorhydrate, qui merveilleusement se prête à cet emploi.
（Laurent Tailhade, *La noire idole*: 23）
(Actually, it is not the morphine itself, not really water soluble, which is used by doctors and drug addicts, but a salt of morphine, called hydrochloride, fitting very well for that use.)
（実際のところ、それはほとんど水に溶けず、医者と薬物中毒者が用いるモルヒネそのものではなく、塩のモルヒネ、つまり塩酸モルヒネ塩であって、これはこのような用途にすばらしく適したものである。）

Eau の特定的用法の場合についても同じような指摘ができる。(25)においては、l'eau du fleuve（川の水）は皿洗いのための eau という意味をとることで、eau の種類、性質などの違いは問題となっていない。

(25) N'ayant pas d'eau, il prit une casserole et attacha une corde à son manche. Il ouvrit la fenêtre et jeta l'ustensile dans *l'eau* [*les eaux] du fleuve.
（Gustave Flaubert, *Madame Bovary*: 312）
(Because he couldn't find some water, he took a pan and fastened the handle with a rope. Then he opened the window and threw the ustensile into the river water.)
（水がなかったので、彼は鍋をとり、その取っ手に縄を結びつけた。彼は窓を開けるとそれを大河の水の中に投げた。）

6.2　複数の種類、性質などから形成される不可算名詞の単数形

それに対して、eau という物質が複数の種類、性質などから形成されるものとして捉えられている場合は、eau の複数形が用いられる。以下の (14) と

（26）では、vivre dans l'eau（水中で生息する）と vivre dans les eaux（水辺で暮らす）と違いが問題となる。述語 vivre の捉え方によって、何らかの動物の生態環境として言える不変で常に同じかたちをとる eau の場合（vivre dans l'eau）と、様々なかたちをとりうる誰かの住む／過ごす場所としての eau の場合（vivre dans les eaux douces du faubourg Saint-Germain）を区別することができるだろう。

(14) En France, il y en a un qui soutient que « mathématiquement » l'oiseau ne peut pas voler, et un autre dont les théories démontrent que le poisson n'est pas fait pour vivre dans *l'eau*. （再掲）

(26) (...) parce que depuis son enfance elle vit dans *les eaux* douces du faubourg Saint-germain, mange la salade comme une La Rochefoucauld.
（Marcel Proust, *À la recherche du temps perdu*: 1074）
(because from her earliest years she has moved in the fresh waters of the Faubourg Saint-Germain, eats her salad like a La Rochefoucauld.)
（なぜなら子供の頃から、彼女はサンジェルマン近郊の淡水の中で育ち、ロシュフコーのようにサラダを食べてきたからだ。）

種類、性質などを含めて存在の様態の複数化は多様な意味を生成する。先行研究に指摘されてきたのは巨大さ、圧倒的なイメージなどであったが、例えば Furukawa（1977 : 162）の例文を改めて考えると、巨大さよりこの例文における eau の複数形はその地域や町の至る所を飲み込んだ複数のかたちをとっている洪水としての eau である。

(6) Pataugeant dans *l'eau* boueuse, un petit enfant dans les bras, un autre accroché à sa robe, cette mère tente de fuir sa demeure envahie par l'inondation. (...) Dans la région de Dacca, *les eaux* baissent, mais la situation est de plus en plus dramatique dans le sud-est du pays. *Les eaux* ont submergé une ville entière, Gopalgani. （再掲）

また (12) においては問題となっているのが croiser というような何らかの移動 (mouvement) を意味している述語であるうえで、今回の eau は様々な海流や様々な波で形成される eau として複数化されている。

(12) En effet, deux frégates fédérales croisaient alors dans *les eaux* de Charleston. （再掲）

同様に (16) における述語 s'égarer の場合は様々な方面や位置としての eau を意味する。

(16) Jean de Noya, navigateur portugais, s'était égaré dans *les eaux* qui séparent l'Afrique de l'Amérique. （再掲）

また序論で言及した pénétrer dans les sables du désert における複数化は sable のとりうる様々な姿を複数化したものである。単数表現 L'avion pénétra dans le sable du désert における sable は砂漠にある sable であり、その中に入り込むので、飛行機がクラッシュするという意味となるのに対して、複数表現 L'avion pénétra dans les sables du désert における sable は、それぞれ異なる姿をとる砂漠の砂から構成される sable として捉えられていることから、〈フライトの路線としての広大な砂漠ゾーンに入ること〉と解釈される。

7 日本語の畳語複数形

これまでの分析から不可算名詞の複数形と名詞が関連する様態との関係性というメカニズムによって、数量の概念だけでは説明できない複数形に対する理解を考え直すことができた。

ところで日本語には、フランス語の不可算複数形と同じく数量的複数として捉えるのが難しい畳語複数形[10]がある。國廣 (1980: 13) は「通りに沿った家々」と「*三軒の家々」との容認度の違いを考察し、畳語複数形の表している複数は不特定複数のかたちをとっている、と説明する[11]。元来文法上単

複の区別のないとされる日本語の中でも、「様態の複数化」ということが起こるのだろうか。以下では、日本語の畳語表現に注目し、同じく単複の区別のないフランス語不可算名詞の複数化のメカニズムと比較しつつ、類似点と相違点を考察することにする。

7.1 不特定複数

　國廣にしたがえば、畳語複数形は不特定複数を表す。これは、畳語複数形の指示対象物の個体性が漠然としたものであるからである。例えば以下の早川（1990: 12）からの例文を検討してみると、「国境の山々」や「遠い山々」や「向こう側に雪を破った木々」のいずれも、対象の輪郭はかなりぼんやりしたものである、といえる。なぜなら「山々」や「木々」を構成する山や木を部分的に取り出し、明確に他の山と区別することは難しいからである。さらに、山自体や木自体は周囲から区別してその固有の輪郭を明確にさせることもできない。山や木というものは地面から隆起した存在であり、その底辺部分はその地面と一体化しているからである。

(27)　国境の山々は夕日をうけて秋に色づいている。　　　（早川 1990: 12）
(28)　頂上の沼は一面雪に覆われて、広い平地のように見える。その向こう側に雪を破った木々が遥かに立ち並んでいる風景には、何か索漠とした美しさがあった。　　　　　　　　　　　　　　　　（ibid.）

また同様に(29)における「恋の日々」は日Ａと日Ｂのように一日ずつ区切ることができず、連続的に捉えられる期間である。

(29)　私の脳裏に素早く駆け巡ったものはあの短い煮詰めたような恋の日々だった。　　　　　　　　　　　　　　　　　　　　　　（ibid.）

指示対象が重なり合って存在する場合にも、ふつうは畳語として使われにくいと思われる名詞でも、文脈により畳語が自然である場合がある。

(30) 一番電車が港の上を城山の前にある駅の方へ走り去って行く。わたしの目の中に首飾りのように光を綴ったレモン色の<u>窓窓</u>が走り去る。

(早川 1990: 13)

(31) 頭上を覆った<u>枝枝</u>の間から午後の太陽の光線が奇妙な濃淡の斑模様をなして流れ込んだ。　　　　　　　　　　　　　(ibid.)

(32) 上りの省線電車が、じき続いて下りの省線電車がスパークの赤い火と<u>窓窓</u>の明かりをぶちまけたように左右に流しながら通り過ぎた。

(ibid.)

7.2　上位概念の不可欠性

　畳語複数形の指示的範囲は不確定であるが、それに関して早川 (1990: 12) は次のように説明する。

> つまり畳語の指示物はその物理的形態において中心部分はある程度指摘できるが周縁部分は周囲と連続しておりはっきり輪郭を描くことができないものが多い。周囲と連続している、一体化しているということはそれらがそこから動かせないことを意味し、その特殊性を高め、結果的にそれらの数えにくさと結びつくと思われる。例えば「山々」というものは、重なる山並みまたは層状に重なった連山といった事実を指すものだと考えられる。つまり畳語複数というものは、何らかの部分でなければならないようである。

このことから、フランス語の不可算名詞の複数形と同様に、畳語複数形の意味内容は常に特定の背景の中に限定されていることを挙げることができる。松本 (2009: 247) はこのような背景を「上位概念」と呼び、畳語複数形の意味内容はこれを囲む特定の上位概念の中にしか考えられないことを指摘する。

> 次のような疑問を発してみてはどうだろう、「畳語複数を構成する各名詞に関して、その上位概念になる語が容易に考えられるだろうか」と。

(…)「木々」と「国々」の表現を聞いたとき、私たちはただちに「森の木々」「世界の国々」といった表現を思い起こすことだろう。つまり「木々」とは、なんでも良いから沢山の木をあらわすというわけではなく、ある決まった範囲の森などを構成する一本一本の木、という意味なのである。「国々」とは、適当に任意のいくつかの国を指すのではなく、この世界、この地球を構成する要素としての一つ一つの国家、あるいはもっと狭い範囲で用いる場合には、ある地理的・政治的条件などを満たす集合の中に含まれる個々の国、という意味なのである。「東アジアの国々」「社会主義の国々」「イスラム圏の国々」などというふうに。また、「人々」や「神々」に関しても、同様のことがいえる。私たちが「人々」という表現を敢えて使用するとき、漠然とたくさんの人間という意味で用いるのではなく、もっと具体的にある決まった集団内の個々の成員をイメージしているのが普通だろう。つまり「世界の人々」「日本の人々」などのように「〜の人々」という形で用いられるのが普通だろう。また「神々」という言い方が使われる場合には、「ギリシャ神話の神々」とか「八百万の神々」のように、ある特定の宗教的世界が前提となっている。

また松本（2009: 245）によれば、容認不可能な表現とされている「花々」や「星々」も上位概念をとる文脈の中では可能となると考えられる。

「花々」や「星々」という表現は、一般には容認不可能な表現と見なされることも多いようであるが、私には例えば「花々が咲き乱れる草原」「星々がきらめく夜空」のような表現は、まったく自然なもののように感じられる。

以上のことから、フランス語の不可算名詞の複数形だけではなく、日本語の畳語複数形の場合においても、背景の表示を補うことで、必ず指示対象の意味内容を何らかの特定の存在として限定する必要があるということができるだろう。

畳語複数形の使用条件として上位概念による限定が不可欠だとすると、フ

ランス語の不可算複数形と同じく、畳語複数形の指示対象も下位カテゴリーとして考えるべきであることが分かる。以下の例文が示すように、畳語複数形の使用条件となる上位概念は、指示対象の存在場所や存在時間を限定する場合もあれば、指示対象の存在様態を問題としている場合もある。このことから、フランス語の不可算複数形と同じく、畳語複数形で問題となるのは指示対象の数量より、指示対象の様態であると考えることができる。(33)では1つ1つは個別の国ではあるが、南アジアを様々なかたちで特徴づける性質をもった一連の国である。(34)では、人生において夫婦のかたちは、それぞれの世代によって異なるが、世代によって様々なかたちで特徴づけられているものとして捉えられている。(35)では、猛暑の夏において、毎日、暑さは違うものの、それぞれの暑さに特徴づけられた一連の日が問題となっている。

(33) 複雑に入り組んだ社会集団を数多く抱える南アジアの国々の特徴の一つとして数えられている。[12]

(34) 十代、二十代、三十代、四十代、その時々をいかに生き、その時々にどんな夫婦であったのかが…

(本岡典子、『ある夫婦のかたち』: 37)

(35) 本当に暑い日々が続きますね。[13]

7.3 種類、性質などの複数化

指示対象の上位概念の表示が不可欠であったフランス語の不可算複数形と比較してみるならば、日本語の畳語表現の場合においても、同じように存在様態の複数化が問題となる点で共通していると考えられる。日本語では畳語複数形となれる名詞は必ず基礎水準カテゴリーに属する名詞である。基礎水準カテゴリーとは認知意味論で言うところの"basic level category"のことである(Lakoff 1987)。これに関して唐須(1992: 127)の指摘を引用する。

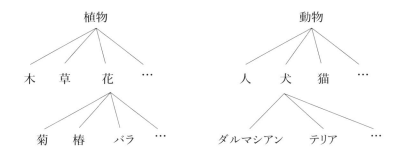

　上図の例では、それぞれの枝別れ図の中で、中間に位置するレベルが基礎水準カテゴリーに属するものと考えられている。つまり和語であり、二音節以下であるような語は全てこのレベルに位置づけられる。そのレベルより下位のレベルに属する語であれば、決して畳語として使用されない、だからこそ、花の名として菊々、バラバラなどと言うことはできない。上の図で十分想像がつくように、その基礎水準レベル以上の語は漢語の複合語になる可能性が強く、基礎水準レベルより低い語には、犬の例で明らかになるように、外来語も現れてくる確率が高くなっている。植物の場合でも「木」より一つ下のレベルでは「松」、「トチ」などが出てくるが、さらにそれより下のレベルになると「赤松」「トド松」などの複合語が出現する可能性が極めて高い。

　畳語複数形の生成を許容する唯一のレベルは、基礎水準レベルの名詞である。以下の例文において「木々」が指し示している集合体は、種類を別にしている木の集まりであることが明らかだろう。

(36)　全国から寄せられた巨木の数は 61441 本。<u>木々</u>の形態としては、単木が約 28000 件、樹木が約 7400 件、並木が約 550 件だった。

（早川 1990: 14）

(37)　地域のシンボルとして人々に親しまれている<u>木々</u>を見直し、地域の自然保護教育や、潤いのある街づくりの核として活用してもらおう。

（ibid.）

(38) これまでの桜などの各地域での名木や、「縄文杉」のような著名な木々の調査はあったが、すべての樹種で巨木全国調査は初めて。

(ibid.)

　畳語複数形の扱いにおける種類、性質などによる複数化のこの問題を明らかにするために、プヨは日本語母語話者を対象とした以下のようなインフォーマント調査を実施した。

(39) 太郎はフリージアの花を買った。　　　　　（小早川 2004: 46）
　　1. 自然(18)　2. やや自然(0)　3. 不自然(0)
(40) 太郎はフリージアの花々を買った。　　　　　　　　　　（ibid.）
　　1. 自然(0)　2. やや自然(2)　3. 不自然(16)
(41) 太郎は赤い花々を買った。　　　　　　　　　　　　　（ibid.）
　　1. 自然(1)　2. やや自然(4)　3. 不自然(13)
(42) 太郎は色とりどりの花々を買った。　　　　　　　　　（ibid.）
　　1. 自然(8)　2. やや自然(4)　3. 不自然(6)

　ここにおいては「フリージアの花」と「赤い花」は、同じ種類の花の複数として把握され、「花々」の容認度が非常に低い。(42)が示すように、異なる色を表す「色とりどりの」が用いられる場合は「花々」の方が自然となっている[14]。それに対して、(41)において容認度が低いと判断される理由としては「赤い」とはひとつきりの種類であり、つまり「花」の種類、性質の多様性が否定されるからだろう。また「赤い花々」を容認した日本語母語話者は、その理由として、様々な色、相、明度、彩度の「赤」があるという理由を挙げている。
　このことから、畳語複数形の指示対象の意味内容は、「赤い花」というような共通の質量的下位カテゴリーにおける様々な種類、性質などを問題としている複数化することが可能であるということができる。その結果として、質量的下位カテゴリーが想起しにくい名詞は、「*水」や「*砂」や「*石」などのように畳語複数形になれないのである（小早川 2004: 47）。

7.4　個別性の位置づけをめぐるフランス語と日本語との差異点

　これまでの考察から、不可算複数形と畳語複数形のいずれの場合においても問題になるのは、複数の種類、性質などから形成される（可算することができない）かたまりであるということができるだろう。例えば les sables du désert の指示対象は様々な砂の坂を指し示しており、それぞれの坂の輪郭がぼんやりしているうえで、その指示対象はなんらかのかたまりのかたちをとるわけである。同様に「アルプスの山々」についても同じような指摘ができる。例えば早川 (1990: 13–14) は畳語複数形の指示対象を連続体として定義している[15]。

　　　畳語の指示物は、それが自然界に実体のあるものとして存在し集まりとして目に見える場合（山々、家々、木々、花々）、連続体として互いが重なり合ってその個々の構成要素の輪郭が明確に描けないものが多い。またひとつひとつが離れていてもその輪郭全体が周りからはっきり切り取れないものが多い。畳語全体もその背景からはっきり切り取れないものが多い。また重なり合うことのないものの場合も個々またはその集まりが全体から切り離せない部分であるという共通点を有する。

　単なる可算名詞とは異なり、畳語複数の指示対象は数えることができないと既に言及してきたが、これは、les sables du désert と同じく、「アルプスの山々」は輪郭のぼんやりした成員の集まりであるうえで、その集まりの中から 1 つの成員を明確に他の成員と識別することが難しいからである。言い換えればこれは、成員の相互弁別性の低さの問題である。というわけで「山々」が用いられた場合、「山＋山＋山」というような単複的複数というより、むしろ様々な様態で立ち現れる一連の対象のかたまりとして捉えるべきだろう。唐須 (1992) と池上 (2000) が挙げる畳語複数形における「集団性」または「群の形」も同じ考え方であると思われる。

　池上 (2000) と佐竹 (2002) が述べるように、畳語複数形は、対象をひとつの連なりとして捉える。それと同時に「アルプスの山々」というような複数化によって、連なる対象を個性にしたがって、それぞれ別様な現れ方をする

ものとして捉える。それが成員どうし重なり合うという意味である。

対象の個別性という点において、不可算複数形と畳語複数形との間には、以下のような差異点が指摘できる。すなわちフランス語の les sables du désert というような複数化の場合は、序論で言及したように、個別性のない不可算物 sable を対象とした複数化である。それに対して、日本語では「*砂漠の砂砂」が不可能であることが示すように、「アスプスの山々」のような畳語複数化は、可算物として元々から個別性を前提としている対象の複数化である。したがって、フランス語と日本語とのケースにおける個別性の位置づけは異なっており、この違いから、異なるタイプの存在様態の複数化が生じる。

（i）まず対象の個別性（種類、様態）に基づいて、対象を複数化するのが日本語の畳語複数形である。こういった特徴は例えば國廣（1980）の挙げる「個別性を保った不特定多数」としての畳語複数の定義に見られる。

（ii）もう1つは、sable のように、個別性（種類、性質など）を目的として複数化する、les sables のような不可算複数形である。上で見た國廣（1980）の定義に倣うならば、フランス語の不可算複数形は、「個別性を生み出す不特定多数」として定義することができるのではないだろうか。

8　おわりに

本稿では、文学的用法として定義されてきたフランス語の不可算名詞の複数形を言語学的観点から再定義することを試みた。結論としては、不可算名詞の複数形が生産される場合には、種類、性質を含めて存在様態の複数化が行われているということが指摘できる。本稿で新たに明らかになった点は、不可算名詞の複数形の扱いは、数量的ではなくむしろ述語との関連で捉えるべきであるという新たな見方である。

日本語の畳語複数形に注目し、不可算名詞複数形と対照をすることにより、不可算名詞の複数化における種類、性質などの位置づけと役割についてより理解を深めることが可能となった。その結果、不可算名詞の複数化を、多様な存在様態の個別化を志向する複数化と再定義することになった。

フランス語には単複の文法的対立がある一方、日本語には単複の対立がないというのが一般的な「思い込み」であるが、日仏語対照研究で明らかになった点として、実際には、両語において、種類、性質などの対象の質的複数化という同様のメカニズムが観察されるということである。このことから、より一般的な問題として文法数の再定義の可能性を探ることができるかを、今後の課題としたい。

注

1 可算と不可算との区別と同時に提案されてきた語彙的複数形のこの考え方は Jespersen (1913 : 114, 1924) によるものだが、Colombat (1993) が述べるように (数量的複数として捉えることができない) 不可算意味と複数形との矛盾については古代ギリシャの哲学者によっても既に指摘されていた。
2 単複の考え方に関しては、形態論的あるいは音韻論的に、単数形と複数形との対立が明らかに存在している。そして、単数形と複数形とのこの対立は、形式上の派生関係の中において位置づけられることである。
3 どの不可算複数形でも「語彙的複数形」との同じ用語の中に定義されてきた1つの理由として、des débris, un débris と des gravats, *un gravat、そして les eaux, l'eau と les flots, *le flot などのような不可算複数形の同義性を挙げることができるだろう。
4 単数形 ciel は必ずしも〈空〉という意味とはならず、aller au ciel (亡くなる) の場合のように、〈天国〉という意味にもなり得る。これによって、複数形が単数形よりも広い空間を表すとは言えない。
5 『フランス語ハンドブック　改訂版』(1996 : p. 7) においては、複数定名詞句 les cieux は「多量、強意、誇張などの文体的効果を示す」とされている。
6 Furukawa (1977 : 163) は、数えられるものとしての複数不定名詞句 des eaux の以下の例を挙げるが、注意しなければならない点としては、des eaux における eau の指示対象は不可算物ではなく、今回は明確に数えることができる個物である水のペットボトルというこれまで言及してきた水の意味と異なる可算物となっている。
　　a. Des eaux conditionnées en plastique, en 1969, sont toujours bonnes à boire, nous ont affirmé les porte-parole de la société d'Evian.　　　　(Furukawa 1977 : 163)
　　b. Volvic ... la plus légère des grandes eaux minérales.　　　　(ibid.)
7 概念的解釈とは、数量が指示の問題となっていないということである。

8 (4)(6)などのようにeauの存在場所や存在様態が表されていないようにも見える複数形 les eaux の例が観察されるが、このような場合においても eau の存在場所と存在様態はコンテクストによって特定化される。

9 ここで言う下位カテゴリーとは、意味論で言う上位語—下位語の関係（hyponymy）や部分—全体の関係（part-whole relationship）とは異なる。

10 日本語は畳語を多用する言語であり、畳語とは「同一の単語または語根を重ねて1語とした語」（『広辞苑 第五版』、岩波書店）として定義されている。畳語は文字通り「たたみことば」とも呼ばれており、ことばをたたむ、すなわち同じ語／同じ要素が繰り返される単語である。重字／重綴などとも言われ、「かさねことば」として説明される（松村 1969: 59）。国語辞典の定義では、畳語名詞と畳語副詞は同じレベルで定義されているが、同じ単語の繰り返しから成り立っている「ひらひら」のような畳語副詞は複数を表すことができないことから、これからの分析では、「山々」のような名詞の複数形としての畳語の振る舞いのみを検討する。

11 畳語複数形の数量化をめぐって、早川（1990: 10）は以下の矛盾点を指摘する。
> 数詞との共起関係についていうと、これら畳語名詞の構文的特徴としては数詞と共起しにくいことがあげられる。これらが数詞と共起しない理由として数詞による複数表現と畳語による複数表現に重複を避けるためということも考えられる。が、「多くの山々」「幾多の山々」という表現は可能なのに「七つの山々」「七本の山々」という表現が受け入られないということを考えると両者の間に相容れないものがある、矛盾があると考えざるを得ない。

12 「分離主義」『Pol-Words NET』http://pol.cside4.jp/theory/9.htm. 2016.08.07.

13 「太陽熱消毒」『苺香いちご狩り農園苺香』
http://www.ichika-ichigo.jp/news/?wt=ns&dcat=3&p=701. 2016.08.07.

14 何故この場合は依然として不自然だと感じられるのかという点については、畳語複数形のあらわす複数ははっきりした輪郭をもたないものであり、これらの例文に登場している「花々」が指し示しているのは、太郎が買って今手に持っている特定の数量のものだと考えられるからだろう。

15 これは Wierzbicka (1972) からの "Things which are part of something which cannot be separated from the place in which they are, and are not separated from each other" という指摘に近い。

参考文献

Acquaviva, Paolo. (2008) *Lexical plurals. A Morphosemantic Approach*. Oxford: Oxford University Press.

Booij, Geert. (1994) Against split morphology. *Yearbook of Morphology 1993*, pp. 27–49. Dordrecht: Kluwer.

Booij, Geert. (1996) Inherent versus contextual inflection and the split morphology hypothesis. *Yearbook of Morphology 1995*, pp. 1–16. Dordrecht: Kluwer.

Cohen, Marcel. (1950) *Regards sur la langue française*. Paris: Sedes.

Colombat, Bernard. (1993) Remarques sur le développement de la notion de personne dans l'histoire de la linguistique. *Faits de langues* 3: 15–27.

Curat, Hervé. (1988) Pluriel interne et système morphologique du nombre en français. *Revue québécoise de linguistique* 17: 29–52.

De Carvalho, Paulo. (1970) *Recherches sur la catégorie du nombre en latin. Le pluriel poétique*. Thèse de 3e cycle.

De Carvalho, Paulo. (1993) Sur la grammaire du genre en latin. *Evphrosyne, Revista de Filologia Clàssica* 21: 69–104.

De Carvalho, Paulo. (2006) Esquisse d'une morphosyntaxe du nombre grammatical. *Cahiers de Grammaire* 30: 117–127.

Furukawa, Naoyo. (1977) *Le nombre grammatical en français contemporain*. Tokyo: France Tosho.

Guillaume, Gustave. (1945 [1991]) Leçon du 7 juin 1945, série B. *Leçons de linguistique de Gustave Guillaume, 1944–1945, série A et B*, pp. 201–210. Québec/Lille: Presses de l'Université Laval et Presses universitaires de Lille.

Jespersen, Otto. (1913) *A modern English grammar*. London: Allen & Unwin.

Jespersen, Otto. (1924) *The philosophy of grammar*. London : Allen & Unwin.

Lakoff, George. (1987) *Women, fire and dangerous things: What categories tell us about the nature of thought*. Chicago: University of Chicago Press.

Martin, Robert. (1989) La *référence massive* des unités nominales. J. Davis et G. Kleiber (eds) *Termes massifs et termes comptables*, pp. 36–47. Paris: Klincksieck.

Sten, Holger. (1949) Le nombre grammatical. *Travaux du Cercle linguistique de Copenhague* 5: 47–59.

Wierzbicka, Anna. (1972) *Semantic Primitives*. Frankfurt: Athenäum.

Wierzbicka, Anna. (1988) *Semantics of Grammar*. Amsterdam: Benjamins.

Wilmet, Marc. (1998) *Grammaire critique du français*. Bruxelles/Paris: Duculot.

池上嘉彦(2000)『「日本語論」への招待』講談社.

唐須教光(1992)「言語学的説明再考―日本語の畳語を例として」『藝文研究』60: 123–135. 慶應義塾大学藝文学会.

小早川暁(2004)「日本語の複数表現―「それらの＋名詞」と畳語名詞」『こころとことば』

3: 35–50. 人間環境大学編集委員会編.

佐竹秀雄(2002)「日本語に複数形ありますか」『日本語学』21(4): 170–171. 明治書院.

早川治(1990)「日本語の畳語名詞の意味についての一考察」『Sophia International Review』 12: 9–18. Sophia University Department of Comparative Culture.

國廣哲彌(1980)「総説」『日英語比較講座』2: 1–22. 大修館書店.

松村睦枝(1969)「畳語の研究」『日本文學』32: 59–78. 東京女子大学.

松本純一(2009)「日本語における畳語複数形の生成可能性について」『東洋学園大学紀要』 17: 243–249. 東洋学園大学.

『フランス語ハンドブック　改訂版』(新倉俊一他)(1996)白水社.

『広辞苑　第五版』(新村出編)(1998)岩波書店.

例文出典

Balzac, Honoré de. (2014) *Les Chouans*. Arvensa éditions.

Chateaubriand, François-René de. (2014) *Mémoires d'Outre-tombe*. Arvensa éditions.

Flaubert, Gustave. (2014) *Madame Bovary*. Arvensa éditions.

Gautier, Théophile. (1859) *Le Roman de la momie*. Hachette.

Proust, Marcel. (2014) *À la recherche du temps perdu*. Arvensa éditions.

Rousseau, Jean-Jacques. (2014) *Les Confessions*. Arvensa éditions.

Saint-Exupéry, Antoine de. (1996) *Le Petit Prince*. Gallimard.

Tailhade, Laurent. (2016) *La noire idole*. Hachette.

Vatsyayana. (2015) *Le Kama Sutra*. Booklassic.

Verne, Jules. (2014) *De la Terre à la Lune*. Arvensa éditions.

Verne, Jules. (2014) *Les Forceurs de blocus*. Arvensa éditions.

Verne, Jules. (2014) *Vingt mille lieues sous les mers*. Arvensa éditions.

Verne, Jules. (2015) *Cinq semaines en ballon*. Arvensa éditions.

Verne, Jules. (2016) *Le tour du monde en quatre-vingts jours*. Ediciones 74.

Zola, Emile. (2014) *L'argent*. Arvensa éditions.

本岡典子(1996)『ある夫婦のかたち』. 三五館.

言語の形式的特性と感情表出とのインターフェースに関する研究
フランス語と日本語の指示詞の用法を中心に

稲葉梨恵

1　はじめに

　喜怒哀楽のような人の感情や態度は、主に表情特徴と音声特徴によって認識される。これらは、いわゆる非言語的（ノンバーバル）情報であり、実際、コミュニケーション時の感情認識は、視覚55％、聴覚38％、言語7％（マレービアン 1986：98）であるとされ、とりわけ前者2つの知覚は人の感情からは切り離せないと言われている。そのため、情報工学の分野でも、感情認識の研究には主に表情および音声特徴に関する分析が盛んにおこなわれている。一方、言語学分野でも、指示詞を中心とした特定の言語形式において、しばしば話者の感情が表出することが指摘されている。たとえばフランス語では次のような現象が観察される。

（1）a. Pierre : Je sais que tu es allé là-bas.　　　　　　　　（稲葉 2013：191）
　　　 Sophie : C'est elle qui te l'a dit ?
　　　 （Pierre: I know that you went there.
　　　 Sophie: Is it her who told you that?）
　　　 （ピエール：あそこに行ったことを知ってるんだぞ。
　　　 ソフィ：彼女に聞いたの？）
　　b. Pierre : Je sais que tu es allé là-bas.
　　　 Sophie : C'est elle qui t'a dit ça ?

(1a–b)はPierreの発話内容をそれぞれ中性代名詞leと指示代名詞çaで受け直したものである。(1a–b)の違いについてインフォーマント調査を行ったところ、(1a)と比較して(1b)の文脈にはSophieの驚きや非難的態度といった何らかの感情を強く認めることができるという回答を得た。

同様に、日本語では指示詞の中でも「こんな／そんな／あんな」の形式に話者の感情や評価的意味が付随することが考察されている。たとえば、

（2）a. A：「乗り換えを間違えないでね。」　　　　　　（鈴木 2005 : 61–62）
　　　　B：「そういうことは、わかっているから大丈夫だよ。」
　　　（A: Don't make a mistake when you change a train.
　　　　B: It's okay, I know that.）
　　b. A：「乗り換えを間違えないでね。」
　　　　B：「そんなことは、わかっているから大丈夫だよ。」
　　　（A: Don't make a mistake when you change a train.
　　　　B: It's okay, I know that.）

鈴木によると、(2a)のような「ああいう／こういう／そういう」(以下「ソウイウ」で表記を統一)という形式に対し、(2b)のような「あんな／こんな／そんな」(以下「ソンナ」で表記を統一)の形式が用いられる文脈には、叱責・非難・不満・意外性といった話者の感情がより強く観察されるという。

このように、フランス語では指示代名詞çaに、そして日本語では「ソンナ」の形式に話者の感情表出が強く認められる。指示詞は、指示対象を示す標識であって、直接的に人の感情を表す表現ではないが、それにもかかわらず話者の感情表出と結びつくのはなぜか。本稿では、フランス語の指示代名詞çaと日本語の「ソンナ」の形式を中心に、競合する形式との比較考察を通じてその言語形式的特徴を記述し、感情表出との関係について論じることを試みる。

2 フランス語の指示詞と話者の介入

2.1 先行研究の概観

　指示代名詞 ça の考察に入る前に、フランス語の指示詞に関する先行研究について概観しておこう。フランス語の指示詞には指示形容詞と指示代名詞があり、それぞれに多くの先行研究がある。とりわけ指示形容詞に関しては、名詞句照応における定冠詞との競合において多くの議論が展開されてきた。この問題は、夙に Guillaume (1919) が冠詞論の中で論じ、80 年代以降、Corblin と Kleiber による考察を基に、日本でも春木 (1985, 1986)、井元 (1989)、小田 (2008) 等が ce N / le N の競合について、また東郷 (1991)、遠藤 (2001)、春木 (2012) 等が ce N の機能を中心に考察を行っている。これらの先行研究で共通して認められる指示形容詞の機能は、話者による指示対象の焦点化の操作や話者の判断・評価の導入といった、いわゆる「話者の視点の介入」と呼ばれる機能である。一方、指示代名詞に関しては、主に気象表現における非人称代名詞 il との競合や、指示代名詞 ça を主語とする定型表現に関する考察の中で取り上げられ (cf. Hilty 1959、Cadiot 1988、Bosredon et Morel 1990、Ruwet 1990、春木 1991)、ここでは話者による強調や評価的意味を伴う機能があることが指摘されている。そして、(1a–b) のような発話内容照応を行う文脈指示の ça に関して、秋廣 (1998)、山本 (2006)、稲葉 (2010) が競合する中性代名詞 le との比較考察を行い、ça の照応機能と話者の感情表出について考察を行っている。このように、フランス語では指示詞の用法において、競合する形式と比較して話者の介入がより強く認められる。筆者は、これまで発話内容照応の ça を中心に考察を行ってきたが (cf. 稲葉 2008, 2009a, 2009b, 2010、Inaba 2011)、本稿では、新たに個別の対象を指示する ça の照応機能を加えて見ていくことにする。

2.2 指示代名詞 ça と感情表出

2.2.1 個別の対象を指示する ça

　フランス語では、名詞句を照応する際、一般に先行詞の性数に一致する人称代名詞や名詞限定辞を伴って照応する。したがって、中性である指示代名

詞 ça を用いた名詞句照応はあまり行われない。しかし、文法書等には ça を用いて固有名詞や個別化された対象を指示する場合には、話者の感情・評価的意味を伴うことが記述されている。

2.2.2　感情のタイプ

まず、主な文法書記述を見てみる[1]。

（3）　*cela* et *ça* peuvent, dans la langue familière, désigner des personnes ; dans ce cas, ils expriment souvent quelque mouvement affectif, qui peut aller du mépris à la tendresse.　　　　　　　　　　　　　（Grevisse 1986）
（*cela* and *ça* can, in colloquial language, designate persons; in this case, they often express some emotional movement, which can range from contempt to tenderness.）
（cela と ça はくだけた表現において人物を指示することが可能である。この場合、しばしば軽蔑から愛情まで、感情的な反応を表現する。）

（4）　*Cela* entre dans des locutions et il prend une valeur péjorative lorsqu'on s'en sert pour désigner des personnes.　　　　　（Wagner et Pinchon 1991）
（*Cela* belongs to idioms and it takes a pejorative value when it is used to refer to people.）
（cela は成句に用いられ、人物を示す場合には軽蔑的な価値をもつ。）

Quelle que soit son origine, *ça* s'emploie dans la langue parlée avec les fonctions de *cela*. On rencontre aussi ce pronom dans la langue écrite. Il peut avoir la même valeur péjorative que *cela*.　　　　　　　　（ibid.）
（Whatever its origin, *ça* is used in the spoken language with the same functions as *cela*. We also find this pronoun in the written language. It can have the same pejorative value as *cela*.）
（その起源がなんであろうと、ça は口語体において cela と同じ機能をもつ。ça は文語体でも用いられ、cela と同様に軽蔑的な価値をもつ。）

（5）　称賛・嫌悪等の感情を含む。感情的用法では時に人を表す。Cela、ça は一種の強意語。　　　　　　　　　　　　　　　　　　（朝倉 2002）

(It includes feelings of admiration, hatred, etc. It sometimes represents people at the emotional usage. *Cela* and *ça* are a kind of intensifier.)

　これらの文法書記述には具体的な例が挙げられていないが、Cadiot (1988) では次のような例を挙げ、個体 (individu) を受け直す ça は、様々な情意的ニュアンスを伴うことを指摘している。

（6）【軽蔑・軽視のニュアンスを伴う例　（nuance de dédain, de mépris）】
　« Je déclare que ce marquis ne m'a pas charmé du tout, s'écria M.Levrault avec un dédain suprême. Qu'est-ce que c'est que ça, les Rochelandier ? D'où ça vient-il ? Où ça perche-t-il ? C'est la première fois que j'entends parler de ces gens-là. »
　　　　　　　　（Sandeau, *Sacs et parchemins* 1851 : 195, cité dans ibid. : 181）
　(I declare that this marquis doesn't charm me at all, cried M.Levrault with supreme disdain. What is it, the Rochelandier? Where does it come from? Where does it perch? This is the first time I hear about these people.)
　(この公爵は私にはちっとも魅力的じゃないな、と M.Levrault はひどく軽蔑して叫んだ。ロシュランディエ家はいったいなんなんだ？　どこから来たんだ？　どこに住んでるんだ？　そんな連中について初めて聞いたよ。)

（7）【優しさ・愛情のニュアンスを伴う例（nuance de tendresse, d'affection）】
　« Les petites filles, (…) si elles veulent grandir et avoir de bonnes joues, il faut que ça soit couché de bonne heure. »
　　　　　　　　（Coppée, *les vrais riches*, 1891 : 195, cité dans loc.cit.）
　(Girls, (…) if they want to grow up and have good cheeks, it has to go to bed early.)
　(娘たち、(…) もし彼女たちが大人になって綺麗な頬でいたいのなら、早く寝なくてはならないよ。)

（8）【称賛のニュアンスを伴う例　（nuance d'admiration)】
　« Sa femme aussi est charmante (…) c'est une nature et un type ; ça chante à ravir, c'est colère et tendre, ça fait des friandises succulentes… »

(G.Sand, *Correspondance* t.5, 1812 : 239, cité dans ibid. : 182)

(His wife is charming (…) it is a nature and a type; it sings ravishingly, it is angry and tender, it makes succulent treats …)

(彼の奥さんもまた魅力的です。(…)自然体で申し分のない人です。歌声を聞くとうっとりとしますし、怒りと優しさが共存していて、甘くてとろけそうなお菓子のようです。)

（9）【哀れみ・寛容のニュアンスを伴う例　(pitié ou indulgence)】

« As-tu vu celle-là, la mouche qui l'a piquée ?

— Dame, vous savez, c'est de la campagne; ça porte encore la coiffe de Bannalec, ça n'a pas d'usage. »

(Loti, *Mon frère Yves*, 1883 : 361, cité dans loc.cit.)

("Have you seen this, the fly which bit her? — Lady, you know, it is from country side; it still has the cap Bannalec, it has no use.")

(あの人見た？　今、怒って出て行った女。―ふん、あれは田舎者よ。やぼったいバナレックの被り物をかぶって、礼儀も知らない。)

　Wagner et Pinchon では ça がもたらす感情は軽蔑に限定されているが、Grevisse、朝倉、Cadiot では、愛情から軽蔑まで偏りなく表出することが指摘されている。実際、ça に伴う感情はどちらかというとネガティブな感情を伴う例が多く観察されるが、(6)から(9)に見るように必ずしもそうとは限らない。こうした ça に伴う情意的ニュアンスに関して、Henri (1977) では生物を指示する ça は(10)のように一般には軽蔑を表し、(11)のように指示対象が子供や若い女性の場合には皮肉の場合もあるが愛情や寛容さが良く現れるという。

(10)　Il y a trente ans que j'ai épousé ça !

(Gyp, Cit. Sandfeld, I, 278, cité dans ibid. : 102)

(It was thirty years ago I married that.)

(こいつと結婚したのは 30 年前だ。)

(11)　Et votre petite fille ? — Oh ! Madame, … ça crie, ça fait des dents.

(Marchard, ibid., cite dans ibid. : 103)

(And your little girl? — Oh! Madam ... it screams, it grows teeth.)
(そしてあなたのお嬢さんは？ まあ、泣いて踏ん張ってるわ。)

　Henri は、本質的に ça は指示対象に対する話者の判断・評価を含意し、そこには話者の優越感 (le sentiment d'une supériorité) が表されていると述べ、どの感情になるかは文脈に依拠すると説明する。先行研究および筆者のこれまでの考察からも、ça に生じる感情のタイプは文脈に依って異なると言える。しかし、実際に収集した例を観察すると、ネガティブな感情と結びつくケースが多い。これは、Henri のいう優越感と関係していると考えられる。優越感とは、すなわち自分がよりすぐれているという感情であり、話者がこの視点から対象を評価するのであれば、対象を見下すようなネガティブな感情、あるいは子供や若い娘のようなもともと自分よりも弱い立場にある場合には愛情や寛容といった感情が現れる傾向にあるという説明がつく。

2.2.3　ça に伴う感情表出の程度と照応プロセス

　Henri によると個別の対象を指示する ça に伴う情意的ニュアンスは、動物 (animaux) ＜ 種としての人間 (ヒト) (êtres humains considérés comme espèce) ＜ 集団としての人間 (êtres humains considérés comme groupe) ＜ 個人としての人間 (personne considérées en tant qu'individus) の順により強く現れるという。情意的ニュアンスが最も強く現れる個人としての人間とは、たとえば固有名詞のような明示化された対象であり、話者がこれを ça で照応する場合、上述したように指示対象やその状況に対する話者の判断・評価が含意され、話者の優越感が表されているという。Henri は、こうした話者の優越感の表出は、ça による照応が指示対象の範疇を最大限に置換 (transpostion) することに起因していると説明する。では Henri の「最大限の置換」とはどういうことなのだろうか。そもそも、ça は一般に「名付けられないもの (non nommé : Maillard 1974 : 65)」、「クラス分けされないもの (non-classé : Kleiber 1984 : 69)」、「思考の中にいかなる名前も持たないときに用いられるもの (Les formes neutres *ce, ceci, cela* s'emploient quand on n'a aucun nom dans l'esprit :

Bonnard, 1950 : 77)」であるとされ、このような特徴を総じて、Corblin(1995)は ça は contenu nominal indistinct（未分化的名詞内容）であるとしている。そして、ça による照応は次のようなプロセスになると説明する。

(12) a. Il m'a donné un livre. J'ai mis ça dans ma poche.　　　(Corblin 1995 : 94)
　　　(He gave me a book. I put it in my pocket.)
　　　（彼は私に 1 冊の本をくれた。私はそれをポケットにしまった。）
　　b. Il m'a donné un livre. J'ai mis ce qu'il m'a donné dans ma poche.
　　　　　　　　　　　　　　　　　　　　　　　　　　　　　　(ibid. : 95)
　　　(He gave me a book. I put what he gave me in my pocket.)
　　　（彼は私に 1 冊の本をくれた。私は彼がくれたものをポケットにしまった。）
(13) a. Il m'a donné un livre. Je l'ai mis dans ma poche.
　　　(He gave me a book. I put it in my pocket.)
　　　（彼は私に 1 冊の本をくれた。私はそれをポケットにしまった。）
　　b. Il m'a donné un livre. J'ai mis le livre qu'il m'a donné dans ma poche.
　　　(He gave me a book. I put the book which he gave me in my pocket.)
　　　（彼は私に 1 冊の本をくれた。私は彼がくれた本をポケットにしまった。）

　Corblin は(12a)の最も適したパラフレーズは(12b)のようになると説明する。(12a)では、ça が受け直しているものは un livre（1 冊の本）である。しかし、Corblin によると ça は un livre を受け直す際に livre（本）として受け直すのではなく、ce qu'il m'a donné（彼がくれたもの）として受け直すと説明する。すなわち livre という分化（範疇化）された対象を、ただの ce que（〜なもの）という未分化（未範疇化）なものに捉え直して照応するのである。一方(13a-b)は(12)を基に筆者が人称代名詞 le に置き換えたものであるが、le による照応では、le livre qu'il m'a donné（彼がくれた本）というように、その分化的ステータスは保持されたままである。
　既述したように、フランス語では名詞句は一般に人称代名詞や名詞限定辞を伴って照応される。言い換えれば、先行詞の性数といった文法情報が言語形式的に引き継がれている状態で照応される。しかし ça による照応では

(12b)にあるように、指示対象が有するあらゆる情報を一掃し、単なる「ce que 〜なもの」として照応する。Henri のいう最大限の置換とは、すなわち情報量の多い個別の対象を、いわば中身が空の形式をもって照応することである。つまり指示対象と照応詞が対極のステータスにおかれるのであり、この対極性が強いほどに情意的ニュアンスが強く現れるのである。Corblin は (12) に対して情意的ニュアンスの有無に関しては言及していないが、筆者によるインフォーマント調査では、(13a) と比較して、(12a) では ça の指示対象である本に対する話者のネガティブな評価を認めることができるという。

2.3 発話内容照応の ça

次に、ある程度まとまった文を照応する ça について見ていく。本稿では、(1) で見たような発話内容を指示対象として動詞の直接目的補語として現れる ça について、上述した秋廣 (1998)、山本 (2006)、稲葉 (2010) を基に、競合する中性代名詞 le と比較しながら見ていく。

2.3.1 le と ça の比較

フランス語では、文脈に導入された発話内容を動詞の目的補語として照応する場合、中性代名詞 le と指示代名詞 ça が競合する。そして、指示代名詞 ça には冒頭の (1a–b) のように文脈に話者の感情表出を伴うケースが多い。たとえば、秋廣 (1998) では動詞 dire（言う）の構文および意味特徴に関する考察の一環として、le / ça による代名詞化の問題について触れ、次のような考察を行っている。

(14) a. A : Je n'aime pas mon père !
　　　　B : Ne dis pas ça.　　　　　　　　　　　　　　　　　（秋廣 1998 : 53）
　　　　(A: I don't like my father.
　　　　B: Don't say that.)
　　b. A : Je n'aime pas mon père !
　　　　B : Ne le dis pas.
　　　　(A: I don't like my father.

B: Don't say it.）

(14a–b) の違いについて、秋廣はインフォーマントによると ça で受け直した場合は、「お父さんを嫌いだなんてそんなこと言うもんじゃありません。」とかなりきつい禁止が込められているのに対し、le では「お父さんを嫌いなのは分かるけどそれを言うものではありません」という意味の差があると説明する。また次のような例では ça が自然であるとする。

(15) Mère : Je viendrai vous voir dans trois semaines. Et puis, vous allez sortir pour la Mardi Gras. Tu verras, ça va passer très vite.
Fils : Pourquoi vous dites ça ? Vous savez très bien que ça va pas passer très vite. (ibid. : 54)
（Mother: I'll come to see you in three weeks. And you go out for Mardi Gras. You know, it will pass so quickly.
Son: Why do you say that? You know very well that it won't go very quickly.）
（母：3週間したらあなたに会いに来ますよ。それに謝肉祭には外出できるし。ほらね、すぐ時間はたってしまいますからね。
子：どうしてそんなこと言うの？ そんなにすぐ時間がたつはずないじゃない。）

(16) Robespièrre : La révolution a fait fausse route.
Saint-Just : Mais comment tu peux dire ça ?（Danton） (loc.cit.)
（Robespièrre : The revolution has gone astray.
Saint-Just : But how can you say that?）
（ロベスピエール：革命は道を誤った。
サンジュスト：なぜそんなことを言うのだ？）

これらの例をもとに、秋廣は「このような例から、照応するべき前文脈の内容に対し、納得がいかない気持ち、あるいは反感、反対意見、いらだちなどの感情を込めて言い換えているのが dire ça における ça の指示であるように思われる。」(p.54) と述べる。

次に山本 (2006) によれば、談話に現れた文内容を動詞 dire、penser（考える／思う）、savoir（知る）の直接目的補語として代名詞化する際、話し手が事態の内容を受け直す場合に le を用いる。反対に ça は事態の表現形式を受け、そのことが事態の内容をそのまま受け取らない話し手の態度、または事態を事実として受け入れない姿勢を明示し、驚き、憤慨、不満といった表現効果を生じさせると説明する。

例えば、(17) では、話し手（ファビヤン）は聞き手（ブランシュ）に、自分の発言内容 (Et je te trouve très très très bien) を le で受け直し (Et je te le dis)、発言内容が事実であることを保証し、聞き手（ブランシュ）にこの事実を納得させようとしている（山本 2006: 160）。

(17)　Blanche : Mais je suis peut-être banale ! Ah... tu te fais une trop haute idée de moi !
　　　Fabien : Mais pas du tout. Je me fais de toi une idée très haute et très juste. Et je te trouve très, très, très bien. Et je te le dis parce que c'est vrai.
　　　　　　　　(Rohmer, E. 1986, *L'Ami de mon amie*, cité dans loc.cit.)
　　　(Blanche: But I may be banal! Ah ... You think too highly about me!)
　　　Fabien: But not at all. I estimate you very high and accurately. And I find you very, very,very well. And I tell you it because it's true.)
　　　（ブランシュ「でも私は平凡よ。あなたは私を買いかぶり過ぎだわ。」
　　　ファビヤン「そんなことないわ。私はあなたを高く、そして正確に評価してる。私はあなたを本当に、本当に、素晴らしいと思っているわ。断言するわ。だって本当のことなんだもの。」）

それに対して (18) では話し手（ラングドン）は聞き手（ソフィー）の発言を ça で受け直す。話し手（ラングドン）は聞き手の発言内容を把握できなかったので、表現形式を表す ça により受け直している (ibid. : 163)。

(18)　Sophie : Saunière ne cherchait pas à vous accuser. C'est à moi que son message s'adressait. *Il faut à Langdon plusieurs secondes pour assimiler l'information.*

Langdon : Vous pouvez me répéter ça, s'il vous plaît?

（Brown, D. 2003, *Da Vinci Code*, cité dans loc.cit.）

(Sophie: Saunière was not trying to accuse you. It is to me that his message was addressed.

It takes several seconds for Langdon to assimilate the information.

Langdon: Can you repeat that, please?）

(ソフィー「ソニエールはあなたを非難するつもりはないわ。彼女の非難は私に向けられたものよ。」

ラングドンがそのことを理解するには少し時間がかかる。

ラングドン「もう一度言ってくれますか？」)

さらに(19)のように、実際は事態の内容の真偽が問題になっている場面で、話し手は事態を受けるのに ça を選択することがあり、その場合、表現形式を受ける ça を用いることで話し手は積極的に事態を問題にしない姿勢を明示し、事態の内容について事実であると受け入れていないことを示し、そこから驚き、憤慨、不満といった表現効果が生じると説明する(ibid.: 163)。

(19)　Antoine : Vous êtes une drôle de fille, Catherine.

Catherine: Pourquoi ?

Antoine : Parce que vous qui aimez tant le mensonge... (...)

Catherine : Mais je n'ai jamais dit que j'aimais mentir !...

Antoine : Pourtant hier, vous disiez...

Catherine : Je n'ai jamais dit ça, vous n'entendez que ce qui vous arrange.

（Vincent, C. 1990, *La Discrète*, cité dans loc.cit.）

(Antoine: You're a funny girl, Catherine

Catherine: Why?

Antoine: Because you like so much to lie.

Catherine: But I never said I like to lie

Antoine: But yesterday, you said...

Catherine: I never said that, you hear just what suits you.）
（アントワーヌ「あなたは面白い娘さんだね、カトリーヌ」
カトリーヌ「なぜ？」
アントワーヌ「なぜってあなたは嘘をつくのがとても好きだから」
カトリーヌ「私嘘をつくのが好きなんて一言も言ってないわ」
アントワーヌ「でも、昨日、言ったじゃないか」
カトリーヌ「そうは言ってないわ。あなたがいいようにとって聞いただけよ」）

これらの先行研究での考察を参考にしながら、筆者も(1a–b)を用いてインフォーマント調査を行った。ここで、改めて(1a–b)の違いについて詳しく見てみる。

(20) a. Pierre : Je sais que tu es allé là-bas.
　　　　 Sophie : C'est elle qui te l'a dit ?
　　 b. Pierre : Je sais que tu es allé là-bas.
　　　　 Sophie : C'est elle qui t'a dit ça ?

(20a)は雑誌『ふらんす』の映画シナリオからの引用であり、(20b)は指示代名詞 ça の照応機能を考察するために、(20a)を基に筆者が置換操作を行った例である。インフォーマント調査では、7人のフランス語母語話者に(20a–b)の例を見せ、それぞれの文脈をイメージしてもらった。すると(20a)では le が照応する発話内容、すなわち「Sophie があそこへ行ったこと」は Sophie にとって承認可能で妥当性のある内容であるという。そして Sophie の問いで焦点になっていることは、elle（彼女：第3の登場人物）がその情報を Pierre にもたらしたかどうかという事行主体の確認にある。一方(20b)では ça が照応する「Sophie があそこへ行ったこと」は、Sophie にとって妥当ではなく実際には行っていない可能性があり、文脈には Sophie の驚きや苛立ちといった感情や、Pierre あるいは elle に対する Sophie の非難的態度を感じるという。先行研究ならびに筆者によるインフォーマント調査の結果に

共通していることは、le と ça では、指示対象となる発話内容に対する話者の見解が異なるという点である。すなわち、le の場合では、話者は指示対象となる発話内容の妥当性を容認するのに対し、ça の場合では、指示対象となる発話内容に対して話者は疑義や否定的態度を表す。ここまで見ると、単純に le は指示対象の発話内容を肯定し、ça はそれを否定するということになるが、(21)(22)に見るようにそうではないケースもある。

(21) Ismaël : Eh bien, j'ai réfléchi et j'en suis arrivé à la conclusion que ce n'est pas une bonne idée que je t'adopte. Je suis venu pour te dire ça.
（イスマエル：それで、よく考えたんだけど、きみを養子にしない方がいいという結論に達したんだ。きみにそのことを言いに来た。）
（『ふらんす』, *Rois et reine*, 2006 年 7 月号 , p.66）
(Ismaël: Well, I considered and I came to the conclusion that it's not a good idea that I adopt you. I came to tell you this.)

(22) Cécile : Elle est pas trop chiante ... elle est mieux qu'à une époque...Enfin, faudrait pas que ça dure éternellement...
Gabriel : Bien sûr...
Cécile : Je dis ça surtout pour elle, hein...
（セシル：それほど手を焼いてないわ…前よりもよくなってる…。でも、こんな状態が永遠に続いていいわけがないわ…。
ガブリエル：もちろんさ…。
セシル：彼女のためにいってるのよ…。）
（『ふらんす』, *Les yeux clairs*, 2007 年 8 月号 , p.67）
(Cécile: It is not too boring ... it's better than before... Well, but it should not last forever.
Gabriel: Of course.
Cécile: I say this especially for her, huh...)

(21)(22)では、上述の例で認められるような指示対象に対する疑義や否定的な態度は認められない。そもそも、これらの例では ça の指示対象とな

る発話内容は話者自身の発話であり、自身の発話をすぐに照応して否定・疑義的態度を示すとは考えられない。では、(14) から (24) まで、ça の文脈に共通している点は何か。それは ça の指示対象となる発話内容の特徴である。次にこの特徴について見ていく。

2.3.2　ça と le の指示対象

ça の指示対象は、(14) から (20) では共話者の発話内容を照応し、(21) (22) では話者自身のそれを照応している。しかし、どちらのケースもその発話内容は話者あるいは共話者のどちらかによってその談話空間に初めて導入された内容である。すなわち、初出の内容として文脈に導入されている。一方、le が照応する内容は、話者・共話者の両者にとって既出の内容である。

(23)　Odile : On va dormir dans un vrai lit et puis demain matin on trouvera un village...
　　　Yvan : Y a plus personne dans les villages je vous l'ai déjà dit...
　　　（オディール：ベッドで一晩寝たら明日の朝、村を探しに行くわ。
　　　イヴァン：村には誰もいないよ。さっき言っただろ…）
　　　　　　　　　　　　　　（『ふらんす』, *Les égarés*, 2004 年 1 月号 , p.79）
　　　(Odile: We will sleep in a real bed and then tomorrow morning we find a village...
　　　Yvan: There's nobody in the villages, I've already said...)

(24)　Marie : Pourquoi tu lui as dit qu'on allait se séparer ?
　　　Nicolas : Je sais pas ! Je suis son ami !
　　　　　　　　　　　　　　(...)
　　　Marie : Non mais tu ne vois pas comment tout ce que tu fais est faux.
　　　Nicolas : Tu voulais que je dise quoi ? Ça m'a échappé, je l'ai dit, voilà. Je regrette.
　　　（マリー：どうして彼に別れるなんて言ったのよ？
　　　ニコラ：知らないよ！　友達だからだろ！
　　　　　　　　　　　　　　(…)
　　　マリー：違うわ。でもあなたは自分の行いが間違ってるかもしれないって

ことがわからないのよ。
ニコラ：何ていえば満足なんだ？ つい口がすべって言っただけだろ！ 悪かったな。)

(『ふらんす』, *Un couple parfait*, 2007 年 7 月号 , p.70)

(Marie: Why did you tell him that we were going to have a break up.)
Nicolas: I don't know! I am his friend!

(...)

Marie: No, but you can't see what you do is always wrong.
Nicolas: What do you want me to say? I made a slip of the tongue, I said, that's it. I'm sorry.)

　山本（2006）では、場面では指示対象となる発話内容の真偽が問題となっていることを指摘しているが、確かに、（14）から（22）では共話者の発言に対して否定や疑義的態度にあるということはその内容を真として容認しておらず、また（21）と（22）では自身の発言をすぐに受け直しその内容に対する共話者の真偽のほどをうかがっているように解釈できる。すなわち、ça が用いられる文脈ではその真偽が話者・共話者間で未確定であると言える。一方、（23）と（24）では、共起する時制からも分かるように、指示対象となる発話内容は話者・共話者間において既出であり、話者はその事態を容認している。すなわち、真偽が確立している。

2.3.3　まとめ

　稲葉（2010, 2013）では、こうした真偽が問題になっている場面での ça / le の相違について真偽を見解と呼び換え、その違いについて次のように結論づけている。

(25)　a)　話者が ça を用いて照応を行うのは、先行発話に対する話者・共話者間の見解の未確立があるからである。これは ça の未分化的名詞内容という性質に依拠するものであり、文脈では先行発話は引き続き未分化なものとして提示され、議論の対象と成りうる。

b) 話者が le を用いて照応を行うのは、先行発話に対する話者・共話者間の見解が確立されている場合である。これは le の分化という性質に依拠するものであり、文脈では、先行発話に対するそれ以上の議論を必要としない。

わかりやすく定・不定という概念に頼るとすれば、指示対象となる発話内容は不定のものとして導入され、ça という不定のものによって照応される。つまり、情報ステータスとして両者は近似値にある。一方、le の場合は指示対象に不定から定への昇格が認められるということができる。

2.4 感情表出のメカニズム

以上、個別の対象を照応するケースと発話内容を照応するケースを見た。ここでそれぞれの照応機能および感情表出との関係について以下のように整理しておく。

【個別の対象を照応する ça】

話者が個別の対象を ça で照応する場合、指示対象に対する話者の判断・評価が行われる。指示対象の個別性が高いほど、感情表出が強く認められ、愛情から軽蔑までどの感情になるかは文脈に依拠する。

【発話内容を照応する ça】

話者が導入された発話内容を ça で照応する場合、指示対象の内容に対する真偽判断が行われる。文脈では指示対象は引き続き未分化なものとして提示され、議論の対象と成りうる。感情表出の有無は文脈に依拠する。

両者を比較すると、個別の対象を照応する ça の方が、感情表出がより顕著である。これは、既述したように照応のプロセスにおける言語形式的機能に起因すると考えられる。発話内容はそもそも性数のような情報を持たないため、文法上、中性に分類される。その点においては、le も ça も中性の照応詞であり、違いは話者がどのように情報を展開するか、すなわち真偽の判

断が問題となる。一方、上述した生物のような個別の対象は、一般に、性数一致の原則に従って照応されるが、ça による照応はこうした言語形式的情報の引継ぎを拒否する、すなわち分化から未分化へと照応のプロセスが逆転する。こうしたプロセスの逆転が、言語処理的に負担を生じさせ、より顕著に感情表出と結びついていると考えられる。

3　日本語の「ソンナ」型

　次に、日本語の「ソンナ」に認められる感情表出について見ていく。日本語の指示詞の先行研究では、これまで「こ・そ・あ」の3項対立を中心に研究が展開されてきた。そして、90年代に入り、3項対立とは別に異なる形式(ソノ／ソンナ／ソノヨウナ／ソウイウ等)の違いが注目されるようになるが、ソンナに認められる感情表出のメカニズムに関して、これまで十分な考察が行われてきたとは言えない。そこで、本稿ではフランス語の指示詞の機能を引き合いに出し、対照的な観点からアプローチを行うことを試みる。また、先行研究を踏まえ、異なる形式の考察では、こ・そ・あの対立は無く一律に同様の機能を果たしているという立場を取り、以下、ソ系で統一し論じることにする。

3.1　「ソンナ＋実質名詞」と「ソンナ＋形式名詞」
　先行研究において、ソンナの形式には否定・肯定のいずれにせよ話者の感情・評価的意味が付随することが指摘されている。

(26)　やや価値観的な判断が加わっているという傾向がありそうである。
（徳島・宮島：2001）
(27)　指すものを否定的に捉える。　　　　　　　　　　（白川：2001）
(28)　感情的な判断・評価を伴う。　　　　　　　　　　（岡部：1995）
(29)　対象を身近に感じている表現であり、マイナスの感情を伴いやすい。
（小学館辞典編集部編集：1994）
(30)　対象を見下し、軽視する態度が強い。　　　　　　（森田：1989）

(31) 対象の性質・特徴に対する否定的・評価的意味が表される。
（金水他：1989）

　連体詞であるソンナは名詞を後続させる。そして、その名詞のタイプは、たとえば「本」「人」タイプの名詞、「こと」「もの」タイプの名詞に大別できる。本稿では、前者を実質名詞、後者を形式名詞と呼ぶことにする。多くの先行研究では、ソンナ＋名詞として実質名詞と形式名詞を特段異なる構造を持つものとして扱っているわけではない。しかし、フランス語を通してみると、両者は微妙に異なる構造になっていることが分かる。たとえば、前者は un tel N、後者は ça と結びつく傾向にある[2]。

(32) そんな態度をとるな。　　　　　　　　（Tokimoto 1993：98）
　　　Ne prends pas une telle attitude.
　　　(Don't take such an attitude.)
(33) 英国がこんな〈欠損〉を記録するの…　　　　　　（ibid.：112）
　　　Si la Grande Bretagne a un tel *déficit*...
　　　(If Great Britain has such a "deficit"...)
(34) 知識人とはそんなものだ。　　　　　　　　　　　（ibid.：132）
　　　C'est ça, l'intellectuel.
　　　(That's the intellectual.)
(35) なんでそんなこと言うの、ウィニー？
　　　　　　　　　　　（『ふらんす』, *Carnage*, 2004 年 3 月号, p.78）
　　　Pourquoi tu dis ça, Winnie ?
　　　(Why do you say that, Winnie ?)

　こうした事例から、本稿では実質名詞と形式名詞では異なる照応構造を持つのではないかと仮定し、以下、論じていくことにする。

3.1.1　ソンナ＋実質名詞と un tel N

　はじめに (32)(33) のようなソンナ＋実質名詞について、フランス語の un

tel N と対照しながら見ていくことにする。というのも、両者には先行研究において共通する機能が指摘されているからである。鈴木（2006 : 94）では「そんな X...」文の基本的な意味機能について次のようにまとめている。

(36) 「そんな X」は、先行文脈で述べられたところの性質・特徴を持つ事物 X を表し、その性質・特徴を、何らかのより一般化された概念としてまとめあげる働きをする。指し示された性質・特徴の他に、それと類似の性質・特徴も暗に示されることになる。「そんな X...」文では「そんな X」にまつわる何らかの言述が行われる。

一方、un tel N の考察を行っているドルヌ他（1984 : 39）では、un tel N の機能を次のようにまとめている。

(37) 問題となっている個別的出来事、物（N で要約）のある性質に着目し、その性質に規定されるような N のサブクラスをつくる。そしてそこから一つのメンバーを代表として取り出し、総称的用法により、そのサブクラスを何らかの形で性格づける。tel により照応されている性質は文脈から判断されることになる。

(36)(37) に共通している点は、先行詞の性質や特徴といった属性を照応すること、その属性は文脈で言語化されていない性質や特徴を暗に含み、X および N の新たなクラスを作り出すという点である。以下で、それぞれの照応機能を見ていく。

3.1.2　un tel N の照応機能

まず、フランス語の un tel N の照応機能について見ていく。un tel N は、不定冠詞 un、不定形容詞 tel、名詞 N から成る名詞句である。ドルヌ他（1984）では、tel の機能に関して次のような考察を行っている。

(38)　*Radin, tel est son père.　　　　　　　　　　　　　　(ibid. : 49)

　　　　(*Churl, such is his father.)
　　　　(*けちんぼう、彼の父はそういう奴だ。)
(39)　Radin, méchant, stupide, tel est son père.　　　　(loc.cit.)
　　　(Churl, nasty, stupid, that is his father.)
　　　(*けちで意地悪で馬鹿、彼の父親はそういうやつだ。)

　ドルヌ他によると、(38)は非文になるのに対し、(39)は問題なく容認されるという。ドルヌ他は(39)について、「tel は先行する三つの性質をひとまとめにして照応しているのであって、この場合、これらの三つの性質は Son père est radin, méchant et stupide のようなばらばらな構成的性質の単なる列挙であるのではない。そうではなくて、三つの性質は互いに溶け合って、その全体で、son père がそうであるところの人間の種類を規定する代表的な特性と見なされる (Radin, méchant, stupide, c'est ce genre d'homme qu'est son père).」(p.49)と説明する。(38)が非文になるのは、次のように説明している。

(40) a. Célibataire, mon frère l'est.　　　　(loc.cit.)
　　　　(Single, my brother is it.)
　　　　(独身、私の兄がそうだ。)
　　 b.*Célibataire, tel est mon frère.　　　　(loc.cit.)
　　　　(*Single, such is my brother.)
　　　　(*独身、私の兄がそのようなものだ。)
(41)　Célibatiare, telle est la situation sociale de mon frère.　(loc.cit.)
　　　(Single, such is my brother's social status.)
　　　(独身、それは私の兄の社会的身分だ。)
(42)　Un célibataire, tel est mon frère.　　　　(loc.cit.)
　　　(A single, such is my brother.)
　　　(独身者、そのようなのが私の兄だ。)

　le は tel 同様、形容詞の内包を照応する。tel と le の相違は、le は先行し

て現れる形容詞を限定的かつ同一的に照応するのに対し、tel は先行詞に類似する他の構成的性質を含意しながら照応するというところにある[3]。そのため、tel の先行詞は必ずしも複数の構成要素が必要なわけではない。(40a-b) では célibataire (独身) が N (mon frère) のひとつの構成的性質であるのに対し、(41) では célibataire は situation sociale (社会的身分) のひとつの構成的性質ではなく、この situation sociale のタイプを規定するものである。同様に (42) の un célibataire (独身者) は N がそれであるところの人間のタイプを規定する表現であると説明する。すなわち tel による照応が容認されるためには、先行詞あるいは N の言表内容によって、N のタイプを規定するような文脈であることが必要であり、tel は先行詞から推測可能で、そのタイプに関係づけられる性質・特徴を暗示するのである。そして、この機能は un tel N の tel にも適用されるものと考えられている。例えば Van Peteghem (1995) では、un tel N / le N / ce N の照応の違いにおいて、次のような観察を行っている。

(43)　　Ce matin Marie a rencontré un homme très charmant.　　(ibid. : 67)
　　a.　Elle aimerait bien se marier avec un tel homme.
　　b.　Elle aimerait bien se marier avec cet homme.
　　c.　?*Elle aimerait bien se marier avec l'homme.
　　　　(This morning, Marie met a very charming man.
　　　　a. She would like to marry such a man.
　　　　b. She would like to marry this man.
　　　　c. ?*She would like to marry the man.)
　　　　(今朝、マリーはとても魅力的な男性に出会った。
　　　　a. 彼女はこんな男性と結婚したいと思った。
　　　　b. 彼女はその男性と結婚したいと思った。
　　　　c.?*彼女は男性と結婚したいと思った。)

(43) では un tel N と ce N による照応は容認されるが le N による照応は容認されない。Van Peteghem は、(43c) で le N が容認されない理由について、

言語内文脈（co-texte）における談話的連続性・断絶性の理論を以って説明する。これは、指示形容詞照応 ce N と定冠詞照応 le N の即座反復の制約の中で扱われる理論であるが[4]、たとえば小田（2008）はこの理論をカメラ・ワークメタファーを用いて説明し、le N は先行詞 un N に従属して解釈されるのではなく、先行詞を含む談話世界を引き継ぎ、その同じ談話世界において解釈されるのに対し、ce N は先行する談話世界全体を引き継ぐのではなく、先行詞 un N のみを引き継ぎ、新たな領域を開くと説明する。そして、これをビデオ・カメラでの撮影に喩え、前者はロングショットで撮影した一続きの場面で指示対象を捉え、後者は指示対象をズームで捉えると説明する（p.5）。この理論に従うと、（43）では「マリーはとても魅力的な男性に出会った」という談話世界と後続する文脈の談話世界に連続性はなく、指示対象である un homme très charmant（とても魅力的な男性）のみを引き継ぎ、新たな談話が展開されている。そのため、l'homme による照応は容認されない。一方、容認可能な un tel N と ce N の違いについては、指示対象の同一性という点において違いがある。（43a）では Marie が結婚したいのは Marie が実際に出会った魅力的な男性、あるいはその男性と類似の特徴・性質を有する他の男性であるのに対し、（43b）では Marie が結婚したいのは、彼女が実際に出会ったまさにその男性自身で、他の男性は除外される。したがって、un tel N と ce N は常に置換できるわけではなく、（44）（45）の例が示すようにそれぞれの用法には文脈的制約がある。

(44)　Un avion s'est écrasé hier. Cet avion venait de Miami.　　　（ibid.: 67）
　　　（A plane crashed yesterday. This airplane was coming from Miami.）
　　　（昨日飛行機が墜落した。この飛行機はマイアミから来ていた。）

(45) a. Un avion s'est écrasé hier. *Un tel avion venait de Miami.　（loc.cit.）
　　　（A plane crashed yesterday. *Such an airplane was coming from Miami.）
　　　（昨日飛行機が墜落した。*このような飛行機はマイアミから来ていた。）
　　b. Un avion s'est écrasé hier. Un tel avion devait d'ailleurs s'écraser un jour ou l'autre.　　　　　　　　　　　　　　　　　　　　　　　　　　　（ibid.: 68）
　　　（A plane crashed yesterday. Such an airplane might crash sooner or later.）

（昨日飛行機が墜落した。このような飛行機は遅かれ早かれ墜落するだろう。）

(44)では co-texte 間で談話的断絶はあるが、un avion と cet avion の指示対象は同一性を保っている。一方、(45b)では co-texte 間の談話的断絶だけではなく、指示対象も同一ではなく、先行詞の un avion を拠り所にして新たな対象として提示されている。

以上のことから、le N、ce N、un tel N による照応の違いを表1にまとめる。

表1　言語形式の照応的特徴

	言語内文脈	指示的同一性
le N	継続	同一
ce N	断絶	同一
un tel N	断絶	非同一

こうしたフランス語の照応機能を踏まえ、次に日本語のソンナについて見ていくことにしよう。

3.1.3　ソンナ＋実質名詞の照応機能

ソンナに関する考察は、競合する形式との比較において扱われることが多い。木村(1983)では、コノとコンナの比較考察において、コノは「指(示限)定の連体」、コンナは「修飾の連体」であるとして次のような例を挙げて説明を行っている。

(46)　先生、この本が出ましたよ。　　　　　　　　　　　　　(ibid. : 73)
　　　(Monsieur, ce livre a été publié.)
　　　(Sir, this book has been released.)

(47)　先生、こんな本が出ましたよ。　　　　　　　　　　　　　(loc.cit.)
　　　(Monsieur, un tel livre a été publié.)
　　　(Sir, such a book has been released.)

木村は(46)は眼前の物理的実体としての「本」そのものを指示しているのに対し、(47)は眼前の「本」そのものを指示しているのではなく、その本の内容や表紙の体裁といった何らかの「さま」を指向しているという差が読み取れると述べる。(46)ではコノと本が指示し指示される関係にあるのに対し、(47)ではコンナがある「さま」を指示し、同時にその「さま」を担いつつ「本」を連体修飾していると見なされるべきであると述べる。

　次に、松浦(1997)ではソンナとソウイウの置換操作を行いながら、それぞれの違いについて考察している。松浦は、直示(現場指示)と照応(文脈指示)の文脈でそれぞれ置換操作を行っている。まず直示のケースにおいて、

(48) （相手の着ているシャツを見て）そんなはでなシャツ、持ってたっけ？
　　　　　　　　　　　　　　　　　　　　　　　　　(ibid.：150)
　　 (En voyant la chemise du co-locuteur) As-tu une chemise comme ça ?)
　　 (Looking at the shirt of the hearer) Have you such a garish shirt?

(48)のソンナをソウイウに置き換えて、「そういうはでなシャツ、持ってたっけ？」というと、やや不自然さが伴うと述べる。次の(49)(50)は照応のケースである。

(49) 「このシャツは地味すぎて目立たないから、今度は原色の大きなガラのあるはでなシャツを着て来いって言われた。」
　　 「{そんな／そういう}はでなシャツ、持ってたっけ？」　　(loc.cit.)
　　 (Comme cette chemise est discrète et sobre, on m'a demandé de porter une chemise voyante avec un grand motif de couleurs primaires pour la prochaine fois.)
　　 (Since this shirt is inconspicuous and sober, they asked me to wear a showy shirt with a big pattern of primary colors for next time.)

(50) 「語義が細かく分かれていて、必ず例文が出ているような詳しい辞書を使いなさいと言われたんだけど、{そういう／(？)そんな}詳しい辞書、何か知ってる？」　　　　　　　　　(ibid.：151)

(On m'a demandé d'utiliser un dictionnaire qui classe finement les significations et donne forcément des exemples. Connaissez-vous un dictionnaire comme ça?)

(They asked me to use a dictionary which divides significations finely and gives examples inevitably. Do you know a dictionary like this?)

松浦によると、(49)はソンナ／ソウイウのどちらも自然に用いることができるが、(50)ではソンナを使うと不自然さが伴うという[5]。松浦は、(49)と(50)の違いについて、(50)では話し手は「そういう詳しい辞書」がどういう辞書なのか具体的に説明できる、すなわち「詳しい」の要因が具体的に話し手の頭の中で整理されているに対し、(49)の場合、話し手は「シャツが派手である」ことの要因を「原色」「大きな柄」「目立つ」のように整理してとらえているというよりも、全体的・視覚的あるいは感覚的にとらえていると説明する。松浦はこれらの違いについて、分化・未分化という用語を用いながら「ソンナは指示対象のとらえ方が全体的、感覚的である。そして、属性の要因が話者の頭の中で整理されておらず、未分化である。ソウイウは指示対象のとらえ方が限定的で、知的な判断の結果ソウイウを含む文が産出され、客観的とも言える。そして、属性の要因が話者の頭の中で整理されている、分化している。」(p.152)と説明する。

また、鈴木(2006)では、ソンナ、ソノヨウナ、ソウイウの比較考察を行っている。

(51) 忘れ物をしたり時間に遅れてきたりする、そんな人は困る。

(ibid. : 94)

(D'oublier quelque chose, d'être en retard à l'heure, une tel personne est problématique.)

(Forgetting something, being late on time, such person is a problem.)

(52) 自由とか平等とか、そのような概念は作り上げられたものに過ぎない。

(ibid. : 96)

(Liberté, égalité, ces notions sont quelque chose de construit et pas plus.)

(Freedom, equality, such notions are something built up and no more.)

(53)　「さよなら。」彼女の唇がそういう形に動いて見えた。　　　（ibid.：97）
　　　(« Au revoir. » Ses lèvres ont semblé bouger comme ça.)
　　　("Goodbye." Her lips seemed to move like this.)

　鈴木によると、(51)では「そんな人」は先行文脈で述べられている「忘れ物をしたり時間に遅れてきたりする」という性質・特徴を持つ人であるが、「そんな」による何らかのより一般化された概念へのまとめあげの機能によって、たとえば「片づけられなかったり汚したりする」というような他の類似の性質・特徴も暗に含まれることになると説明する。これに対し、(52)では「そのような」は先行文脈で述べられている事項を1つの例として取り上げる働きがあるため、「自由」および「平等」は「（作り上げられた）概念」の例になっていると説明する。鈴木は、例を示すことは必然的にそれを1つの事例として上位カテゴリーを暗示することになるため、「そのようなX…」には「そんなX…」同様、上位概念が副次的に示されるが、より一般化された概念へのまとめあげとそれにまつわる言述を行う機能は「そんな」がより特徴的に担っていると述べる。一方、(53)のように「そういうX…」については、副詞「そう」と動詞「言う」が一語化したとされていることから、先行文脈で述べられている性質・特徴を唯一的に引用する性質を持つと考えらえるとし、(53)では「そういう形」とはまさに「さよなら」という言葉を発した時の唇の形であり、「そういう」は「さよなら」という言葉そのものを引用しているため、「そんなX…」「そのようなX…」に見られるような上位概念としてまとめあげる働きは特に感じられず、むしろ先行文脈において述べられる性質・特徴をその具体性・個別性のままに引いてくると説明する。
　以上、それぞれに先行研究をみたが、その共通点は、先ずソンナは性質・特徴といったいわゆる属性を照応するという点にある。松浦による対象の分化、未分化という指摘を鈴木の主張に突き合せると、鈴木のソンナXのまとめあげの機能は、ソンナが対象を未分化なものとして照応する、すなわち、指示対象の性質・特徴を非限定的に照応して明示化されていない要素を含め上位概念（新たなタイプ）を作り出すということである。鈴木は、上位概念へのまとめあげの機能という点からソンナ・ソノヨウナとソウイウを分類

するが、指示構造の点からみると、木村の言うコノが「指(示限)定の連体」であり、鈴木の言うソウが引用的指示を行うとすれば、ソノとソウが先行詞を限定的に照応し、それぞれに例示の意味を持つ形容動詞ヨウナと、動詞「言う」と結びついている。すなわち、ソンナに対してソノヨウナ・ソウイウに二分できる。

　こうしてみると、日本語のソンナ＋実質名詞の照応構造には、フランス語の un tel N と共通点があることが分かる。表1にあるように、un tel N は文脈における談話的断絶および同一指示が成立しない点を指摘したが、ソンナは先行詞から類推され明示化されていない要素を含めて照応するということは、先行詞の情報をそのまま引き継ぐということではなく、それを拠り所に新しいタイプを規定すると考えられる。鈴木は「そんなX…」文では「そんなX」にまつわる何らかの言述が行われる＝(35)と述べるが、これは談話的断絶および非同一指示によって、新たに対象として提示されるXについて、話者が判断・評価を行っているものと考えられる。

3.2　ソンナ＋形式名詞と ça

　次に、ソンナ＋形式名詞について見ていく。既述したように、多くの先行研究ではソンナ＋名詞として実質名詞、形式名詞が同様の考察で扱われる中、木村(1983)ではコノとコンナの違いを、前方照応、後方照応、更に照応の統語的位置に分類し、置換操作を行いながらコノのみが可能なケース、コンナのみが可能なケースなど詳細な考察を行っている。本稿では、上述した ça / le と対照的に見るために、前方照応かつ動詞の目的補語として照応されるケースを見ていくことにする。

3.2.1　木村(1983)

　木村(1983)では、前方照応において、照応が発話や思念の内容に関わると同時に発話や思念の動詞に対して目的格の関係にある場合、コンナのみが可能でコノは不可能であると説明する。

(54) 小さんは天才である。あんな芸術家は滅多に出るもんじゃない。(略)小さんの演ずる人物から、いくら小さんを隠したって、人物は活溌溌地に躍動するばかりだ。そこがえらい。与次郎はこんな事を云って、また「どうだ」と聞いた。

(夏目漱石『三四郎』, 木村 (1983 : 79) からの引用)

(Kosan était un génie. Les artistes comme lui étaient rareté... Vous pourriez cacher à la partie de Kosan du caractère de Kosan et le caractère serait toujours là aussi vivant que bien. Ce fut ce qui a fait Kosan grand. " Comment ça? " Demanda Yojiro.)

(Kosan was a genius. Artists of his caliber were a rarity... You could hide to Kosan part of Kosan's character and the character would still be there as lively as well. That was what made Kosan great. "How's that?" Yojiro asked.

(Sanshiro, Translated by Jay Rubin, 2009)

(55) 昔のことだけれど、あたし金さんって人知ってたわ」と云いかけて、女は急にかぶりを振った、「ばかねえ、どうしてこんなことを云いだしたのかしら、—」　(山本周五郎『おさん』, 同論文からの引用)

(— Il y a longtemps mais je connaissais M. Kin, dit la dame, mais soudain, elle se secoua la tête en disant, — Que je suis bête, pourquoi ai-je parlé de ça, —)

(It was in the past but I knew Mr. Kin. The lady said it but suddenly she shook her head saying, — Stupid, why I started to say that, —)

(56) 自動車を利用すればどの地点にでも自由に行けた訳である。但し、同じ多摩川を犯行現場に二度も使ったことは犯人の個性を表わしている、と考えられることはできる。祥子はこんなことを考えているうちに、いつか深い眠りに落ちた

(松本清張『黒い樹海』, 同論文からの引用)

(... l'utilisation de l'automobile lui a permis de se rendre librement n'importe où. Cependant, il peut être considéré que le fait qu'il ait utilize deux fois la rivière de Tama comme la scène du crime indique la personnalité du criminel. Shoko tomba dans un sommeil profond tout en pensant à ces choses.)

(... the use of the automobile allowed him going freely at any point. However, it can be considered that setting Tama River for the crime scene ever again represents the personality of the criminal. Shoko fell into the deep sleep while thinking such a thing.)

　木村は（54）から（56）では、現象は発話や思念の内容に前方照応しつつ、発話や思念を表す動詞に対して目的格に立つ指示表現であり、その場合にはコンナのみが適切になると説明する。木村は、こうした発話や思念を表す動詞をまとめて「発言」動詞と呼ぶ[6]。木村は、こうした発言動詞は次の（57）のように、1つの叙述を「…ト」という引用の形で取り込めるところに他の動詞類との異なる構文的特性があることを指摘する。

(57)　広田先生は、物理学者は自然派じゃ駄目な様だ、と言った。
　　　　　　　　　　　　　　　　　　　　　　　　　　　　(ibid. : 80)
　　　(Professeur Hirota dit, — c'est inutile si les physiciens sont naturalistes.)
　　　(Professor Hirota said, — it is useless if physical scientists are naturalist.)

　木村は、「発言」そのものは本来用言的なものであり、「…ト」は叙述を用言的な姿のまま一文の中に埋め込むための手段であるとし、「発言」動詞と「発言」の関係が、用言的な姿のままで承けとめられるべき性質のものであるならば、それらが照応現象を媒介にした間接的な関係の場合にもこの関係が反映されると主張する。そこから次のような制約が説明される。

(58)　「物理学者は自然派じゃ駄目だ」
　　　広田先生は｛こんな／＊この｝ことを｛言った／つぶやいた／思った／書いた｝。　　　　　　　　　　　　　　　　　　　　　(loc.cit.)
　　　— C'est inutile si les physiciens sont naturalistes.
　　　Professeur Hirota a {dit / murmuré / pensé / écrit } { ça / *le }.)
　　　(— It is not useless if the physical scientists are naturalist.
　　　Professor Hirota {said / murmured / thought / wrote } {such a thing / *this }.)
(59)　文全体が新しい情報になる場合だってある。三上さんも早くからこ

のことを考えて／言っていた。   (ibid. : 81)
(Il y a des circonstances où la phrase entière devient une nouvelle information. M. Mikami aussi fut tôt à le penser.)
(There are circumstances when the entire sentence becomes new information. Mr. Mikami was also early on thinking this thing.)

　木村は、(58)は「物理学者は自然派じゃ駄目だ」という広田先生の発言を用言的な姿のまま発言動詞で承け止めているのに対し、(59)では「文全体が新しい情報になる場合だってある」という叙述は、三上さんの「考えていた」或いは「言っていた」という行為によって生じた「発言」ではなく、これはむしろ話し手自身の発言であり、三上さん自身の「発言」を再現したものではないと説明する。木村によると、(59)は「発言」の引用として後続する動詞と関係しているのではなく、照応する内容を「事柄」として後文の動詞と結びついているのだという。これは「客が帰ッタコトヲ確カメタ」のように、本来用言で描かれる「事柄」としての叙述を一旦形式名詞「コト」と体言化して取り込むのと同様のことであり、木村はこれらを「言」と「事」の違いであるとする。そして、これらの考察を通して、「一つの発言と一つの動詞の間にあって双方の仲立ちを果たす照応表現は、その双方の意味のつながりの性質に応じて、或る場合には「コンナ＋名詞」、或る場合には「コノ＋名詞」というように、自らのかたちを選ぶということである。」(ibid. : 81)と説明する。

3.2.2　ça / le との共通点

　木村の考察では、コンナで照応した場合コトは「言」として引用的に照応され、コノの場合にはコトは「事」として体言化されて受け直されている。ここに、上述した ça と le の照応構造と共通した点が見受けられる。まず、指示対象が発話内容であるという点において、(54)から(58)ではその指示対象は談話において初出に導入されたものと考えられ、それをコンナによって引用という形で照応するということは、談話における情報ステータスは変わらず不定のままの姿を保持しており、ça のケースと同じである。一方、

(59)では指示対象はコノによる照応で体言化され「事」となり、情報ステータスとしては定であると見なされ、le のケースと同じである。本稿では扱わないが、木村は、後方照応のケースにおけるコンナとコノの相違において、コンナは「対象をひとまず空のまま即ち聞き手にとって未知のままで提示しようとする話し手の意図」(ibid. : 75)があるのに対し、コノによる照応は「話し手が自己の観念の内に既に明確な姿をとって存在する或る事項を表出する」(ibid. : 78)時に用いるという違いがあると説明する。このことも、「コンナ言」と「コノ事」の情報ステータスが、それぞれに不定と定であるという主張を支持する点になっている。

3.3　感情表出のメカニズム

　日本語のソンナに関しては、既述したように更なる分析が必要であり、現時点で感情表出のメカニズムについて筆者の考えを論じることは難しい。そこで、先行研究による感情・評価的意味が生じるしくみについて見ておく。
　たとえば鈴木(2006 : 102)では、「そんな X」に価値・意味がないという否定的な感情・評価的意味が伴う仕組みは、客観的にはプラス・マイナスのいずれも可であるが、話者から見て価値・意味がないものに対して、「話者が先行文脈で指示された性質・特徴を、何らかの意味で「価値・意味のないもの」としてとらえ、一般化し、まとめあげることによってこのような感情・評価的意味が生まれる。」と説明する。しかし、鈴木(2006)が提示する例の中に次のようなものがある。

(60) a. 明るくてよく気がつく、そんな花子は皆の人気者だ。　　　(ibid. : 95)
　　 b. 明るくてよく気がつく、そんな性格のいい花子は皆の人気者だ。
　　　　　　　　　　　　　　　　　　　　　　　　　　　　　　(ibid.)
　　(Hanako est une fille si gaie et attentionnée qu'elle est très populaire.)
　　(Hanako is a girl so cheerful and caring that she is popular.)

　鈴木は(60a–b)について、「そんな花子」は先行文脈で述べられている通り、「明るくてよく気がつく」という性質・特徴をもつ花子であり、(60b)

で「性格のいい」と言語化されているように、プラスの評価がなされている。したがって、まとめあげの機能が話者のマイナスの感情・評価を生み出すということはできず、あくまでその感情・評価は文脈に依拠すると考えられる。フランス語のça のケースでは、Henri（1977）が話者の「優越感」からの評価があると説明しているが、ソンナの場合にもそうした話者の優越感が関係していると仮定すれば、やはりネガティブな感情・評価的意味と結びつきやすいと説明することが可能になるのではないだろうか。

4　おわりに

　以上、フランス語のça と日本語のソンナについて、その照応機能を考察しながら感情表出のメカニズムについて考えてみた。こうした感情に関する考察は、たとえば、小田（2016）が不定代名詞on の修辞的用法に、謙譲や親愛、連帯、皮肉、軽蔑、非難といったさまざまな情意的ニュアンスが生じるメカニズムについて記述しているが、それと密接に関連するであろう。また、マレービアン（1986：175）でも、たとえば、指示詞や時制の用法が、実際の出来事の時間や場所に一致しない場合、そこには話者のある特別な感情が含まれていると論じている。このように、話者は言語形式を巧みに使い分けながら、常にその感情・態度を伝えているのである。

　本稿では、フランス語では指示対象と照応詞の情報ステータスの対極性が、話者の感情を生じさせるメカニズムとして機能していることを明らかにした。日本語のソンナに関しては考察が十分とはいえないが、フランス語の現象と対照的に観察したことで、実質名詞と形式名詞のケースでは照応機能の違いがあることが明確になった。今後は、例えば木村（1983）のように、幾つかのパターンに分類してそれぞれのケースに関して更に考察を行い、ソンナの根幹となる機能について明らかにしていきたい。

注

1. ça の起源に関しては諸説あるが、現代フランス語では、ça は cela の口語体であるとみなされる説が一般的であり、多くの文法書では ça と cela を同様に扱っている。
2. 「ソンナ+実質名詞」に対応するフランス語は、un tel N だけではなく un N pareil や他の表現が適応されることもある。

    a) あんな（ひどい）演説は今まで聞いたことがない。／ Je n'ai jamais entendu un disours pareil.　こんな男は見たことが無い。／ Je n'ai jamais vu un homme pareil. あんな結果になるなんて、思ってもいませんでした。／ Je n'aurais pas cru qu'on en arrive là.　　　　　　　　　　　　　　　　　　　　　　　　　　（稲葉：2014）

    本稿では、日本語とフランス語に共通して指摘されている機能をみるため、今回は un tel N のみを扱うことにする。
3. たとえば、Riegel(1997)では、tel / le / ce の照応機能について次のように述べている。

    Le se comporte comme un anaphorique strictement formel (intensionnel certes, mais inapte à l'abstraction), puisqu'il ne peut reprendre qu'un antécédent adjectival ou assimilé, alors que les démonstratifs sont des recatégorisateurs (d'où leur substitution toujours possible à *tel*), mais strictement extensionnels.　　　　　　　　　　　　　　　　(p.96)

    (le は厳密に形式的照応詞として振る舞う（確かに内的指示ではあるが、抽出的指示はできない）、なぜなら le は形容詞的あるいは同一視された先行詞のみを受け直すからである。一方、指示形容詞は厳密に外延的指示のもと再範疇化詞として機能する（その点において指示形容詞は常に tel と置換可能である）。)
4. Van Peteghem の考察は Kleiber が提唱する「値踏みの場(circonstances d'évaluation)」理論を基調としている。これは即座反復における le N／ce N の対立に関する議論の中でしばしば用いられる理論であるが、le N による照応は、その指示対象の存在前提を正当化する場を介してのみ可能になると言われている。そのため、即座反復においては、原則、le N は許容されないものとされている。この即座反復の問題に関しては、多くの研究があるためそちらを参照されたい。Cf. Kleiber 1986、Corblin 1995、春木 1985、井元 1989、小田 2008。
5. 筆者の感覚では、(50)ではソウイウ／ソンナのどちらも容認可能であり、ソウイウの場合、話者は純粋に共話者にそういう類の辞書を知っているかどうかを質問しているのに対し、ソンナの場合では「ソンナ詳しい辞書はあるわけない」という否定的なニュアンスを読み取れる。
6. 木村の発言動詞には、「言ウ・ツブヤク・思ウ・書ク・尋ネル・考エル・シルス」など音声化あるいは文字化による言語行為の一種であり、これらの動詞をまとめて「発言動詞」と呼んでいる。

参考文献

Bonnard, Henri. (1950) *Grammaire française des lycées et collèges*. Paris: Sudel.

Bosredon, Bernard. and Mary-Annick, Morel. (1990) Les pronoms personnels et les pronoms démonstratifs, Gide : *Les faux monnayeurs*. Seconde Partie, « Lettre d'olivier à Bernard », Éd. Folio, p.207–208, l.1–35". *L'Information grammaticale* 47 : 19–22. Louvain : Édition Peteers.

Cadiot, Pierre. (1988) De quoi ça parle ? A propos de la référence de *ça*, pronom-sujet. *Le français moderne* 56 : 174–192. Paris : Éditions d'Artrey.

Corblin, Francis. (1995) *Les formes de reprise dans le discours*. Rennes : Presses Universitaires de Rennes.

Guillaume, Gustave. (1919) *Le problème de l'article et sa solution dans la langue française*. Paris : Hachette.

Grevisse, Maurice. (1986) *Le Bon usage*, 12e édition refondue par André Goosse. Paris-Gembloux: Duculot.

Henri, Albert. (1977) *Étude de syntaxique expressive*. Bruxelles: Éditions de l'Université Bruxelles.

Hilty, Gerold. (1959) *Il* impersonnel, syntaxe historique et interprétation littéraire. *Le français moderne* 27 : 241–251. Paris : Éditions d'Artrey.

Inaba, Rie. (2011) Étude du pronom neutre 'ça' sur le plan fonctionnel. *Inter Faculty* 2. https://journal.hass.tsukuba.ac.jp/interfaculty/article/viewFile/27/58. Graduate School of Humanities and Social Sciences. University of Tsukuba.

Kleiber, Georges. (1984) Sur la sémantique des descriptions démonstratives. *Linguisticae Investigationes* VII 1: 63–85. Amsterdam: John Benjamins.

Kleiber, Georges. (1986) Pour une paradoxale de la reprise immédiate UN Ni → LE Ni / UN Ni → CE Ni. *Langue française* 72 : 54–79. Paris: Larousse.

Maillard, Michel. (1974) Essai de typologie des substituts diaphoriques. *Langue française* 21: 55–71. Paris: Larousse.

Maillard, Michel. (1994) Concurrence et complémentarité de *il* et *ça* devant les prédicats impersonnels en français contemporain. *L'Information grammaticale* 62 : 48–56. Louvain: Éditions Peteers.

Riegel, Martin. (1997) *TEL* adjectif. Grammaire d'une variable de caractétisation. *Langue française* 116 : 81–99. Paris: Larousse.

Ruwet, Nicolat. (1990) Des expressions météorologiques. *Le français moderne* 58 : 43–97. Paris : Éditions d'Artrey.

Tokimoto, Miho. (1993) *Deixis et détermination nominale en japonais*. Thèse de Doctorat. Université

Paris Ⅶ.

Van Peteghem, Marleen. (1995) Sur les emplois anaphorique de *tel*. *Sémiotiques* 8 : 57–78. Paris : Didier.

Wagner, Robert L and Jacqueline, Pinchon. (1991) *Grammaire du français* : Classique et moderne. *Éd. rev. et corr.* Paris: Hachette.

秋廣尚恵(1998)「現代フランス語の動詞 dire の構文および意味特徴についての記述的研究」『言語・地域文化研究』4: 39–57. 東京外国語大学大学院.

朝倉季雄(2002)『新フランス文法事典』白水社.

稲葉梨恵(2008)「直接目的補語に現れる文脈照応詞 ça と le の違いについて dire + ça vs le + dire」『筑波大学フランス語フランス文学論集』23: 67–87. 筑波大学フランス語フランス文学研究会.

稲葉梨恵(2009a)「行為動詞 faire と共起する文照応詞 ça と le の比較的考察」『筑波大学フランス語フランス文学論集』24: 17–33. 筑波大学フランス語フランス文学研究会.

稲葉梨恵(2009b)「フランス語会話における dire ça と le dire の相違について」『日本フランス語フランス文学関東支部論集』18: 1–14. 日本フランス語フランス文学会関東支部.

稲葉梨恵(2010)「動詞の直接目的補語におかれる照応詞 ça と le の比較的考察」『フランス語学研究』44: 49–63. 日本フランス語学会.

稲葉梨恵(2013)「日仏語対照研究による指示詞の一考察―フランス語の ça / le と日本語の「その」「そんな」の対照研究」『フランス語・フランス文学論集』28: 191–211. 筑波大学フランス語フランス文学研究会.

稲葉梨恵(2014)「ソンナ X と un tel N」『フランス語・フランス文学論集』29: 135–146. 筑波大学フランス語フランス文学研究会.

井元秀剛(1989)「le N と ce N による忠実照応」『フランス語学研究』23: 25–39. 日本フランス語学会.

遠藤令子(2001)「テクスト構造における ce N の機能」『武蔵大学人文学会雑誌』33–2・3: 29–64. 武蔵大学人文学会.

岡部寛(1994)「『こんな』類と『こういう』類」『現代日本語研究』1: 55–74. 大阪大学.

岡部寛(1995)「コンナ類とコウイウ類―ものの属性を表す指示詞―」宮島達夫・仁田義雄編『日本語類義表現の文法(下)』pp.638–644. くろしお出版.

小田涼(2008)「定名詞句 leN と指示形容詞 ceN による照応のメカニズム」『フランス語学研究』42: 1–16. 日本フランス語学会.

小田涼(2016)「不定代名詞 on による行為主体の希薄化について」東郷雄二・春木仁孝編『フランス語学の最前線 4』pp.1–45. ひつじ書房.

川口順二(1984)「ソンナ + N について―日西英対照―」『芸文研究』46: 249–209. 慶應義塾

大学.

木村英樹(1983)「「こんな」と「この」の文脈照応について」『日本語学』2-11: 71–83. 明治書院.

金水敏・木村英樹・田窪行則(1989)『指示詞』くろしお出版.

小学館辞書編集部編(1994)『使い方の分かる類語例解辞典』小学館.

白川博之監修　庵功雄・高梨信乃・中西久実子・山田敏宏著(2001)『中上級を教える人のための日本語文法ハンドブック』スリーエーネットワーク.

鈴木智美(2005)「指示詞「そんな」に見られる感情・評価的意味―その意味の実態を探る―」『東京外国語大学留学生日本語教育センター論集』31: 61–75. 東京外国語大学.

鈴木智美(2006)「「そんなX…」文に見られる感情・評価の意味―話者がとらえる事態の評価・意味と非予測性―」『日本語文法』6-1: 88–105. 日本語文法学会.

東郷雄二(1991)「フランス語の〈指示形容詞 CE ＋名詞句〉照応―談話における情報と視点」『人文』37: 92–112. 京都大学教養部.

徳川宗賢・宮島達夫編(2001)『類義語辞典』東京堂出版.

ドルヌ・フランス・川口順二・小林康夫・六鹿豊(1984)「tel について I」『フランス語学研究』18: 37–56. 日本フランス語学会.

春木仁孝(1985)「le N と ce N による前方照応について」『フランス語学研究』19: 88–97. 日本フランス語学会.

春木仁孝(1986)「指示形容詞を用いた前方照応について」『フランス語学研究』20: 16–32. 日本フランス語学会.

春木仁孝(1991)「ça pleut / il pleut ―現代フランス語の"非人称主語"の ça をめぐって」『ロマンス語研究』24: 27–34. 日本ロマンス語学会.

春木仁孝(2012)「指示形容詞の概念指示用法について―「周知の指示形容詞」を中心に―」坂原茂編『フランス語学の最前線1』pp.79–114. ひつじ書房.

深見兼孝(2007)「日本語教育から見た日本語の指示詞表現(2)―文脈指示の「その」と「そんな」―」『広島大学留学生センター紀要』17: 1–10. 広島大学国際センター.

松浦恵津子(1997)「指示語「ソンナ」と「ソウイウ」について」『言語文化と日本語教育』13: 149–158. お茶の水女子大学日本言語文化学研究会.

A・マレービアン著　西田司・津田幸男・岡村輝人・山口常夫共訳(1986)『非言語コミュニケーション』聖分社.

森田良行(1989)『基礎日本語辞典』角川書店.

山本香里(2006)「節を受ける ça/le, Ø ―*dire, penser, savoir* の場合―」『年報・フランス研究』40: 159–171. 関西学院大学フランス文学研究室.

例文出典

Jay Rubin.（2009）*Sanshiro*, Penguin Classics.

Les égarés, 2004 年 1 月号『ふらんす』白水社

Carnage, 2004 年 3 月号『ふらんす』白水社

Rois et reine, 2006 年 7 月号『ふらんす』白水社

Un couple parfait, 2007 年 7 月号『ふらんす』白水社

Les yeux clairs, 2007 年 8 月号『ふらんす』白水社

フランス語と日本語における必然性の意味を伴う名詞修飾表現
-able 型形容詞、à + 不定詞、動詞+「べき」をめぐって

奥田智樹

1 はじめに

　本稿は、フランス語の不定詞の語幹に -able という語尾の付いた形容詞(以下 V-able と略記)、à + 不定詞(以下 à + V と略記)および日本語の動詞+「べき」(以下、V +「べき」と略記)の対照分析を通じて、フランス語と日本語の名詞修飾表現の表すモダリティの特質について考察することを目的とする。

　代表的な辞書類では V-able の -able という語尾は「可能(性)」を表し、à + V は「必要」、「義務」、「予定」、「適応」や「目的」、「用途」などの概念を表すと説明されている。これらが名詞を修飾する表現は、次の(1)と(2)に示す通り、いずれも日本語の V +「べき」を用いて訳されることがある。言い換えれば、これらはいずれも日本語の V +「べき」に対応するフランス語の表現の1つと見なすことが出来る。

(1)　abominable 嫌悪すべき　blâmable 非難すべき　haïssable 憎むべき
　　　redoutable 恐るべき　respectable 尊敬すべき、尊重すべき　remarquable
　　　注目すべき、驚くべき
(2)　lettre à poster 投函すべき手紙　problème à regler 解決すべき問題
　　　(訳語はいずれも『プチ・ロワイヤル仏和辞典　第3版』による。)

　しかし、例えば quelque chose de visible (何か目に見えるもの) と quelque

chose à voir（何か見るべきもの）が異なる意味を表していることからも分かるように、V-able と à + V が持つ意味は本来全く別個のはずである。従って、これらの表す意味が接近することがあるとすれば、どのような条件のもとでそうなるのかが問題となる。また、フランス語のこの 2 つの表現と日本語の V +「べき」とは、たとえ前者が後者の訳語として用いられることがあるとしても、異なる両言語において意味構造が違っていることは十分に予想される。

　こうしたことを踏まえて、本稿は、次の 2 つのリサーチ・クエスチョンに即して考察を進めることにする。
　①どのような条件のもとで、名詞を修飾する V-able と à + V は意味的に接近するか。
　②これらの表現が V +「べき」で訳される際に、意味内容の上でどのような変化を来すか。
　ここで問題にしているフランス語と日本語の 3 つの表現は、それぞれに固有の意味的な広がりを持っているが、その接点を求めると特定の文脈や状況に基づくかなり局所的な部分に限定されると思われる。また、全ての動詞について対応する 3 つが揃って存在しているわけでもない。しかし、逆にだからこそ、これらが類義語、訳語になり得る条件をつぶさに観察することによって、それぞれの表現の特質を浮き彫りにすることが出来るのではないかと考える。

2　不可避性を表す V-able

　冒頭で述べた通り、V-able は多くの辞書類で対応する動詞の表す事行に関する「可能（性）」possibilité を表すと説明されている。例えば、以下に示す V-able について *Le Nouveau Petit Robert* では以下のような語義の記述がなされている。

admissible : Qui peut être admis（容認し得る）
attaquable : Qui peut être attaqué（攻撃し得る）

contestable : Qui peut être contesté（異議を唱え得る）
excusable : Qui peut être excusé（許し得る）
faisable : Qui peut être fait（なし得る）
recevable : Qui peut être reçu（受け入れ得る）
buvable : Qui peut se boire（飲める）
mangeable : Qui peut se manger（食べられる）
discutable : Qu'on peut discuter（議論の余地がある）

　これらはいずれも他動詞または受動的用法の代名動詞に対応する V-able であり、大半は Qui peut être Vé（＝過去分詞）または Qui peut se V の形の語釈がなされている。実際 V-able の中で大多数を占めるのは、このような「可能(性)」を表すタイプである。しかし、少数ではあるが、V-able には「可能(性)」よりもむしろ「不可避性」あるいは「義務」を表していると考えられるものも存在する。*Le Nouveau Petit Robert* の語釈の形に従って分類して示すと、次のようになる。

［(Qui est) digne d'être Vé / de N（…に値する）の形の語釈が与えられているもの］
　　adorable : Digne d'être adoré（熱愛されるに値する）
　　louable : Qui est digne de louange, qui mérite d'être loué（称賛に値する）
　　respectable : Qui est digne d'être respecté（尊敬されるに値する）
　　remarquable : Digne d'être remarqué（注目されるに値する）
［Qui mérite d'être Vé / de N（…の余地がある）の形の語釈が与えられているもの］
　　blâmable : Qui mérite le blâme, la désapprobation（非難の余地がある）
　　condamnable : Qui mérite d'être condamné（糾弾される余地がある）
　　critiquable : Qui mérite d'être critiqué（批判される余地がある）
　　déplorable : Qui mérite d'être déploré（残念に思われる余地がある）
　　haïssable : Qui mérite d'être haï（憎まれるに値する）
　　répréhensible : Qui mérite d'être repris, blâmé, réprimandé（叱責されるに値する）

［その他］

détestable : Qu'on doit détester（嫌悪すべき）
　　　redoutable : Qui est à redouter, à craindre（懸念すべき）
　　　regrettable : Qui est à regretter（遺憾に思うべき）

　これらの語釈の記述においては、(Qui est) digne d'être Vé / de N という語釈が与えられているものは肯定的な評価を持ち、Qui mérite d'être Vé / de N という語釈が与えられているものは否定的な評価を持っていることが注目される。いずれにしても、話者は価値判断に基づいて、対象が当該の事行を受けることを指向しており、「可能(性)」よりは「不可避性」や「義務」に近い意味解釈を持つと見なすことができる。これらが「可能(性)」の意味を持つものとどのような意味的関連を持っているのかについて、以下で2つの先行研究に依拠しながら検討する。

2.1　尾形（1990）：V-able が不可避性の意味を持つメカニズム

　他動詞から派生される V-able の意味論的、統語論的分析は尾形（1990）に詳しい。尾形（1990）では他動詞から派生される V-able を、①可能性の判断を表し、« qu'on peut V »（V し得る）、« qui peut être Vé »（V され得る）の形にパラフレーズできるタイプと、②性状規定、評価 (évaluation) を表し、« qui doit / mérite d'être Vé »（V されるべき / V される余地がある）の形にパラフレーズできるタイプに二分し、それぞれを A1 型、A2 型と呼んでいる。掲げられている例は、上掲のものと一部重複するが、次の通りである。

A1 型 = « qui peut être Vé »：
　　　abordable, assimilable, communicable, compréhensible, concevable, identifiable, intimidable, maîtrisable, réalisable
A2 型 = « qui doit / mérite d'être Vé »：
　　　admirable, adorable, désirable, estimable, irrésistible, méprisable, préférable, regrettable, respectable

　尾形（1990）はこのそれぞれの基体の動詞が表す事行の持つ特性として、

A1 型は No（名詞句）（＋有生物）による事行の達成を表し、到達点を持つのに対して、A2 型は No（＋人間）が持つ感情を表し、行為を表さず、到達点を持たないという違いがあることを指摘している。先に掲げた、不可避性や義務の解釈を許容する V-able の中で対応する動詞が他動詞であるものは、この A2 型に相当する。この両者の意味的な違いを生み出すメカニズムに関して、尾形(1990)は次のように述べている。

> ［A1/A2 の事行の捉え方の］違いの本質は到達点が想定されているか否かに基づく、アスペクト的対立であると考えられる。そこから A1 型、A2 型の -able 型形容詞それぞれの意味が構築されるのは、この事行の捉え方の違いに従って、-able の加えるモーダルな価値が各々可能のモダリティー、評価のモダリティーとして構築するためと考えられる。即ち、[N_1 = être Vé] で表される事態を話者が①「達成状態」と捉え、その不在との対立の中で、対象 N_1 に関し、それが存在する可能性があると判断を下すか（A1）、②「変化」の概念の介入しない「恒常的状態」として捉え、話者の基準に従ってそれを positif と判断して、N_1 の属性とするか(A2)に分かれる。（中略）A2 では [N_1 est Vé] の状態が「positif か、négatif か」が対立を構成し、常に positif が選ばれる。négatif が否定されることで選択がなくなり、positif が必然化、一般化される。
>
> 　　　　　　　　　　　　　　　　　　　　　　　　　（尾形 1990: 46–47）

　つまり、尾形(1990)は A1 型と A2 型の意味的な違いは、対応する動詞が表す事行に到達点が想定されているかどうかに基づいているとしている。A2 型は変化の概念の介入しない恒常的状態であるため、将来的な実現を問題とする可能にはなりえず、現時点での評価になるという説明である。positif / négatif という語がこの場合に持つ意味がやや分かりにくいかもしれないが、A2 型には先述の condamnable, détestable など内容的には「肯定的」と見なし難いものも多数含まれていることから、「積極的に見られる／見られない(属性)」というほどの意味であろう。ただ、どのようなメカニズムで「常に positif が選ばれる」のか、あるいは「négatif が否定される」のかを明

確にしなければならないはずである。「話者の基準に従ってそれを positif と判断して」とあるが、その「話者の基準」の内実は明らかではない。

　筆者は、このタイプの V-able に対応する動詞の表す事行の意味的内実により注目すべきであると考える。「感嘆する」「嫌悪する」「尊敬する」「後悔する」「恐れる」といったこれらの感情はいずれも他者からの働きによって主体に自然発生的、無自覚的に生じる感情であって、主体による自制性は認められない。主体の観点からは、そうした感情が自らの内面で自らの意志に関わりなく呼び起され、それから逃れることが出来ないことになる。そうした可能性があるということが、外部の視点から再解釈されると不可避性やさらには義務として捉えられると説明できる。

　なお、この自制性ということに関して尾形（1990）は、A1 型の V-able には対応する動詞に自制性の認められるもの（lisible – lire（読み得る – 読む））だけでなく、自制性の認められないもの（compréhensible – comprendre（理解し得る – 理解する）、trouvable – trouver（見つけ得る – 見つける））も存在することを根拠として、A1 型と A2 型の区別はあくまでも到達点が明確に想定できるかどうかに基づいて決まるのであって、動詞の表す事行に備わる自制性に基づいて決まるのではないという主張をしている。しかし、blâmable – blâmer（非難すべき – 非難する）、critiquable – critiquer（批判すべき – 批判する）、louable – louer（称賛すべき – 称賛する）のように、A2 型に属すると見なせるにもかかわらず、対応する動詞が到達点を有すると見なせるものは存在する。例えば、A1 型の admissible（容認し得る）、excusable（許し得る）に対応する動詞表現 admettre qch（物事を認める）、excuser qch（物事を許す）と blâmer qch（物事を非難する）、critiquer qch（物事を批判する）、louer qch（物事を称賛する）とを比較して、前者は到達点を持つが後者は持たないと主張することには無理があるのではないだろうか。また、尾形（1990）が掲げている comprendre（理解する）、trouver（見つける）は話者のコントロールのみに基づいて到達点に至ることはできないものの、到達点に至るまでの過程に話者の意図性が認められる点で、A2 型に対応する adorer（熱愛する）、respecter（尊敬する）などとは別個に扱われるべきであろう。従って、A1 型と A2 型を区別する上で事行の自制性に着目することに問題はないと考え

る。

2.2 Leeman（1992）

　Leeman（1992）では、V-ableを動詞によるパラフレーズが可能な動詞形（forme verbale）と意味論的に動詞に完全には対応していない形容詞形（forme adjectivale）とに二分している。（3）のabaissable（引き下げ得る）や（5）のabrogeable（廃止し得る）は前者に相当し、（4）のaimable（愛想がよい）や（6）のprésentable（人前に出せる）は後者に対応する。

（3）　La manette ne paraît pas abaissable mais j'y arriverai quand même.（y : à l'abaisser）
　　　（It doesn't seem possible to pull the lever down, but I will probably be able to do so anyway.）
　　　（そのレバーは押し下げにくそうだが、それでも私は押し下げられるだろう。）

（4）　*La concierge ne paraît pas aimable mais j'y arriverai quand même.（y : à l'aimer）
　　　（The concierge doesn't seem pleasant, but I will probably learn to（be able to）like her anyway.）
　　　（管理人は愛想がよさそうに見えないが、それでも私は彼女を好きになれるだろう。）

（5）　Le décret n'était pas abrogeable mais on l'a fait（= abroger）quand même.
　　　（The decree couldn't be repealed, but they did so anyway.）
　　　（その政令は廃止できるものではなかったが、それでも人々は廃止を実行した。）

（6）　*Marie n'était pas présentable mais on le fera（= présenter）quand même.
　　　（Marie wasn't the sort of person to present before others, but they will probably present her anyway.）
　　　（マリは人前で紹介するのが憚られる人物だったが、それでも人々は彼女を紹介するだろう。）

この2つのグループの違いについて、Leeman (1992) は次のように述べている。

> Du point de vue sémantique, si la « forme verbale » équivaut à un jugement modalisé (« qui peut être »), la « forme adjectivale » au contraire correspond à une propriété posée comme effective : une personne admirable, ce n'est pas quelqu'un qu'il est possible d'admirer mais quelqu'un qui suscite l'admiration. Un vin détestable est un vin jugé mauvais et non « qui peut être détesté ».
> (Leeman 1992 : 46)
> (意味論的な観点から言えば、「動詞形」がモーダル化された判断（「…され得る」）に相当するなら、「形容詞形」はその反対に現実的なものとして提示される特性に相当する。une personne admirable（感心すべき人）というのは感心される可能性のある人ではなく、感心の念を呼び起こす人のことである。un vin détestable（ひどいワイン）というのはまずいと判断されるワインのことであって、「嫌われ得る」ワインではない。）

本稿との対応について言えば、動詞形が「可能(性)」を表すものにほぼ相当し、形容詞形が「不可避性」や「義務」を表すものにほぼ相当することになる。ただし、Leeman (1992) は形容詞形の中に capable（…できる）、équitable（公平な）、formidable（並外れた）などのような、対応する動詞が存在しないものも含めている。

Leeman (1992) で注目されるのは、同じ V-able であっても用いられ方によってそれが含まれるグループが異なる場合があることを想定している点である。例えば、accessible は次の (7a) では動詞形に相当するが、(7b) では形容詞形に相当するとされている。

(7) a. un sommet accessible（到達し得る山頂）、« auquel on peut accéder »（そこに人が行き着くことができる）
　　b. un professeur accessible（とっつきやすい教授）、?? « auquel on peut accéder »（そこに人が行き着くことができる）

これと同じことは abordable（a. côte abordable（接岸できる海岸）/ b. prix abordable（手ごろな値段））や acceptable（a. candidat acceptable（受入れ可能な候補者）/ b. devoir acceptable（まずまずの出来の宿題））についても成立する。（いずれも a が動詞形に相当し、b が形容詞形に相当する。）

このそれぞれの a と b では同じ V-able が用いられているので、対応する動詞そのものは共通しており、従って、それぞれの a と b において動詞固有のアスペクトとしての事行の到達点の有無は同じである。それに対して、事行の自制性は動作対象の性質によって変わり得る。このことから、V-able の意味の決定において重要なのは、やはり事行の到達点の有無ではなく、事行の自制性であることが理解される。

3　他動詞から派生される V-able と à + V との対照

第1節でも述べたように、名詞を修飾する à + V[1] は「必要」、「義務」、「予定」、「適応」などの意味を表し、特に「必要」や「義務」を表すと見なされる際に、V-able と意味が近づく場合がある。第2節の冒頭で示した V-able の *Le Nouveau Petit Robert* による語釈の説明でも redoutable（Qui est à redouter）や regrettable（Qui est à regretter）のように à + V の形の語釈を示しているものがあった。実際、次のような例では à + V と V-able の意味はかなり接近していると考えられる。

（8）　une personne respectable（尊敬に値する人）/ une personne à respecter（尊敬すべき人）

（9）　Il est {regrettable / à regretter} qu'il [＝Frankel Plücker Ramsden] soit mort alors qu'il n'avait que vingt-huit ans, en 1930, à l'apogée de sa force intellectuelle.

　　　　　　　　　　　　　（http://wvorg.free.fr/hoepffner/Ramsden.html）

(It is {regrettable / to regret} that he [＝F.P.R.] died when he was only twenty eight years old, in 1930, while still at the peak of his intellectual power.)

（彼［＝F.P.R.］が1930年にまだ28歳の若さで知力の絶頂期に亡くなった

ことは{遺憾な / 遺憾に思うべき} ことである。)

（8）は両者とも respecter une personne（人を尊敬する）という動詞句に対応しており、（9）は両者とも regretter que ...（…を遺憾に思う）という動詞表現に対応していて、いずれも話者の価値判断を述べている点では共通している。V-able の意味的特性は、à + V との対照によってより明らかになると考えられる。本節では、まず他動詞から派生されるこれらの表現について、そのことを検討する[2]。

3.1　属性の内在性

その評価的属性が、対象が内在的に持つものである場合には V-able の方が用いられやすく、話者によって状況に応じて一時的に与えられるものである場合には à + V の方が用いられやすい。例えば、次のような表現ではいずれも V-able の方が à + V よりも容認度は高い。

(10)　les vices haïssables / ? les vices à haïr
　　　（the hateful vices / the vices to hate）(憎悪に値する悪徳 / 憎むべき悪徳)

(11)　les vieillards respectables / ? les vieillards à respecter
　　　（the respectable old people / the old people to respect）
　　　（尊敬に値する老人たち / 尊敬すべき老人たち）

これらの表現は、それぞれ haïr les vices（悪徳を憎む）および respecter les vieillards（老人たちを尊敬する）という他動詞表現が根底にある。その直接目的語となっている les vices や les vieillards の語彙的意味を考えれば、それぞれ haïr や respecter という事行の対象となることは当然と見なされる。こうした場合、対象が内在的に持つ属性を抽出して述べる V-able を用いる方が自然である。à + V は、その場の状況に応じて話者によって付与される属性を表すため、基本的に聞き手や読者にとっての新情報でない限りあえて取り立てて示す理由がないのである[3]。

3.2 時間的な未来性

　未来における事行の具体的な実現が想定されている文脈では、V-able より à + V の方が用いられやすい。

(12) 　À l'avenir, l'événement {à redouter / ?redoutable} pourrait être la répétition de la grande catastrophe de 1755. En estimant un temps de récurrence entre 300 et 1500 ans aux mégaséisme de magniture >8,5, la menace d'un tel cataclysme pourrait lourdement peser sur la période allant du milieu de ce siècle jusqu'au XXXIIe.

　　　　　　　　　　　　　　　　(J.-R. Vanney et L. Ménanteau (éd.) (2004)
　　　　　　　　　　　　Géographie du golf ibéro-marocain, Casa de Velázquez.)

(There is probably reason to be dread a future recurrence of the great disaster of 1755. Estimating that the window of recurrence for a magnitude >8.5 earthquake is between 300 and 1,500 years, that means that the threat of cataclysm will loom between now and the 32nd Century.)

(将来において、{懸念すべき/懸念に値する}出来事となるのは1755年の大惨事の再発かもしれない。マグニチュード8.5以上の巨大地震が繰り返される期間を300年から1,500年と見積もれば、こうした大異変の脅威は今世紀半ばから32世紀にかけての期間に重くのしかかってくることになる。)

(13) 　Des attentats "imminents" seraient {à redouter / ?redoutable} en France et Belgique, indique une note de renseignement reçue dans plusieurs commissariats de police belges, citée mercredi par des journaux belges.
　　　　　　　　　　(http://french.cri.cn/621/2016/06/15/301s482732.htm)

(A report circulating through police departments in France and Belgium indicates that there is reason to fear a terrorist attack. This report was quoted in the newspapers on Wednesday.)

(フランスとベルギーにおいては「切迫した」テロ攻撃{を懸念すべきである/が懸念に値する}と、ベルギーのいくつかの警察署が入手した通達文書に記されている。その文書は水曜日にベルギーの新聞にも引用された。)

これらの例のà + Vに見られる時間的な未来性は、à + Vが「必要」や「義務」の意味を表す場合だけでなく、「予定」や「適応」の意味を表す場合にも一貫していると考えられる。一方、V-ableは恒常的状態としての属性を表すため、未来における実現は想定されない。

　またこのことと関連して、次の(14)、(15)のような一般の聞き手または読者に注意喚起を促すような文脈では、V-ableよりà + Vの方が用いられやすい。これもà + Vは話者が未来性を前提として用いる表現であるためである。

(14)　［飼い犬の行動についての記述］Le premier signe {à remarquer / ? remarquable} est le plus souvent un changement dans le comportement ou dans le langage corporel.
　　　　　　　　　　（http://fr.wikihow.com/v%C3%A9rifier-l'%C3%A9tat-physique-et-mental-d'un-chien）
　　　(In many cases, the first noticeable sign is a change in behavior or body language.)
　　　（{注目すべき / 注目に値する} 最初の兆候は多くの場合、行動やボディ・ランゲージにおける変化です。）

(15)　Il est {à noter / ? notable} que le texte de la Convention est également disponible en anglais.
　　　　　　　　　　（http://www.linguee.fr/francais-anglais/traduction/%C3%A9galement+disponible.html）
　　　(It is worth noting that the text of the agreement is also available in English.)
　　　（協定の文章は英語版でも手に入ること {に注意すべきです。/ は注目に値します。}）

　このような例では、à + Vを用いた場合に、話者と聞き手または読者との間に義務モダリティ（modalité déontique）が顕在化し得る。一方、V-ableを用いた場合にはそうしたことは起こらない。

3.3 副詞的要素の有無

その評価的属性の付与が時や条件や理由などを示す副詞的要素を伴う場合には、V-able より à + V が用いられやすい。

(16) ［Le pont de Saint-Nazaire（サン＝ナゼール橋）についての記述］
C'est en 1975 qu'a été inauguré le plus long pont de France : 3.356 mètres ! Le seul à dépasser les 3 kilomètres. Il survole l'estuaire de la Loire et relie les villes de Saint-Nazaire et de Saint-Brevin-les-Pins. C'est donc un beau paysage {à admirer / ? admirable}, surtout au moment du lever ou du coucher du soleil.

(http://www.lebonguide.com/article/les-plus-longs-ponts-de-france_a58859)

(In 1975, the longest bridge in France (spanning 3,356 meters!) was opened. It is the only bridge to exceed three kilometers in length. It spans the Loire estuary and links the cities of Saint-Nazaire and Saint-Brevin-les-Pins. It offers {beautiful scenery to admire / admirable beautiful scenery}, especially at the moment of sunrise or sunset.)

（フランスで最も長いこの橋の落成式が行われたのは1975年のことである。3,356 m もあって、3km を超える唯一の橋だ。この橋はロワール川河口の上空にかかっていて、サン＝ナゼールの町とサン＝ブルヴァン＝レ＝パンの町を結んでいる。特に日の出と日の入りの時には、{驚嘆すべき / 驚嘆に値する} 素晴らしい景色となっている。）

(17) ［症例についての記述］Distension abdominale aiguë, une complication {à redouter/ ?redoutable} en cas d'anorexie mentale

(http://www.sciencedirect.com/science/article/pii/S0755498204986848)

(Acute abdominal dilatation is {a complication to dread / a dreadful complication} in the case of anorexia nervosa.)

（急性腹部膨満感　精神的な食欲不振の場合に {懸念すべき / 懸念に値する} 合併症）

(18) ［コロンビアというアウトドアウェアブランドについての記述］

Columbia reste une marque {à respecter / ? respectable}, parce que la qualité de ses produits est indubitable.

　　　　　　　　（*Mon City Guide 2013, petit futé, Troyes, Escapades dans l'Aube*）
(Columbia remains a {brand to respect / respectable brand}, because the quality of its products is without question.)
（コロンビアは今でも｛尊重すべき / 尊重に値する｝ブランドである。その製品の品質は間違いないからだ。）

　（16）では surtout au moment du lever ou du coucher du soleil という時を表す副詞句によって、（17）では en cas d'anorexie mentale という条件を表す副詞句によって、また（18）では parce que で導かれる理由節によって、それぞれ à + V が限定を受けている。à + V はその場の状況に応じて話者によって一時的に与えられる評価であるため、時や条件や理由を表す表現によってその属性が限定を受ける場合には V-able より用いられやすくなる。

　以上のことから à + V と V-able の意味的特性の違いは次のようにまとめることができる。
　à + V は、話者が時間的な未来において当該の事行が実現することを前提にして、話者によって名詞に結び付けられるものである。より分析的に述べれば、話者は当該の事行が実現の時点にまで到達するか否かのみ問題にした上で、到達する側を選択していることになる。その際、話者による名詞の表す対象と動詞の表す事行との連結は、その場の状況に応じた後付け的なものであって構わない。à + V が時や条件や理由などの副詞的要素を伴う場合に用いられやすいのはそのためである。
　これに対して、V-able では、話者は対象が内在的に持つ評価的属性「…する価値がある」「…する余地がある」を抽出して述べているだけであって、事行が実現の時点に到達することまでを問題にしているわけではない。不可避性や義務の解釈は文脈、状況などの語用論的条件や慣用などによって二次的に派生するものである。ただし、その際に話者が抽出する属性は対象に内在していると見なされるものであり、à + V の場合のように話者が後付け的に述べるものではない。V-able は対象が恒常的に持つ属性を表すのに対し

て、à + V は対象が一時的に持つ属性を表すのはそのためである。

4 　自動詞から派生される V-able と à + V

　自動詞から派生される V-able の中にも不可避性の意味を持つものが存在する。*Le Nouveau Petit Robert* による語釈の記述とともに例を示せば、次の通りである。

> durable : De nature à durer longtemps（長続きする性質の）
> périssable : Qui est sujet à périr, qui n'est pas durable（滅びやすい、長持ちしない）
> variable : Qui est susceptible de se modifier, de changer souvent au cours d'une durée（変化し得る、持続時間中によく変わり得る）
> risible : Propre à faire rire, à exciter involontairement une gaieté moqueuse（笑わせるのに適した、思わず嘲るような楽しさをそそるのに適した）

　これらの V-able の被修飾語となる名詞は、対応する動詞の主語や使役構文の動作主になっている。また、対応する動詞は［－有生物］の主語を取るものか、主語が［＋有生物］であっても rire のように主語に無意識的に生じる現象に相当するものであるから、主語による動詞の表す事行に対する自制性は他動詞から派生される V-able 以上に認め難い。そのことによって、可能性の解釈と不可避性の解釈が接近するのだと説明できる。

　なお、以下に示すように、これらの自動詞から派生される V-able のうち対応する動詞が［－有生物］の主語を取るものは、à + V との交換が難しい。

> emploi durable（安定した雇用）/ *emploi à durer
> développement durable（永続的な発展）/ *développement à durer
> denrée périssable（生鮮食品）/ *denrée à périr
> gloire périssable（はかない栄光）/ ? gloire à périr
> humeur variable（気まぐれ）/ *humeur à varier
> temps variable（不安定な天気）/ *temps à varier

farce risible（滑稽な笑劇）/ farce à rire（笑える笑劇）
histoire risible（滑稽な物語）/ histoire à rire（笑える物語）/ histoire à faire rire（笑わせる物語）
orgueil risible（滑稽な思い上がり）/ *orgueil à rire

　これらの例に見られる［−有生物］の主語を取る自動詞は、いずれも事行の未来における実現が確実とは言えず、しかもその不確実性に対して話者の働きかけは及ばない。こうした場合には、話者がその事行を対象に後付け的に連結して、実現の時点にまで到達するという判断を与えることが出来ない。
　ただし、［＋有生物］（［＋人間］）の主語を取る rire だけは farce à rire、histoire à rire、histoire à faire rire といった表現を許容するが、この場合は à rire や à faire rire が「笑う／笑わせるための（笑劇／物語）」という「目的」を表す意味に接近していると考えられる。
　自動詞を用いた à + V を用いた名詞修飾表現は、当該の事行が話者の意図とは無関係にしかも確実に生起する「予定」や「適応」を表す、次のようなものに限られる。

siècle à venir（来たるべき世紀）livre à paraître（近刊書）enfant à naître（生まれる予定の子供）fille à marier（適齢期の娘）

5　V ＋「べき」

　次に、以上で述べたフランス語の à + V や V-able の対応表現となり得る日本語の V ＋「べき」について考察する。
　現代日本語の「べき」は古語の推量の助動詞「べし」の連体形の残存である。「べし」は古語の助動詞の中では例外的に極めて長い寿命を持ち今日に至るまで用いられているが、現代語においては終止形の「べし」はごく限られた成句表現に見られるのみで、もっぱら連用形の「べく」と連体形の「べき」とが用いられている。この両者には表す意味の上で役割分担が見られ、「べく」は目的や可能の意味を表すのに対して、「べき」は義務や必然性の意

味を表す。古語に見られた推量の意味は現代語では認めがたい。

5.1 助動詞としての「べき」、接尾語としての「べき」

現代日本語において「べき」は幅広い動詞に後接する。以下に示すのは、比較的成句化したと見なせる例である。

(19) 愛すべき　恐るべき　恥ずべき　憎むべき　悲しむべき　尊敬すべき
　　　軽蔑すべき　見るべき　慎むべき　守るべき　持つべき（ものは友）
　　　驚くべき　感謝すべき　注目すべき　頼るべき

これらのうち、「愛すべき」「恐るべき」「恥ずべき」などは「べき」に前接する動詞が古語の形をとどめているため、V＋「べき」全体で一語化しており、「べき」は助動詞ではなく連体修飾語を形成する接尾語として機能していると見なすことが出来る。

このことに関連して、(19)のような場合には、やや誤用かとも思われるが、連体修飾語としての本来の語形であるV＋「べき」と競合する形で、V＋「べきな」という語形が用いられることがある。

(20) 昼夜続けて出演させていただきましたが、まだ新たな発見がある、あらためて恐るべき…な作品です。（「…」は原文ママ）
(21) 我が国日本はこれまでに非常に恥ずべきな『使い捨ての文化』が構築され広く根深く日常に浸透してまいりました。
(22) 女性は本当に立派で尊敬すべきな存在だなあ、もっと大事にしないと！
(23) おうちデートで絶対に見るべきな恋愛映画5選
(24) パスワード金庫は、iOS上最も頼るべきなパスワードやカードを管理するアプリケーションです。

このV＋「べきな」という語形は、本来は動詞＋助動詞「べき」＋助動詞「だ」という構造を持っていた表現が、全体で1つの形容動詞であるかのよ

うに認識され、その連体形として派生されたものであろう。この現象は助動詞「べき」の接尾語化がさらに進んだ例と見なすことが出来る。こうした「べき」の接尾語化は意味論的な側面とも関係しており、V＋「べき（な）」全体が被修飾語の指し示す対象の恒常的な属性を表すものと解釈されていることを意味する。

　無論、(25)に示すように、「べき」は助動詞として、より広範な動詞に自由に後接することが出来る。

(25)　［学生時代に］読むべき本　　　　［入試のために］覚えるべき単語
　　　［出来立てを］食べるべき料理　　［電気料金として］支払うべき金額
　　　出会うべき運命の相手　　　　　　［緊急時に］集まるべき社員
　　　［交差点の手前で］止まるべき歩行者[4]

　これらの例では、「べき」は本来の助動詞として機能しており、前接する動詞と「べき」は語彙の上で切り離されていると見なされる。
　「べき」に前接する動詞は現代日本語では、(25)のように、被修飾名詞をヲ格またはニ格に取る他動詞または被修飾名詞を主語に取る意志自動詞が中心で、他動詞の場合にはその主語はその場の状況からある程度特定することが出来る。「べき」に前接する他動詞が受身形を取る場合でも、例えば「配達されるべき手紙」、「救われるべき命」のように潜在的な動作主の存在が意識されることが多い。これらの場合、話者と動作主の間に義務モダリティ（modalité déontique）が顕在化することがある。「べき」に前接する動詞が無意志自動詞の用例は、例えば

(26)　来るべき時代　起こるべき事態　死すべき者　咲くべき花　流れる
　　　べき血液

のように、やや硬い表現が多く、他動詞や意志自動詞の場合に比べて使用頻度は低いと思われる。
　(19)のような「べき」が接尾語と見なせるタイプと(25)や(26)のような

「べき」が助動詞と見なせるタイプの間に明確な線を引くことはできないが、それでもこの両者における前接する動詞と「べき」との結びつきの強さに連続性を認めた上で、その違いを傾向として述べることは可能であろう。この連続性は統語論に関するものであるが、意味論にも深い関わりを持ち、(19)のようなタイプは被修飾語の指し示す対象の恒常的な属性を表現しているのに対して、(25)や(26)のようなタイプはその場の状況に限定された義務や必然性を表現している。(25)のようなタイプについて言えば、[ ]で示したような形の状況の限定が暗黙のうちに了解されている。このタイプにおいて、前接する動詞の主語をある程度特定できるのもそのためである。一方(19)のようなタイプについては、その限りではない。

このことは、次のそれぞれの表現を比較してみればより明らかとなろう。

(27) a. 食べるべき物　b. 食べる物　c. 食べ物
(28) a. 読むべき物　b. 読む物　c. 読み物
(29) a. 着るべき物　b. 着る物　c. 着物

(27)〜(29)のいずれの例も当該の事行の対象を表しているが、a (「べき」を伴う形)はその事行が「必要」あるいは「義務」であることを示しており、cはその事行を「目的」あるいは「用途」として述べており、bは状況によってaとcの両方の解釈を持ち得ると考えられる。この場合にcであることはbであるための必要条件であり、bであることはaであるための必要条件であると見なされるが、その逆は成り立たない。これはbやcが状況に関係なく用いられるのに対して、aは何らかの特定の状況を想定しなければ用いにくいためである。

5.2　V＋「べき」の表す義務や必然性の概念

V＋「べき」は義務や必然性を表すとされるが、このことをより分析的に述べれば、話者がある事行の生起をそれ以外には選択の余地がないという価値判断のもとに指向するということである。その際の動機付けとなるのは、話者による当為判断であったり、妥当かどうかの判断であったり、不可避的

な運命に関する意識に基づく判断であったりする。(19) の例はいずれも例えば「愛すべき」＝「愛するのが当然な」、「恥ずべき」＝「恥じるのが当然な」、「頼るべき」＝「頼るのが妥当な」のようなパラフレーズが可能であるし、(25) や (26) の例はいずれも「読むべき本」＝「読むのが妥当な本」、「出来立てを食べるべき料理」＝「出来立てを食べるのが妥当な料理」、「出会うべき運命の相手」＝「出会うはずの運命の相手」、「止まるべき歩行者」＝「止まるのが当然な歩行者」、「咲くべき花」＝「咲くのが当然な花」のようなパラフレーズが可能である。ただ、注意すべきことは、「べき」においては当該の事行の現実世界における実現は全く問題になっていないことである。「べき」に見られる話者によるある事行の生起が持つ価値への強い指向は、現実世界とは無縁である。「べき」は端的に言えば話者の主義主張を述べるものであって、たとえ話者の運命観に基づく判断を述べる場合であっても、時間的な未来性は決して表さない。

6　フランス語の V-able および à + V と　日本語の V +「べき」との対照

　最後にこれら 3 つの表現が名詞を修飾する場合の共通点や相違点について検討することにする。第 1 節で掲げた 2 つのリサーチ・クエスチョンをもう一度振り返ってみよう。

① どのような条件のもとで、名詞を修飾する V-able と à + V は意味的に接近するか。
② これらの表現が V +「べき」で訳される際に、意味内容の上でどのような変化を来すか。

　まず①についてである。名詞を修飾する V-able と à + V が意味的に接近するのは、V-able における V に、「感嘆する」「嫌悪する」「尊敬する」「後悔する」「恐れる」といった他者からの働きによって主体に自然発生的、無自覚的に生じる感情を表す動詞が用いられて、文脈、状況などの語用論的条

件や慣用などによって、不可避性や義務の解釈が派生する場合であった。ただし、第3節の最後に述べた通り、à + V と V-able の意味的特性には違いがあって、à + V が、話者が時間的な未来において当該の事行が実現することを前提にして、話者によって後付け的に名詞に結び付けられるのに対して、V-able では、話者は対象が内在的に持つ評価的属性「…する価値がある」「…する余地がある」を抽出して述べているだけであって、事行が実現の時点に到達することまでを問題にしてはいなかった。そのため、この両者には、

・V-able は対象が恒常的に持つ属性を表すのに対して、à + V は対象が一時的に持つ属性を表す
・未来における事行の具体的な実現が想定されている文脈では、à + V が用いられやすい
・à + V は時や条件や理由などを示す副詞的要素を伴う場合に用いられやすい

というような違いが見られた。

　次に②について述べよう。日仏対照研究としての本稿の主たる関心はこの②にある。

　まず、V-able と V + 「べき」の対応について考える。V-able は対象が内在的にもつ評価的属性を表すのに対して、V + 「べき」は話者によるある事行の生起への指向を表すものであり、この両者は本来対象と評価の関係のあり方が全く異なっている。ただし、話者の評価を表すという部分において接点が見られるため、相互に訳語として使用されることがあるのだと言えよう。

　それに対して、à + V は、話者が時間的な未来において当該の事行が実現することを前提にして、話者によって名詞に結び付けられるものである。この à + V と V + 「べき」とは、話者がそれぞれ、当該の事行が実現の時点に到達するか否か、またある事行の生起と非生起のいずれが価値を持つかの二者択一を与えられて、いずれも前者を選択することを表している。このように、話者に二者択一が明確な形で与えられるという点で、この両者は共通していると言えよう。ただ、à + V では話者が時間的な未来において当該の事行が現実世界で実現することを前提にしているのに対して、V + 「べき」

では当該の事行の現実世界における実現は全く問題になっていない点が異なっている。à + V は時間的な未来性を表すのに対して、V +「べき」は決して表さないのである。

以上のことから、本稿で検討した 3 つの表現形式の特徴を「時間的な未来性」と「状況の限定性」の 2 つの指標に従って整理すると、次のようになる。

	V-able	à + V	V +「べき」
時間的な未来性	無	有	無
状況の限定性	限定されていない	限定されている	限定されていることもないこともある

この 2 つの指標には関連があって、状況が限定されればされるほど、時間的な未来性が想定しやすくなる。フランス語の V-able と à + V はその一方の極ともう一方の極の性質を体現していると言えよう。それに対して、日本語の V +「べき」では状況が限定されていることもないこともあり得るので、状況が限定されていない場合、すなわち「愛すべき」のように被修飾語の指し示す対象の恒常的な属性を表す場合から、状況が限定されている場合、すなわち「[学生時代に] 読むべき本」のようにその場の状況に限定された義務や必然性を表す場合まで幅広く用いられる。この前者は接尾語としての「べき」に対応し、後者は助動詞としての「べき」に対応する。ただし、V +「べき」は当該の事行の現実世界における実現とは無縁であるので、状況が限定されている場合であっても時間的な未来性を表すことはない。

7　安部公房『他人の顔』とそのフランス語翻訳に見られる実際の使用例

最後に、日本語の連体修飾句としての V +「べき」が実際にはどのようにフランス語に翻訳されているかを確認するために、安部公房『他人の顔』とそのフランス語翻訳からこれに相当する用例をいくつか引用して、観察してみよう。（以下の用例に付したページ数は、本稿末尾の「例文出典」に掲げた原著およびフランス語翻訳のもの。）

日本語の V +「べき」がフランス語の -able という語尾の付いた形容詞に翻訳されている例としては、次の (30)、(31) のようなものが見られた。(いずれも V-able ではない。)

(30) 　それから突然、ぼくは恐るべき仮説のまえに引き立てられていた。
　　　　　　　　　　　　　　　　　　　　　　　　　　　　(p.84)
　　　Puis, je fus soudain assailli par une terrible hypothèse :　(p.73)
(31) 　当時はただ、残酷な恐るべき印象だけだったのだが、　(p.215)
　　　Sur le moment, j'en avais gardé une impresion [sic] cruelle et horrible,
　　　　　　　　　　　　　　　　　　　　　　　　　　　　(p.175)

　また、日本語の V +「べき」がフランス語の -able という語尾の付いた形容詞以外の形容詞一語に翻訳されている例としては、次の (32)、(33) のようなものが見られた。

(32) 　そして、最後に、一つの結論に到達したわけですよ。外傷、とくに顔面の傷の深さは、まるで写し絵みたいに、そっくり精神の傷になって残るという、悲しむべき結論にね……　(p.30)
　　　J'en ai finalement tiré une triste conclusion : une blessure externe, surtout faciale, provoque une blessure psychique de même profondeur que l'entaille de la chair.　(p.31)
(33) 　自分一人だけの恥ずべき罪だと思い込んでいるあいだの、　(p.173)
　　　Nous sommes également persuadés au début qu'il s'agit d'un pêché honteux qui n'appartient qu'à nous seuls.　(p.143)

　一方、日本語の V +「べき」がフランス語の à + V に翻訳されている例としては、(34)〜(36) のようなものが見られた。((35) は ce qui est à + V の形。) 例えば (34) の les sujets à étudier を les sujets étudiables とすると可能性の意味が強く出てしまう。

(34) 当面研究すべき課題、左のとおり。 (p.40)
Pour le moment, les sujets à étudier sont : (p.38)

(35) 修正さるべきところは、修正され、どうにか安定してくれた様子なので、三日目の夕食は、仮面をつけたまま試してみることにした。
(p.122)

Ce qui était à rectifier fut rectifié et tout se stabilisa. Le troisième jour, je pris mon dîner avec mon masque en place. (p.104)

(36) もしかすると、来たるべき破局を、すでに予感していたのかもしれない。 (p.167)
Sans doute pressentais-je alors la catastrophe à venir. (p.138)

V ＋「べき」にさらにその動詞の項に相当する要素が前接する場合には、フランス語翻訳においては関係代名詞に頼らざるを得ないようである。次の(37)、(38)はその例である。「べき」の表す義務や必然性の意味は、フランス語では devoir や動詞の単純未来形によって表されている。

(37) 言ってみれば、仮面によって覆われ、打ち消されるべき、否定的な存在でしかありえない。 (p.59)
Autrement dit, ils ne représentaient qu'une existence négative qui devrait être recouverte par le masque et par conséquent, reniée. (p.52)

(38) つまり、この合金の台は、仮面が抹殺すべき目標であると同時に、仮面を形成するための出発点でもあるわけだ。 (p.59)
Cette base de métal est donc à la fois un objectif que le masque dissimulera et le point de départ de la formation du même masque. (p.53)

V ＋「べき」が上記のもの以外の表現を用いてフランス語に翻訳されている例としては、例えば次の(39)、(40)のようなものが見られた。

(39) とにかくぼくは、試みるべき方策を持っていた。 (p.96)
En tout cas je possédais de quoi résoudre mon problème. (p.84)

(40) あれは、ぼくの方にも、というよりはむしろ、<u>ぼくの方にこそ、咎められるべき点も多かった</u>に違いない。　　　　　　　(p.98)
C'était plutôt ma faute. Je dirais même que <u>les torts se trouvaient uniquement de mon côté</u>.　　　　　　　　　　　(p.85)

なお、これら以外に、V +「べき」以外の表現形式が à + V を用いて翻訳されている例や、V +「べき」の意味内容が自明と見なされフランス語の翻訳において対応する表現が存在しない例も見られたが、ここでは省略する。

8　おわりに

　本稿ではフランス語の V-able、à + V および日本語の V +「べき」を研究対象として、フランス語と日本語の名詞修飾表現の表すモダリティの特質に関する対照分析を試みた。具体的には、この 3 者それぞれの意味的な広がりや特性を確認した上で、これらがどのような条件のもとで類義語や訳語になり得るのかについて検討した。そして、最終的にこれら 3 つの表現形式の意味論的な共通点と相違点を、「時間的な未来性」と「状況の限定性」という 2 つの共通の指標に従って整理して記述した。
　これまで見てきたように、フランス語の V-able や à + V が不可避性や必然性の意味を持ち得るのは、語彙論的、統語論的な特定の条件が揃った場合であり、これらの解釈はそれぞれの表現形式が持つ意味的な広がりの中では一部分にすぎない。また、日本語の「べきだ」も、例えば仁田（1989: 50）では「副次的モダリティ」のマーカーとされており、モダリティを表す表現形式として典型的なものとは言い難い。しかし、対照研究を通じてそうした周辺的な部分にも光を当てていくことによって、新しい研究の視野も開け、これまで見過ごされてきた重要な知見も得られるのではないだろうか。本稿は、そうした意図に基づいて行われたものである。
　しかし、本稿で未解決のまま残された問題は少なくない。まず、V-able が可能（性）を表す場合と不可避性や義務を表す場合との連続性についての記述

は仮説の域を出ておらず、明確な証明が必要である。また、本稿で取り扱った3つの表現形式が自動詞から派生される場合についても、さらに詳細な意味分析を行わなければならない。また、第7節で行った実際の日本語の用例とそのフランス語翻訳の観察はただ1つの文学作品に限ったものであり、さらに様々な種類の文章にあたることで有益な示唆が得られよう。それからincorruptible、irrésistible などのように im-、in-、ir- の接頭語が付いて不可能(性)の意味を表す V-able についても、ぜひじっくりと考えてみたいと思っている。それらは全て今後の課題である。

注

1. 名詞を修飾する à + V を正面から取り扱った先行研究は、管見の限り皆無である。
2. 名詞を修飾する à + V には、第1節でも述べたように「目的」や「用途」の意味を表すもの―その多くは被修飾名詞が不定詞の直接目的語になっていない―も多数存在する。例えば、
   fer à repasser machine à écrire [coudre, laver] salle à manger chambre à coucher
   しかし、これらは日本語の「べき」との対照においては重要と思われないので、本稿では基本的に扱わない。
3. このことは、次の 3.3 節とも関連して、「目的」を表す次のような à + V についても当てはまる。
   (a) pizza à emporter (b) ? pizza à manger (c) pizza à manger froid (sur place)
   pizza が emporter という事行の対象となることは新情報となり得るから (a) は自然だが、pizza が manger という事行の対象となることは自明であるから (b) は容認度が下がる。この場合、(c) のように新たな情報を付加すれば容認度が高まる。
4. 「帰るべき家」、「挑戦すべき時」、「見直すべき段階」のように被修飾語が動詞の表す事行の動作対象や動作主になっていないものは、フランス語との対照において重要と思われないので、ここでは扱わない。

参考文献

Leeman, Danielle. (1992) «Deux classes d'adjectifs en *-ble* », *Langue française* 96 : 44–64. Paris : Larousse.

仁田義雄(1989)「現代日本語文のモダリティの体系と構造」仁田義雄・益岡隆志編『日本語のモダリティ』pp.1–56. くろしお出版.
尾形こづえ(1990)「-able 型形容詞と他動性— adorable 型と réalisable 型の対立をめぐって」『フランス語学研究』24 : 41–48. 日本フランス語学会.

Le Nouveau Petit Robert de la langue française (2008) Le Robert.
『プチ・ロワイヤル仏和辞典　第3版』(2003) 旺文社.

例文出典
安部公房(1968)『他人の顔』新潮文庫.
Abé Kôbô. (1999) *La face d'un autre* (traduit du japonais par Ôtani Tzunémaro avec la collaboration de Louis Frédéric). Paris : Stock.

話し言葉における理由節の非節化の現象について

parce que, puisque、から、ので

秋廣尚恵

1 はじめに

　本稿は、秋廣(2016)を発展させ、日仏対照言語学の視点から理由節を考察したものである。秋廣(2016)で示したように、フランス語の理由節を導く parce que(英：because)は非常に多義的なマーカーである。ある「節」を別な「節」に従位的に統合させる従属接続詞の機能と同時に、主節と従属節を 2 つの自立した「発話」[1]の単位と捉え、それらを談話構成の規則に従って連結させる談話コネクターの機能を兼ね備えている。そして、とりわけ後者の機能において、大きな問題になるのが「非節化」[2](insubordination)の現象である。

　非節化とは何か―Evans(2007: 367)では、「一見したところ形式的には従属節とみなされるものが慣習的に用いられて主節となったもの(the conventionalized main clause of what, on prima facie grounds, appear to be formally subordinate clauses)」と定義されている。このような現象の例として言及されるのが、フランス語の勧誘表現として用いられる si 節である。

(1)　　*Si* on allait se promener?
　　　 (What *if* we went for a walk ?)
　　　 (散歩に行きませんか？)　　　　　　　　　　　(Evans 2007: 380)

　日本語でも、こうした表現は「言いさし表現」あるいは「言い切り表現」

などと呼ばれ、90年代以降、盛んに研究が進められてきた。その代表的研究である白川(2009)には以下のような例が挙げられている。

（2）　ちょっと煙草買うてくるから。　　　　　　　　　　（白川 2009: 1）

　本稿の目的は、先行研究の成果を踏まえつつ、フランス語の理由節の連結辞である parce que, puisque（英：since）と日本語の理由節の連結辞である「から」、「ので」を対照的に分析し、両言語において観察される「非節化」のプロセスの類似点と相違点を明らかにすることである。
　「非節化」の現象はとりわけインフォーマルな自然会話において頻繁に観察される現象であると思われる。したがって、本稿ではインフォーマルな話し言葉をコーパスとして使用する。フランス語については、東京外国語大学の作成による「フランス語話し言葉コーパス」の中から 2010 年にエックス・マルセイユ大学で録音した 34 の会話を使用する。日本語については、同じく東京外国語大学が作成した「BTS による多言語話し言葉コーパス日本語 2005 年版」の中から 19 の会話を使用する。いずれのデータも、調査者の介入はなく、親しい学生同士が自由に会話を行ったものを録音したものである。

2　発話が持つ様々なステータス

　節や文が表しているものが持つステータスは多様であり、その自立性（あるいは逆に従属性）は階層をなしているという考えは、今や従属節研究における常識であるといえる。例えば、Sweetser (1990) は、①いわゆる論理学的な意味、すなわち命題内容を表現している場合(内容領域)、②発話者の認識や判断を表現している場合(認識領域)、③聞き手に対するなんらかの働きかけ、すなわち言語行為を表している場合(言語行為領域)に分け、接続詞がどのようなステータスの節を結び付けるかに応じて様々な用法を持つことを示している。この考えを応用して、Moeschler (2009) はフランス語の parce que の 3 つの用法を区別した。

（３）　内容領域の *parce que*

　　　Le médecin soigne Axel *parce qu*'il est malade.　　（Moeschler 2009 : 131）
　　　(The doctor treats Axel *because* he is ill.)
　　　（医者はアクセルを治療した。彼が病気だったから。）

（４）　認識領域の *parce que*

　　　Je suis triste, *parce que* je pleure.　　（Moeschler 2009 : 136）
　　　(I am sad, *because* I am crying.)
　　　（悲しんだ。だって泣いているんだから。）

（５）　言語行為領域の *parce que*

　　　Tu viens ? *Parce qu*'on est en retard.　　（Moeschler 2009 : 135）
　　　(Are you coming? *Because* we are late.)
　　　（来るの来ないの？　遅刻しているんだからね。）

　（３）は形式的にも意味的にも従属節として考えることが妥当であるが、(4)や(5)は形式的には従属節の形はとっているものの、むしろ、独立した発話、あるいは発話行為を表していると考えられる。「節（仏：proposition）」と「文（仏：phrase）」を区別するものは何か。従属接続詞が付いているか否かといった形態的な違いで区分できるものではないことは、上記の例を見ても明らかであろう。

　それでは、それぞれをどう定義するべきか。この問いかけは、日本語学においても、フランス語学においても幾度となく繰り返されてきたが、研究者によりその定義は様々であり、未だ統一した見解には至っていないように思われる。

　以上の問題を考慮しつつ、本稿では、これまで伝統文法で用いられてきた「節（仏：proposition）」や「文（仏：phrase）」といった用語を極力使用しないことにする。「から」、「ので」、parce que, puisque といった接続のマーカーが連結する「理由・前提」を表す主要部分を S1(Sequence 1)、それに連なる「結果・帰結」を表す部分を S2(Sequence 2)と呼ぶことにする。したがって、標準語順において、「から」、「ので」、parce que, puisque が連結する構造は、

S1 から S2
S1 ので S2
S2 parce que S1
S2 puisque S1

と示される。S1、S2 のそれぞれが、どのようなステータスを持つのかによって、連結辞は様々な用法を取る。そのことによって、浮かび上がるそれぞれのマーカーの多義性と非節化のプロセスを明らかにしたい。

3 発話の自立性を測る 4 つのパラメータ

3.1 ミクロ統語論とマクロ統語論について

　非節化を定義する上で、まず、「発話」が持つ自立性とは何かを定義しておく必要がある。「発話」とは何か——本稿では、発話者によって発せられた韻律的境界線を持つ単位、というごくゆるやかな定義をしておくことにする。その単位を構成するものは 1 つの自立語であることもあれば、あるいは、依存関係をなす幾つかの自立語のまとまりであることもある。

　日本語であれ、フランス語であれ、発話の自立性は、発話の内部構造や、談話の中での位置づけによって、いくつかの段階をなすものであると考えられる。ただし、どのような段階に分けるべきかという点では、言語学者の見解は様々である。ここでは、Debaisieux (ed.) (2013) の分析を援用することにしたい。

　Debaisieux (ed.) (2013) は、Blanche-Benveniste の提唱する「代名詞的アプローチ (Approche Pronominale：以降 AP と略す)」に基づく分析方法を提案している。AP はもともと話し言葉に現れる発話を分析するために経験的に引き出された分析方法である。AP は、話し言葉において「文」の概念を定義することが不可能であるという観察から出発し、統語論のベースとなる分析の単位とは何か、その単位の内部の構成はどう分析されるべきか、またその単位は別の単位とどのように結びついてさらに大きな単位を構成するのかを分析しようとする。そのために、統語論を「ミクロ統語論」と「マクロ統

語論」という 2 つの部門にわける。

　AP において「ミクロ統語論」の基盤をなす単位とは、文法的依存関係によって結合する単位である。すなわち、ある文法的カテゴリー（名詞、動詞など）を「支配項（recteur）」とし、それに文法的に依存する「被支配項（régi）」が結合して構成する「制辞力による結合体（rection）」のことである。被支配項の中でも、とりわけ支配項の語彙的性格を特徴づけることができるような中核的要素が支配項と密接に結合したものを「結合価によるまとまり（valence）」と呼ぶ。

　一方、「マクロ統語論（macrosyntaxe）」部門の基盤となる単位は、語用論的、情報構造的な依存関係によって結束して談話を構成する「発話（énoncé）」である。AP において「発話」は以下のように定義される。

>　「発話者によって発せられる発話は様々な要素—統語的、韻律的、意味的、語用論的な要素や、談話の規則の総体、形態的マーカーによって標示される関係やそうしたマーカーによっては表示されない関係—を含むものである。こうした仕組みの全ては、文法的カテゴリーを扱う文法によるだけではその特徴を説明できないために、最近の研究では、発話の仕組みをより大きな枠組みであるマクロ統語論に位置づけようとすることで見解が一致している。発話の最小単位は、「核（noyau）」、すなわち、終末的なイントネーションの境界線によって特徴づけられた自立した切片（séquence autonome）である。その「核」の周りには、様々な要素が配置される。」
> 　　　　　　　　　　　　（Blanche-Benveniste 2010 : 159 秋廣訳）

　Debaisieux (ed.) (2013) の利点は、この 2 つのレベルを区別しつつも、マクロ統語論によってミクロ統語論が包括される、「ミクロ・マクロ統語論 micro-macro syntaxe」という複層的構造を考え、そのことによって、2 つの統語論レベルの相関関係を見ようとした点にある。

　発話のステータスの階層性を明らかにするために、フランス語と日本語との間になんらかの共通の対照分析的枠組みを考える必要があるが、Debaisieux (ed.) (2013) は、そのために役立つ枠組みを提供してくれている

ように思われる。もちろん、この枠組みは、そもそも、フランス語の話し言葉の記述のために考えられたものであるから、日本語の分析にそのまま適用するわけにはいかないし、その理論の全体が日本語の分析に役立つわけではない。ここでは、フランス語と日本語の両方に適用できる部分のみを抽出し、修正を施しつつ、対照研究のために枠組みを整えながら分析を進めていく必要がある。

さて、今回の対照研究に適用するのは、Debaisieux(ed.)(2013: 65)に定義される「発話の自立性」を測る4つのパラメータである。

・文法的自立性(autonomie grammaticale)
　　　発話がミクロ統語論レベルにおいて別な要素に依存していない。
・発話的自立性(autonomie énonciative)
　　　発話が韻律的に1つのまとまった単位をなしている。
・発話内効力的自立性(autonomie illocutoire)
　　　発話内に発話内行為的モダリティを有する。
・コミュニケーション的自立性(autonomie communicative)
　　　発話が談話の中のやり取りの冒頭から現れることが出来る。

「文法的自立性」、「発話的自立性」、「コミュニケーション的自立性」はS1とS2の間に成り立つ関係に注目するパラメータであり、「発話内効力的自立性」はS1の内部構造に注目するパラメータである。以下、それぞれのパラメータについて、詳しく見ていくことにする。

3.2　文法的自立性

文法的自立性は、ある単位の分析がミクロ統語論レベルに関わるか否かを判断するために重要な特性である。文法的自立性は、文法的依存性から自由であるかどうかによって決まる。そして、文法的依存性から自由であるかどうかは幾つかの形式的テストによって判断される。これらの形式的テストは、それぞれの言語によって異なる。

フランス語においては、述語動詞の制辞力の及ぶ範囲を比較的明確に統語

的テストによって限定できるように思われる。しかしながら、日本語の場合には、述語動詞の制辞力の範囲は格助詞を伴う要素には割合はっきりと見ることができるようだが、副詞節などの周辺的要素については、はっきりした統語的制約によって抽出することが難しいように思われる。三上（1953, 1955）も指摘しているように、文節の間の「係り結び」の関係の強弱によって文法的依存性を判断するのが妥当であると思われる。

　まず、フランス語から見てみよう。AP の枠組みでは、A が B を文法的に支配するのは、A が B の範列的選択に対して制約を与えるような関係が成り立つ場合である。したがって、フランス語の S2 parce que S1 において、S1 が S2 に文法的に依存しているかどうかは、S2 が S1 の範列に現れうる要素の選択を支配しているかどうかによって判断される。つまり、S1 の脱語彙化が可能であるという条件、そして S1 が S2 のモダリティのスコープに含まれるという条件を満たしているかを調べればよい。したがって、以下の形式テストを用いることができる。① S1 を pour ça や à cause de ça などの代名詞を用いた（つまり脱語彙化された）副詞句に置き換えることが出来るかどうか、② S1 を焦点化することが出来るかどうか、③ S1 の前に範列化の副詞[3]を前置できるかどうか、④ S2 を否定した場合、S1 がそのスコープに入るかどうか、⑤ S1 を別な S1 と並列できるかどうか。これらのテストにポジティブに答えるのであれば、S1 は S2 に文法的に依存する副詞節であると考えることができる。

（6）a. Il est parti *parce qu*'il était fatigué.
　　　(He left *because* he was tired.)（彼は行ってしまった。疲れていたから。）
　　b. Il est parti <u>à cause de ça</u>.
　　　(He left <u>because of it</u>.)（彼は行ってしまった。そのために。）
　　c. C'est *parce qu*'<u>il était fatigué</u> qu'il est parti.
　　　(It is *because* <u>he was tired</u> that he left.)
　　　（彼が行ってしまったのは疲れていたからだ。）
　　d. Il est parti <u>justement</u> *parce qu*'il était fatigué.
　　　(He left <u>just</u> *because* he was tired.)

(彼が行ってしまったのは、まさに疲れていたからだ。)

 e. Il n'est pas parti *parce qu*'il était fatigué mais *parce qu*'il était fâché.
  (He didn't leave *because* he was tired, but *because* he was angry.)
  (彼は疲れていたからではなく、怒っていたから行ってしまったのだ。)

 f. Il est parti *parce qu*'il était fatigué et *parce qu*'il était fâché.
  (He left *because* he was tired, and *because* he was angry.)
  (彼は疲れていたし、怒っていたので行ってしまった。)

これに対し、これらのテストにネガティブに答える (7) では、S2 は S1 に文法的に依存しない要素、すなわち文法的自立性を持った発話であると判断される。

(7) a. C'est une prof de SVT, *parce que* j'ai fait un stage l'an dernier avec elle.
  (She is a teacher of science, *because* I took a training course with her last year.)
  (彼女は理科の先生だ。だって、私は去年彼女の研修を受けたんだから。)

 b. ? C'est une prof de SVT à cause de ça.
  (She is a teacher of science because of it.)
  (そのために彼女は理科の先生だ。)

 c. ? C'est *parce que* j'ai fait un stage l'an dernier avec elle que c'est une prof de SVT.
  (It is *because* I took a training course with her last year that she is a teacher of science.)
  (私が彼女の研修を去年受けたから、彼女は理科の先生だ。)

 d. ? C'est une prof de SVT justement *parce que* j'ai fait un stage l'an dernier avec elle.
  (She is a teacher of science just *because* I took a training course with her last year.)
  (まさに私が彼女の研修を去年受けたからこそ、彼女は理科の先生だ。)

 e. ? Ce n'est pas une prof de SVT *parce que* j'ai fait un stage l'an dernier avec elle mais *parce que* je la connais.

(She is not a teacher of science *because* I took a training last year with her but *because* I know her.)

（彼女は昨年私が彼女と研修を受けたからではなく、私が知っているから、理科の先生なのだ。）

f. ? C'est une prof de SVT *parce que* j'ai fait un stage l'année dernière avec elle et *parce que* je la connais bien.

(She is a teacher of science *because* I took a training with her last year and *because* I know her well.)

（彼女は私が彼女の研修を去年受け、彼女のことをよく知っているから、理科の先生なのである。）

　文法的自立性を持った単位はミクロ統語論で扱うことはできない。マクロ統語論に属する問題である。parce que にこのような文法的に依存する用法 (6) とそうでない用法 (7) があることは、Groupe λ-I. (1975) でも既に指摘されている。(6) では、S1 は S2 に統合され、S1 と S2 が 1 つのブロックとして「発話」の単位を構成するのに対し、(7) では、S1 と S2 は文法的にそれぞれ独立した 2 つの「発話」の単位をなしている。また、(6) が命題内容によって表される事態の間の直接的な原因と結果を表すのに対し、(7) では、S2 を判断した根拠、S2 を発したことへの正当化、S2 の発話への補完的説明、情報付加といった様々な意味を表すことが観察される。

（８）　[Il est parti [*parce qu*'il était fatigué.]]　　　　　　　((6)の分析)
　　　　([He left [*because* he was tired.]])
　　　　（[[疲れていたので] 彼は帰った。]）

（９）　[C'est une prof de SVT][*parce que* j'ai fait un stage l'an dernier avec elle.]
　　　　　　　　　　　　　　　　　　　　　　　　　　　　　　((7)の分析)
　　　　([She is a teacher of science] [*because* I took a training last year with her.])
　　　　（[彼女は理科の先生だ。][だって去年私は彼女と研修を受けたから。]）

　また、puisque については、parce que と異なり文法的に依存する用法を持

たないということが知られている。(Groupe λ-I. 1975, Ducro 1983)。つまり、puisque はマクロ統語論レベルの依存関係を取り結ぶ談話的コネクターの用法しか持たない連結辞なのである。Puisque に形式的テストを適用した場合、一部のテストの容認性は低い[4]。

(10) a. *Puisque* je suis là pour le faire, je vais le faire.
   (*Since* I'm here to do it, I'll do it.)
   (私はそれをするためにここにいるのだから、それをしよう。)

   b. ? Je vais le faire en raison de ça.
   (I'll do it because of it.)
   (その理由のためにそれをしよう。)

   c. ? C'est *puisque* je suis là pour le faire que je vais le faire.
   (It is *since* I'm here to do it that I'll do it.)
   (私はそれをしようとするのは、ここにそれをしに来ているからだ)

   d. ? Justement *puisque* je suis là pour le faire, je vais le faire.
   (Just *since* I'm here to do it, I'll do it.)
   (まさに私はそれをするためにここにいるので、それをしよう。)

以下の例のように、S1 と S2 だけ見れば、全く同じものを結んでいるように見えるものであっても、文法的自立性の低い parce que の用法であるか、文法的自立性の高い parce que であるか、あるいは puisque の用法であるかによって、解釈の仕方に差が現れる。以下の(11)は「気温が暑かったこと」と「大変だったとこと」を2つの事態の間に生じる直接的因果関係として取り結ぶ。しかし、(12)と(13)では、いずれも「大変だった」という判断や認識の根拠、もしくは「大変だった」という発話行為の正当化や説明を表現していると考えることが出来る。

(11) 教室は大勢の学生がいてとても暑かったので授業に集中するのが難しかった。
   C'était difficile *parce qu*'il faisait très chaud. （TUFS_11091419）

　　　　 (It was tough *because* it was so hot.)
　　　　 (暑かったから大変だった。)
(12)　　 C'était difficile, *parce qu*'il faisait très chaud.
　　　　 (It was tough, *because* it was so hot.)
　　　　 (大変だったよ。暑かったからね。)
(13)　　 C'était difficile, *puisqu*'il faisait très chaud.
　　　　 (It was tough, *since* it was so hot.)
　　　　 (大変だったよ。暑かったからね。)

　さて、次に日本語の「ので」と「から」について見てみよう。日本語学における従属節研究は歴史も長く層が厚い。中でも、南(1974)以降、田窪(1987)、野田(2002)、大堀(2014)などの研究において、S1やS2の述語形式や様々なモダリティ形式の現れ方によって、S1の独立性を測り、様々な連結のタイプを分類する試みがなされている。発話の自立性とモダリティの関係が強いと見られる日本語では、ある意味、当然の流れであると思われる。
　しかしながら、本稿では、モダリティ形式については後の3.4項で扱うこととし、ひとまず、ここでは、係り結びの観点から、文法的依存関係をテストする形式としてどのようなものがあるかを抽出することにしたい。
　S1の文法的自立性を測る上では、統語論的側面を重視した三上(1953,1955)の「連体法の中に収まるか否か」という基準が重要であると思われる。三上(1953, 1955)は同じ理由を表す「ために」「ので」「から」をそれぞれ、単式、軟式、硬式に分類しているが、連体法に置いた場合に、「ために」は連体法の中に収まるのに対し、収まらないものが「から」そして、その中間にあたる(収まるとも収まらないとも分析できる)のが「ので」であるとしている。以下は、三上(1955)の例である。

(14)a. 寝坊シタタメニ遅刻シタ回数ハ、少イ(単式)
　　 b. 寝坊シタノデ、遅刻シタ回数ハ、少イ(軟式)
　　 c. 寝坊シタカラ、遅刻シタ回数ハ少イ(硬式)　　　　（三上 1955: 274）

三上（1955: 274）は「名詞＋格助詞の「タメニ」はフシのような継目ではない。接続詞「カラ」は割れやすい継目だからそこで割れたのである」と指摘する。「S1 ために S2」において S1 は S2 に文法的に強く依存しており、連体法の中に収まることができるという点は興味深い。そして、このことは「ために」が命題内容を表す S1 と S2 を事態の直接的な原因、理由として結び付ける機能に特化していることと決して無関係ではないと思われる。また、「S1 ので S2」が、連体法に収まる場合とそうでない場合の両方があるという点についても頷ける。

　しかしながら、「S1 から S2」だけが連体法に収まらないという三上の判断については疑問が残る。筆者の直感では、「S1 から S2」も、連体法に収まるかどうかがあまりはっきりしないのではないかと思われる。以下に見るように、実際には、「から」についても「ので」についても、連体法に収まる場合も収まらない場合もあると筆者は判断する。実際、後の「から」、「ので」については、先に見た parce que 同様、多義的なマーカーと考えて、「割れ目のある例」と「割れ目のない例」の用法をどちらも備えていると考える方が妥当であろうと思われる[5]。

(15) a. [［地震が起こる可能性が高いので危険な土地］に住む人は少ない。]
　　 b. ［地震が起こる可能性が高いので］、［危険な土地に住む人は少ない。］
(16) a. [［地震が起こる可能性が高いから危ない土地］に住む人は少ない。]
　　 b. ［地震が起こる可能性が高いから］、［危ない土地には住む人は少ない］。
　　　　　　　　　　　　　　　　　　　　　　　　　　　　　　　（作例）

　また、南（1974）で基準として挙げられた「提示の「は」」が現れるか否かという基準も文法的依存性を測るために重要である。南（1974）では、「S1 から」の内部には提示の「は」が現れ、「S1 ので」の内部には提示の「は」は現れないとしている。しかし、筆者の直感では、どちらの場合にも「は」は現れることが出来るように思われる。ただし、いずれの場合でも、「は」を用いれば、連体法の中には収まらず、「割れ目」のある構造として分析されることになる。こうしてみると、「から」と「ので」は、文法的自立性とい

う観点から見た場合、かなり似通った性格を持っているように思われる。

(17) ［地震は起こる可能性が高い<u>ので</u>、］［危険な土地には住まない。］
(18) ［地震は起こる可能性が高い<u>から</u>、］［危険な土地には住まない。］

　S1 の S2 に対する文法的自立性という観点から見た 4 つのマーカーの特徴に関してまとめておくと、parce que,「から」、「ので」に関しては、文法的自立性の高い用法も、低い用法も可能である。また、先に三上の例で挙げた「ために」は文法的自立性の低い用法しか持たず、逆に puisque は文法的自立性の高い用法しかもたない。
　文法的自立性はまた、意味的な違いにも関わると考えられる。文法的自立性の低い用法では、S1 は S2 から独立できない「節」や「句」の単位と考えられるから、発話内行為力的モダリティを受けることが出来ない。このような S1 は事態を客観的に表す命題内容を表す傾向がある。一方、文法的に自立性が高い用法では、S1 と S2 は発話や発話行為を構成すると考えられる。S1 も S2 も共にモダリティを受けることが可能であり、その結びつきは、事態の客観的な因果関係を表すものではなく、S2 の認識や判断の根拠、あるいは S2 の発話行為の正当化、S2 への情報付加、S2 についての説明など、様々な意味を S1 によって表す。

3.3　発話的自立性

　発話的自立性は、発話を単位として境界づけるための最も基本的な自立性であるといってよい。それは、抑揚やポーズなどの韻律的特徴によって定められるものである。それぞれの言語によって、どのような韻律的特徴が発話の自立性にとって関与的となるかは異なってくる。また、韻律的特徴でも、単位の境界線として機能するもの（終末的イントネーション）、発話内効力的な機能を果たすもの（疑問文の後の上昇イントネーション）、語句を弁別するもの（語句のアクセント）など様々なものがあるので注意が必要である。本項で問題にするのは、とりわけ終末的イントネーションとポーズである。また、会話のターンによる発話の中断も発話の境界線を定める上で重要な特徴

であると考える。

　日本語であれ、フランス語であれ、発話的自立性は文法的自立性とも深く関連している。文法的自立性が高いものは独立した発話をなし、イントネーションやポーズといった何らかの韻律的マーカーを伴うのが普通である。また、一見すると、文法的自立性を持たない要素であっても、韻律的マーカーによって、独立した発話として境界線を持つことがあると考えられる。発話的自立は文法的自立に優先すると考えることができる。

　以下の (19) の会話では parce que S1 が S2 (Ah ouais ?) から文法的にも自立しており、なおかつ韻律的にも自立した発話を構成している。さらに、S1 の内部に現れる quand S1 と S2 (Wooooh ! と C'était, c'était le grand rush !) の間にも会話のターンにより韻律的な境界が存在しており、それぞれ自立した発話を構成していることが分かる。

(19) 　（新学期が始まった最初の週。大学の授業の人数について話している。）
　　　BM5-ça a été bien. y avait beaucoup moins de monde que ce matin.
　　　LF6-<u>ah ouais ?</u>
　　　BM6-Franchement, y avait vachement moins de monde.
　　　LF7-*Parce que* <u>quand je suis venue tout à l'heure euh...</u>
　　　BM7-［口笛］
　　　LF8-<u>Wooooh !</u>
　　　BM8-<u>C'était, c'était le grand rush !</u>　　　　　　　（TUFS_11091208）
　　　（BM5-It was nice. There were much less people than this morning.
　　　LF6-<u>Oh year?</u>
　　　BM6- There were really much less people.
　　　LF7-*Because* <u>when I came earlier...</u>
　　　BM7-［口笛］
　　　LF8-<u>Waooooo!</u>
　　　BM8-<u>the room was so crowded!</u>）
　　　（BM5- 良かった。今朝よりは大分人が少なかった。
　　　LF6- そう？

BM6- 本当にずっと少なかったよ。
LF7- でも私がさっき来たときはねえ ..
BM7-［口笛］
LF8- うわあ！
BM8- すごい人だったもん！）

韻律的境界によって、発話的自立性を得た単位は、独立した「発話」と考えられ、発話内効力的モダリティを受けることが可能である（ただし義務ではない）。(20)では、ポーズと共に終助詞が置かれ、発話の境界線をなすと同時に一つ一つの発話にモダリティを付与していることが分かる。次項で示すように、終助詞は発話の終末を表すマーカーであると同時に対話者に向けた発話内効力を表すモダリティのマーカーでもある。

(20) 　ま、書道人口自体も<u>さ</u>、やっぱ、<u>ね</u>、美術とかに比べたら年をとってからもなんか、<u>ね</u>、おじさん、おばさんやるって感じ<u>からさ</u>。
（TUFS_F19F20）

3.4 　発話内効力的自立性

発話内効力的自立性は、発話内効力を有するモダリティを S1 の内部に持つかどうかによって判断される。発話内効力を有するモダリティには、大きく分けて、発話者が自らの発話に対する認識を表明するものと、発話者が対話者に向ける態度を示すものの 2 つのタイプがある。それぞれの言語に応じてそのモダリティの要素は多少異なるが、以下に見るように共通したものが多いことが分かる。

表1　発話内効力的モダリティの種類

モダリティのマーカーの種類		日本語	フランス語
発話者が自らの発話(の内容)に対する認識を表明するモダリティ	・否定 ・法動詞 ・対比や制限	・打消し形 ・推量の助動詞 ・意志の助動詞 ・副詞(おそらく、まさか、など) ・副助詞(こそ、だけ、など) ・形式名詞＋だ(わけだ、はずだ、など) ・焦点化(のだ)	・ne pas ・pouvoir, devoir ・範列化の副詞 ・c'est…que
発話者が対話者に向ける態度を示すモダリティ	・断定文 ・疑問文 ・感嘆文 ・韻律的特徴(疑問文の上昇イントネーションなど)	・発語動詞 ・疑問詞など ・終助詞 ・丁寧形などの述語の形 ・疑問文の上昇イントネーションなど	・発語動詞 ・疑問詞など ・感嘆詞など ・疑問文の上昇イントネーションなど

　「発話的自立性」は、「発話内効力的自立性」を得るための必要条件であるが、十分条件ではない。実際には、独立した「発話」であっても「発話行為」をなさないものは存在する。

　その例として、フランス語では、Ducrot(1983)の挙げる puisque のポリフォニー的用法の例を挙げることができる(Ducrot1983：180–182)。car(英：for)も puisque も「理由」や「根拠」を表す発話を導くマーカーである。しかし、以下の(21)と(22)を見ても分かるように、puisque は既定命題(qu'il va faire beau)を談話に再導入するマーカーであり、モダリティ要素や証拠性表現を一切伴わない。一方、car は既定命題と解釈されるものを導く場合には用いることが出来ないマーカーである。したがって、逆に「断定」の発話内効力を示す表現 comme je le répète(私が繰り返して言うように)を伴う方が現れやすくなる。

(21)　Je pense qu'il va faire beau ; alors sortons, *car/*puisqu*'il va faire beau.
　　　(I think it will be fine; then, let's go out, *because* it will be fine.)

(晴れると思う。だから出かけよう。晴れるんだから。)

(22)　Je pense qu'il va faire beau ; alors sortons, *car* <u>comme je le répète</u>, il va faire beau.

　　　(I think it will be fine; then, let's go out, *because*, <u>as I repeat it to you</u>, it will be fine.)

　　　(晴れると思う。だから出かけよう。繰り返して言うけど、晴れるんだから。)　　　　　　　　　　　　　　　　　　　　(Ducrot 1983: 179, 秋廣 2016: 63)

Debaisieux(ed.)(2013)では、「発話」のタイプを以下の２つに分ける。１つは、発話内効力的モダリティを備え、独立した発話行為をなす要素「核(Noyau)」であり、もう１つは、発話としては独立していても、単独では発話行為を構成できず、「核」に付属して発話行為を構成する要素「衛星(Satellite)」である。(22)の、sortons も car S1 もともに「核」をなすが、(21)では sortons のみが「核」で、puisque S1 は「衛星」である。

　ただし、秋廣(2016)でも既に指摘したように、puisque はポリフォニー的用法の他に発話内行為力的モダリティを有する用法も持つこともあるので注意が必要である。puisque は多義的なマーカーなのである。以下に独立した発話行為を導いていると考えられる用法を挙げておく。

(23)　銀行で住宅ローンの利子の話をしている。L1 銀行員、L2 顧客）

　　　L1 : C'est justement à l'ordre du jour donc +

　　　L2 : J- je peux vous +

　　　L1 : Rappelez-moi demain après-midi + je vous dirai

　　　L2 : *Puisque* <u>je vous avoue</u> que ça me gêne un petit peu quand même + cinq virgule trois pour cent XXX puisque la Banque Populaire me propose à quatre virgule trois pour cent+　　(TUFS_05070833　秋廣 2016: 70)

　　　(L1 : It's exactly what we will discuss about today.

　　　 L2 : Could I...

　　　 L1 : Call me tomorrow afternoon I will tell you.

　　　 L2 : *Since* <u>I confess you</u> that the rate of 5.3% is still annoying a little bit, because

the Banque Populaire propose to me the rate of 4.3%.）
(L1：それについては、まさに、本日話し合うことになっておりまして。
L2：あなたに
L1：明日の午後、お電話ください。お知らせいたしましょう。
L2：というのも、正直申しまして、やはりちょっと気になるものですから。5.3% というのは。バンク・ポピュレールは 4.3% で提案をしてくれておりますからね。)

　後者の puisque の用法は、parce que の談話的コネクターの用法と類似している。この用法においては、parce que も、puisque もかなり広範囲（コーパス中に観察された例からは、感嘆文や命令文を除くほぼすべて）の発話内行為力的モダリティを持つ S1 と結びつくことが観察された。

　談話的コネクターの用法としての parce que と puisque の違いは文体的差としてネイティブに感じられるらしい。puisque の方がより改まった場面で用いられる傾向があるようだ（秋廣 2016: 73）。また頻度という点で見ると、どのレジスターでも parce que の方が puisque よりも頻度が多いが、その差はインフォーマルな会話では一層顕著に観察される（秋廣 2016: 61）。ちなみに、今回のインフォーマルな会話の調査では、parce que が 2050 例見つかったのに対し、puisque はわずか 46 例しか見つからなかった。

　さて、発話的自立性と発話内行為力的自立性が必ずしも合致しない例は、日本語にも存在する。その例として、田村（2013）の「観察」の構文と「非難」の因果構文の例を挙げることができるだろう。田村（2013: 42）では、「から」と「ので」には、それぞれ統語的に異なる構造を持つ「非意志的因果」「意志的因果」「根拠」の 3 つの用法が分類されている。そして、南（1974）の分類の A 類から D 類のうち、「非意志的因果関係」は B 類に、「意志的因果関係」は B と C の中間に、そして「根拠」を C 類に対応するとしている。

　「観察」の因果構文も「非難」の因果構文も、「意志的因果関係」に入るが、その両者は興味深い違いを見せてくれる。「観察」の因果構文は、「から」でも「ので」でも用いられる。この構文において、S1 の動詞は非過去形であるが、それは「確定的」知識を表しており、モダリティ要素や証拠性表現を

伴わない既定命題を導くという点で B 類に分類される。

　一方、「非難」の因果構文は、「から」しか用いることが出来ず、S2 の述語には「の(ん)だ」が用いられる。この構文において、S1、S2 の動詞はいずれも非過去形であるが、過去の事態を言及する場合であっても非過去形を用いる。この非過去形は、「視点分析」を表すという。「視点による分析は基本形を非過去時制を表すものとして捉えた上で、時制解釈の基準点を、発話時や主節の出来事事以外の「視点」に転換する」(田村 2013: 108)。またこの構文は、過去の知識に基づきつつも、そのものを表すわけではなく、「過去の知識状態において、因果関係が予測可能であった」(田村 2013: 128)ことを表しているという。そして、その予測可能な因果関係を避けることが出来なかった(真になってしまった)という否定的ニュアンスが「非難」という意味合いに現れると田村(2013)は説明している。

(24)　先生が怒る<u>から</u>／<u>ので</u>、学生たちは静かにした。(「観察」の因果構文)
(25)　健は昨日山ほど食べる<u>から</u>／<u>?ので</u>、お腹が痛くなるんだ。(「非難」の因果構文)
　　　　　　　　　　　　　　　　　　　　　　　　　　　　(田村 2013)

　文法的自立性、発話的自立性という観点から見た場合には、「から」と「ので」はお互いによく類似した性格を持つ。しかし、発話内効力的自立性という観点から見ると、「視点分析」が可能かどうかという点で、「から」と「ので」の間に違いが現れており、非常に興味深い。実際に、「から」が「ので」よりも発話内行為力的自立性を強く持つ例は、この田村の例の他にもいくつも挙げることが可能である。

　既に先行研究でも繰り返し指摘され、よく知られている特徴としては、推量の助動詞の「だろう」は「S1 から」の中には現れても、「S1 ので」の中には現れることが出来ない。また疑問のモダリティを取ることができるのも「から」(例：<u>誰が来たから帰るのですか</u>)であり、「ので」は難しい。副助詞の「こそ」が結びつくのも「から」だけである(「からこそ」)。したがって、「から」の取り得る発話内行為力モダリティは「ので」のそれよりもずっと幅広い範囲にわたっていることが分かる。

しかしながら、唯一例外と思われるのは丁寧形との共起で、これについては、「ので」の方が好まれる傾向が見られるようである。実際、本稿の調査では、インフォーマルな会話においては「から」の方が「ので」よりも圧倒的に多く観察される。丸山（2014: 409）が行った書き言葉コーパス BCCWJ における頻度調査では、「から」と「ので」の頻度数はあまり差がない。2 つのコーパスにおける調査を比較すると、その文体的特徴がはっきり表れていると考えられる。

表2 「から」と「ので」の頻度数

	から	ので
書き言葉 BCCWJ（丸山 2014: 409）	159187	137430
インフォーマル会話	453	12

3.5　コミュニケーション的自立性

コミュニケーション的自立性とは、Debaisieux (ed.) (2013) によれば、連結辞を伴う S1 が単独で会話のやり取りの冒頭に立つことが出来るかどうかという特性である。

フランス語では Debaisieux, Deulofeu and Martin (2008) と Debaisieux (ed.) (2013) 以外には、こうした非節化の例を真正面から扱った研究は存在しないが、日本語学の分野では、「言いさし」「言い切り」などと言われて、近年、白川（2009）を代表する数多くの研究の中で取り上げられてきた。

さて、連結辞を伴う S1 が単独で現れるとき、少なくとも3つの場合を想定しなくてはならない。1つは、何らかの理由で、(26)のように、連結辞を伴う S1 を言いかけて、S2 の部分を言い終えることが出来ない場合である。白川（2009）ではこのような場合を「言い残し」と呼ぶ。次に、(27)のように、連結辞を伴う S1 だけで言い終ってはいるものの、それが関係付けられるべき S2 が文脈や語用論的推論によって、容易に再現できるものである。このようなタイプを「関係付け」という。最後に、(28)のように、S1 だけで言い終っており、文脈や語用論的推論によっても S2 を再現できない、あるいはその必要がない「言い尽くし」のタイプである。

(26) 正樹「今日泊まって行けよ」
　　　慎平「そうしたいんだけどね(溜息をつく)」
　　　　　　　　　　(鎌田敏夫『男たちによろしく』p.29, 白川 2009: 8)
(27) 耕作「美味いッ」
　　　ともみ「おいしいネ」
　　　耕作「今日はよく働いたから。」
　　　ともみ「お腹空いていると何でもおいしい。」
　　　耕作「いや、料理、上手だよ。」
　　　ともみ「田舎料理は得意なんや。もともと百姓の娘やから。」
　　　　　　　　　　(市川森一『夢帰行』p.201, 白川 2009: 10)
(28) 大樹が出て行く
　　　大樹「行ってきます」
　　　正樹「うん」
　　　慎平が自分の部屋から出てきて、
　　　慎平「おやつ、アイスクリームが冷蔵庫に入っているからな」
　　　大樹「うん、行ってきます！」
　　　　　　　　　　(鎌田敏夫『男たちによろしく』p.69, 白川 2009: 10)

　この3つの中で、Debaisieux (ed.) (2013) の定義するコミュニケーション的自立性が問題になるのは「言い尽くし」タイプであると考えられる。
　「から」の」言い尽くしの表現について、白川 (2009) は、「理由」やその拡大された意味を表さない「から」の機能の延長上にあるものとして、完全文との対応を考えつつ分析を行っている。「言い尽くし」において「から」は連結機能を果たすというよりは、発話の終末に置かれ、対話者に対する「条件提示」(白川 2009: 67) のモダリティを表す終助詞的な機能を果たしていると考えられている。
　また、前田 (2009: 140–143) によれば、「から」も「ので」もこの終助詞的用法を持つが、両者の間には、微妙な違いがあることを指摘している。「から」も「ので」も、自分の意志や新情報の「告知」を行う終助詞的用法を持つが、聞き手になんらかの反応を促す用法は「から」だけが持つものであ

り、「ので」には不可能であると指摘している。こうした先行研究からも、「から」の方が「ので」よりもコミュニケーション的自立性が高いことが分かる。

　一方、フランス語では、連結辞を伴う S1 が独立してコミュニケーションの単位をなす例は、先の (1) に挙げたような慣習化された言い回しを除き、あまり種類は多くないように思われる。とりわけ、parce que や puisque については、コーパス中に現れた用例を見る限り、S2 がはっきりと文脈中に明示されていない場合であっても、ほとんどが語用論的推論により容易に談話的記憶としての S2 を再現できるもの（つまり、白川 (2009) の「関係付け」のタイプ）ばかりであった。

　ただし、puisque については、インターネットの広告の中に以下のような例を見つけることが出来た。« Puisque je vous dis que...! » という固定化した慣用表現として用いられる例である。検証された例は少数であるが（筆者が見つけたところではインターネットで3例のみ）、通常の会話でも時々耳にすることができる例[6]であり、それほど例外的な用法ではない。

(29)　（怪談集の広告のキャッチコピー）
　　　Puisque je vous dis que ça fait peur !
　　　(*Because* I'm telling you that it scares!)
　　　（だから怖いって言っているでしょう！）

　この用法には、もちろん、S2 を伴う用法もある（インターネット上で1件ヒット）ので、(29) でも、本来現れるべき S2 が省略されているのではないかと思われるかもしれないが、筆者はそうではないと考える。
　(29) は、発話者の「怪談集が怖い」という認識を断定し、対話者になんらかの反応を期待する発話行為であると解釈できる。どのような反応を期待しているかという部分が言語化されていない S2 であるとも解釈できるかもしれないが、(29) では、そうした S2 を再現することは難しい。ここでは、発話者は「この本が怖い」と強く断言することによって、聞き手に読むことを促す発話媒介行為を行っているように考えられる。
　この (29) に見るような puisque の用法は、(21) に挙げた puisque のポリ

フォニー的用法と矛盾する用法のように見える。しかし、よく考えてみると、必ずしもこの2つの用法は矛盾するものではない。(21)と(29)のpuisque S1は、発話内行為力的自立性、コミュニケーション的自立性の2つの観点から、全く異なる要素を導いてはいるのだが、いずれの場合においても、S1を「既定」[7]の要素として談話に位置づけようとしている点では共通した論証的機能を持つ。S1が談話の中で既に真偽の明確になった確定的な<u>命題</u>であるのか(例21)、あるいは確定的なものとして導入される<u>発話行為</u>なのか(例29)という違いによって用法が異なってくるだけなのである。

　さて、面白いことに、このような非節化の例はpuisqueに特有なものであって、parce queには見られない。先の4.4項で述べたように、parce queではS1の中に発話内効力を表すモダリティが現れることは全く珍しいことではなく、むしろ話し言葉においては、かなり頻繁に多様なモダリティマーカーを伴ったS1が現れるのであるが、そうした特性に矛盾するかのように、(29)のような非節化の例はparce queによっては表現することが出来ないのである。実際、インフォーマントテスト[8]をしてみると以下の言いかえの容認性は低い。

(30)　　（怪談集の広告のキャッチコピー）
　　　　? *Parce que* je vous dis que ça fait peur !
　　　　(*Because* I tell you that it scares!)
　　　　（だから怖いっていっているでしょう！）

　もちろん、puisque je vous dis que... という表現がある程度慣用的な表現となっており、そのために他の要素との入れ替えが不可能であるということが一番大きな理由であろう。だが、なぜそもそもこのような慣用表現でparce queが現れなかったのかという点を明らかにしなくてはならない。そのためには、parce queがその様々な用法において共通して持つ固有の意味を明らかにする必要がある。Debaisieux(ed.)(2013)によれば、parce queの多義性をもたらす基盤には、parの前置詞の意味が深くかかわっているという。parce queには「S1の成立を経て、S2が成立する」という基本的意味があり、

連結される要素の自立性に応じて様々な意味を派生させると指摘している (Debaisieux (ed.) 2013 : 229–230)。puisque の基本的機能が「既定」のものを導入することによる論証的機能であるとするならば、parce que のそれは、「継起」する 2 つの要素の多様な関係を標示する機能ということになるだろう。

　Debaisieux (ed.) (2013 : 24) の調査では、フランス語の様々な連結辞 (parce que, puisque, si, quand, alors que, tandis que, bien que など) の出現回数を CRFP (フランス語話し言葉参照コーパス) において調べたところ、最も頻度が高いマーカーが parce que で 1955 例、次いで、quand の 990 例、si の 952 例、puisque の 334 例、bien que の 149 例で、その他のマーカーについてはごく少数のみである。フランス語における parce que の頻度が圧倒的に他のマーカーを上回っており、単なる因果関係の標示だけではなく、発話や発話行為の様々な継起性を標示することによって、談話の結束性を担う上でとても重要な役割を果たしていることを伺うことができる。

　以上に見るように、parce que の基本的機能が、S2 と S1 の間の連鎖的な関係を取り持つ機能であるとするなら、双方を必要とするわけであるから、parce que において、非節化がごくまれにしか起こらない理由も十分に説明することが出来る。

　唯一、めずらしい反例のケースとして、(31) のような parce que の非節化の例を挙げることができるかもしれない。この例は、1970 年代に化粧品 L'Oréal の広告として制作されたキャッチコピーである。ただし、化粧品の宣伝というコンテクストから、語用論的推論によって、S2 (L'Oréal を使うこと) を容易に再構築できる例であるから、コミュニケーション的自立性があるとは必ずしも言い切ることはできないだろう。

　ところが、このキャッチコピーは、メディアを通して世間に出回るや否や、フェミニスト的態度の「断定」の表現として、人口に膾炙し、一世を風靡する。そして、次第に、化粧品だけではなく、様々なコンテクストで、自分の行為の正当性を主張するためのスローガンとして、独り歩きし始めるようになった。

(31)　*Parce que* je le vaux bien.

(*Because* I'm worth it.)

(私はそれにふさわしいから。)

　この表現は、そうした中で慣習化が進み、その結果、非節化が進んだ例であると考えることができる。広告のキャッチという特殊な文体であることもこの慣習化に拍車をかけた要因である。確かに、(31)はかなり非節化が進んでおり、フランス人ネイティブに聞くと、S2 の再現は不必要であるという答えが帰ってくることが多い。

　ただし、そうはいうものの、このスローガンが発せられるコンテクストから、どのような主題に関わるスローガンであるか、同時に le の代名詞の解釈が何であるか、という点は常にはっきりしているような印象を受ける。S2 は不必要というものの、コンテクストによって与えられるスローガンの主題と S2 はかなり近い関係にあり、それを区別することは往々にして困難である。

　また、時代を経るにつれ、(31)をベースとしてさらにいろいろパロディ (Parce que vous le valez bien ! Parce que nous le valons bien ! Parce que vous ne valez rien ! など多数) が見られるようになった。いずれにしてもよく知られたスローガンを引用しつつも、適宜形式を変えながら用いつつ、自分の発話に表現的インパクトを与える場合に用いられている。その使用は多分に修辞的であり、そこには一緒の言葉遊び的性格も見受けられる。その意味では、(29)の puisque の例に見られるような通常のやり取りを構成する発話とはレベルの異なる性格を持っていることを考慮する必要があるだろう。

4　類型学的な語違い：右方周辺か左方周辺かという違い

　類型学的に、日本語は「主要部右方型 (right-headed language)」、フランス語は「主要部左方型 (left-headed language)」に分類される。このことは、連結辞の表現においても、両言語の間に違いをもたらす。標準的語順において、日本語では主節 (主要部) は従属節の右方に位置する傾向があり、フランス語では主節 (主要部) は従属節の左方に位置する傾向がある。また、連結辞

の位置も、日本語においては、従属節の右方に、フランス語においては従属節の左方に現れる傾向がある。

(32)　頭が痛い<u>から</u>、<u>家へ帰る</u>。
(33)　<u>Je rentre chez moi</u> *parce que* j'ai mal à la tête.
　　　(<u>I go back home</u> *because* I have a headache.)
　　　(頭が痛いので、家へ帰る。)

　加藤（2014: 513–516）は、この類型学的特徴から、日本語が非節化を好む傾向があることを指摘している。日本語では主要部は最後まで発話されないため、「構造開放性」（加藤 2014: 513）が強く、「発話形成の途上で、柔軟に構造を変える余地が残されている。」（加藤 2014: 513–514）という。また、終助詞などの助詞や助動詞などのモダリティ的要素が右方に次々に付加的に置かれるというのも、日本語の重要な特徴である、これらの特徴によって、日本語では、主節を言わないまま発話を終えてしまったり、さらに、膠着語であるがゆえ、右方に終助詞や助動詞などの付加要素を長々と付け加えていったりということが可能である

(34)　<u>太郎が次の町内会長になるかもしれないらしいって話があるみたい</u>だって聞いたんだけどね。　　　　　　　　　　　　（加藤 2014: 515）

(34)の「けど」は、接続助詞としての本来の連結機能を果たしてはおらず、むしろ、終助詞化し、発話者の対話者に対する態度を表すモダリティを有している。
　さて、フランス語や多くのロマンス語系言語は、主要部左方型言語とは分類されつつも、その分類はかならずしも厳密なものではなく、幾つかの場合においては、主要部が右方に出ることがある。そのことは名詞と品質形容詞の関係でも見られることであるが、主節と従属節の関係においても同様である。例えば、si、あるいは comme（英：as）では主要部 S2 がむしろ左方に置かれる傾向がある。また、quand（英：when）や puisque などは文脈や用法に

応じて S2 は右方にも左方にも出ることが出来る。

　parce que について言えば、フォーマルな修辞的文体に現れるごく一部の例を除いて、基本的には S2 が右に置かれる非常に強い傾向がある。また puisque についても、文脈に既に現れた内容をテーマ的に理由として受け直す場合を除き、やはり、基本的には S2 が右に置かれる傾向があることが知られている。

　そして、この傾向は、特にインフォーマルな自然会話の中で顕著に観察される。今回の調査でフランス語の話し言葉コーパスから収集した parce que の例は、2050 例である。parce que が連結する S2, S1 の要素は様々なステータスを持つもの（命題内容、発話、発話行為、語用論的推論により再現可能な談話的記憶）であり、S2 と S1 の間には、会話のターンが入ったり、ポーズが入ったりすることもある。そうしたことを考慮しつつ、実際のコーパスの例を見てみると、S2, parce que S1 か S2, c'est parce que S1 の形しか現れなかった。

表3　parce que の現れる語順

S2 parce que S1	S2, c'est parce que S1	Parce que S1	Parce que S1, S2
2028	32	0	0

　また、puisque について見てみると、今回の調査で収集した例は、parce que に比べてかなり少なく、わずか46例のみであった。その語順を見ると、すべて S2 puisque S1 の語順であった。

表4　puisque の現れる語順

S2 puisque S1	Puisque S1, S2	Puisque S1
46(100%)	0(0%)	0(0%)

　フランス語のインフォーマルな会話においては、parce que にせよ、puisque にせよ、語順的には S1 と S2 の間に現れる強い傾向があるということが言える。さらに、parce que のおよそ8割近くの例、puisque については全例が、命題内容ではなく、発話や発話行為を導く用法であるために、実際には、parce que も puisque も、発話の冒頭に先立つマーカー、すなわち左方

周辺（Left Periphery）に現れるマーカーとして、頻繁に機能していることが分かる。この位置に現れる parce que と puisque は、談話の結束性（35）、会話のターンテーキング（36）、あるいは、返答の標示（37）といった談話標識の機能を担っていることが観察される。

(35)　（最近、フランス国中雨ばかり降っているのだがという GM の話に続けて）
　　　BH257-Mais, en fait, <u>ça dépend des régions</u>. *Pa(r)ce que* hier, euh, j'étais chez mon père, donc, dans l'Héraut. Et le ciel, il était tout blanc. On aurait dit qu'il allait neiger !
　　　GM257-Ah !
　　　BH258-Et à un moment, (il) y a même eu, (en) fin c'était trop bizarre, un coucher de soleil, mais ça faisait tout le ciel jaune et les rues, elles étaient toutes jaunes ! C'était vraiment bizarre, on aurait dit l'Apocalypse !
　　　　　　　　　　　　　　　　　　　　　　　（TUFS_11091201）
　　　(BH257-But, in fact, it <u>depends on the regions</u>. *Because* yesterday, well, I was at my father's home in the Héraut. And the sky was all white. It seemed that it would snow!
　　　GM257-Ah!
　　　BH258-And at a time when there was even, anyway it was too strange, a sunset, but all the sky became yellow and the streets were all yellow! It was really strange, It looked like the Apocalypes.)
　　　(BH257- でも、実際は地方によってちがうよ。だって、昨日は、ええと、Héraut 県のお父さんのところに行ったんだ。そしたら、空が真っ白で、雪でも降りそうだった！
　　　GM257- ああ！
　　　BH258- そして、とにかくとても変だったんだけど、日暮れが来て、空が黄色くなっちゃって、通りも真っ黄色になっちゃったの！アポカリプスみたいだった。)

(36)　（エックスの街にはメキシコ料理店があるが、GL はメキシコ料理が

嫌いである）

GL1178- (Il) y a un truc mexicain à Aix ?

AM1178-Ben, oui ! La (x)!

GL1179-Ah ! Aaaaah ! Oh! Non ! Je déteste !

AM1179-*Pa (r) ce que* (il) y a des oignons !

(TUFS_11092202)

(GL1178-Is there a mexican restaurant in Aix?

AM1178-Well, yes! The (x)!

GL1179-Ah! Aaaaah! Oh! No! I hate it!

AM1179-*Because* there are onions (in their cooking)!)

(GL1178-Aixにメキシコ料理店あったっけ？）

AM1178- ああ、あるよ！X（レストラン名）！

GL1179- ああ！ああああ！おお！ダメだ！大っ嫌い！

AM1179- 玉ねぎが入っているからね！）

(37) BH635-<u>Pourquoi à Gaël ?</u> *Pa (r) ce que*, i (ls) s'entend pas spécialement avec Gaël !　　　　　　　　　　　　　　　(TUFS_11092201)

(BH635-<u>Why (they did it) to Gaël ?</u> *Because* they don't get along so much with Gaël!)

(BH635- どうして（あの人たちは）ガエルに（そんなことをしたかって）？それは、あの人たちは、ガエルとあんまりうまくいっていないからよ！）

　日本語の「から」と「ので」について語順のタイプごとに用例を分類した結果は、以下の通りである。標準的語順のほか、倒置語順、言いさし表現でも多くの例が現れている。倒置語順や言いさし表現では「から」「ので」は右方周辺（Right Periphery）に位置することになる。したがって、単純に計算すると、「から」では、59.58％、「ので」では66.6％が右方周辺に現れていることになる[9]。

表5 「から」の現れる語順

S1 から S2	S2、S1 から	S1 から
183 例(40.3%)	168 例(37.08%)	102 例(22.5%)

表6 「ので」の現れる語順

S1 ので S2	S2、S1 ので	S1 ので
4(33.3%)	4(33.3%)	4(33.3%)

「から」や「ので」は、「因果関係」を示すことによって、談話的結束性を担う役割を果たしているのだが、同時に右方周辺に現れることを好む傾向が見られる。右方周辺に現れる「から」や「ので」は終助詞的用法であったり(38)、終助詞的ではない場合であってもなんらかの対話者への働きかけを伴う発話内行為力を持つモダリティ(39)を持つものであったりする場合が多い。

(38) みんなもう帰っていいから　　　　　　　　　（TUFS_F15F16)
(39) IF19- 早く決めな、就職。
　　　IF20- ほんと。今受けようと思っているところがさ（うん）3つぐらい3つ？
　　　IF19- へえ、すごいね。
　　　IF20- いや、受けようと思っている、と言いつつ、何にも、何にも行動してないんだからね。　　（TUFS_IF19IF20)

5　結論にかえて

　本稿では、まず、発話の自立性という概念を4つのパラメータを使用することによって、非節化の段階を定義することを試みた。以下にその結果をまとめる。

表7　発話の自立性と非節化の段階

非節化の分類	文法的自立性	発話的自立性	発話内行為力的自立性	コミュニケーション的自立性	連結辞と非節化の可能性			
					Parce que	Puisque	から	ので
A	+	+	+	+	不可	一部可	可	一部可
B	+	+	+	−	可	一部可	可	一部可
C	+	+	−	−	可	可	可	可
D	−	+	+	−	可	不可	可	可
E	−	+	−	−	可	不可	可	可
F	−	−	−	−	可	不可	可	可

　4つの自立性のパラメータの組み合わせから、AからFの非節化の分類を考えることができるだろう。最も高い非節化の段階からA＞B＞D＞C＞E＞Fと順位づけることが可能である。また、4つの連結辞のそれぞれに関して、AからFのカテゴリーの用法を持つか否かを、具体例の検証から「可」、「一部可」、「不可」の3つの特性によって判定を行った。

　また、自然でインフォーマルな会話における、語順と談話標識的機能の観点から見ると、フランス語の parce que と puisque は左方周辺に、日本語の「から」と「ので」は右方周辺に出現することを好む傾向が明らかになった。同じ「因果関係」のマーカーでありながら、全く異なる傾向を見せている。この違いは類型学的違いとも深く関わるものである。また、談話標識的機能という観点から見ると、それぞれの周辺に応じて現れる機能は、Beeching and Detges (2014：11) にも指摘される一般言語学的傾向を反映しているようにも思われる。

表8　右方周辺か左方周辺か

左方境界における出現を好む	右方境界における出現を好む
parce que, puisque	から、ので
✓ 結束性 ✓ 会話のターンテーキング ✓ 疑問文に対する返答の標示	✓ 間主観的モダリティ ✓ 発話の終了

（Beeching and Detges 2014：11 秋廣訳）

　今回は、ミクロ統語論、マクロ統語論という2層からなる統語論を中心に

見たため、それぞれの連結辞の語彙意味論的な点については全く触れることが出来なかった。「因果関係」を表す語彙には「起点」を表すタイプ（「から」やpuisque、英語のsinceなど）と「継起性」を表すタイプ（parce que）あるいは、「状況」を表すタイプ（「ので」）など、いくつかのタイプに分けられるのではないかと考えられる。そうした語彙意味的な違いと非節化がどのように関わっているかという点も今後検討するべき興味深い問題である。

　また、日仏語によって表現される「因果関係」の概念の違いについても詳しく調べる必要がある。「因果関係」の中でも、事態の直接的「原因」や「理由」や、そこから派生する「根拠」や「正当化」といった概念は、両言語に共通して見られるものであり、翻訳も比較的容易であろう。しかしながら、日本語の「から」に見られる「条件提示」の用法（白川2009: 66-67）はフランス語のparce queやpuisqueによっては翻訳が難しいであろうし、また、逆に、フランス語のparce queに見られる談話標識の用法の中にも、日本語の「から」や「ので」では翻訳しにくいものはあることが予想される。こうした、より周辺的な意味にこそ、それぞれの言語の特異性が現れているのではないかと考えられる。

　今回は問題にしなかったが、日本語の「だって」[10]「だから」といった一連の接続語、「て」などの接続助詞、フランス語のいわゆる「等位接続詞」として分類されるdoncやetなど、因果関係を表す連結辞はたくさんある。さらに、連結辞なしに並置の関係によって表される「因果関係」もある。今後、こうした一連の表現にも研究を広げていくことによって、それぞれの言語によって言語化される「因果関係」の様々な意味を探ることができるだろう。

注

1　言語学者によっては、この単位を「文」とよぶこともある。
2　この訳語は、加藤（2014）で用いられた訳語である。
3　Nølke（1986）。

4 先に挙げたaからfのうち、aが脱語彙化を調べるもの、bからfがS2のモダリティのスコープに入るか否かを調べるものである。すべての要素についてこれらのテストが一様の結果をもたらすわけではない。その意味では、一つ一つの形式テストについて吟味が必要である。テストの有効性については、今後の課題としたい。

5 「から」「ので」の用法の違いについての直感的判断はまちまちである。前田（2009: 115）でも指摘されているように、その使い分けについては、「個人差が大きい」。さらに、個人差だけではなく、S1とS2の意味的な違いにもよって変わり得る。例えば、「お金がないから旅行に行かない人が多い」では、「お金がない」は「人」の特性の一部と考えられるので連体節の中に収まると解釈する方がしっくりくるが、「不景気だから、旅行に行かない人が多い」の「不景気だから」は発話状況的なコンテクストに関わると考えられるので、連体節の中には収まらないと解釈した方がよさそうである。いずれにしても、「から」も「ので」も文法的自立性の高いものと低いものの両方の用法を持つことは確かである。

6 テレビドラマの中で聞きとった例：殺人事件のあった晩のアリバイを警官に尋ねられた被疑者が Puisque je vous dis que je suis resté chez moi toute la nuit！と答える。

7 「既定」というと、既に先行文脈の中で定まった要素という印象を受けてしまうが、ここでは、これから導入する発話行為の成立を取消不可能な確たる要素として、強調しつつ談話の中に提示する場合も含めて考える。

8 エックス・マルセイユ大学の修士課程のフランス人学生2名、東京外国語大学の修士課程のフランス人学生2名に判断してもらった。

9 今回のコーパスで現われた「ので」の用例数は少なかったので、今後、別のコーパスであらためて調査する必要がある。

10 今回は触れることが出来なかったが、parce que の用法には、「だって」に置き換えることができる例が見られる。そのような例の1つに、parce que！（だって！）で言い切り、後を続けない単独用法がある。コンテクストに応じて、あるいは韻律に応じて、理由を言えず口ごもる、あるいは理由を言うことを避けるなど、いくつかの意味があると考えられる。あえて理由の部分を言わないということによる効果を狙った表現であるという点で、とても興味深い現象である。これらについても機会を改めて研究したい。

参考文献

Beeching, Kate. and Ulrich Detges. (2014) *Discourse Functions at the Left and Right Periphery*. Leiden-Boston：BRILL.

Bikel, Balthasar. (2010) Capturing particulars and universals in clause linkage：A multivariate analysis, Bril, Isabelle. (ed) (2010) *Clause Linking and Clause Hierarchy, Syntax and Pragmatics*, pp.51–101. Amsterdam/Philadelphia : John Benjamins Publishing.

Blanche-Benveniste, Claire, José Deulofeu, Jean Stéphanini and Karel Van Den Eynde. (1984) *Pronom et Syntaxe. L'approche pronominale et son application à la langue française.* Paris : SELAF.

Blanche-Benveniste, Claire, Mireille Bilger, Christine Rouget and Karel Van Den Eynde. (1990). *Le français parlé : Etudes grammaticales.* Paris : Editions du CNRS.

Blanche-Benveniste, Claire. (2010) *Usages de la langue française.* Paris/Louvain ; Peeters.

Corminbœuf, Gille and Christophe Benzitoun. (2014) Approches non gradualists des liaisons de prédications : l'exemple des modèles macro-syntaxiques, *Langue Française* 182 : 43–57. Paris : Larousse / Armand Colin.

Debaisieux, Jeanne-Marie. (1994) *Fonctionnement de* parce que *en français parlé*, Thèse de doctorat en sciences du langage. Université de Nancy 2.

Debaisieux, Jeanne-Marie. (2004) Les conjonctions de subordination : mots de grammaire ou mots de discours, le cas de *parce que*, *Revue de sémantique et pragmatique* 15/16 : 51–67. Presse Universitaire d'Orléans.

Debaisieux, Jeanne-Marie. (2006) La distinction entre dépendance grammaticale et dépendance macrosyntaxique comme moyen de résoudre les paradoxes de la subordination, *Faits de Langue* 28 : 119–132. Ophrys.

Debaisieux, Jeanne-Marie, Henri-José Deulofeu, et Philippe Martin. (2008) Pour une syntaxe sans ellipse, Jean Christophe Pitavy et al. (eds) *Ellipse et effacement*, pp. 225–246. Saint-Etienne : Publications de l'Université de Saint-Etienne.

Debaisieux, Jeanne-Marie. (ed.) (2013) *Analyses linguistiques sur corpus, subordination en français*, Paris : Lavoisier.

Ducrot, Oswald. (1983) Puisque : essai de description polyphonique, *Revue Romane numéro spécial* 24 : 166–185. Etudes Romanes de l'Université de Copenhague.

Gross, Gaston. (2008) *Sémantique de la cause.* Leuven-Paris : Peeters.

Evans, Nicolas. (2007) Insubordination and its uses. Irina Nikolaeva (ed) *Finiteness, Theoretical and Empirical Foundations*, pp.366–431. Oxford : Oxford University Press.

Groupe λ-I. (1975) Car, parce que, puisque, *Revue Romaine* 10 : 248–280. Etudes Romanes de l'Université de Copenhague.

Moeschler, Jacques. (1986) Connecteurs pragmatiques, lois de discours et stratégies interprétatives : parce que et la justification interprétative. *Cahiers de Linguistique* 7 : 149–167. Université de Genève.

Moeschler, Jacques. (1987) Trois emplois de *parce que* en conversation, *Cahiers de linguistique française* 8 : 97–110. Université de Genève.

Moeschler, Jacques. (2003) L'expression de la causalité en français, *Cahiers de Linguistique française* 25 : 11–42. Université de Genève.

Moeschler, Jacques. (2009) Causalité et argumentation : l'exemple de parce que, *Nouveaux Cahiers de linguistique française* 29 : 97–110. Université de Genève.

Moeschler, Jacques. (2011) Causalité, chaînes causales et argumentation. Gille Corminbœf and al. (dir) *Du système linguistique aux actions langagères, Mélanges en l'honneur d'Alain Berrendonner*, pp. 339–355. Bruxelle : Duculot.

Nølke, Henning. (1986) Les adverbes paragmatisants : fonction et analyse. *Revue Romane numéro supplémentaire* 23. Copenhague : Academisk Forlag.

Sweetser, Eve E. (1990) *From Etymologie to Pragmatics Metaphorical and Cultural Aspects of Semantic Structure*. Cambridge : Cambridge University Press. 澤田治美（訳）（2000）『認知意味論の展開―語源学から語用論まで』研究社.

Sperber, Dan. and Deidre Willson. (1989) *La pertinence : communication and cognition*. Paris ; Les Editions de Minuit.

Traugott, Elisabeth. C. (2003) From subjectification to intersubjectification. Raymond Hickey (ed.) *Motives for Language Change*, pp.124–139. Cambridge : Cambridge University Press.

Verstrate, Jean-Chrstophe. (2007) *Rethinking the Coordinate-Subordinate Dichotomy, Interpersonal Grammar and the Analysis of Adverbial Clauses in English*, Berlin-New York ; Mouton de Gruyter.

秋廣尚恵（2013）「Parce que の用法をめぐって　先行研究のまとめと今後の課題」『ふらんぼー』39：66–87. 東京外国語大学フランス語教室.

秋廣尚恵（2014a）「フランス語の理由を表す接続詞 car」『東京外国語大学論集』89：1–26. 東京外国語大学.

秋廣尚恵（2014b）「話し言葉に現われる非従属的な puisque の用法について」『ふらんぼー』40：76–101. 東京外国語大学フランス語教室.

秋廣尚恵（2016）「インフォーマルな会話における parce que の用法について」東郷雄二・春木仁孝編『フランス語学の最前線 4』pp. 47–84. ひつじ書房.

飯田理恵子（2013）『フランス語の話し言葉における従属節詞 parce que の機能的拡張―日本語の「カラ」との比較を通じて』修士論文. 名古屋大学国際言語文化研究科.

大堀壽夫（2014）「従属句の階層を再考する」益岡隆志他編『日本語複文構文の研究』pp. 645–694. ひつじ書房.

加藤重広（2014）「日本語の語用特性と複文の単文化」益岡隆志他編『日本語複文構文の研

究』pp. 495–542. ひつじ書房.
木山三佳(2009)『日本語学習者の「から」にみる伝達能力の発達』ひつじ書房.
古賀健太郎・秋廣尚恵・川口裕司(2012)「Aix話し言葉コーパスプロジェクト」『ふらんぼー』37：37–54. 東京外国語大学フランス語教室.
角田三枝(2004)『日本語の節・文の連接とモダリティ』くろしお出版.
白川博之(1995)「理由を表さない「カラ」」仁田義雄編『複文の研究（上）』189–219. くろしお出版.
白川博之(2009)『言いさし文の研究』くろしお出版.
田窪行則(1987)「統語構造と文脈情報」『日本語学』6(5)：37–48. 明治書院.
田村早苗(2013)『認識視点と因果　日本語理由表現と時制の研究』くろしお出版.
野田尚史(2002)「第1章　単文・複文とテキスト」野田尚史・益岡隆志・佐久間まゆみ・田窪行則『日本語の文法4　複文と談話』pp. 3–62. 岩波書店.
前田直子(2009)『日本語の複文　条件文と原因・理由文の記述的研究』くろしお出版.
益岡隆志(1991)『モダリティの文法』くろしお出版.
益岡隆志(1997)『複文』くろしお出版.
益岡隆志・大島資生・橋本修・堀江薫・前田直子・丸山岳彦編(2014)『日本語複文構文の研究』ひつじ書房.
丸山岳彦(2014)「現代日本語の連用節とモダリティ形式の分布　BCCWJに基づく分析」益岡隆志他編『日本語複文構文の研究』399–425. ひつじ書房.
三上章(1953)『現代語法序説―シンタクスの試み―』刀江書院.
三上章(1955)『現代語法新説』刀江書院.
南不二夫(1974)『現代日本語の構造』大修館書店.

「それどころか」と loin de là の比較研究

田代雅幸

1 はじめに

　本稿は、類似表現である日本語の「それどころか」とフランス語の loin de là の特徴を明らかにすることを目的とし、その方法として生起環境の記述を用いることの有効性を示すことを目指すものである。まず、この2つの表現は、同じ文脈の中で用いることが可能であることに注目したい。和仏辞書の例である(1)のように「それどころか」が loin de là で訳されることもあれば、loin de là の例 (2) を「それどころか」に訳すこともできる。アプリオリには、この置き換えを可能としている文脈的性質は異なる視点による主張の対立であると言えるだろう。

（１）　彼は無欲ではない、それどころか[1]。
　　　　Il n'est pas désintéressé, *loin de là* ![2]　　　（『コンサイス和仏辞典』）
　　　　(He is not disinterested, *far from it*!)
（２）　Paris est devenue [sic] une ville dangereuse. Certes, les différents gouvernements tentent de nous faire croire que la criminalité recule, mais dans la vie quotidienne, on ne s'en rend pas compte. *Loin de là*. Attaques, vols à l'arraché, pickpockets, etc. Ça n'arrête pas !　　　（*Montres-de-luxe.com*[3]）
　　　　(Paris has become a dangerous city. Certainly, the different governments are trying to make us believe that crime is receding, but in everyday life, we do not realize it. *Far from it*. Attacks, bag snatching, pickpocketing, etc. It does not

stop!)

（パリは危ない町になった。確かに、様々な政権が犯罪が減っていると信じ込ませようと試みてきたが、日常生活でそれが実感されることはない。それどころか、暴行、ひったくり、スリ等ひっきりなしに起こっている。）

また、語形成的な観点からも、「それどころか」と loin de là には共通点を見出すことができる。「それどころか」は、「それ」と「どころか」に分けることができ、loin de là は、loin de と là に分けられる。「どころか」と loin de はいずれも、名詞や動詞を導く表現でもある。

（３）　*Loin de* moi l'idée de vous blâmer.
　　　　私があなたを非難するなんて、とんでもない。（『クラウン仏和辞典』）
　　　　(*Far be it from* me to blame you.)
（４）　*Loin de* se mettre en colère, il s'en est réjoui.
　　　　彼は怒るどころか、それを喜んだ。　（『小学館ロベール仏和大辞典』）
　　　　(*Far from* getting angry, he was glad about it.)
（５）　文章どころか、自分の名前もかけない。　　　　　　　　（『大辞泉』）
（６）　成功するどころか、失敗ばかりしている。　　　　　　　　　　（ibid.）

「どころか」と loin de の意味の中心は空間メタファーによって形作られていると言える。「どころか」を論じた川端（2014 : 76）は、概念としての〈トコロ〉が境界のない空間を意味するという池上（1998）の指摘に基づいて、「ところ」がある「地点」を表し、そこからの意味拡張によって時間的な、あるいは「「スケール」上の一地点」といったさらに抽象度の高い表現に用いられていると述べている。また、同じく「どころか」を扱った服部（2005）もまた、「ところ＝処」という空間メタファーからの解釈を提示している。一方、*Trésor de la Langue Française* によれば、loin de là を構成する loin も「（観察者、あるいは原点から）大きく隔たった《 à une grande distance (relativement à un observateur ou à un point d'origine) 》」位置関係を表す表現である。また、loin de は「〜から遠く」という空間的な位置関係を表す用法を有しており、

その他の用法においても空間メタファーが意味の中心をなしていると考えることができる。位置関係を表すことができる点は loin de là でも変わらず、(7)のように「ある地点からだいぶ離れた」位置関係を表す用法がある。

（7） Dans leur commune, une banderole est tendue sur la façade de l'Hôtel de Ville : «La ville de Mâcon soutient ANTOINE GRIEZMANN et l'équipe de France».
　　　Bien *loin de là*, dans l'Océan Indien, La Réunion soutient aussi sa star, l'enfant du pays, Dimitri Payet.　　　　　　　　（*Le Matin*[4]）
　　　(In their city, a banner is stretched across the front of the City Hall: "The city of Macon supports ANTOINE GRIEZMANN and the French team."
　　　Far away from there, in the Indian Ocean, the Reunion also supports its star, the local boy, Dimitri Payet.)
　　　（彼らの自治体では、市役所の正面に一枚の横断幕が掲げてある。「マコン市はアントワーヌ・グリーズマンとフランス代表チームを応援します。」そこからだいぶ離れて、インド洋では、レユニオンもまた地元のスター、レユニオン出身者のディミトリ・ペイェを応援している。）

この「どころか」と loin de が名詞や動詞を導く代わりに、前方文脈を言及するのが「それどころか」と loin de là である。この前方照応の機能を「それ」と là が担っていると考えることができる。

　また、「それどころか」と loin de là は、否定の後に用いられる点にも共通点を見出すことができる。(8)のように loin de là はほぼ常に否定文の後に用いられ、「それどころか」も(9)のように否定文の後に用いられることが多い。

（8） La marche pacifiste du 20 juin n'a pas été un échec, *loin de là*.
　　　6月20日の平和行進は失敗どころか、大成功だった。
　　　　　　　　　　　　　　　　　　　　（『小学館ロベール仏和大辞典』）
　　　(The peace march of 20 June was not a failure, *far from it*.)

（9） 悲しくて泣いていたのではありません。それどころか、嬉しくてつい涙を流したのですよ。　　　　　　　　　　　　　　（森田 1989：609）

ただし、loin de là と異なり、「それどころか」には（10）のように肯定の後に用いられる場合もある。

（10） 外出時は車いすだったのが、手術後、杖も使わずスタスタと歩けるようになり、それどころか小走りもできるまでになった。

（『朝日新聞デジタル』）[5]

　このように、異なる言語の連辞であるにもかかわらず、意味が近く、語形成的にも共通点が見出せる 2 つの表現は、それぞれの言語において、どのような機能をもって対立的な主張を作り出しているのであろうか。そもそもフランス語と日本語という異なるシステムの中で機能する語彙を共通のスキーマをもって比較するというのは可能なことであろうか。このような点について考察し、「それどころか」と loin de là それぞれの意味効果を明らかにすることを目指したい。
　本稿では、まず「それどころか」について考察を行ったのち、「それどころか」と比較する形で loin de là の記述を行い、その差異から loin de là の機能を明らかにする。

2　「それどころか」

　「それどころか」の分析に先立ち、この表現の元となる「どころか」について先行研究を概観しながら、その特徴を観察し、それを踏まえて「それどころか」の分析を行う。

2.1　「どころか」

　服部（2005：168）は、「P どころか」について、「« P か（否か）» という問題設定の妥当性を打消し、実は P よりも（または、^P）よりも高段階（下限が高

い)の Q であることを示す」と述べている[6]。例えば(11)のような問いかけに対して、(11a)のように答えた場合、提示された P「上手である」よりも Q「プロ顔負けである」は高段階である。また(11c)のように答えれば、Q「とても聞いていられない」は ^P「上手ではない」よりも下方に高段階である。そして(11)に対して(11b)のように答えるのは不自然となるが、これは、^P「上手ではない＝下手である」と Q「下手である」に段階的な差を見出だすことができないからである。

(11)　（ある人物についてピアノが上手か尋ねられ。）
　　　a.　上手どころかプロ顔負けだ。
　　　b.？上手どころか下手だ。
　　　c.　上手どころかとても聞いていられない（ほど下手くそだ）。
(服部 2005：168)

さらに服部(2005)に従えば、(12a)では P「かなりある」より高段階の Q「ものすごくたくさんある」があり、(12f)及び(12g)では ^P「かなりはない」より下方に高段階な Q「ほとんどない／全然ない」があると理解できる。また(12c)及び(12d)は、^P と Q「そんなにない／あまりない」が同程度であり、Q は ^P より高段階を表すとは言えないので不自然となる。そして(12b)と(12e)では同じ「ちょっと」という量が提示されている。「ちょっと」という表現で提示される量は同一の尺度において「かなり」という表現で提示される量より少ないため、Q は ^P より下方に高段階なものとして提示されなくてはならない。しかし(12b)では「ちょっとある」が肯定的な方向性を持った表現であり、「どころか」の示す方向性と矛盾している。つまり、P から Q（あるいは ^P から Q）への段階の高まりというのは、表現の方向性と関わっていると言い換えてもよいだろう。

(12) a.　かなりあるどころか、ものすごくたくさんある。
　　　b.＃かなりあるどころか、ちょっとある[7]。
　　　c.？かなりあるどころか、そんなにない。

d. ?かなりあるどころか、あまりない。
　　e. 　かなりあるどころか、ちょっとしかない。
　　f. 　かなりあるどころか、殆どない。
　　g. 　かなりあるどころか、全然ない。　　　　　　　　（ibid. : 169）

服部（2005）は「どころか」の意味・機能を 1 つのものと考えているが、Ｐと Ｑ の段階の方向性の違いによって 2 種類の段階配置のタイプを区別する。(13)や(14)のように Ｑ が Ｐ より高段階の場合は延伸型であり、(15)や(16)のように Ｑ が ^P より下方に高段階な場合は対極型である。

(13)　かりに百歩ゆずって、いや百歩どころか千歩ゆずって、あの男が生存者とした場合、どうして名乗って出なかったのであろう？
　　　　　　　　　　　　　　　　　　　　　　　　　　　（ibid. : 170）
(14)　社会党には、しらけるどころか、もう見切りをつけたいぐらいだ。
　　　　　　　　　　　　　　　　　　　　　　　　　　　（ibid.）
(15)　商売のじゃまどころか、むしろ助けになる。　　　　（ibid.）
(16)　自民党はこれを抑え込むどころか、逆に押しこまれ、ずるずると後退を続けたというのが実態だ。　　　　　　　　　　　（ibid.）

　服部（2005 : 168）は、「Ｐ どころか」における「Ｐ どころ」の空間メタファーが、この « Ｐ か否か » という問いかけにおける「Ｐ と ^P が分かれるあたりの部分」を指し、「Ｐ どころか」は「そこではない（そこから外れた部分である）」を指す、という説明を与えている。この、「そこではない」部分が Ｐ（あるいは ^P）から高段階（あるいは下方に高段階）を表しているということである。しかし、Ｑ が Ｐ / ^P より高段階であるとする服部の記述では、Ｐ と Ｑ は常に 1 つのスケール上に位置付けられる必要が生じてしまう。だが、「Ｐ どころか」が「Ｐ か ^P かという範疇から外れた部分」を示すのであれば、この定義からすると、このスケールは必ずしも必要ではない要素に思われる。川端（2014 : 73）による批判もそのことに関連するものである。(17)は服部（2005）の図式では対極型に分類されるものと思われる。彼女が「来て

いない」ということは、「帰った」という事態が生じていないことを含んでいるため、Q は ^P より下方に高段階のものとして理解されるということになる。

(17) 彼女が帰ったかだって。帰るどころか来ていないよ。

(川端 2014：73)

しかし、実際のところ、この例は「彼女は帰ったか」という質問に対してなされる返答であり、P すなわち「帰る」はこの問いかけをただ受けているだけである。つまり (17) は「帰ったかどうか」を問題にすること自体が論外であることを述べる発話であり、Q は ^P より下方に高段階なものとして表現されているわけではない。川端（2014：77）はこれを解決するために、服部（2005）のような図式を破棄し、P を「期待」、Q を「反期待」と位置付ける語用論的な説明を試みている。

　しかし川端（2014）のような語用論的な説明に移行せず、服部（2005）の図式の中でこの問題を解決することも不可能ではないと思われる。スケール上に Q が位置付けられる延伸型と対極型という用法の他に、もう 1 つの用法を新たに提案したい。これは、P あるいは ^P の議論の方向性の領域に Q が位置付けられない用法である。これを論外型と名付けることにしよう。例えば、(18a)(19a) が延伸型、(18b)(19b) が対極型であり、(18c)(19c) が論外型に相当する。論外型の特徴は P か ^P かという問いが、Q によって判断不可能、あるいは、判断されることの根拠を失うという点にある。(17) では、彼女が P「帰った」か ^P「帰っていない」かという問いに対して、Q「来ていない」によって返答の根拠となる前提を失い、返答が不可能となる。同じく、(18c) では、良を取るか否かという判断は試験が無くなるということによって判断不可能になり、(19c) では、野球がうまいかどうかの判断は、その人物が野球を始めるには至らない 2 歳児であるということから、その意味をなくしている。

(18) （ある科目の試験で、何とか良を取りたいものだと思っていたが）

(服部 2005 : 168)
    a. 良［を取る］どころか優を取った。　　　　　　　　（ibid.）
    b. 良［を取る］どころか不可だった。　　　　　　　　（ibid.）
    c. 良［を取る］どころか試験自体が無くなってしまった。

(19)　（ある人物について野球がうまいか尋ねられ）
    a. 彼はうまいどころかプロ顔負けだ。　　　　　　（川端 2014 : 72）
    b. 彼はうまいどころかボールの投げ方さえ知らない。　（ibid.）
    c. 彼はうまいどころかまだ 2 歳だ。

　このように、「どころか」に 3 つの用法を設けることにより、「どころか」が持つ機能が、《 P か否か 》という問題設定の妥当性を否定し、その領域外に Q を位置付けることであるという共通の定義によって各用法を統一的に説明することができる。Q がスケール上の P と同一方向に位置づけられれば延伸型、スケール上の ^P と同一方向に位置づけられれば対極型、スケール上に位置付けられなければ論外型である。(19a–c) をモデルに以上のことをまとめると表 1 のようになる。

表 1　「どころか」の 3 用法

「どころか」の 3 用法	例：「(野球が) うまいどころか Q」
延伸型：(P < Q)	「うまい」<「プロ顔負けである」
対極型：(P ≠ ^P < Q)	「うまい」≠（うまくはない）<「ボールの投げ方さえ知らない」
論外型：(P/^P → Q)	「うまい」か否かは意味をなさない。→「まだ 2 歳である」

　次は、この結論から「それどころか」の機能を分析する。

2.2　「どころか」と「それどころか」

　「それどころか」とは、「P どころか」の P の位置に「それ」という代名詞が用いられている形態である。「それ」が先行の事柄を照応するため、「それどころか」における実質的な P は先行文脈に位置付けられる。このことは、P の情報的な価値に違いをもたらすと考えられる。
　「どころか」において、P が話し手の引き受ける情報かどうかは決まって

いない。(20a–b)において、話し手が最終的に引き受けている情報はQすなわち「寒い」である。これに対して、Pの位置には「暑い」も「暑くない」も可能である。もし、Pが話し手の引き受ける情報であるならば、「寒い」と思っている話し手はPにおいて「暑い」と言うことはできないはずである。これは、「どころか」が「« Pか（否か）»という問題設定の妥当性を打消［す］」という服部(2005)の主張とも一致する。これに対して、「それどころか」の場合は、すでに話し手が引き受けた内容に言及するため、(21a)のように、Pの主張と相反するQを主張することはできず、^Pを用いた(21b)のような表現しか許されない。

(20) a. 暑いどころか寒い。
　　 b. 暑くないどころか寒い。
(21) a. *暑い。それどころか寒い。
　　 b. 暑くない。それどころか寒い。

そして、実際に「それどころか」は否定文のあとに用いられることがかなり多い。つまり、「それどころか」の前方の否定文において否定されているPは、^Pとは別に、論証の動きの中で1つの主張として存在していると考えることができるのである[8]。だとすれば、この^Pに含まれるPとQの関係性は、「どころか」における対極型となる。(21b)は「それどころか」の対極型 (P「暑い」 ≠ ^P「暑くない」 < Q「寒い」) であり、(20a)（対極型：P「暑い」 ≠ ^P「暑くない」 < Q「寒い」) に対応するのである。

　もちろん(20b)（延伸型：P「暑くない」 < Q「寒い」）を「それどころか」に対応させても(21b)の形を得ることはできる。その場合(21b)の「暑くない」がPであり、Q「寒い」はPより高段階のものと解釈される。だが、このような形での「それどころか」の延伸型はかなり限られた用例である。まず、「どころか」におけるPは旧情報である必要がある。「どころか」では、(22a)のように、問いに対してPの位置で返答することは不自然である。問いへの返答は聞き手に対する新情報に他ならないからである。(22b)のように、一度返答を行ってからあらためてそれをPで受け直す必要がある。し

たがって(22b)のP「暑くない」はすでに発話された「暑くない」を受けているのであり、問いへの返答ではない。「それどころか」の場合、(23a)の「暑くない」は問いに対する否定の返答(^P)であり、分類としては対極型に解釈されるものである。「暑くない。それどころか寒い。」が延伸型となりうるのは(23b)のような場合である。この「暑くない」は、問いで提示された「暑くない」に同意し、そのまま受けているだけと考えられる。しかし(23b)における問いは通常「暑い」ことが予想される状況で発せられるものであり、その返答も現実に照らし合わせて「暑いか否か」という問いに答えるものであると考えれば、やはり、「それどころか」が^Pを言及する対極型であるという分析が可能である。「それどころか」の延伸型には(24)のような例が考えられる。これは、「どころか」の延伸型(25)に対応するものである。

(22) a.「暑い？」「? 暑くないどころか寒い。」
　　 b.「暑い？」「暑くない。暑くないどころか寒い。」
(23) a.「暑い？」「暑くない。それどころか寒い。」
　　 b.「暑くないの？」「暑くない。それどころか寒い。」
(24)　そこは寒かった。それどころか、零下になることさえあった。
(25)　そこは寒かった。寒いどころか、零下になることさえあった。

したがって、「どころか」について服部(2005)が主張する延伸型と対極型という2つの方向性は「それどころか」においては否定の有無という形で統辞論的にも示されることになる。

　一方、「それどころか」には論外型はないと考えられる。論外型ではPか^Pかについての判断はされないままその意味を失うため、Pも^Pも話者が引き受けることができない。(26a)では、彼女が帰るという行為が生じていないため「帰った」と言うことはできず、(26b)では、「帰ってない」と言うことで「まだそこにいる」という解釈を生じさせてしまうため、いずれも話し手が引き受けることができない。(27)、(28)も同様である。

(26) a. ??帰ったよ。それどころか来ていないよ。

       b. ??帰ってないよ。それどころか来ていないよ。
(27)   ??良を取った／??取れなかった。それどころか試験自体が無くなってしまった。
(28)   ??彼は［野球が］うまい／??うまくない。それどころかまだ2歳だ。

このことから、「それどころか」には、延伸型と対極型のみが存在することがわかる。また、「それどころか」は、一度話し手が引き受けたPないし^Pを撤回、修正するような機能を持っていないと言える[9]。Qを導入した時点においても発話されたPあるいは^Pは返答としての価値を維持しており、論外型のQとは矛盾することとなる。

　ここまで、「どころか」の3つの用法と「それどころか」の対応関係を検討してきた。これをまとめると表2のようになる。「それどころか」における延伸型と対極型の違いは「それ」の言及先の否定の有無によって統辞論的に区別され、論外型は「それどころか」には存在しえない。延伸型ではPが言及され、Pの方向性に高段階なQが導入される一方、^Pが言及され、^Pの方向性に高段階なQが導入されるのが対極型である。

表2　「どころか」と「それどころか」の対応

	どころか	それどころか
延伸型：(P < Q)	Pどころか Q	Pそれどころか Q
対極型：(P ≠ ^P < Q)	Pどころか Q	^Pそれどころか Q
論外型：(P/^P → Q)	Pどころか Q	×

2.3　「それどころか」と論証の動き

　「それどころか」の用いられる環境を観察すると、PとQあるいは^PとQという2項にとどまらない、さらに大きな論証の動きが見えてくる。延伸型と対極型のそれぞれにおいて、「それどころか」を取り巻く構造を記述する。

2.3.1　延伸型：PとQ

　Pが言及され、Pの方向性に高段階のQが導入される延伸型では、Pと

Ｑの議論が方向性を共有する。これは、ＰとＱの議論に一貫性を見出すことができるということである。(29)では、Ｐとして「当該の本が5日で重版になった」ことが言及され、Ｐより高段階なものとしてＱ「海外から翻訳本のオファーが来た」が導入される。このＰとＱは、一貫して当該の本に人気があることを述べている。

(29)　抗がん剤のやめどき
　　　病院からの退院どきは現実には難しいもんやなあ、と感じています。だから、できるだけわかりやすくて、絶対に後悔しないがん治療の本をシコシコと書いたのですが、発売たった5日で重版になりました。それどころか台湾、韓国、中国から早くも翻訳本のオファーが来ました。　　　　　　　　　　　　　　　　　　　（『朝日新聞デジタル』[10]）

(30)では、Ｐとして「大人になってから英語を身につけることが十分に可能である」ことが言及され、Ｐより高段階なものとしてＱ「大人の方が英語の学習に向いているとも言える」が導入される。このＰとＱは、一貫して大人でも英語を学習することができるということを述べている。

(30)　大人になってから英語を身につけることは十分に可能です。
　　　それどころか、脳の専門家の立場からは、「大人のほうが英語の学習に向いている」といってもいいでしょう。　（『朝日新聞デジタル』[11]）

(31)では、Ｐとして「日本はタバコの対策が遅れている」ことが言及され、Ｐより高段階なものとしてＱ「タバコの害悪を否定するような主張がなされている」が導入される。このＰとＱは、一貫して日本においてタバコ対策が不十分であることを述べている。

(31)　すでに欧米をはじめとする先進国では、たばこの健康に及ぼす悪影響は広く国民に周知されています。そして(…)喫煙を減らす政策に国を挙げて取り組んでいます。日本では欧米に比べて対策が遅れていると

言わざるを得ませんが、それどころか最近、「たばこは健康に無害である」とか、「たばこと肺がんは関係がない」とかいう話題がインターネットで語られています。　　　　　　　　　（『朝日新聞デジタル』[12]）

このように、延伸型では、PとQに議論の一貫性を見出すことができる。一方、次に見るように対極型では、^PとQに議論の一貫性が見て取れる。

2.3.2　対極型：P、^PとQ

　^Pが言及され、^Pの方向性に高段階のQが導入される対極型では、Qの前にPと^Pという対立する主張が存在していることになる。ここで、Qと議論の一貫性があるのは^Pである。(32)では、^Pとして「ガラスケースや足元のラインが設置されていない」ことが言及され、^Pより下方に高段階なものとしてQ「絵と一緒に写真を撮っている人がいる」が導入される。P「ガラスケースや足元のラインが設置されている」が、当該の展示が絵画の保護対策を行っていることを意味する一方、^PとQは、一貫して当該の展示が絵画の保護対策を行っていないことを述べている。

(32)　レオナルド・ダ・ヴィンチの「モナ・リザ」、ボッティチェリの「ヴィーナスの誕生」、ピカソの「ゲルニカ」……。(…)どれもガラスケースに入っていなければ、足元に鑑賞を制限するラインもひかれていない。それどころか絵と一緒に写真を撮っている人まで！
　　　　　　　　　　　　　　　　　　（『朝日新聞デジタル』[13]）

(33)では、^Pとして「不適切な治療や見落としなどで患者に身体的な被害を負わせなかった」ことが言及され、^Pより下方に高段階なものとしてQ「周囲の評判が悪くなかった」が導入される。P「不適切な治療や見落としなどで患者に身体的な被害を負わせた」が、当該のニセ医師が周囲を困らせていたことを意味するのに対して、^PとQは、一貫して当該のニセ医師が周囲を困らせていなかったことを述べている。

(33) 最近珍しくなったニセ医師のニュースがありました。医師免許証の写しを使って医師紹介業者に登録するという手口です。「症状が重い人は、他の医療機関での受診を勧めた」そうで、不適切な治療や見落としなどで身体的な被害に遭われた患者さんは幸いにもいないようです。それどころか、「周囲の評判は、悪くなかった」そうです。

(『朝日新聞デジタル』[14])

(34)では、^P として「悪のカケラもない」ことが言及され、^P より下方に高段階なものとしてQ「あまりに善人である」が導入される。P「悪人である」は、当然ながら、当該の役柄が悪人であることを意味する一方、^P と Q は、一貫して当該の役柄が善人であることを述べている。

(34) 映画好きなら、この顔を見ればピンと来ることだろう。思わず110番したくなるようなギラギラした極悪人を一貫して演じてきた。ただ完全な悪には徹しきれず、どこかに人間味が垣間見える。そんな役を十八番にしていた。
　　 しかし、25日公開の「お盆の弟」で演じた映画監督のタカシには悪のカケラもない。それどころか、あまりの善人ぶりに、観客はイライラしつつも、いつのまにか応援させられている。

(『朝日新聞デジタル』[15])

このように、対極型では ^P((34):「悪のカケラもない」) と Q((34):「あまりに善人である」) の議論の方向性に一貫性があり、逆に P((34):「悪人である」) と Q の議論には一貫性がない。2番目の主張(^P)は1番目の主張(P)があることで存在し、3番目の主張(Q)と議論の一貫性を持つ。このような関係性の3つの主張が対極型の構造を成していると言える。そして、一見 P と Q の2段階しか存在しないように見える延伸型にも、実は同様の構造を見出すことができる。

2.3.3　延伸型：P の前段階の主張 O

　対極型 (P ≠ ^P < Q) の ^P の前段階として P が存在すると考えた場合、延伸型 (P < Q) の P にも前段階の主張が存在する。これを O とする。「それどころか」の延伸型の中には、前文脈からの予想を裏切るような事態が P で述べられるケースがある。そのような場合、前文脈から予想される事態が O である。(35) の P は「たった 5 日で重版になる」であるが、P に至る前文脈では、当該の本について筆者がシコシコと書いたガン治療の本だという説明がなされており、「たいして売れはしない」というような事態を O として予想させている。同様に (36) では、放送者側について、筆者が指摘を行うという事態が前文脈で説明され、O として謝罪や訂正を行うことが予想される中で、「詭弁が返ってくる」という P が導入されている。さらにそのような例を P が前文脈の想定通りになるように変更すると、「それどころか」の生起が不自然になる。(35) に対して、P「たった 5 日で重版になる」という事態が想定されやすいように文脈を変更した (35′) では「それどころか」の生起が不自然になる。同様に、(36) の P「詭弁が返ってくる」を、(36′) のように「予想通り」を加えることで、想定内の事態のようにして表すと、「それどころか」が不自然になる。

(35)　　抗がん剤のやめどき
　　　　病院からの退院どきは現実には難しいもんやなあ、と感じています。だから、できるだけわかりやすくて、絶対に後悔しないがん治療の本をシコシコと書いたのですが、発売たった 5 日で重版になりました。それどころか台湾、韓国、中国から早くも翻訳本のオファーが来ました。　　　　　　　　　　　　　　　　　　　　　　　　　　[= (29)]
(36)　　「平穏死」と真逆の「延命死」なのにそれを「平穏死」として放映されていたので、「それは違いますよ！」とメールで指摘したら、「あれを平穏死とは言っていないはず！」との詭弁が返ってきました。それどころか、テレビの画面を写真に撮ってブログに貼っていたら、恐ろしい排除命令が届いて、強制的に剥がされてしまいました。
　　　　　　　　　　　　　　　　　　　　　　　　　　　（『朝日新聞デジタル』[16]）

(35′) ?大ベストセラーの続編を出版し、発売たった5日で重版になりました。
　　　それどころか台湾、韓国、中国から早くも翻訳本のオファーが来ました。
(36′) ?「平穏死」と真逆の「延命死」なのにそれを「平穏死」として放映されていたので、「それは違いますよ！」とメールで指摘したら、「あれを平穏死とは言っていないはず！」と予想通りの詭弁が返ってきました。
　　　それどころか、テレビの画面を写真に撮ってブログに貼っていたら、恐ろしい排除命令が届いて、強制的に剥がされてしまいました。

　つまり、延伸型には、「それどころか」が言及するP以前に、Oという想定される事態があり、このふたつの主張が既になされていることが延伸型が成立する条件となっているのである。
　上で見た例の他にも、Oという主張の想定のされ方には、様々なバリエーションがある。(37)では、Oがあらかじめ明示された上で、そうならないあり方としてPが導入される。まず、Oとして「たとえ話がぴたっとくる」ことが期待値として述べられたのちに、それが満たされないあり方として「たとえ話のピントがずれる」ことも述べられ、これがPとなっている。PはOに対して期待されない事態である。(38)はP自体がOを想定させる例である。(38)のPでは「大人になってからの英語学習が十分に可能であること」が述べられている。このPには、背景に「大人になってからでは英語を学習するのは不可能である」というような言説が想定されていることが感じられる。PはOに対して反論の関係にある。また(39)のように2つの事物が対比されることでOとPが現れる場合もある。(39)では、「欧米をはじめとする先進国」と「日本」の比較が行われ、前者の喫煙対策が「進んでいる」ことがOに、これに対して後者の喫煙対策が「遅れている」ことがPと置かれている。(40)では、「今や」という表現が現在と過去の対比を可能にすることで、OとPが生じている。スポーツと観光の関係について、現在では「切っても切れない間柄であること」がPとして述べられている

が、この前段階としてOには、過去においてスポーツと観光が「近しい関係になかったこと」が想定できる。これらの観察から、文脈上、Oに対してPは対比、対立する内容を含んだものである事が特徴である、と言えるだろう。

(37) 私がそうだったように科学分野を取材する記者たちは、編集者から科学の発見をわかりやすく書くよう求められる。(…) そのときに頼るのが、たとえ話である。ぴたっとくるときもあるが、ときにはピントがずれる。それどころか、科学者から不正確のそしりを受けることもある。　　　　　　　　　　　　　　　（『朝日新聞デジタル』[17]）

(38) 大人になってから英語を身につけることは十分に可能です。
それどころか、脳の専門家の立場からは、「大人のほうが英語の学習に向いている」といってもいいでしょう。　　　　　　　[=(30)]

(39) すでに欧米をはじめとする先進国では、たばこの健康に及ぼす悪影響は広く国民に周知されています。そして(…)喫煙を減らす政策に国を挙げて取り組んでいます。
日本では欧米に比べて対策が遅れていると言わざるを得ませんが、それどころか最近、「たばこは健康に無害である」とか、「たばこと肺がんは関係がない」とかいう話題がインターネットで語られています。
　　　　　　　　　　　　　　　　　　　　　　　　　　　[=(31)]

(40) 日本でも最近、スポーツと観光を一体化させた「スポーツツーリズム」が注目されるようになった。今や「旅」と「ラン」は切っても切れない間柄だ。
それどころか、旅行会社が大会を作ってしまう時代になった。
　　　　　　　　　　　　　　　　　　　　　（『朝日新聞デジタル』[18]）

このように、P, ^P, Qという3つの主張で構成される対極型同様、延伸型においても、Pの前段階として前文脈等からある事態が想定されることでO, P, Qという3つの主張が作られているのである。そして、このように対極型と延伸型双方に3つの主張がある中で、「それどころか」は、2つ目の主

張がなされた後にQを導入する機能を帯びているのである。

ここでは、延伸型のOが、必須要素として積極的に想定されていることを述べたが、対極型においても、その1段階目であるPが前文脈から積極的に想定される。次は、対極型におけるPの想定のされ方を中心に「それどころか」における典型的な論証の動きを記述する。

2.3.4 論証の3段階の動き

対極型では^PがPを明示的にPを含んでいるため、「それどころか」が生起する条件としての2つの主張は担保されている。ゆえに前文脈から必ずしも想定されないようなPであったとしても、対極型の「それどころか」は不自然にならず、Pは前文脈から積極的に想定される必要はないように思われる。しかし実際の例を観察すると、ほとんどの場合において話し手が前文脈の中で積極的にPを想定させようとしていることが読み取れる。これを行う論証の流れは前文脈に存在し、一定のパターンを持ったスキーマで記述することができる。

まず具体例を通じて見てみよう。(41)で話題になっているのはある特殊な美術館である。この美術館が展示するのは陶板に転写した複製画であるが、まだそのことは(41)の時点では読者に明かされていない。(41)ではこの美術館(x)についてその展示物が世界的に貴重な絵画であること(y)が述べられることで、P「ガラスケースや足元のラインが設置されている」という推測がなされている(この美術館(x)は、世界的に貴重な絵画を展示している(y)からして、そのような絵画を展示しているような他の美術館(Xy)から推測されるように、ガラスケースや足元のラインを設置している(P)であろう)。このPの否定(^P)の後にQが導入されることで、その美術館(x)が予想を超えた「世界的にもユニークな美術館(当該記事より)」であることが表現されている。このようにPの想定は、ある物事(x:当該の美術館)にある条件(y:貴重な物を展示している)が加わることでなされる。xはPとQに共通するテーマであり、P, ^P, Qのどれが選択されるかによってなされる価値判断の対象である。yはxについてPと述べる根拠となる判断材料である。ある物事(x)にある条件(y)が加わることで、一般性を持った同様のケース(Xy：貴

重な物を展示するような他の美術館）との対比が可能となり、これがPとして提示されるのである。

(41) レオナルド・ダ・ヴィンチの「モナ・リザ」、ボッティチェリの「ヴィーナスの誕生」、ピカソの「ゲルニカ」……。（…）どれもガラスケースに入っていなければ、足元に鑑賞を制限するラインもひかれていない。それどころか絵と一緒に写真を撮っている人まで！
[=(32)]

(42)では、ある映画の役(x)が話題となっている。その役柄についていつも悪人役を演じている役者が演じていること(y)が述べられることでP「(当該の役が)悪人である」という推測が正当化されている（この役(x)は、この役者が演じている(y)からして、この役者が演じた他の役(Xy)から連想されるように、悪人(P)であろう）。このPの否定(^P)の後にQが導入されることで、その役柄(x)が予想を超えたものであることが表現されている。

(42) 映画好きなら、この顔を見ればピンと来ることだろう。思わず110番したくなるようなギラギラした極悪人を一貫して演じてきた。ただ完全な悪には徹しきれず、どこかに人間味が垣間見える。そんな役を十八番にしていた。
しかし、25日公開の「お盆の弟」で演じた映画監督のタカシには悪のカケラもない。それどころか、あまりの善人ぶりに、観客はイライラしつつも、いつのまにか応援させられている。 [=(34)]

(43)では、あるニセ医者(x)が話題となっている。この例においてP「不適切な治療や見落としなどで患者に身体的な被害を負わせた」という推測を正当化する根拠となる(y)は、この当該の人物がニセ医者であるということ自体である。つまり、この当該のニセ医者(x)は、ニセ医者である(y)からして、いわゆるニセ医者(Xy)から連想されるように、不適切な治療や見落としなどで患者に身体的な被害を負わせた(P)のであろう、という一連の推論

メカニズムが働いている。そして、この P の否定（^P）の後に Q が導入されることで、そのニセ医者 (x) が予想を超えたものであることが表現されている。

(43) 最近珍しくなったニセ医師のニュースがありました。医師免許証の写しを使って医師紹介業者に登録するという手口です。「症状が重い人は、他の医療機関での受診を勧めた」そうで、不適切な治療や見落としなどで身体的な被害に遭われた患者さんは幸いにもいないようです。それどころか、「周囲の評判は、悪くなかった」そうです。[=(33)]

対極型では、^P が定まった状態で「それどころか」が出現するが、そこに至る前には P を推論するような論証の動きがある。そして、P を推論する時点から、Q に至るまで共通のテーマ (x) が立っている。x のあり方を表現する P, ^P, Q という一連の値の移行の中で、「それどころか」は ^P が述べられた後に現れ、Q を導入するのである。

延伸型にもこれに近い論証の動きを見出すことができる。(44) の x は「たとえ話」である。前文脈では、科学の発見をわかりやすく書こうとする場合にたとえ話に頼る、ということが述べられ、見込まれる値として「（常に）ぴたっとくる」という O が与えられる。その上で、O を裏切る値として P「ときにピントがずれる」が述べられ、「それどころか」が 3 段階目の値 Q「不正確のそしりを受ける」を導入している。

(44) 私がそうだったように科学分野を取材する記者たちは、編集者から科学の発見をわかりやすく書くよう求められる。(…) そのときに頼るのが、たとえ話である。ぴたっとくるときもあるが、ときにはピントがずれる。それどころか、科学者から不正確のそしりを受けることもある。
[=(37)]

つまり、対極型、延伸型を問わず、当該の事物 (x) が想定される値を有していないことが述べられた時点で生起条件である 2 つの主張が提出され、「そ

れどころか」が導入されるということである。「それどころか」は想定の範囲であるか否かというレベルを超えた x のあり方を Q として導入するのである。

　ただし、今見たような一般性をめぐる論証の流れは「それどころか」の生起環境を準備しやすい 1 つのパターンに過ぎない。2.3.3 では、対比の文脈が「それどころか」の生起環境となっている延伸型の例 (39)(40) を見た。対極型にも対比の文脈の例がある。(45) では、「ミネソタ州のセントポール市」と「ネブラスカ州のセントポール市」が比較され、その文脈の中で、x である「ネブラスカ州のセントポール市」が「ミネソタ州のセントポール市」と同じ「州都」という値を持つか否かが検討されることで P と ^P という 2 つの主張が提示され、「それどころか」が Q を導入している。

(45) 米国のセントポール市といえば、ミネソタ州のセントポール市を思い浮かべるのが普通だと思う。ミネソタ州の州都で、かなり有名だから。(…) さて。ネブラスカ州にもセントポールという名の市がある。こちらは州都ではない。それどころか、人口 2500 人ほどという小さな市。　　　　　　　　　　　　　　　　　　　（『朝日新聞デジタル』[19]）

対比の文脈では、x に比較対象があることで、比較対象の値が生じ、その値が x に当てはまらないことが述べられると、そこにもう 1 つ別の値が生じる。これが「それどころか」の生起環境である 2 つの主張を準備し、「それどころか」が対比という文脈を超えた x 独自のあり方として 3 段階目の値を導入するのである。

2.4 「それどころか」まとめ

　「どころか」の前方照応型の形態である「それどころか」について、対極型、延伸型というふたつの用法があることを明らかにし、その論証の動きを記述した。対極型の論証の動きには P, ^P, Q という 3 つの値が関わっており、^P から Q への移行において「それどころか」が機能している。多くの例において P では一般性を持ったあり方 (Xy) が表現され、^P はそれを否定する。

「それどころか」によって導入される Q は ^P との一貫性を持ち、^P の方向性に高段階の値となる。延伸型の論証の動きには O, P, Q という 3 つの値が関わっており、P から Q への移行において「それどころか」が機能している。前文脈等において O が想定され、P では O を裏切るあり方が表現される。「それどころか」によって導入される Q は P との一貫性を持ち、P の方向性に高段階の値となる。

　このような観察から、次のような考察をすることができる。まず、延伸型と対極型において、共通した論証の動きが見て取れる。議論の簡略化のために、延伸型の O, P, Q と対極型の P, ^P, Q を、その順に値 1、値 2、値 3 と名付けるとする。テーマとなる当該の事物 (x) について、あるあり方が値 1 として想定されると、値 2 はそれを裏切るあり方を表現し、値 2 を照応する形で「それどころか」は値 3 を導入する。そのような動きの中で「それどころか」は、「どころか」の機能によって、言及した値 2 (P あるいは ^P) を「P か否か」という問いのレベルに引き戻し、その問いの妥当性を否定した上で値 3 を導入する。ただし、ここでいうところの妥当性とは、「P か否か」を問題とすることが、当該の事柄 (x) のあり方を十全に表現するものなのか、という意味での妥当性である。2.2 で述べた通り「それどころか」は前言を撤回、修正する機能を持たず、値 2 の事実性は話し手に担保されたままとなる。従って、値 2 は表現としての妥当性のみを失い、その妥当性を持つものとして値 3 が導入されるのである。「それどころか」は、x を表現する値 1 と値 2 が与えられ、値 2 が選択された状態から、値 2 が物足りないことを示唆し、さらに優れて x のあり方を表現する値 3 を導入しているのである。

　次の節では、「それどころか」について行った分析をもとに、loin de là の比較分析を行う。

3　loin de là に関する考察

　フランス語の loin de là は「それどころか」と一見似たような意味を持っているように思える。しかし、その項構造や論証の動きを細かく見ることでこの 2 つの表現の差異が見えてくる。そして、その差異を明らかにすること

で、loin de là が談話中で果たす機能についての考察が可能となる。

3.1　Q の不在

「それどころか」の機能の主眼は Q の導入にあるのに対して、loin de là は Q を積極的には導入しない。多くの例において loin de là は（46）のように前項文末に位置するか、（47）のように前項の直後に独立して置かれる。また、段落の最後に loin de là が置かれることもある。（48）は記事のリード文の最後に loin de là が位置する例である。

(46)　Des films de cette époque, tous ne sont pas conservés, *loin de là*. La création de l'association de la Cinémathèque était aussi une idée utile de 1936 !　　　　　　　　　　　　　　　　　　　　　(*Franceinter.fr*[20])

(Not all the films of that period are kept *far from it*. The creation of the Cinematheque association was also a useful idea for 1936!)

（この時代の映画の中で、全てが残っているわけではない、[loin de là][21]。シネマテークの創設が実行に移されるのも 1936 年になってからなのだ。）

(47)　Ce n'étaient pas des voitures de luxe qui intéressaient ces malfaiteurs. *Loin de là*. Non, c'étaient plutôt de petites berlines françaises qui étaient ciblées.
　　　　　　　　　　　　　　　　　　　　　　　　　　(*La Provence.com*[22])

(It was not luxury cars that interested these criminals. *Far from it*. No, it was rather small French sedans that were targeted.)

（犯罪者たちを引きつけていたのは高級車ではない。[loin de là]。違う、むしろ標的とされていたのはフランスの小型のセダンなのだ。）

(48)　(...) Hillary Clinton sera la candidate du parti démocrate, la première femme de toute l'histoire politique des États-Unis à représenter un des grands partis dans la bataille pour la Maison-Blanche. Une bataille qui s'annonce pour être d'autant plus singulière qu'elle l'opposera au candidat le plus impopulaire auprès des femmes depuis… toujours peut-être. Et pourtant, ce n'est pas gagné pour elle. *Loin de là*. 　(*Le journal de Montréal*[23])

(Hillary Clinton will be the Democratic Party's nominee, the first woman in the political history of the United States to represent one of the major parties in the battle for the White House. A battle that promises to be even more remarkable as she will oppose the most unpopular candidate among women since... maybe ever. And yet it is not going to be an easy win for her. *Far from it.*)

（ヒラリー・クリントンは民主党の候補者となる。ホワイトハウス入りをかけた戦いに有力政党を代表して出馬するアメリカ政治史上初めての女性となるということである。この戦いが他に類を見ないものとなる理由がさらにある。ヒラリー・クリントンが大統領選を争うことになる相手はおそらく有史以来最も女性に不人気な候補なのだ。しかしながら、ヒラリーの楽勝とも言い切れない。[loin de là]。）

　しばしば loin de là と同義とされるフランス語の連辞に au contraire がある。au contraire もまた、前項に否定文を取る用法があるが、その生起位置は loin de là と異なる。au contraire も loin de là と同じく (49) のように前項文末に位置し、Q に該当する明示的な後項を導入しないこともあるが、明示的な後項を導入する場合においては、au contraire は (50)、(51) のように後項の文頭や文中に位置することが多い。

(49) La candidate à la candidature pour la primaire de la droite et du centre n'a pas pour habitude d'être une grande détractrice du pape, *au contraire*.

(*Marianne*[24])

(A candidate for nomination to the primary of right and center is not used to being very detractive to the Pope, *on the contrary*.)

（中道右派政党の党予備選に立候補中の彼女は普段から教皇を激しく非難しているわけではない、反対である。）

(50) La France est en guerre avec l'État islamique, soit, mais ce n'est pas une raison pour tout voir au prisme de cette guerre-là. *Au contraire*, il faut se demander quels sont les mobiles des terroristes qui lui préexistent.

(*Libération*[25])

(France is on war with Islamic State very well, but that's not a reason to see everything through the prism of that war. *On the contrary*, we must ask what is the motivation of terrorists pre-existing before it.)

（フランスはイスラム国と戦争状態にある。それは認めよう。しかし、だからと言って、何でもかんでもその戦争を通して理解しようとしてはいけない。反対に戦争以前にテロリストたちを動かしていた動機がどのようなものであったかを考えなくてはならない。）

(51) En fait, *The Assassin* n'a rien d'une concession à l'industrie ; c'est *au contraire* la pleine continuation du cinéma de Hou Hsiao-hsien dans un autre cadre, mais dans ses propres termes, ceux d'une veine historique (...).

(*Le Monde.fr*[26])

(In fact, The Assassin is not a concession to the industry; *on the contrary*, the full continuation of the movie of Hou Hsiao-hsien in another context, but in his own words, those of a historical vein (...).)

（実際、『黒衣の刺客』には業界への譲歩といった部分は全く見られない。この作品は逆にホウ・シャオシェン映画の別枠の連作の中に完全に組み込まれるものであり、それは彼自身の言葉で言うところの歴史の血脈という枠組みのものである。）

このことから、Qの導入に積極的に関わる au contraire と異なり、loin de là は前方の否定文に続いて発話された時点で、後項であるところのQを予告することなく、1つの論証を完了させていると考えられる。生起位置の分布から、au contraire は、明示的なQを導入しない(49)のような例においても、省略的な形でQを導入していると推測できる一方、loin de là はそもそもQを導入していないように思われる。loin de là に後方の文が連結している例も存在するが、そこでは大概において別の接続詞が導入する項があり、別の論証が行われている。(52)や(53)で loin de là の後方にあるのは loin de là ではなく mais や puisque の導入する論証である。また、(54)の loin de là の後方には接続詞はなく、内容的にも loin de là の後項つまりQとして認められそうなものであるが、loin de là とその後方はコロン(:)で隔てられている。ここではコロンは前文の発話意図を説明するために用いられている。つま

り、否定文とそれに続く loin de là で 1 つの発話が完了しているため、その内容を明示するにあたって、発話意図の説明という別の論証を行っているのである。

(52) Malgré ses grands airs de boule de laine toute mignonne, Yoshi Woolly World apporte tout de même un peu de défi. Pas impossible, *loin de là*, mais le challenge est bien présent (…). (*ActuGaming.net*[27])
(Despite its great music with very cute wool ball, Yoshi Woolly World brings still a bit of challenge. Not impossible, *far from it*, but the challenge is certainly present (…).)
(とても可愛らしい毛糸玉のスペクタクルといった感じのゲームだが、それでも『ヨッシーウールワールド』には若干挑戦的な要素がある。攻略不可能ではない、[loin de là]、だが難度はそれなりに高いものだ。)

(53) Cette taille et ce poids représentent donc une moyenne, mais absolument pas une case dans laquelle il faut se glisser. De même que cette affirmation qui dit que "la femme française est mince" : *loin de là*, puisque selon l'Institut Français du Textile et de l'Habillement, seules 13,15% de nos concitoyennes peuvent se glisser dans un habit en dessous de la taille 38 ! Toutes les autres se trouvent au-dessus. (*Cosmopolitain*[28])
(Thus this size and weight represent an average, but absolutely not a case in which to slip. The same as this statement that says "the French woman is slim": *far from it*, because according to the French Institute of Textiles and Clothing, only 13.15% of French women can slip into a garment under the size 38! All others are above.)
(つまりこの身長と体重は平均値を表しているわけだが、体を押し込めるための枠ではない。「フランス女性はやせている」というあの宣言もまた同様である。[loin de là]。フランス繊維・衣服研究所によると、38 以下のサイズを着ることができるフランス人女性はたったの 13.15% に過ぎないのだ！それ以外は皆、より大きなサイズとなる。)

(54) Ce ne sont pas les seuls à avoir cédé aux charmes du Delaware, *loin de*

là : la majorité des entreprises américaines cotées en Bourse y sont aussi enregistrées. （*Capital.fr*[29]）
(They are not the only ones who were lured by the charms of Delaware, *far from it*: the majority of US companies listed on the American Stock Exchange are also registered there.)
((ヒラリー・クリントン氏とドナルド・トランプ氏が自分の会社を多くデラウエア州に登録させていることに触れ、)デラウエア州の魅力に屈したのは彼らだけではない、[loin de là]。アメリカの上場企業の大部分もまたデラウエア州登録となっているのである。)

このように、loin de là は Q の導入という機能を積極的に担っているとは言いがたく、その点で「それどころか」と大きく異なっている。そして、これは loin de là と「それどころか」の後方における差異であるが、前方においても差異は存在する。

3.2　前方文脈と P の関係性

　フランス語の loin de là は否定文の後に導入される。このあり方は、「それどころか」の対極型との共通点である。その一方で、loin de là に「それどころか」の延伸型に対応する用例は見受けられない。否定文であることが求められる loin de là の前項における論証の流れには、「それどころか」の対極型と同様に、^P の前に P の主張があると考えることができる。「それどころか」の対極型の多くの例では、P は前文脈から一般性を持って想定されていたが、loin de là の P のあり方は少し異なる。とはいえ、loin de là においても、前文脈と関係なく P が与えられているわけではない。(55) の ^P は « l'hôtel n'est pas entièrement privatisé »「ホテルが完全に貸し切られているわけではない」である。その前では、フランス代表チームが試合の前に厳戒態勢にあることが述べられている。このような前置きがなされる中で、« l'hôtel est entièrement privatisé »「ホテルが完全に貸し切られている」という P が与えられている。2.3.4 で用いた記号を使うと、この場合、x は当該のホテル、y はフランス代表チームが厳戒態勢にあることである。

(55) Même si l'équipe de France vit en vase clos et sera privée aujourd'hui avant le déjeuner de sa traditionnelle promenade de jour de match pour des raisons de sécurité, l'hôtel n'est pas entièrement privatisé. *Loin de là*. A la sortie, on croise Terry, un client américain, (...), qui ignore l'identité de ces hôtes très particuliers.　　　　　　　　　　　　(*Le Parisien*[30])

(Although the French team remains behind closed doors and will be denied its traditional match day stroll today before lunch, for security reasons, the hotel is not fully sealed off from the outside. *Far from it*. At the front door, we come across Terry, an American customer, (...), who knows nothing of the identity of these very special guests.)

（フランス代表チームは外部との接触を断って過ごし、伝統となっている試合日の昼食前の散歩も今日は警備上の都合から諦めざるをえない格好であるが、ホテルが完全に貸し切られているわけではない。[loin de là]。出口では、テリーというアメリカ人の宿泊客に出くわしたが、その特別なゲストの正体は知らなかった。）

(56)の^P は « le petit frère d'Annie n'a pas vraiment fait preuve de classe »「アニーの弟が品性を示したとは言えない」である。その前では、問題のメッセージが（弟がその恋人に）別れを告げるものであることが述べられている。このような前置きがなされる中で、« le petit frère d'Annie a fait preuve de classe »「アニーの弟が品性を示した＝品性を持って別れようとした形跡が読み取れる」という P が与えられている。（この場合、x はアニーの弟、y は恋人に別れのメッセージを送っているという状況である。）

(56) C'est avec étonnement qu'Annie Williams a consulté les messages de rupture que son petit frère et son ex-copine s'étaient envoyés. Le moins que l'on puisse dire, c'est que le petit frère d'Annie n'a pas vraiment fait preuve de classe. *Loin de là*...　　　　　　　　　　　　(*Sudinfo.be*[31])

(It was with astonishment that Annie Williams perused the break-up messages her younger brother and his ex-girlfriend had sent each other. The least we can

say is that Annie's younger brother had not really behaved gentlemanly. *Far from it*...)
(アニー・ウィリアムスは弟とその元彼女が別れた時にやりとりしたメッセージを覗いて驚かずにはいられなかった。少なくとも言えることは、アニーの弟が品性を示したとは必ずしも言えないということである。[loin de là]。)

(57) の ^P は « l'accident de samedi n'a pas été le seul »「土曜日の事故は唯一のものではなかった」である。その前では、土曜日に大きな交通事故があったことが既に伝えられていたことが述べられている。このような前置きがなされる中で、« l'accident de samedi a été le seul »「土曜日の事故は唯一のものであった」という P が与えられている。(この場合、x は当該週末の交通に関する状況、y は土曜日に大きな事故が起こったことが既に話題になっているという状況である。)

(57) Nous avions déjà évoqué ce spectaculaire accident impliquant pas moins de quatre véhicules, (...), survenu samedi, (...). Mais il n'a pas été le seul, *loin de là*. Pas moins de cinq autres accidents se sont produits entre vendredi et dimanche... (*NordEclair.be*[32])
(We had already discussed this spectacular accident involving no less than four vehicles, (...), that occurred Saturday, (...). But it was not the only one, *far from it*. No fewer than five other accidents took place between Friday and Sunday...)
(4台もの車両を巻き込んだ土曜日のあの大事故を我々はすでに伝えているところであるが、あれは唯一の事故ではなかった、[loin de là]。金曜から日曜にかけて他に5件もの事故が起きていたのだ。)

このように、loin de là は、前文脈を引き継いで P が提示され、これを否定したのちに導入されているように見える。しかし、loin de là の話し手は、「それどころか」の対極型 (P ≠ ^P < Q) の話し手ほど、前文脈から P を想定しているようには思われない。(55)や(56)では、前文脈から一般性を持って

P が想定されていると考えることもできる。(57)においても、当該の週末において土曜日の交通事故ばかりが話題に上がっていたような状況があれば、P「土曜日の事故が唯一のものであったこと」が想定されるのは不自然ではない。しかし(58)の P が前文脈から一般性に依拠する形で想定されると言うことはもはやできない。(58)の ^P は « cette émission n'a pas été choisie au hasard »「この番組が行き当たりばったりで選ばれたわけではない」であり、P が « cette émission a été choisie au hasard »「この番組が行き当たりばったりで選ばれた」となる。前文脈では、とある(現在週 5 日で放送中の)カラオケ番組が終了予定の番組の時間帯にも放送されることが述べられている。この前文脈から一般性に依拠した当然のあり方として P を想定することは難しい。loin de là の後方では接続詞 puisque「知っての通り」に導かれた節が続き、^P が選択される理由が聞き手の既知のものとして導入されている。

(58) (...) "N'oubliez pas les paroles", (...), prendra la place du jeu le samedi entre 18h45 et 19h45. Cette émission de karaoké sera donc diffusée six jours par semaine. Elle n'a pas été choisie au hasard, *loin de là*, puisque c'est le jeu qui enregistre les meilleurs scores de la chaîne.　　　(*metronews*[33])
("Don't forget the lyrics," (...) will take the place of the game between 18:45 and 19:45 on Saturdays. This karaoke program will thus be broadcast six days a week. It was not chosen randomly, *far from it*, since that game scores the highest ratings of the channel.)
(「歌詞を忘れるな［田代注：番組タイトル］」が毎週土曜 18 時 45 分から 19 時 45 分のバラエティ番組の後釜となる。したがってこのカラオケ番組は週 6 日で流されることになる。この番組は行き当たりばったりで選ばれたわけではない、[loin de là]、ご存知の通りこの番組はその局で一番の数字を取っている番組なのだから。)

(59)も同様である。(59)の ^P は « les résultats obtenus chez les souris ne se transposent pas toujours chez l'homme »「ネズミに対して得た結果が常に人間に置き換えられはしない」であり、P が « les résultats obtenus chez les souris se transposent toujours chez l'homme »「ネズミに対して得た結果は常に人間に置き換えられる」となる。前文脈で既に、免疫治療の効果が人間に対してまだ実証できておらず、専門家が慎重な態度であることが述べられている中で、自然に ^P が選択されている。前文脈から一般性を持って P を想定するような話し手の意図は感じない。

(59) Si ces résultats semblent prometteurs, les spécialistes restent néanmoins prudents. "Bien que cette recherche soit vraiment intéressante, on est encore loin de prouver les bénéfices pour les patients", a noté (…) Alan Melcher, spécialiste d'immunothérapie (…). En effet, les résultats obtenus chez les souris ne se transposent pas toujours chez l'homme, *loin de là*.

(*Gentside*[34])

(If these results seem promising, experts nevertheless remain cautious. "Although this research is really interesting, we are still far from proving the benefits to patients," noted (…) immunotherapy specialist Alan Melcher, (…). Indeed, the results obtained on mice do not always extend to humans, *far from it*.)

(この結果は期待を持たせてくれるものに思えるが、専門家たちはあくまで慎重である。「この研究は実に興味深いものですが、まだまだ患者への効果を実証するには至りません。」免疫療法の専門家、アラン・メルシェルは述べる。実際、ネズミに対して出た結果が常に人間に置き換えられるわけではない、[loin de là]。)

このように、論証の流れにおいて loin de là の P は必ずしも前文脈から一般性を持って想定されるものではない。むしろ、否定とともに１つの議論の方向性を作り出すために導入されていると考えられる。(58)では、当該の番組が選ばれた理由があることを述べるために、逆の議論の方向性を持つ P が導入され、(59)では、免疫療法が臨床で用いられるにはまだ至らないことを述べるために、逆の議論の方向性を持つ P が導入されている。

3.3 　loin de là まとめ：「それどころか」との比較からわかること

　loin de là は Q を導入する機能を持たない点と常に ^P の後ろに用いられる点において「それどころか」と異なる。否定の後方で用いられる点においては「それどころか」の対極型と類似の特徴が見出されるものの、そこで否定されている P のあり方は前文脈から想定されるものというよりも、その先で行われる別の議論のために導入されているものである。このような差異が認められることから、次のような考察が可能となる。

　その対極型において、「それどころか」が言及するものは P と ^P である。「それどころか」は、P と ^P という 2 つの主張があることで生起が可能となり、この 2 つの選択肢の内 ^P が選ばれたことを問題とする。そのため、照応先はあくまで P と ^P である。延伸型 (O ≠ P < Q) においても、O が推測され、P がそれを裏切るものであれば、「それどころか」は、この 2 つの主張に言及しつつ、P の議論の方向性の先に Q を導入することができる。それに対して loin de là は、「それどころか」の対極型に類似する環境 (P ≠ ^P) に生起するものの、^P ではなく P に言及する。loin de là における前項の否定は、P の否定というよりむしろ談話中に P を導入するためのものであり、導入される P は 1 つのものの見方（視点）であると言える。田代 (2015)では、au contraire が視点の差異を問題にする用法について扱い、その論証の動きを記述するスキーマが loin de là の用例の記述にも応用可能であることを示した[35]。このスキーマとは、対話的な構造を持ったものであり、視点 (P) は、否定によって話し手が組みしない視点として導入され、その対話スキーマにおける話し手の相手となる。au contraire の用法では、視点 (P) の行う主張を話し手が否定（否認）し、話し手自らの主張を視点 (P) の主張と極端な対立関係にある主張として導入することで論証的な表現効果を作り出している。一方、3.1 の議論を踏まえれば、loin de là では話し手の主張は導入されないことになり、au contraire と同じやり方で loin de là の記述を行った田代 (2015) のスキーマは若干の修正が必要になる。むしろ、話し手は、具体的な主張を介さず、視点 (P) から自らの視点が「遠く離れている (loin)」ことを述べることで、発話意図を表現しているのである。したがって、loin de là が生起するためには話し手が組みしない視点 (P) が必要であり、loin de là

に延伸型が見受けられないのは、否定によって談話中に導入される視点（P）が延伸型には存在しないからである[36]。そして、loin de là の表現意図が視点（P）との距離感を示すことのみにあるため、loin de là はあくまで P に対して発話され、Q を導入するような機能は果たさないのである。

4 　おわりに

　「それどころか」と loin de là という日本語とフランス語の類似表現について、それぞれの表現を取り巻く論証の動きの記述を行い、この 2 つの表現が談話中で果たしている機能について考察を行った。用法における最も大きな共通点は共に否定の後ろで用いられることであるが、そこで否定されている項の談話中の位置付けがその差異の中心となっていた。「それどころか」は、談話中ですでに想定されているものが否定された時に生じた 2 つの値から 3 つ目の値を導入し、loin de là は否定を用いて導入されたある視点から遠く離れた所に、その視点に組みしない話し手の視点を位置付ける。異なる言語において談話レベルで機能する 2 表現を単純にその意味から比較するのは容易ではないものの、このように、観察の領域を広く取り、その表現を取り巻く論証の動きを記述することで、それぞれの表現が談話中で果たす役割をあぶり出すことが可能なのである。このような方法論を用いて、日本語やフランス語における連結辞や否定のあり方について、特に「それどころか」やloin de là に限らず、「逆に」や au contraire といった対立を表すとされる表現が互いにどのような意味上の関係性を成しているのか、あるいは、今回扱った「それどころか」や loin de là のような空間メタファーが各言語の中でどのような論証の動きを作っているのか、またその論証の動きの作られ方に言語間の違いが見出せるのか等、さらに考察を深めていきたい。

注

1 　この日本語は、「それどころか」で文が切れており、日本語としてはやや不自然であ

るが、文意は通じるのでそのまま引用する。なお他の和仏辞典では、『スタンダード和佛辞典』が「それどころか」の訳語として loin de là を挙げている。

2　以下、例文中における loin de là 等フランス語連結辞の強調は田代によるもの。

3　web ページ *Montres-de-luxe.com* 掲載記事より引用。
　　<http://www.montres-de-luxe.com/Paris-ville-dangereuse-pour-les-montres-de-luxe_a11766.html> 2016.7.30

4　web ページ *Le Matin* 掲載記事より引用。
　　<http://www.lematin.ch/euro2016/international/vivement-commence/story/31939200> 2016.7.30

5　web ページ『朝日新聞デジタル』掲載コラムより引用。
　　< http://www.asahi.com/articles/DA3S12122313.html> 2016.7.30

6　服部 (2005) の言う「Q が ^P よりも下限が高い」とは、Q が ^P より下方に向かって位置づけられる、という意味である。これ以降、この ^P と Q の関係性を、下方に高段階と述べることとする。

7　# という記号は服部 (2005) が用いているもので、これといった言及はないものの、? よりも強い不自然さを示しているものと思われる。

8　ここで言う「主張として存在する」とは、連結辞を取り巻く論証の動きの中で独立した項を形成していることを意味する。

9　口語表現ではあるが、次の例のように、「というか (ていうか)」といった前言を撤回、修正する表現を用いれば文の不自然さはなくなる。
　　ex. a. 帰ってないよ。というか来ていないよ。
　　　　b. 良を取れなかった。というか試験自体が無くなってしまった。
　　　　c. 彼は［野球が］うまくない。というかまだ 2 歳だ。

10　web ページ『朝日新聞デジタル』掲載コラムより引用。
　　<http://www.asahi.com/articles/SDI201510257291.html> 2016.7.30

11　web ページ『朝日新聞デジタル』掲載コラムより引用。
　　<http://www.asahi.com/and_M/information/pressrelease/CPRT201513825.html> 2016.7.30

12　web ページ『朝日新聞デジタル』掲載コラムより引用。
　　<http://www.asahi.com/articles/SDI201512104752.html> 2016.7.30

13　web ページ『朝日新聞デジタル』掲載コラムより引用。
　　<http://www.asahi.com/and_M/interest/SDI2016031411561.html> 2016.7.30

14　web ページ『朝日新聞デジタル』掲載コラムより引用。
　　<http://www.asahi.com/articles/SDI201509252982.html> 2016.7.30

15	web ページ『朝日新聞デジタル』掲載コラムより引用。 <http://www.asahi.com/articles/DA3S11878783.html> 2016.7.30
16	web ページ『朝日新聞デジタル』掲載コラムより引用。 <http://www.asahi.com/articles/SDI201511059800.html> 2016.7.30
17	web ページ『朝日新聞デジタル』掲載コラムより引用。 <http://webronza.asahi.com/science/articles/2015071900002.html> 2016.7.30
18	web ページ『朝日新聞デジタル』掲載コラムより引用。 <http://www.asahi.com/articles/DA3S12271073.html> 2016.7.30
19	web ページ『朝日新聞デジタル』掲載コラムより引用。 <http://www.asahi.com/articles/DA3S12004947.html> 2016.7.30
20	web ページ *Franceinter.fr* 掲載コラムより引用。 <https://www.franceinter.fr/emissions/la-marche-de-l-histoire/la-marche-de-l-histoire-07-juin-2016> 2016.7.30
21	この章で述べるような差異のあり方から、loin de là を「それどころか」に直接置き換えることは難しい。そのため、この例以降、和訳文においては、[loin de là] という形で loin de là の生起位置のみマークしていくこととする。
22	web ページ *La Provence.com* 掲載記事より引用。 <http://www.laprovence.com/article/faits-divers-justice/3914550/bouches-du-rhone-un-trafic-de-pieces-de-voitures-demantele.html> 2016.7.30
23	web ページ *Le journal de Montréal* 掲載記事より引用。 <http://www.journaldemontreal.com/2016/06/08/hillary-la-femme-du-moment> 2016.7.30
24	web ページ *Marianne* 掲載記事より引用。 <http://www.marianne.net/contre-accueil-refugies-nadine-morano-s-prend-meme-au-pape-100242202.html> 2016.7.30
25	web ページ *Libération* 掲載記事より引用。 <http://www.liberation.fr/debats/2016/07/17/arretons-de-crier-au-calife-comme-on-crie-au-loup_1466441> 2016.7.30
26	web ページ *Le Monde.fr* 掲載記事より引用。 <http://www.lemonde.fr/cinema/article/2016/03/08/the-assassin-la-melancolie-de-la-tueuse-au-sabre_4878351_3476.html#8jFr81gZe0svGWQF.99> 2016.7.30
27	web ページ *ActuGaming.net* 掲載記事より引用。 <http://www.actugaming.net/test-yoshis-woolly-world-wii-u-15016/> 2016.7.30
28	web ページ *Cosmopolitain* 掲載記事より引用。

\<http://www.cosmopolitan.fr/,la-francaise-moyenne-fait-62-4kg-pour-1m62,1914893.asp\> 2016.7.30

29 webページ *Capital.fr* 掲載記事より引用。
   \<http://www.capital.fr/a-la-une/politique-economique/delaware-10-chiffres-pour-mieux-cerner-ce-havre-fiscal-en-plein-caeur-des-etats-unis-1124737\> 2016.7.30

30 webページ *Le Parisien* 掲載記事より引用。
   \<http://www.leparisien.fr/sports/football/euro-2016/sous-bonne-escorte-10-06-2016-5870357.php\> 2016.7.30

31 webページ *Sudinfo.be* 掲載記事より引用。
   \<http://www.sudinfo.be/1564370/article/2016-05-04/ce-jeune-homme-est-a-l-origine-d-une-des-ruptures-les-plus-brutales-et-les-plus\> 2016.7.30

32　webページ *NordEclair.be* 掲載記事より引用。
   \<http://www.nordeclair.be/1592224/article/2016-06-07/boum-boum-badaboum-dans-les-rues-de-mouscron-ce-week-end\> 2016.7.30

33 webページ *metronews* 掲載記事より引用。
   \<http://www.metronews.fr/culture/adieu-mot-de-passe-sur-france-2-c-est-nagui-qui-prend-le-relais-avec-n-oubliez-pas-les-paroles/mped!vHdUj9QXmdg/\> 2016.7.30

34 webページ *Gentside* 掲載記事より引用。
   \<http://www.maxisciences.com/cancer/un-vaccin-universel-contre-le-cancer-montre-des-resultats-prometteurs_art38069.html\> 2016.7.30

35 au contraire には、視点の差異を問題にする用法（論証タイプ）とテーマの差異を問題にする用法（非論証タイプ）がある（cf. 田代 2013）。田代（2015）では、このうち au contraire の論証タイプの用例における論証の動きと loin de là の用例における論証の動きに近接性があることを指摘した。なお、au contraire の論証タイプにおける P（前項の叙述）の想定のされ方については、田代（2014a）を、さらに、前文脈のない記事タイトルにおける同様の分析は田代（2014b）を参照のこと。

36 一方、au contraire は必ずしも視点（P）を必要としていない。本稿では触れていないが、au contraire には視点の差異を問題としない用法（非論証タイプ）も存在するのである。au contraire のこの用法自体については田代（2013）で論じた部分もあるが、au contraire と loin de là の用法における差異についてはまた機会を改めて論じたい。

参考文献

Ducrot, Oswald. (1984) *Le dire et le dit*. Paris: Editions de Minuit.

Rossari, Corinne. (2000) *Connecteurs et relations de discours : des liens entre cognition et signification*.

Nancy: Presses Universitaires de Nancy.

池上嘉彦(1998)「〈モノ〉と〈トコロ〉―その対立と反転」東京大学国語研究室創設百周年記念国語研究論集編集委員会編『東京大学国語研究室創設百周年記念国語研究論集』pp. 864–887. 汲古書院.

小熊和郎(1993)「〈トコロダ〉と aller, venir de, être en train de + infinitif ―アスペクトとモダリティの関連を巡って」『西南学院大学フランス語フランス文学論集』29: 139–175. 西南学院大学学術研究所.

川端元子(2014)「程度表現「P どころか Q」における反期待の構造」『愛知工業大学研究報告』49: 71–78. 愛知工業大学.

田代雅幸(2013)「フランス語 au contraire のモノローグにおける用法について」『筑波大学フランス語・フランス文学論集』28: 107–130. 筑波大学フランス語・フランス文学研究会.

田代雅幸(2014a)「フランス語の副詞句 au contraire の論証的な用法について」『日本フランス語フランス文学会関東支部論集』23: 1–13. 日本フランス語フランス文学会.

田代雅幸(2014b)「au contraire をめぐる論証の動きについて」『筑波大学フランス語・フランス文学論集』29: 97–106. 筑波大学フランス語・フランス文学研究会.

田代雅幸(2015)「フランス語 au contraire の対話的構造について」『筑波大学フランス語・フランス文学論集』30: 22–43. 筑波大学フランス語・フランス文学研究会.

服部匡(1995)「「〜どころか(どころではない)」等の意味用法について」『同志社女子大学日本語日本文学』7: 43–58. 同志社女子大学日本語日本文学会.

服部匡(2005)「「〜どころか(どころではない)」再論」『総合文化研究所紀要』22: 165–174. 同志社女子大学総合文化研究所(学術研究推進センター).

森田良行(1989)『基礎日本語辞典』角川書店.

例文出典(使用辞書)

CNRS éditions (1971–1994) *Trésor de la Langue Française informatisé*. <http://atilf.atilf.fr/tlf.htm>
朝倉季雄他編(1987)『スタンダード和佛辞典』17. 大修館書店.
大槻鉄男他編(1983)『クラウン仏和辞典』2. 三省堂.
重信常喜他編(2003)『コンサイス和仏辞典』3. 三省堂.
小学館ロベール仏和大辞典編集委員会編(1988)『小学館ロベール仏和大辞典』小学館.
松村明編(1995)『大辞泉』小学館.

確信度の表現に関する日仏語対照研究

石野好一

1 はじめに

　本稿では、話者の「確信度」を表すフランス語の表現を取り上げる。ここで「確信度」というのは、ある事柄について話者が「どの程度事実だと思っているのか、実現可能だと思っているのか」ということで、「確からしさ」「蓋然性」「可能性」などと言い表すこともある。

　フランス語のいくつかの表現の意味や用法を考察するとともに、日本語でそれらがどのように表現され得るかを考え、日本語の確信度表現のいくつかの意味について触れる。

　ただし、これらは日仏語の網羅的な比較対照研究をめざすものではない。フランス語の当該表現を知ることが主な目的であり、それを訳すための日本語を考えることで、両言語の当該表現の違いが浮き彫りになればと考える。なお、例文に付した英語訳は基本的に逐語訳にし、フランス語の構造から離れないようにした。自然な英語とは限らない。

　「確信度」を表す主な方法として、フランス語には、次のようなものがある。

I. 動詞時制、叙法
　　Elle *sera* malade.［直説法単純未来形］
　　　（She *will* / *must be* sick.）（彼女は病気だろう。）
　　Elle *serait* malade.［条件法現在］
　　　（She *might* [*is said to*] *be* sick.）（彼女は病気かもしれない〔だそうだ〕。）
II. 助動詞表現
　　Elle *peut* être malade.［準助動詞］
　　　（She *might be* sick.）（彼女は病気かもしれない。）
III. 形容詞表現
　　Il est *possible* qu'elle soit malade.［主節形容詞］
　　　（It is *possible* that she is sick.）（彼女は病気かもしれない。）
IV. 副詞表現
　　Elle est *peut-être* malade.［副詞］
　　　（*Maybe* she is sick.）（彼女はたぶん病気かもしれない。）
V. 動詞表現
　　Je *pense* qu'elle est malade.［思考・判断動詞］
　　　（I *think* that she is sick.）（彼女は病気だと思う。）

　これらの文はさまざまな確信度を表現している。と同時に、それぞれに異質なニュアンスを含み、単純な確信度だけの比較はできない。それを一元的に説明することは不可能かもしれないが、本稿では、とくにI〜IVの表現を確信度という尺度から考察していく。

2　動詞時制と叙法

2.1　直説法単純未来形・前未来形

　直説法単純未来形（以下、未来形）は、基本的に「現在から切り離された未来の事柄」を表す。その行為や動作のしかたは、文脈や動詞の語彙的内容によって継続的事行や非継続的事行を示す（Arrivé 1986: 276）。
　この未来形の基本的な意味から、二次的な意味が生じる。すなわち、主語

（とくに je）の意図「〜するつもりだ」や約束「きっと〜する」という意味が生じ、また事柄の起こる確実性「きっと〜するはずだ」を表すことになる。そこから断定を緩和しつつ推測するという意味が生じる。ただしこれはもはや未来のことではなく、現在の事柄に関する推測、推量「（きっと）〜だろう〔であるはずだ〕」となる。確信度はかなり高いものの、話者はその事柄の責任は引き受けない。

（1）a. Il n'est pas là : il *sera* en voyage.　　　　　　　　（Soutet 2009: 51）
　　　 (He is not in: he *must be* on a trip.)
　　　 （彼はいない。旅行中なのだろう。）
　　 b. On sonne ; ce *sera* le facteur.　　　　　　　　　　（Cressot 1976: 168）
　　　 (Someone rings (our doorbell); it *must be* a postman.)
　　　 （呼び鈴が鳴っている。きっと郵便配達だろう。）
　　 c. Il *aura* le temps de m'aider, puisqu'il est en vacances.
　　　 (He *certainly has* time to help me, because he is on holiday now.)
　　　 （彼は私を助ける時間があるだろう、休暇中なんだから。）
　　　　　　　　　　　　　　　　　　　　　　　　　（ヴェレル・尾形 1991）

　ただし、これらの例からわかるように、何らかの推理の根拠を提示したり、未来ではなく現在の話であることを示すような表現を付加したりして文脈を作る必要がある。そのようにして現在のことに関する推測であることを示さないと意味が曖昧になる。

（2）a. Il aura 25 ans.
　　　 (He must / will be 25 years old.)（彼は 25 歳のはずだ。／（今度）25 歳になる。）
　　 b. *Maintenant*, il aura 25 ans.
　　　 (He must be 25 years old *now*.)（今や、彼も 25 歳のはずだ。）

　さらに、これらの例からわかるように、この意味で用いられる未来形動詞はほとんど être か avoir である。すなわち状態を表す時にこの解釈が成立し

やすい。なぜなら、

（3） Où est votre mari ? ―(*)Oh, il *travaillera* sans doute au jardin.
(Confais 1990: 279)
(Where is your husband? ― *Oh, *he will work* in the garden.)
(ご主人はどちらですか？―*きっと庭で仕事をするでしょう。)

[*は受け容れられない文を示す。]

のように、動作を表す可能性のある動詞は、現在のことよりも、未来の行為と解釈されやすいからだ。しかし être, avoir 以外の動詞でもこの解釈がないわけではない。また、つぎのように現在の状態であることを明確にすれば推測と解釈しやすくなる。

（4） Oh, il sera *en train de travailler* au jardin.
(He must *be working* in the garden.)
(きっと庭で仕事をしているところでしょう。)

この推測用法は、むしろ直説法前未来形（以下、前未来形）の方がより自然である。

（5） Je n'ai pas mes clés, je les *aurai oubliées*. (Hanse 1983: 440)
(I don't have my keys. I *must have left* them.)
(鍵がない。きっと忘れてきたのだろう。)

　前未来形では、このように、過去の事柄についての推測を表す。動詞の種類も制約がほとんどない。これは完了形が結果の状態と解釈されるためである。
　この未来形、前未来形の推測の用法は、Sato（1990: 43）によれば、会話か独白にしか現われず、また対話者との間に共有される前提的な知識がないと推論が行われないという。

2.2 条件法現在形・過去形

　条件法は、非現実的な仮定に基づいて結果を想像して述べることを基本とする。

（ 6 ）　S'il ne pleuvait pas, je *sortirais*.
　　　　（If it didn't rain, I *would go out*.）
　　　　（もし雨が降っていなければ、出かけるのだが。）

　そこから、断定を避ける用法が生じる。緩和表現、敬意表現、さらに、事柄を不確実なこととして言う意味になる。仮定の結果なので可能性でしかない。その確信度は低い。

（ 7 ）　Il *serait* sur le point de céder.　　　　　　　　（Brunot 1965: 505）
　　　　（He *might / would be* about to give up.）
　　　　（彼は譲歩する寸前かもしれない。）

　現実から距離を置くことによって、その事柄について責任を回避することができる点は未来形と似ている。しかし現実のこととして述べていないため、話者と事柄との乖離が著しい。したがって、しばしば直接関与していない、他人の発言を報告している印象を与える。

（ 8 ）a. Monsieur X *serait élu* président de la République.　　（Soutet 2009: 54）
　　　　（Mr X *will（reportedly）be elected* president of the Republic.）
　　　　（X氏はフランス共和国大統領に選ばれるようだ〔そうだ〕。）
　　　b. Un train a déraillé ; on *compterait* de nombreuses victimes.
　　　　　　　　　　　　　　　　　　　　　　　　　　（Hamon 1987: 76）
　　　　（A train has got off the rails; there *are reported* many victims.）
　　　　（電車が脱線した。多数の犠牲者が出ている模様だ。）

　Ducrot et al.（1980:46）は、この条件法の伝聞用法は、ポリフォニーだとす

る。ポリフォニー（多声性）とは、彼によれば、誰かを特定せずに第3者の発言を伝えているように述べることによって、自分の主張を行うことである。これは「真面目な」新聞でよく使う方法で、情報に対する距離を保ちつつ、そこから何らかの結論を引き出すことができる。したがって、条件法のこの用法は、それだけで終わらず、次のようにその後に何らかの主張〔結論〕を導入することが多いという。

（9） Le prix du pétrole *baisserait* prochainement. Les efforts occidentaux ont été couronnés de succès. 　　　　　　　　（Ducrot et al. 1980: 46）
(The price of petrol *is said to fall down* soon. The occidental efforts won an award of success.)
（石油の価格が近々下がるそうだ。欧米の努力は成功という栄冠を受けたのだ。）

この用法では、特に動詞の種類に制約はない。ただし、伝聞の性格上、主語が第1人称になることは少ない。また事実に重点があり、誰が言っているのかは問題にできない。
　条件法過去形では、過去の事柄の不確実性を述べることになる。

(10) a. L'opposition *aurait été* largement battue. 　（Arrivé et al. 1986: 138）
　　　(The opposition *is said to be* beated considerably.)
　　　（反対派はこてんぱんに打ち負かされたらしい〔そうだ〕。）
　　b. Une manifestation violente *aurait eu* lieu aujourd'hui. Il y aurait des blessés.
　　　　　　　　　　　　　　　　　　　　　　（Abbadie et al. 2003: 215）
　　　(A violent demonstration *is said to have* occured today. There were probably injured persons.)
　　　（激しいデモが今日行われたらしい〔そうだ〕。けが人がいる模様だ。）

2.3　条件法と on dit que

伝聞表現として « on dit que ... » はよく知られているが、この表現はポリ

フォニーではない。人が言っていることは明示されており、かならずしも後に結論を必要としない。また複数の人たちが言っているという印象があり、「噂がある」と述べているだけである。同様の表現に « le bruit court que... » や « certains disent que... » がある (Ducrot et al. 同上)。

それに対して、条件法では、ポリフォニックな解釈が義務的であり、誰の発言であるのかを問題にすることはできない。そのため、一人だけの発言であっても言うことができる。

2.4　未来形と条件法

未来形は推測・推論、条件法は伝聞推量の意味合いが強い。しかし、前者は「現在との乖離」、後者は「現実との乖離」と、話者がその事柄と距離を置いて述べるという原理はよく似ている。したがって両者の本質的な違いは、むしろ「確信度」の差だと言える。

条件法の伝聞的な解釈は、必ずしも誰かが言っているということを宣言しているわけではなく、完全な伝聞表現とは異なる。いわば推量の意味合いを持つ伝聞である。

3　助動詞表現

準助動詞 pouvoir, devoir や、risquer de, aller など、後に不定法を従える表現を取り上げる。

3.1　pouvoir — 可能性

次の文はいくつかの解釈ができる。

(11)　Pierre *peut* faire ce travail.　　　　　　　　　　　(Sueur 1983: 166)
  a. (Peter *may [can]* do this work.)（ピエールはこの仕事をしてよい。）（許可）
  b. (Peter *is able to* do this work.)（ピエールはこの仕事ができる。）（能力）
  c. (Peter *might* do this work.)（ピエールはこの仕事をしている〔する〕かもしれない。）（非断定的可能性）

(11a–b)は断定的なのに対し、(11c)は認識的 épistémique な意味といわれ、非断定的に可能性を表す、確信度が低い表現である。確信度はどの程度だろうか。

Sueur(1983)によれば、認識的な解釈では、次の2文はほぼ同義だという。

(12) a. Pierre *peut* venir. 　　　　　　　　　　　　　　(Sueur 1983: 173)
　　　(Peter *might* come.)
　　　(ピエールは来るかもしれない。)

　　b. Pierre *peut* ne pas venir. 　　　　　　　　　　　　(同上 : 174)
　　　(Peter *might* not come.) (ピエールは来ないかもしれない。)

つまり、「来るか来ないかわからない」「可能性は半々」ということである。

3.1.1　可能性の意味になる文脈

主語に主体性がなければ能力が問題になりにくい。このため、無生物主語では、ほとんどの場合、「可能性」になる。

(13)　La branche *peut* casser. 　　　　　　　　　　　　(Boissel et al. 1989: 26)
　　　(The branch *might* break.)
　　　(その枝は折れるかもしれない。／*折れることができる。)

また、非人称主語でも、ほぼ確実に「可能性」の意味になる。

(14)　Il *peut* arriver que je me trompe. 　　　　　　　　　(同上 : 26)
　　　(It *may* occur that I make a mistake.)
　　　(私が間違うこともあるかもしれない。)

他方、一般的・総称的に解釈される主語は、「可能性」の意味になりにくい。

(15) a.*? Le chien *peut* être le plus fidèle compagnon de l'homme.　(同上 : 36)

(Dogs *might* be the most faithful friends of mankind.)
(?犬というものは人間の最も忠実な伴侶かもしれない.)

b. *Un/Le soldat français *peut* savoir résister à la fatigue. 　　　（同上）
(French soldier *might* know to fight against the tiredness.)
(?フランス兵というのは疲労に抵抗するすべを知っているかもしれない。)

［?はやや受け容れにくい文。*?は、受け容れにくさが*と?の中間。］

逆に、特定のものに関する具体的な事柄の方が、「可能性」になりやすい。

(16)　Jean *peut* être gaucher.　　　　　　　　　　　（Boissel et al. 1989: 41）
　　　（John *might* be left-handed.）
　　　（ジャンは左利きかもしれない。）

後続の不定法表現には、《être ＋属詞》がよく見られる。

(17)　Cette histoire *peut* être vraie.　　　　　　　　　　　　　（同上）
　　　（This story *might* be true.）
　　　（この話は本当かもしれない。）

これは、認識的解釈が状態表現と結合しやすいことを示している。とくに一時的な状態や変化の結果が好まれ、常に不変で一般的な状態とは合わない。

(18)　? Marie *peut* être une femme.　　　　　　　　　　　　　（同上）
　　　（?Mary *might* be woman.）
　　　（?マリは女性かもしれない。）

また、動作表現の場合は、その時点で進行中の継続的動作と解釈できれば、「可能性」と結びつけやすくなる。したがって、« être en train de » が使われていれば、「可能性」となる。

(19)　Il peut *être en train de* dessiner.
　　　（He might *be* draw*ing*.）
　　　（彼は絵を描いているところかもしれない。）

他方、継続的動作としての解釈が難しい場合、未来の可能性として解釈することができる。

(20)　Pierre *peut* venir.
　　　（Peter *might* come.）
　　　（ピエールは来るかもしれない。）

否定と「可能性」の解釈とは結びつきにくい。

(21) a. Pierre *ne peut pas* faire ce travail.　　　　　（Sueur 1983: 167）
　　　　（Peter *cannot / might not* do this work.）
　　　　（ピエールはこの仕事ができない〔してはいけない／？しないかもしれない〕。）
　　 b. *Aucun* informaticien *ne peut* faire ce travail.　　（Boissel et al. 1989: 35）
　　　　（*Any* conputer scientist *cannot* do this work.）
　　　　（いかなる情報処理技術者もこの仕事はでき〔してはいけ／？しないかもしれ〕ない。）

　(21a)は「この仕事はできない」という解釈は可能だが、「しないかもしれない」という意味にはならない。(21b)も「この仕事ができるコンピュータ技術者はいない」という意味で、「しているかもしれない技術者はいない」という解釈はできない。
　その他、(Sueur 1983 : 167)は、疑問文では認識的な解釈は難しいという指摘をしている。

3.1.2　複合過去形と半過去形

　認識的用法における複合過去形と半過去形の解釈については、次の例を見てほしい。

(22) a. Il ne porte pas de lunettes : il *a pu* les oublier.　　　（石野 2000: 59）
　　　 (He doesn't wear glasses: he *might have* left them.)
　　　 （彼は眼鏡をかけていない。忘れたのかもしれない。）
　　b. Elle regardait d'un côté et de l'autre : elle *pouvait* faire du mal.　　（同上）
　　　 (She was looking here and there: she *might* do hurm.)
　　　 （彼女はきょろきょろしていた。（何か）悪さをするかもしれなかった。）

　認識的な意味のとき、(22a)複合過去形 « a pu » は発話の行為に視点を置いており、発話時（現在）から見て過去の事柄を形成したことについての仮説（「忘れたのかもしれない」）を表す傾向がある。それに対して、(22b)半過去形 « pouvait » では、過去のその時に視点を置き、「（その時の状況として）する可能性があった」ことを表している。上の文はそれぞれ次のように言い換えることができる。（形容詞構文については後述。cf. § 4)

(22′) a. Il est possible qu'il les ait oubliées. (It is possible that he has left them.)
　　　b. Il était possible qu'elle fasse du mal. (It was possible that she would do hurm.)

　ただし、次のような文をみている限りは、日本語ではほとんど意味の違いがわからない。

(23) a. Il *a pu* être sept heures.
　　　 (It *might have* been 7 o'clock.)
　　　 （7時だったかもしれない。）
　　b. Il *pouvait* être sept heures.
　　　 (It *might have* been 7 o'clock.)
　　　 （7時（である）かもしれなかった。）

これも次のように書きかえれば、微妙な意味の違いが理解できる。

(23′) a. Il est possible qu'il ait été sept heures. (It is possible that it was 7 o'clock.)
　　　 b. Il était possible qu'il soit sept heures. (It was possible that it was 7 o'clock.)

3.2　devoir ─ 確実性

devoir にも pouvoir 同様に、断定的な解釈と認識的な解釈がある。

(24)　　Pierre *doit* faire ce travail.　　　　　　　　　　（Sueur 1983: 166）
　　　　(Peter *must* do this work.)
　　　a.（ピエールはこの仕事をしなければならない。）（義務）
　　　b.（ピエールはこの仕事をするはずだ。）（必然）
　　　c.（ピエールはこの仕事をしている〔する〕にちがいない。）（確実性）

pouvoir 同様、この３つの意味は、a→b→c の順に派生したと考えられる。「義務」から「必然」を経て派生した認識的な意味「確実性」は、かなり高い確信度をもつと言える。「きっとそうにちがいない」と思ってはいるが、同時に「絶対にそうだ」と言い切ることもできない、主観性の強い「必然」と考えられる。

確信度が高い点では、直説法単純未来形の用法の１つ（cf. § 2.1）に似ている。

(25) a. Ça *doit* être difficile. (It *must* be difficult.)（難しいにちがいない。）
　　 b. Ça *sera* difficile. (It *will/must* be difficult.)（きっと難しいだろう。）

高い確信度が何らかの推論に裏付けられていることも多い。

(26) a. Il n'est plus chez lui, il *a dû* partir.　　　　　　（Chuilon 1986: 95）
　　　 (He doesn't stay at home any more. He *must have* gone.)
　　　 （彼はもう家にいない。出かけたにちがいない。）

b. Je lui ai téléphoné : il *doit* passer vous voir demain.　　　（DFC: 373）
　　　（I called him: he *must* come and see you tomorrow.）
　　　（彼に電話したから、きっとあなたに会いに立ち寄るでしょう。）

3.2.1　確実性の意味になる文脈

　pourvoir 同様、主語が無生物や 3 人称のとき「確実性」の意味になりやすい。

(27)　　La branche *doit* casser.　　　　　　　　　（Boissel et al. 1989: 26）
　　　（The branch *must* break.）
　　　（その枝は折れるにちがいない。／?折れるべきだ。）

　非人称主語は、ほとんど必ず「確実性」の意味になる。

(28) a. Il *doit* être environ trois heures.　　　　　　　　　（DFC: 373）
　　　（It *must* be about 3 o'clock.）
　　　（およそ 3 時頃にちがいない。）
　　b. C'est quand, le prochain train ? — Il *doit* y en avoir toutes les heures à peu près.　　　　　　　　　　　　　　　　　（Chamberlain 1985: 142）
　　　（When, the next train ? — There *must* be a train almost each hour.）
　　　（次の電車はいつですか。― きっとほとんど毎時間ありますよ。）

　総称的な主語を掲げる一般的な概念を表す事柄より、特定のものに関する具体的な事柄の方が「確実性」になりやすい。

(29) a. Le castor *doit* construire des barrages.
　　　（Beavers / The beaver *should* make dams.）
　　　（総称的解釈）（ビーバーというのはダムを作らなければならないものだ／
　　　?ちがいないものだ。）
　　　（特定的解釈）（そのビーバーはダムを作らなければならない／（ってい）る

にちがいない。)
　　b. Le voleur *doit* être un jeune homme.　　　　　(Roulet 1980: 222)
　　　(The thief *must* be a young man.)
　　　(泥棒は若者にちがいない。／?であるべきだ。)

一時的な状態や次第に表面化してきた事態、同時進行中の事柄と結びつきやすい。

(30) a. Vous *devez* être heureux d'avoir terminé.　　　　(DFC: 373)
　　　(You *must* be happy to have finished.)
　　　(あなたは終えたことを喜んでいるにちがいない。)
　　b. Il *devait* avoir dans les quinze ans.　　　　(Pottier 1987: 203)
　　　(He *must have* been about 15 years old.)
　　　(彼は 15 歳くらいにちがいなかった。)

継続的動作としての解釈が難しい場合、未来の可能性として解釈する。

(31)　Pierre *doit* venir.
　　　(Peter *should* come.)
　　　(ピエールはきっと来るにちがいない。)

疑問文では、pouvoir 同様、認識的な解釈は難しいようである。
ただし、否定では、pouvoir と違い、確実性の意味でとれる場合もある。

(32)　Ce papier *ne doit pas* être là depuis longtemps.　(Robbe-Grillet 1981: 39)
　　　(This paper *must* have not been here for a long time.)
　　　(この書類は、前からここにあったはずはない／なかったにちがいない。)

3.2.2　複合過去形と半過去形

複合過去形と半過去形は、pouvoir 同様、次のような違いを示すことが可

能である。

(33) a. Il va beaucoup mieux ; il *a dû* consulter un médecin.　　　（石野 2000: 59）
　　　(He is much better; he *must have* visited a doctor.)
　　　（彼はだいぶよくなった。医者に診てもらったにちがいない。）
　　b. On ne parlait plus. On *devait* être fatigué.　　　　　　　　（同上）
　　　(They don't speak any more. They *must have* been tired.)
　　　（もう話していなかった。疲れているにちがいなかった。）

　すなわち、複合過去形（33a）では、現在からの視点で過去の理由を推理しているのに対し、半過去形（33b）では、過去に視点を置いてその場で状況を推し量っている。
　それぞれを次のように言い換えることが可能である。（probable については cf. § 4）

(33′) a. Il est probable qu'il a consulté un médecin. (It is likely that he visited a doctor.)
　　b. Il était probable qu'on était fatigué. (It was likely that they were tired.)

3.3　risquer de ― 可能性

　《 risquer de ＋不定法 》は「これから起こるかもしれない可能性」を表す。その意味で、pouvoir に似ている。辞書にも次のような言い換えが見られる。

(34) a. Il *risque de* pleuvoir. → Il peut pleuvoir.　　　　　　　　（DFLE: 844）
　　　(It *might* rain.)
　　　（雨が降るかもしれない。）
　　b. Cela *peut* durer encore longtemps. (= *risquer de*)　　　　（DFC: 902）
　　　(This *might* last more long time.)
　　　（それはまだ長く続くかもしれない。）

　ただし、この表現は「不都合なこと」にしか使えないとする辞書（DSSVF:

591) や文法書がある。規範文法の性質が強い Hanse (1983) は、次のような文を認めない。

(35) a. *Il *risque de* réussir. （Hanse 1983: 833）
(He *might* make a success.)
（彼は成功する可能性がある。）
b. *Ces propositions *risquent d*'être très utiles. （同上）
(These propositions *might* be very useful.)
（これらの提案は役に立つかもしれない。）

また DFC のように、「好ましくない意味での使用に限定する学者もいる」と、異なる見解があることを示唆するものもある。
いずれにしても、次のような「好ましくない意味」の例が多いことは確かである。

(36) a. Il *risque d*'échouer. （同上）
(He *might* fail.)
（彼は失敗するかもしれない〔おそれがある〕。）
b. Ne vous penchez pas par la fenêtre, vous *risquez de* tomber. （DFC: 1025）
(Do not lean out of the window. You *might* fall down.)
（窓から乗り出さないでください。落ちる可能性があります〔おそれがある〕。）
c. La viande *risque de* se gâter. （DSSVF: 591）
(Meat *might* go off.)
（肉は傷むおそれがある。）
d. Il *risque de* pleuvoir demain. （Hanse 1983: 833）
(It *might* rain tomorrow.)
（明日は雨になるかもしれない〔おそれがある〕。）

これらを見ると、« risquer de » の訳語としては「〜するおそれ（心配・懸

念）がある」という日本語のニュアンスが近いように思われる。ただし、この日本語は「～かもしれない」に比べると、やや確信度が高いように思われる。また、これらの日本語はいい意味では使えないため、都合の悪いことを予想していることが明確になる。

　しかし、« risquer de » が好ましい（または中立的な）意味で用いられた例も見られる。

(37) a. Ce cheval *risque de* gagner la course. （DFC: 1025）
　　　　 (This horse *might* win the race.)
　　　　（この馬はそのレースに勝つかもしれない。）
　　 b. Dans mille ans nous serons peut-être différents. Nos dents n'auront sans doute pas lamême forme, et notre silhouette *risque d'*être quelque peu différente. 　　　　（*Nouv.Obs.*1552. 1994: 14）
　　　　(… and our figure *might* be a little different.)
　　　　（1000 年後、我々はひょっとすると変わっているかもしれない。歯はおそらく同じ形をしていないだろうし、体型もやや変化しているかもしれない。）

　このような例で、「おそれ（心配・懸念）がある」という訳は使いにくい。

3.4　aller ― 確実性

　近接未来の意味が、確実な未来の予想になることは自然である。そこから確信度の高い事柄を表す用法が生じる。この意味は「devoir と同義」（DFLE: 299）になる。

(38) a. Pierre *va* venir tout de suite, on peut l'attendre. （DFLE: 37）
　　　　(Peter *is going to* come soon. We can wait for him.)
　　　　（ピエールはきっとすぐ来るだろうから、待っててもいいよ。）
　　 b. Il n'est plus chez lui, il a dû partir, il *va* arriver dans quelques minutes.
　　　　　　　　　　　　　　　　　　　　　　　　　　（Chuilon1986 : 95）

(He is not at home any more. He must have gone. He *will* arrive in some minutes.)

(彼はもう家にいない。出かけたにちがいない。きっと数分で着くだろう。)

同義として《 être sur le point de ＋不定法 》を挙げている辞書がある（DFLE: 299）。「今にも〜しようとする」という訳が通常だが、ものが主語の場合は、強い確信を表すことになる。

(39)　Faites attention, votre valise est sur le point de tomber.　　（DFC: 882）
　　　(Look Out! Your suitcase is on the point of falling.)
　　　(気をつけてください。トランクが落ちそうです。)

4　形容詞表現

確信度を表す形容詞には次のようなものがある：
　possible, probable, vraisemblable, sûr, sûr et certain, certain, convaincu, persuadé, vrai, exact, évident, clair, indubitable

これらの確信度は一様ではなく、またその用法も同じではない。次の２種に分けられる。

I.　非人称表現：possible, probable, vraisemblable, sûr, certain, sûr et certain, convaincu, persuadé, vrai, exact, évident, clair, indubitable

(40)　*Il est possible que* Pierre soit là.　　　　　　　（Martin 1983: 120）
　　　(*It is possible that* Peter is in.)
　　　(ピエールは／がいるかもしれない。)

II.　人称表現：sûr, sûr et certain, certain, convaincu, persuadé
ここでは主語は第１人称の場合のみを扱う。

(41)　*Je suis sûr que* Pierre est là.
　　　（*I am sure that* Peter is in.）（ピエールは／がきっといると思う。）

　sûr, sûr et certain, certain は、I、II いずれの表現も可能である。
　なお、ここでは « 形容詞＋ que ＋節 » というパターンを主に扱い、« 形容詞＋ de ＋不定法 » というパターンは取り上げない。（cf. 曽我 1997）
　以下に、確信度の異なるいくつかの表現の意味と用法を個別に見ていく。

4.1　possible「かもしれない、ないことではない」

« il est possible que ＋接続法 » という形で用い、「可能性」を表す。
　可能性は決して高くない。1％でも可能性なので、「ゼロではないと想定する」（Martin 1983: 122）程度、多くてもせいぜい「半々」（50％）の確率（起きるか起きないか不明）である。
　つまり、あくまでも可能性があると言っているだけというレベルの表現だと考えるべきである。que 節に接続法をとるのもそのせいだと考えられる。

(42)　*Il est possible que* Pierre ait fait des progrès.　　　（Riegel 1985: 158）
　　　（*It is possible that* Peter has made progress.）
　　　（ピエールは上達したかもしれない〔可能性がある〕。）

否定でも疑問形でも、やはり接続法である（Abbadie et al. 1974: 114）。

(43) a.　*Il n'est pas possible qu'*il soit là.　　　（Martin 1983: 120）
　　　　（*It is not possible that* he is in.）
　　　　（彼がいることはあり得ない。）
　　 b.　*Est-il possible qu'*il se soit trompé ?　　　（Abbadie et al. 1974: 114）
　　　　（*Is it possible that* he made a mistake?）
　　　　（彼が間違っている可能性はある？）

　pouvoir とは異なり、総称的な主語を持つ文に用いることは問題がない。

(44) a. *Il est possible que* le/un soldat français sache résister à la fatigue.

(Boissel et al 1989: 36)

(*It is possible that* French soldier knows to fight against the tiredness.)

(フランス兵というのは、疲労に抵抗するすべを知っているのかもしれない。)

　　b. *Il est possible qu*'un/le castor construise des barrages.　　（同上）

(*It is possible that* beavers make dams.)

(ビーバーというのはダムを作るものなのかもしれない〔である可能性がある〕。)

4.2　probable「かもしれない、ありそうだ」

　possible (50%) よりも確信度は高く、「そうでないよりも、そうである可能性の方が勝る」(Martin 1983: 122)。possible が「不確実」の気持ちが感じられるのに対し、probable は断定的である (Abbadie et al. 1974: 113)。両者の違いを明快に表す次のような言い方がある。

(45)　C'est *possible*, mais pas *probable*.

　　　(It is *possible* but not *probable*.)

　　　(それは可能だが、ありそうにない。)

つまり、probable は「ありそうだ、起こるだろうと思える」ことを表している。そのため、原則として直説法をとり、« il est probable que ＋直説法 » となる。

(46)　*Il est probable que* Jean démissionnera.　　　　(Riegel 1985: 158)

　　　(*It is likely that* John resigns.)

　　　(ジャンは辞表を出すかもしれない〔出しそうだ〕。)

　接続法もある (Borillo 1976: 78) が、これは、話者が可能性を低く見つもっている。

(47)　*Il est probable qu*'il a/ait oublié.　　　　　　　　　　　　　（同上）
　　　　（*It is likely that* he has forgotten.）
　　　　（彼は忘れたにちがいない／かもしれない。）

ただし、否定的になると接続法になる。

(48) a. *Il est peu probable qu*'il vienne.　　　　　　　　（Chuilon 1986: 61）
　　　　（*It is not likely that* he comes.）
　　　　（彼が来ることはありそうにない〔ないだろう〕。）
　　b. *Il est improbable qu*'il se soit perdu.　　　　　　　　　　（同上）
　　　　（*It is unlikely that* he has got lost.）
　　　　（彼が道に迷ったなどということはありそうにない。）

4.3　sûr / certain「確信している、確かである」

　どちらも高い確信度を表す形容詞で、ほぼ同義（Chuilon 1986 : 52）である。certain の方が意味が強い（sûr の方が弱い）という記述が見られる（DFC: 210）が、これについては明解な説明は見当たらない。副詞表現 certainement, sûrement と合わせて考えたい。（後述）

4.3.1　人称表現《je suis sûr（e）/ certain（e）que ＋直説法》

　主語が第 1 人称の場合、純粋に主観的な判断を示している（泉 1989: 110）といわれる。

(49)　*Je suis sûr qu*'il est intéressant.　　　　　　　　（Ducrot et al. 1980: 73）
　　　　（*I am sure that* it is interesting.）
　　　　（それはきっと面白い。）

これは、まだ見ていない、内容を知らない映画についての感想で、好評であることは知っているということを暗に示すことになる（Ducrot et al. 1980: 73）。

この場合、que 節の内容は、他から獲得した知識 (Pottier 1980: 77) だが、自分の主張として訴えたい (中川他 1991: 89) という気持ちは強い。ただし、こういう気持ちは sûr の方に強く感じられ、certain ではやや冷静な印象を受けるようだ。

(50) a. *Je suis sûr que* Pierre va venir.
　　　(*I am sure that* Peter will come.)
　　　(ピエールはきっと来る。)

　　b. Moi, *je suis sûr que* ce sera ce mec.　　　　(Rohmer 1983: 49)
　　　(As for me, *I am sure that* it will be that guy.)
　　　(私は、それはきっとあいつにちがいない。)

　　c. *Nous sommes sûrs que* l'électronique est un métier d'avenir.
　　　　　　　　　　　　　　　　　　　　　　　(Salins 1985: 107)
　　　(*We are sure that* electronics is an up-and-coming profession.)
　　　(電子工学は未来の職業だと我々は確信している。)

　　d. *Nous sommes certains qu*'il se trompe.　　　(Chuilon 1986: 52)
　　　(*We are certain that* he is wrong.)
　　　(彼が間違っていることは確かだと我々は思う。)

　文中や文末に置くことができる。その場合は照応表現になるため、« *j'en* suis sûr(e) »、« *j'en* suis certain(e) » のように、代名詞 en をつける必要がある。

(51) a. Une telle souris est, *j'en suis sûr*, très jolie.　　　(Gross 1975: 17)
　　　(Such a mouse is, *I'm sure* (*of it*), very lovely.)
　　　(そのようなネズミは、きっと、とてもかわいいことだろう。)

　　b. Pierre reviendra demain, *j'en suis sûr*(*e*)/*certain*(*e*).
　　　(Peter will come back tomorrow, *I am sure* (*of it*).)
　　　(ピエールは明日来る、きっと。)

4.3.2　非人称表現 « il est sûr / certain que ＋直説法 »

　非人称表現の方が、人称表現よりもより一般的な様相を帯びるといわれる。

(52)　*Il est sûr / certain que* Pierre viendra.　　　　　（Sueur 1983: 172）
　　　（*It is sure / certain that* Peter will come.）
　　　（ピエールはきっと来るだろう。）

« c'est sûr / certain que ... » は話し言葉で用いる。

(53)　Hier *c'était sûr que* Jacques viendrait, c'est moins sûr aujourd'hui.
　　　　　　　　　　　　　　　　　　　　　　　（Borillo 1976: 77）
　　　（Yesterday *it was sure that* James would come. But it is no more sure today.）
　　　（昨日はジャックが来ることは確かだったんだけど、今日は確信がない。）

　文末や文中では、« c'est sûr » が普通で、« il est sûr » は使われない。

(54) a. Pierre reviendra demain, *c'est sûr / certain*.
　　　（Peter will come back tomorrow, *it's sure/certain*.）
　　　（ピエールは明日来るよ、きっと。）
　　 b.*Pierre reviendra demain, *il est sûr / certain*.

　主節が否定や、疑問、仮定のとき、que 節は、多くの場合接続法になる。

4.4　convaincu / persuadé「確信している」

　強い確信を表す。convaincre, persuader「説得する」という動詞の過去分詞からできた形容詞である。「説得された」→「信じている」という意味から、人称表現しかない。

(55)　*Je suis convaincu / persuadé que* l'énergie solaire, d'ici quelques années, sera une énergie rentable.　　　　　（Vigner 1979: 33）
　　　（*I am convinced that* solar energy will be a profitable energy by some years.）

（太陽エネルギーは今から数年以内に採算が取れるものになると確信している。）

文末では « j'en suis convaincu / persuadé » となる。

(56) J'ai dormi, *j'en suis convaincu* ; ou, du moins, ai-je sommeillé.
　　　　　　　　　　　　　　　　　　　　　　　　（Robbe-Grillet 1981: 68）
　　　(I slept, *I'm convinced* (*of it*). Or at least I dozed.)
　　　(私は眠った、そう確信している。でなくても、少なくとも、うとうとした。)

主節が否定になると que 節は接続法になる。

(57) *Je ne suis pas* tellement *persuadé qu*'il ait été désintéressé.　（DFC: 851）
　　　(*I am not* so *convinced that* he was unselfish.)
　　　(彼が私利私欲のない人だったとは私はさほど思っていない。)

5　副詞表現

確信度を示す副詞表現としては、par hasard, éventuellement, peut-être, vraisemblablement, probablement, sans doute, sans aucun doute, sûrement, certainement, certes, assurément などが挙げられる。ここでは、形容詞表現に対応するものを中心に見ることにする。

5.1　éventuellement「ひょっとしたら（〜かもしれないし、〜ではないかもしれないが）」

かなり低い確信度を表す副詞である。本稿ではこの表現を扱う予定はなかったが、本書第3巻に芦野(2015)の大変興味深い論考がある。

それによれば、この表現の示すのは、「ある事柄について、いつ起こるのか、起こらないのか、今この時点（発話時点）においてわからないが」ということである。例えば：

（58）　Oui, *éventuellement*, je suis raciste...
　　　　（Yes, *possibly*, I am a racist...）
　　　　（そう、もしかしたら私はレイシストなのかもしれません…）

(芦野 2015: 45)

　この真意は、「発話者は自分自身がレイシストであるかを判断するのを避けるが、自分をレイシストとみなす人がいる可能性を排除しない」（同上）ということである。
　この表現は、「蓋然性の査定がある意味では発話者のコントロール外にある」ことを意味するという点で、我々の扱っている確信度の表現の範疇には入らないという。
　その特徴としては、que 節をとらない、過去形と共起できない、否定文とは共起できない、度合いを表す副詞と共起できないなどが挙げられている。これを見ると、確かにいわゆる確信度の副詞表現とは質を異にするようだ。
　以下、本稿では、あくまでも確信度の表現と考えられるものを扱うこととする。考察は必ずしも芦野論文と同様の観点に立つものではないが、有効だと思われるいくつかの特徴などについては触れることもある。

5.2　peut-être「わからないけど、ひょっとすると、たぶん」

　準助動詞 pouvoir を語源とする。« cela peut être »「それはあるかもしれない」の古仏語形から形成されたものである（Grevisse 2011: 1477）。peut-être があるためか、形容詞 possible から派生した possiblement が現代語ではほとんど使われない。
　意味的に確信度がかなり低い。形容詞 possible と同様で、「断定の不確実領域」であり、「oui と non の間の連続体」（Pottier 1987: 198）だという。（§ 4.1 参照）
　確信度の低さは、次の例が示唆する。

（59）　Et cela dure longtemps ?　— Une heure *peut-être*, ou une minute, ou un siècle. Je ne sais pas.

（Robbe-Grillet 1981: 35）

(And this lasts for a long time? — An hour *perhaps*, or a minute, or a century. I don't know.)

(で、それは長く続くの？―1時間かな、それとも1分か1世紀か。わからないや。)

メランベルジェ (1995: 33) は、peut-être には「どうかなあ、という不安感」が感じられ、裏に「わからない (j'en sais rien)」という意味が隠されていると指摘する。また、Soutet (2009: 51) は、推測の未来形に比べると、peut-être は確実性のない、慎重さを欠いた表現という。

(60) a. Vivre ? Hum, disons que tu vis d'espoir. — *Peut-être*, mais je vis bien.
　　　　　　　　　　　　　　　　　　　　　　　　　　　　(Rohmer 1983)
　　　(To live? H'mm, for instance you live in hope? — *Maybe*, but I live well.)
　　　(生きる？　例えば希望で生きるとか。―そうかも。でもうまくやってる。)
　b. Pensa-t-elle qu'Olivier l'avait réellement trompée ? *Peut-être*. Mais qu'importe ?　　　　　　　　　　　　　　(Rolland) (PRob: 1419)
　　　(Did she think that Oliver really had cheated him? *Maybe*. But what does it matter!
　　　(彼女はオリヴィエが彼を本当にだましたと思ったのか？　そうかも。しかしどうでもいいことだ。)

このように、単独で返答 ((60b) の例では自答) として使うことができる。この場合、« C'est possible. »、« Ça se peut. »（そうかもしれない、ないことではない）とほぼ同義である。

しかし、確信がないので、peut-être と言っている本人がどこまでそれを信じているかわからない。« Oui, peut-être. » とすれば、肯定がよりはっきりする。逆に、bien をつけて « peut-être bien »（ひょっとすると）とすると意味がさらに弱まる（メランベルジェ 1887: 189）。

また上の例に見られるように、後に対立〔譲歩〕の mais が来ることも多い。

否定的な返事として用いる場合は、後に pas をつけなければならない

（Borillo 1976）。

(61)　Est-ce qu'il y a assez de sièges ? —
　　　a.*Non, *peut-être*.
　　　b. Non, *peut-être pas*.　　　　　　　　　　（Borillo 1976: 84）
　　　（Are there enough seats ? — No, *perhaps not*.）
　　　（十分な座席がありますか？—いいえ、たぶん。）

もちろん否定文の中でも使われる。

(62)　Il *n'*existe *peut-être pas*, ce virement.　　（映画 "L'argent des autres" 1978）
　　　（That bank transfer *perhaps* did *not* exist.）
　　　（あの振替なんて存在しないのかも知れない。）
　　　　　　　　　　　　　　　　　（窪川英水訳）（『ふらんす』1994.10: 105）

文頭に置く場合、話し言葉では que で文を導入し、書き言葉では主語倒置を行うのが普通である。ただし、倒置は行われないこともある（Grevisse 1980: 170）。

(63) a. *Peut-être qu*'il ne faut pas remuer tout ça, reprendre cette pièce.
　　　　　　　　　　　　　　　　　　　　　　（映画 "Rendez-vous" 1990）
　　　（*Maybe* we shouldn't stir that all, nor retake this play.）
　　　（こんな昔のことを呼びさましたり、この戯曲をとりあげるべきではないのかも知れん。）　　　（窪川英水訳）（『ふらんす』1990.10: 117）
　　　b. *Peut-être* pouvait-on espérer une regression ?　　（Phillipart 1980: 20）
　　　（*Perhaps* we could expect a regression?）
　　　（退化を期待することができたかも知れない？）

現在、過去、未来さまざまな時制とともに使用が可能だ。

(64) a. Ils sont *peut-être* en vacances. （Kerbrat-Orecchioni 1991: 96）
（They are *maybe* on holidays.）（彼らは休暇中かもしれない。）

b. Il pouvait avoir une quarantaine d'années, *peut-être* un peu plus, et...
（Robbe-Grillet 1981: 132）
（He might be about 40 years old, *perhaps* a little more, and...）
（彼は40歳ぐらい、ひょっとするともうちょっと上かもしれなかったが…）

c. Dans mille ans nous serons *peut-être* différents. Nos dents n'auront sans doute pas la même forme, et notre silhouette risque d'être quelque peu différente.　　　　　　　　　　　　　　　　　　　　　　　　　= (37b)

文末に置くと、相手に対する挑発や皮肉のニュアンスを表すことがある（*PRob*: 1419）。

(65)　Mais je veux vous apprendre le métier. — Une autre fois, *peut-être*...
（*Avec Plaisir* 1: 94）
（But I woud like to teach you the job. — Some other time *maybe*.）
（あなたに仕事の手ほどきをしたいのです。—また今度お願いします、たぶん。）

5.3　probablement / sans doute「たぶん、おそらく（〜しそうだ）」

　この2つはほぼ同義で用いられる。形容詞 probable が比較的強い確信を表すことはすでに見た（§ 4.2）。probablement も peut-être より強い確信度を示す。完全な確信ではないが、あり得ることと予想している（Borillo 1976: 81）印象がある。

　sans doute は、17世紀ごろまでは、字義通りの「疑い〔不確実性〕なく」というかなり強い確信の表現だったが、意味の劣化により、現代の確信度に落ちついた。その下落を補うために sans aucun doute「疑い〔不確実性〕なく、きっと」という表現が生まれた。

　そのため、Hamon (1987: 91) は sans doute を「（形からも）肯定の表現ではない」とし、Borillo (1876: 81) は「留保的肯定」としている。とはいえ、

probablement と同様、質問の答えとして単独に用いることが可能だ。このとき sans doute は certainement（次節参照）に近いという指摘もある（Hanse 1983: 841）。少なくとも peut-être に比べれば、肯定の可能性はかなり高い。

(66) a. Vous le connaissez ? — *Sans doute*.　　　　　（Hanse 1983: 841）
　　　　（Do you know him? — *No doubt*.）（彼をご存知ですか？―ええ、たぶん。）
　　b. Viendra-t-il ? — *Probablement*.　　　　　　　（P*Rob*: 1533）
　　　　（Will he come? — *Most probably*.）
　　　　（彼は来るでしょうか。―おそらく。）

否定的な返事の場合は、後に pas をつけなければならない（Borillo）のは peut-être と同様。

(67)　Est-ce qu'il y a assez de sièges ? —　a.*Non, *probablement / sans doute*.
　　　　　　　　　　　　　　　　　　　　b. Non, *probablement / sans doute pas*.
　　（Are there enough seats? — No, *probably not*.）
　　（十分な席がありますか？―いいえ、おそらく。）

文頭で、話し言葉では que、書き言葉では主語倒置が普通（Grevisse 1980: 170）である。

(68) a. *Probablement qu*'il y a dans toi quelque chose du sauvage.
　　　　　　　　　　　　　　　　　　　　　　（Aragon）（PRob: 1533）
　　　　（*Probably* there is something wild in you.）
　　　　（君の中に何か野性的なものがありそうだ。）
　　b. *Sans doute qu*'il restera quelques jours.　　　（Hanse 1983: 841）
　　　　（*No doubt* he will stay some days.）
　　　　（彼はおそらく数日滞在するだろう。）
(69) a. *Probablement* arrivera-t-elle demain.
　　　　（*Probably* she will arrive tomorrow.）

（彼女は明日到着するだろうと思う。）
　　b. *Sans doute* arrivera-t-elle demain. （GR）
　　　（*No doubt* she will arrive tomorrow.）
　　　（彼女は明日到着するだろうと思う。）

文末に置くこともできる。

(70) a. Jacques a tout dépensé, *probablement*. （Borillo 1976: 79）
　　　（James has spent all, *probably*.）
　　　（ジャックは全部使い果たしてしまったよ、おそらく。）
　　b. Il s'est trompé de ligne, *sans doute*. （古石他 1989: 143）
　　　（He has got on the wong line, *no doubt*.）
　　　（彼は乗る線を間違えたね、おそらく。）

現在、過去、未来さまざまな時制とともに使用が可能だ。
　叙法（直説法未来形と条件法）との組み合わせで、確信度に違いが出てくることがある。（Dupré: 2092）

(71) a. *Probablement qu*'il viendra.［直説法未来形］ （同上）
　　　（*Probably* he will come.）
　　　（彼はほぼ確実に来るだろう。）
　　b. *Probablement qu*'il viendrait.［条件法］ （同上）
　　　（*Probably* he woud come.）
　　　（彼は来るかもしれない。）
(72) a. *Sans doute que* vous le verrez bientôt.［直説法未来形］
　　　　　　　　　　　　　　　　　　　（Thomas）（Dupré 1972: 739）
　　　（*No doubt* you will see him soon.）
　　　（あなたはきっと彼にすぐに会えるだろう。）
　　b. *Sans doute qu*'il me le dirait, s'il le savait.［条件法］
　　　　　　　　　　　　　　　　　　　（Thomas）（Dupré 1972: 739）

(*No doubt* he would say it to me, if he knowed it.)
(たぶん彼は私にそれを言うかもしれない。知っていればだが。)

いずれも直説法未来形(a)の方は確実性が増し、条件法(b)の方は確信度が下がる。これは、それぞれの叙法の持つ確信度の違いが副詞表現に影響を与えるためだと考えられる。
　次の例は、推測の未来形との組み合わせである。

(73)　Comment se fait-il que Pierre ne soit pas encore là ?
　　　— Il *aura sans doute* pris le train de huit heures.　　（Confais 1990: 279）
　　　(Why does not Peter come yet? — *Doubtless* because he has taken the train of 8 o'clock.)
　　　(一体どうしてピエールはまだ現れないの？―おそらく8時の列車に乗ったのでしょう。)

que 節でなくても条件法が出てくることもある。

(74)　Mon excellent camarade ne *saurait probablement* pas distinguer une clef de fa d'une clef de sol.
　　　　　（Y. Gandon, *Nouvelles littéraires*, 16 juin 1949）（Grevisse 2011: 1150）
　　　(My excellent friend *probably could* not distinguish key of F from key of G.)
　　　(私の優秀な仲間は、どうもヘ音記号とト音記号の区別ができないらしい。)

« sans doute...mais... » は譲歩の表現を構成することができる。

(75)　J'ai *sans doute* accepté, *mais* je ne connaissais pas la situation.
　　　(*No doubt* I accepted, *but* I didn't know the situation.)
　　　(なるほど私は承知しましたが、しかし事情を知らなかったのです。)（CR）

しかし泉（1989:118）によれば、« ? probablement...mais... » は不可能だとい

う。それは、probablement の方が、「たぶん」の意味が強く出て、相手の言うことをあやしむことになる（泉 1989: 118）ため、譲歩にならないからだという。より確信度の低い peut-être の譲歩表現が可能であることを考えると不思議なことである。（音〔長さ〕の問題もあるかもしれないが、ここではこれ以上考察する余裕がない。）

5.4　sûrement / certainement「必ず、きっと（…にちがいない）、もちろん」

　形容詞 sûr, certain「確信している、確かである」から派生した副詞で、その意味を反映し、どちらも高い確信度を表す。しかし、用法は全く同じというわけではない。

　単独で返事とすることは、どちらも可能だ。

(76) a. Tu viendras demain ? — *Sûrement.*　　　　　　　　（Corbin 1982: 52）
　　　 (Will you come tomorrow? — *Certainly*.)
　　　 （明日来る？－必ず〔きっと〕行く。）

　　 b. Viendrez-vous ? — *Certainement.*　　　　　　　　（Dupré 1972: 400）
　　　 (Will you come? — *Certainly*.)（いらっしゃいますか？－必ず。）

　ただし、sûrement が示すのは確信（信念）であって、事実の断定ではない。形容詞 sûr がそうだったように（§4）、実際は知らないことが前提である。知っていては使えない。したがって、自分のしたことについて、次のようにいうことはできない（泉 1989: 111）。

(77)　Est-ce que tu as déjà rendu ce livre à la bibliothèque ? — **Sûrement* !
　　　 (Have you already return the book to the library? — *Of course*! / *Certainly*!)
　　　 （君はあの本をもう図書館に返したの。—*きっとね。）　　　（同上）

　ここで sûrement は「信念」の強さが感じられるが、そのため逆に客観性が弱まってしまう。これに対して、« (Mais) certainement ! »（もちろん）は問

題がないという(同上 : 112)。むしろ certainement は「保証」の意味を感じさせる。

とはいえ、certainement についても、savoir, connaître とともに用いると、客観的に何かを断定することにならない。この場合は « avec certitude »「確実に」と言うべきだという(Dupré 1972: 400)。副詞表現は名詞表現に比べて主観性が高いようだ。

一方、certainement は、上の「保証」からの派生か、「承諾」の意味がある。

(78) Je peux vous demander un autographe ? — Mais *certainement*./ ? *Sûrement*.
(映画 "Tandem" 1994)(『ふらんす』1994.01: 100)
(May I ask you an autograph? — *Certainly / Of course*!)
(サインをお願いしてもいいですか?―もちろん、いいですよ。(喜んで。))

ここで sûrement を使うと、「承知した」という意味にはならない。

否定的な返事の場合は、それぞれ « Sûrement pas »,« Certainement pas » となる。

文頭では、que で文を導入するが、que のない場合、主語倒置は行なわない。

(79) a. *Certainement qu*'il a raison. (Pottier 1980: 77)
b. *Certainement* il a raison. (同上)
(*Certainly* he is right.)
(きっと彼は正しい。)
(80) a. *Sûrement que* Pierre viendra. (Sueur 1983: 172)
b. *Sûrement* votre père viendra.
(*Surely* you father will come.)
(きっとあなたのお父さんは来る。)

時制は基本的に現在、過去、未来のすべてと共起可能である。

6　日本語の確信度の表現

　以上、フランス語の様々な確信度表現を見てきたが、その際に訳語として用いたものも含めて、日本語の確信度表現にどのようなものがあるか見てみよう。

表1　日本語の確信度表現

述語表現(「でしょう」などの丁寧体は除く)		「名詞＋だ」表現
らしい	（推量）	可能だ
はずだ	（確信）	確実だ
だろう	（非断定、想像、推量）	もよう〔模様〕だ
と思う	（非断定）	
かもしれない	（可能性）	副詞表現
にちがいない	（確実性）	たぶん
ようだ	（外見）	おそらく
しそうだ	（外見）［＝連用形＋そうだ］	きっと
する〔した〕そうだ	（伝聞）［＝終止形＋そうだ］	必ず
だ〔である〕	（断定）	絶対（に）

　これですべてではないが、もとより日仏語間に対応表現がすべてそろっているわけではないので、翻訳に際してはさまざまな工夫が必要になる。

6.1　未来形と条件法への対応

　日本語には未来形はないが、一般にフランス語の未来形に対応する表現としては、次の3つの表現が考えられる。

(81)　J'irai en France l'année prochaine. (I will go to France next year.)
　　a. 来年フランスに行く。（動詞現在形）(I go to France next year.)
　　b. 来年フランスに行くだろう。（動詞＋推量表現）(I think I go to France next year.)
　　c. 来年フランスに行くつもりだ。（動詞＋意志表現）(I intend to go to France next year.)

フランス語未来形のもつ推量の意味は、この推量表現「だろう」だけでは不十分である。「高い確信度〔確実性〕」を表すために、「きっと」などの副詞を補足したり、「〜にちがいない」という別の表現を用いる必要がある。

日本語にはフランス語の条件法にあたるものもない。非現実な仮定に基づく帰結として、条件法を「〜だろう（なあ）」「〜するのだが」などと訳すことはあるが、「低い確信度〔可能性〕」の意味を表すためには使えない。そこで上では、「〜かもしれない」「〜らしい」などを用い、伝聞には「〜そうだ」を充てた。しかし、条件法のもつニュアンスは単純ではなく、伝聞か推量か微妙なものもある。報道では「〜した模様だ」などの表現も見られる。

さらに細かいニュアンスを表したければ、やはり副詞を使って「たぶん〜だろう」「おそらく〜にちがいない」「きっと〜はずだ」など細かい対応が必要になろう。この場合、必ずしも副詞と述語表現の対応は 1 つだけではない。例えば、「たぶん〜だろう」「たぶん〜ちがいない」「たぶん〜はずだ」では、後に行くにしたがって断定度が上がり、確信度も強くなる。「たぶん〜だ」と断定にすれば、また違った確信度になる。

6.2　形容詞・副詞表現への対応

形容詞表現をそのまま直訳風にして、「〜は確かだ」「〜は可能だ」とすると、日本語ではその部分が文の焦点になりかねない。文に確信度を付加する方法として自然なのは、「きっと〜にちがいない」のような「副詞＋述語表現」というパターンであろう。その意味で、副詞の役割は大きい。しかし日仏語の副詞の対応も簡単にはいかない。

6.3　「たぶん」「おそらく」と peut-être、sans doute

「きっと」が高い確信度を表すことは大方の賛同を得られると思う。では「たぶん」と「おそらく」はどうなのだろうか。前坊（2012: 59）によると、次のようになる：

「たぶん」：書き手自身の主観的な判断に基づく推量を表す。話し言葉的な要素が強い。私的な場においてなされる話題、個人的なこと、日常的な内容であることが多い。会話的な文章、個人的な考えを述べる文章に多く使用さ

れる。

　「おそらく」：基本的には書き手、あるいは他者を含めた主観的な判断に基づく推量を表す。書き言葉では、話し言葉的な要素は少ない。説明文、解説文など、客観的であることを求められる文章に使用される。話し言葉では、公的な場における他者への改まり、丁寧さが必要な場に使われる。

　このように両者の確信度の差はほとんど問題にされず、文体的な違いが強調される。

　質問に「たぶん」とだけ答えられ、違和感をもったことがある。くだけた感じがしたためかもしれないが、肯定なのかどうなのか、情報量の乏しさにも問題があったように思う。「おそらく」ならいくらかましな気がする。これは公的で客観的、説明的だからだけだろうか。

　では « Peut-être. » ならどうだろうか。この返答が可能なことは上でみたが、情報量としてはほぼ「わからない」に近いことも述べたとおりである。これを « Oui. » のつもりで用いたり解釈したりしたら問題である。肯定的な気持ちがいくらかでもあれば « Sans doute. » というべきところである。

　というわけで、適切な訳を見つけるためには、確信度とともに、日仏両表現のそれ以外のニュアンスも捉えながら、最も近い対応表現を見つける、もしくは組み合わせて作る必要がある。

7　まとめ：フランス語の確信度表現

　本稿で言及しなかったものも含めて、確信度表現を、その確信の程度と表現形式によって、分類し、表2にまとめてみる。対応する日本語表現もつけてみた。

表2 フランス語の確信度表現とその確信度

表現形式 \ 確信度	低い確信度 可能性		高い確信度 確実性	
日本語	らしい だろう かもしれない おそれがある 可能だ		はずだ にちがいない 確実だ	
時制・叙法	条件法 （する〔した〕そうだ）		直説法未来形	
助動詞表現	pouvoir risquer de avoir des chances de		devoir aller être sur le point de compter	
形容詞表現 （人称表現）			sûr certain 　　　　　sûr et certain convaincu persuadé	
形容詞表現 （非人称表現）	possible	probable vraisemblable	sûr certain	sûr et certain vrai, exact, évident, clair, indubitable
副詞表現	par hazard éventuellement 　　　peut-être 　　　possiblement	probablement sans doute vraisemblablement	sans aucun doute sûrement certainement certes 　　　assurément	
日本語	ひょっとすると たぶん わからないが	たぶん おそらく	きっと、必ず 絶対（に）	

　言うまでもなく、これは単純化した分類および対応表であり、実際にはこのように単純にはいかない。個々のケースに応じて、副詞表現と述語表現を組み合わせた訳語を考える必要がある。そのための目安になればよいと思う。

参考文献

Abbadie, Christian, Bernadette Chovelon et Marie-Hélène Morsel. (1974, 2003) *L'expression française écrite et orale*. Grenoble : P.U. de Grenoble.

Arrivé, Michel, Françoise Gadet et Michel Galmiche. (1986) *La grammaire d'aujourd'hui : guide alphabétique de linguistique française*. Paris : Flammarion.

Béchade, Hervé-D. (1986) *Syntaxe du français moderne et contemporain*. Paris : P.U.F.

Boissel, Pierre, B. Darbord, J. Devarrieux, C. Fuchs, G. Garnier Cl. et Guimier. (1989) Paramètres énonciatifs et interprétations de *pouvoir*. *Langue française* 84 : 24–69. Larousse.

Borillo, Andrée. (1976) Les adverbes et la modalisation de l'assertion. *Langue française* 30 : 74–89. Larousse.

Borillo, Andrée. (1979) La négation et l'orientation de la demande de confirmation. *Langue française* 44 : 27–41. Larousse.

Brunot, Ferdinand. (1965) *La pensée et la langue*. Paris : Masson.

Chuilon, Claire. (1986) *Grammaire pratique. Le français de A à Z*. Paris : Hatier.

Confais, Jean-Paul. (1990) *Temps, mode, aspect*. Toulouse : P. U. de Mirail-Toulouse.

Corbin, Danielle. (1982) Le monde étrange des dictionnaires (2) : Sur le statut lexicographique des adverbes en -ment. *Lexique* 1 : 25–64. P. U. de Lille.

Cressot, Marcel. (1976) *Le style et ses techniques*. Paris: P.U.F.

Ducrot, Oswald. (1980) *Echelles argumentatives*. Paris : Minuit.

Ducrot, Oswald, D. Bourcier, S. Bruxelles, A.-M. Diller, É. Fouquier, J. Gouazé, L. Maury, T. B. Nguyen, G. Nunes, A. Rémis, L. R. de Saint Alban et Chr. Sirdar-Iskandar. (1980) *Les mots du discours*. Paris : Minuit.

Dupré, Paul. (1972) *Encyclopédie du bon français dans l'usage contemporain : difficultés. Subtilités. Complexités. Singularités*. Paris: Trévise. 3 vols.

Genouvrier, Emile et al. (1977) *Nouveau dictionnaire des synonymes*. Paris : Larousse.

Grevisse, Maurice. (1980, 2011) *Le Bon usage* (11e, 15e éd.). Gembloux : Duculot.

Gross, Maurice. (1975) *Méthode en syntaxe*. Paris : Hermann.

Hamon, Albert. (1987) *Guide de grammaire*. Paris : Hachette (Marabout).

Hamon, Albert. (1991) *Guide d'analyse grammaticale et logique*. Paris : Hachette.

Hanse, Joseph. (1983) *Nouveau dictionnaire des difficultés du français moderne*. Gembloux : Duculot.

Kerbrat-Orecchioni, Catherine. (éd) (1991) *La question*. Lyon : P.U. de Lyon.

Martin, Robert. (1976) *Inférence, antonymie et paraphrase*. Paris : Klincksieck.

Martin, Robert. (1983) *Pour une logique du sens*. Paris : PUF.

Nølke, Henning. (1982) *Les Adverbes paradigmatisants*. Copenhague : Akademisk Forlag.

Pottier, Bernard. (1980) Sur les modalités. André Joly. (éd) *La psychomécanique et les théories de l'énonciation*, pp. 67–78. Lille : Presses Universitaires de Septentrion.

Pottier, Bernard. (1983) Chronologie des modalités. David & Kleiber. (eds) *La notion sémantico-logique de modalité*, pp.55–63. Paris : Klincksieck.

Pottier, Bernard. (1987) *Théorie et analyse en linguistique*. Paris : Hachette.

Riegel, Martin. (1985) *L'adjectif attribut*. Paris : P.U.F.

Roulet, Eddy. (1980) Modalité et illocution. *Communication* 32 : 216–239. Paris : Seuil.

Sato, Masaaki. (1990) Le futur conjectural en français. *Furansu-Bungaku-Kenkyuu* 10 : 32–45. Univ. de Tohoku.

Soutet, Olivier. (2009) *La Syntaxe du français*. Paris : P.U.F. (Que sais-je ? 984).

Sueur, Jean-Pierre. (1983) Les verbes modaux sont-ils ambigus ? David & Kleiber. (éd) *La notion sémantico-logique de modalité*, pp. 165–182. Paris : Klincksieck.

Togeby, Knud. (1982–1984) *Grammaire française* 2–4. Copenhague : Akademisk Forlag.

芦野文武 (2015)「「蓋然性」のモダリティを表すマーカー probablement と éventuellement の対照研究」川口順二編『フランス語学の最前線 3. モダリティ』pp.39–60. ひつじ書房.

石野好一 (1985)「フランス語意味論 ― モダリティ・接続法」『海外言語学情報第 3 号』pp. 180–188. 大修館書店.

石野好一 (1997)『フランス語の意味とニュアンス』第三書房.

石野好一 (2000)『フランス語ニュアンス表現練習帳』第三書房.

泉邦寿 (1989)『フランス語、意味の散策―日・仏表現の比較』大修館書店.

大久保伸子 (2014)「単純未来形の意志用法―時制とモダリティを表す仕組み」春木仁孝・東郷雄二編『フランス語学の最前線 2. 時制』pp. 137–176. ひつじ書房.

古石篤子・小石悟・中川努 (1989)『コレクション・フランス語 2 ―初級』白水社.

佐藤房吉 (1990)『フランス語動詞論』白水社.

曽我祐典 (1997)「フランス語の possible, probable, certain の意味と構文」『人文研究』47(1): 138–149. 関西学院大学.

中川努・東浦弘樹 (1991)『コレクション・フランス語 4―話す』白水社.

前坊香菜子 (2012)「コーパスにおける「たぶん」「おそらく」の使用傾向の分析」『一橋日本語教育研究』1: 49–60. 一橋大学.

メランベルジェ, G.・大賀正喜 (1987)『和文仏訳のサスペンス―翻訳の考え方―』白水社.

メランベルジェ, G.・大阪日仏センター編 (1995)『宮沢賢治をフランス語で読む―翻訳の授業ライヴ―』白水社.

例文出典

Avec plaisir 1. Méthode de français. 1986. Paris : Hachette.

Chamberlain, A. & R. Steele. (1985) *Guide pratique de la communication.* Paris : Didier.

CR :『クラウン仏和辞典』三省堂.

DFC : *Dictionnaire du français contemporain.* (1971) Paris : Larousse.

DFLE : *Dictionnaire du français langue étrangère. Niveau 2.* (1979) Paris : Larousse.

DSSVF : *Dictionnaire sémantique et syntaxique des verbes français.* (1983) Warszawa : Panstwowe Wydawnictwo Naukowe.

GR : *Le Grand Robert : dictionnaire alphabétique et analogique de la langue française.* (2005)

Nouv. Obs. : *Le Nouvel Observateur,* No.1552. (1994) OJD.

Phillipart, Michel. (1980) *Monde 39.* Paris : Nathan.

PRob : *Le Petit Robert.* (1977) Paris : Société du Nouveau Littré.

Robbe-Grillet, Alain. (1981) *Djinn.* Paris : Minuit.

Rohmer, Eric. (1983) *Pauline à la plage.* 大木充他編『海辺のポーリーヌ』駿河台出版社.

Salins, G.-D. de et al. (1985) *Nouveaux exercices de grammaire.* Paris : Hatier.

Vigner, Gérard. (1979) *Parler et convaincre.* Paris : Hachette.

ヴェレル，H.・尾形こづえ (1988–1990, 1991–1993)「フランス語難所めぐり」『ふらんす』1988–1990, 1991–1993.

窪川英水 (1990–1994)「対訳シナリオ／映画で覚える口語表現」『ふらんす』1990.1–1994.3.

femme médecin の語順の不思議
複合語〈femme + N〉の構造に関する日仏語対照[1]

藤村逸子

1 はじめに

　一般にフランス語の〈名詞+名詞〉からなる複合語(以下 N1N2 と略記)は主要部前置型で、後続する非主要部が主要部を限定する語順をとる(被限定要素+限定要素)。一方日本語は主要部後置型であり、前置の非主要部が後置の主要部を限定する(限定要素+被限定要素)[2]。そのため、フランス語と日本語の複合語の語順は、〈timbre-poste〉と〈郵便切手〉、〈station-service〉と〈サービス・ステーション〉のように真逆になるのが普通である。その中で例外的なものの1つに、職業や役職などに前置される femme がある。femme は femme médecin (女(f.sg.)―医師(m.sg.))、femme maire (女(f.sg.)―市長(m.sg.)) などのように前置され、日本語の「女医」や「女性市長」に相当する。日本語とフランス語とで同じ語順となるのは、一般的な語順の原則に反している。本稿はこの問題を扱い、その理由を問う。

(1)　Un chef d'entreprise sexagénaire, un concertiste et une femme médecin marquaient, eux aussi, leur passion pour la marque sans jamais s'enflammer (....) 　　　　　　　　　　　　　　　　　　　　　(*LM* 2000)[3]
　　　(60歳代の企業経営者(不定 (m.sg.) - チーフ (m.sg.))、コンサートアーティスト (不定 (m.sg.) - コンサートアーティスト (n.sg.))、女医(不定 (f.sg.) - 女 (f.sg.) - 医師 (m.sg.)) が、そのブランドに対して、これまでに一度も経験したことのないような情熱を示していた。)

〈femme ＋ 人間名詞（Human Noun、以下 HN と略記）〉は、(1) のような文脈で使用される。このような femme HN は、女の指示対象を指す職業名詞の扱いに関連して言及されることが多いが（Dister 2004、Eskénazi 1998、Schafronth 2003）、その語構成について正面から論じた研究は管見の限り知らない。N1N2 の複合語に関する主要文献である Noailly (1990) は次のように、フランス語の HN は形容詞と区別がつきにくいという特徴があるので N1N2 の複合語の対象から外すと述べている。そして、英語では人間名詞はいつも名詞である点で、フランス語とは全く異なると続けている。

> J'ai (...) évité les cas où le N2 épithète était un nom de métier (boulanger, avocat), ou d'état naturel (nain, géant), ou de situation sociale (ami, ennemi ; célibataire, veuf), etc. Ces noms, qui servent à désigner principalement des personnes, ont un statut tout à fait particulier en français. Ils sont pris substantivement de façon très naturelle : *une géante ; mon avocat*. Mais leur morphologie les rapproche des adjectifs : aucun n'a de genre fixe (...). Je crois donc qu'il faut renoncer à étudier comme des substantifs ordinaires, et qu'il vaut mieux admettre qu'on a là en français une catégorie exactement intermédiaire, également apte aux emplois substantifs et aux emplois adjectifs. (Noailly 1990 : 29)

（N2 が職業（パン屋、弁護士）や自然の状態（こびと、巨人）や社会的状況（友人、敵、独身者、やもめ）などを表す場合は対象から除外した。原則として人間を指すこれらの名詞はフランス語において極めて特殊である。これらは、une géante（巨大な女（不定（f.sg）- 巨人（f.sg.））, mon avocat（私の弁護士（私の（sg.）- 弁護士（m.sg.）））として使うと、全く自然に名詞として解釈できる。しかし、その形態は形容詞に似ていて、決まった文法上の性をもたない（…）。私はこれらを普通の名詞と考えない方がよいと考えている。フランス語には名詞としての使用も形容詞としての使用も可能な中間的なカテゴリーが明確に存在することを認める方がよい。）

フランス語に関して〈HN ＋ HN〉の複合語に関する先行研究が少ないの

は、Noailly の言うとおり面倒なテーマだからとも思われるが、言語の対照の観点からは興味深いテーマである。日本語は英語と同様に、人間を表す名詞はつねに名詞と認識され、そのことに疑問が呈されることはない[4]。対照言語学的観点によって、フランス語だけの観点では見えない問題を見やすくできるかもしれないと期待できる。

　本研究は、大規模コーパスから網羅的に採取した実例の観察に基づいてこの問題を考える。この方法の長所は事実の客観的把握に適している点と、使用頻度の情報を得ることができる点である。フランス語のデータは、*Le Monde* 誌 7 年分 (1988, 1994, 1996, 1999, 2000, 2006, 2012) 総語数約 1 億語、日本語は、これも総語数約 1 億語の『現代日本語書き言葉均衡コーパス (BCCWJ)』を用いて、フランス語の homme (男) と femme (女)、日本語の「男」と「女」が別の名詞と共起する例を収集した。フランス語については約 1700 例からなる例文データベースを構築して、定量的および定性的に観察した。日本語については約 3000 例のデータを収集したが本稿では主要な対象とはしなかった。

　本稿の表記は次のとおりとする。実例の引用を除いて、本文中では指示対象としての男女を「男」「女」、男性名詞・女性名詞を「男性」「女性」と記す。職業名詞や役職やその他の人間を表す名詞を本稿では人間名詞 (HN) と呼ぶ。複合語の説明は形態素ごとの逐語訳 (グロス) の形で行う。グロス内で、名詞や冠詞の文法上の性は男性を m、女性を f であらわす。語形が男女共通の通性名詞 (épicène)[5] は n と記す。また、定冠詞は「定」、不定冠詞は「不定」と記す。

　本稿の構成は次のとおりである。第 2 節でフランス語の〈femme + HN〉を概観し、日本語との対照の観点について述べる。第 3 節では方法論の説明として、コーパスと分析対象データの収集法を示す。第 4 節では得られたデータに基づき、femme と homme が「性別表示型」ではない場合の複合語の機能や意味を記述・分類しつつ、性別表示の解釈の背景となりうるような現象を探す。第 5 節では、「性別表示型」の用例を観察し、語順別の femme の意味機能及び形態法上の機能について考察する。第 6 節では、得られた結果をまとめて性別表示型の〈femme + HN〉の語順の理由を述べる。

2 〈femme + HN〉の概観と問題提起

　フランス語の femme médecin（女 - 医師）、femme maire（女 - 市長）は、日本語の「女性医師、女医」、「女性市長」にうまく対応する表現である。フランス語には、文法上の性というカテゴリーがあり、それが指示対象の性に対応することが多い。この点は確認した上で、日本語の「女性／女＋HN」とフランス語の〈femme + HN〉はどちらも複合語であり、比較可能な対象と考える。フランス語には femme 以外の別の単語を使って女を表す選択肢は原則的に存在しない。英語には「女性医師」に相当する表現として woman doctor と female doctor の 2 つがある。フランス語では英語の female と同語源の形容詞の femelle（雌の）は人間の性を示さず、もう 1 つの形容詞の féminin（女の）は HN とは共起しないと言われている[6]。féminin を用いて人の性別を表すためには、les cinéastes de sexe féminin（女の性の映画監督（定 (pl.) 映画監督 (n.pl.) – of-sex-female (adj)（英））のような長い言い回しを選択せねばならず、あまり使用されない。

　femme médecin のタイプの表現は、社会言語学的文脈において語られることが多い。フランス語においては、職業や肩書きを表す名詞の中に女性名詞が欠けて、男性名詞しかないものがあり、女の指示対象を指す際に社会的・心理学的・言語学的問題が生じることがある。対応する女性名詞を持たない男性名詞（例えば、médecin（医師））に、女性名詞を作ろうという社会的な動きにはすでに数十年もの長い歴史があるが、すっきりとした解決を見ないまま議論が続いている（Yaguello 1978、藤村・糸魚川 2001、Fujimura 2005、Académie française 2014、藤村 2015）。フランス国においては、政府が主導して HN の女性化のためのガイドライン（Becquer, Cerquiglini & Cholewka 1999）が作成され、1999 年に公開された。これは男性名詞から女性名詞を作るためのマニュアルであり、接尾辞による女性形化や通性名詞化の方法が示されている。フランス国のガイドラインにおいては、femme の添加による女性化については全く触れられてはいない。女性化をフランスに先駆けて進めているカナダ・ケベック州のガイドラインには、femme の添加は、形態変化や通性名詞化による女性化の妨げになるので避けるべきと記載されてい

る[7]。回避が指示されているのは、現実に femme の添加が、接尾辞や冠詞に代わって女を指示する役割を果たしているからと考えられる。

　先に見た (1) と以下の (2)(3) において、femme médecin（女 - 医師 (m.sg.)）や femme sculpteur（女 - 彫刻師 (m.sg.)）のように femme が添加されているのは指示対象の性別を示すためである。médecin や sculpteur には女性名詞が存在せず、他の名詞（polisseur / polisseuse（研磨工）や infirmier / infirmière（看護師））の場合に冠詞や接尾辞が果たしている性別表示の役割を femme が果たしている。もしも femme がなければ、指示対象は男と解釈される。

（2）　(…) un menuisier, une polisseuse de métaux, une femme sculpteur et une jeune fille qui fabrique des masques et des accessoires de théâtre.
　　　　　　　　　　　　　　　　　　　　　　　　　　　　　　　　（LM 1988）
　　　（男の家具職人（不定 (m.sg.) - 家具職人 (m.sg.)）、女の金属研磨職人（不定 (f.sg.) - 金属研磨師 (f.sg.)）、女の彫刻師（不定冠詞 (f.sg.) - 女 (f.sg.) - 彫刻師 (m.sg.)）、そして演劇の仮面や小道具を作成する娘）

（3）　Situation qui s'aggrave d'année en année à cause de l'interdiction absolue faite aux femmes de consulter un médecin masculin et du très petit nombre de femmes médecins et d'infirmières qualifiées.　　　　　（LM 2000）
　　　（男性医師の診察を受けることが女には完全禁止となったことと、女性医師（女 (f.pl.) - 医師 (m.pl.)）と看護婦（看護師 - 女性接尾辞 (f.pl.)）の数が大変少ないことのために、状況は年々悪くなっている。）

　このような femme の結びつく HN は多種多様である。Le Monde 誌では femme médecin（女性医師）、femme ministre（女性大臣）がもっとも頻度の高い連鎖であるが、femme flic（女性警官）、femme ingénieur（女性エンジニア）、femme troubadour（女性吟遊詩人）、femme candidate（女性候補者）、femme chauffeur de taxi（女性タクシー運転手）など、使用範囲は広く生産性は高い。

　本稿ではこの〈femme + HN〉を扱い、フランス語の〈femme + HN〉が、一般的な原則に反して日本語の〈女 + HN〉と同じ語順をとる理由を考察する。一般にフランス語の名詞句では主要部が前置され、日本語では後置され

る(例:l'Union Européenne / 欧州連合、le chef d'orchestre / オーケストラ指揮者)。複合語の場合には、日本語では、一方の名詞が他の名詞を修飾する内心型(endocentric)構造[8]である限りにおいて、主要部は常に後置される(例:テレビ台、ズボンプレッサー、国会議員)。フランス語では、同じくN1N2の複合語において、日本語よりは語順の揺れがあるが、外来語由来の複合語を除くと[9]、主要部は前置される(例:site Internet(ウェブサイト(サイト - インターネット))、centre ville(町の中心(中心 - 町))、assurance maladie(医療保険(保険 - 病気)))。それにも関わらず、フランス語の〈femme + HN〉の語順が日本語と同じであるのは不思議であり、説明が必要である。しかし、この不一致はフランス語に理由があるとは限らず、日本語に理由がある可能性もある。日本語には「*医師女性、*医女」や「*警官婦人」は存在しないが、「百姓女」、「子守女」は存在し、以下の(4)と(5)のような実例を見つけることができる。逆に「*女百姓」「*女子守」は存在しない。本稿はフランス語の〈femme + HN〉の分析を課題とするが、両言語の比較を通して、日本語の語構成の研究にも貢献できると考えている。

(4) その二つのものよりもずっと無造作な取引で、子守女として或る商家に置き去りにされ…
　　　　(川口祐二 2002『苦あり楽あり海辺の暮らし』(BCCWJ より)
(5) クリームをかけた砂糖煮のなしが出た。なにもかも料理番の百姓女のごつごつした手でととのえられたもので、…
　　　　(ヴィトルド・ゴンブローヴィッチ(著)/ 米川和夫(訳)1989
　　　　「世界の文学」12(BCCWJ より))

先行研究において〈femme + HN〉の語構成に関する言及は極めて少ないが、Noailly (1990:199–200)は、後置されるHNがfemmeを修飾(qualification)すると考えているように思われる。Schafroth (2003)は〈femme + 職業名詞〉と〈職業名詞 + femme〉の分布調査によって前者が圧倒的多数であることを報告しつつ、femmeは複合語の文法上の性を決定するので、femmeが主要部であると分析している。Eskénazi (1998)はfemmeをsupport hypéronymique（支えとなる上位語）と位置づけ、男性名詞の前に femme を先行させる語構成は文法上の一致を促進するので望ましいと主張している。Fradin (2009) や Noailly (1990) の提案するテストに基づくと、フランス語の 〈femme + HN〉 は併置型で、「女であり、かつある職業に就いている人」とも分析できる。Arcodia et al. (2010 : 210) は英語の woman doctor の意味分析を行っている。Scalise & Bisetto (2009) は、注の中で woman doctor の分析が併置型と修飾型の間で揺れていることを紹介している。

3 方法とデータ

本節では本研究の方法について述べる。本稿では、大規模コーパスから採取した 〈femme + N〉、〈N + femme〉、〈homme + N〉、〈N + homme〉 の実例を用いてその使用を記述しつつ、3.3 節で定める 5 つの設問に答える。なお homme は主たる対象ではなく、参照用として追加した。

3.1 コーパス

データ採取のためのフランス語のコーパスは、フランスを代表する日刊紙の *Le Monde* 誌 7 年分 (1988, 1994, 1996, 1999, 2000, 2006, 2012) を使う[10]。語数は約 1 億語である。フランス語において N1N2 の複合語の使用傾向はテキストジャンルによって大きく異なる。メディアや広告のテキストに多用されると言われている (Noally 1990: 15, 古賀 2013) ので、本稿が対象とする表現の採取のためには新聞データは適している。また *Le Monde* 誌一種類に限ることには、そのことによる制約はあるものの、種々のリソースを混在させるより均一性と代表性において勝っていると判断する。

3.2 データの収集

以下の手順に従い 〈femme(s) + N〉 及び、〈N + femme(s)〉、〈homme(s) + N〉、〈homme(s) + N〉 の例を収集した。1 〜 5 は Perl スクリプトと Unix コマンドを用いたプログラムにより実行した。6 〜 8 はエクセルによるデータベース化の手順である。

1) *Le Monde* 誌 7 年分のテキストからハイフンを全て削除。フランス語では、複合語内のハイフンの使用のルールが定まっていないからである。
2) 形態素解析プログラムの Tree Tagger を用いて全ての語に品詞情報を付与。
3) 機械的検索によって出現頻度とともに NOM + NOM のリストを作成[11]。
4) 3 例以上の出現のあった〈femme(s) + NOM〉、および〈homme(s) + NOM〉を抽出し、それに代表的な職業名詞のいくつかを追加して、femme に後続しうる 147 種類の「名詞リスト」を作成。
5) 〈femme(s) + 名詞リスト〉、〈名詞リスト + femme(s)〉、〈homme(s) + 名詞リスト〉、〈名詞リスト + homme(s)〉をコーパスにおいて検索し、Kwic (Keyword in Context) 形式でデータを保存。
6) 手作業により l'égalité hommes-femmes (男女の平等 (定 (sg.) - 平等 (f.sg.) - 男 (m.pl.) - 女 (f. pl.))) のタイプ (主要部が 2 つのタイプ) の複合語 (Noailly 1990 : 84–89)、その他の不要データを削除し、本稿で対象とするデータとして 1678 例を取得。
7) 手作業により、N をその指示対象の意味的カテゴリーにより、「人間」「動物」「モノ」「抽象」に分類。
8) 手作業により、それぞれの例の N1 と N2 の間の関係を Noailly (1990)、Fradin (2009)、Scalise & Bisetto (2009) を参考にして分類。名称は Noailly (1990) にならい、修飾 (Qualification)、補足 (Complémentation)、同一 (Identification)、併置 (Coordination) とし、本稿の対象である HN と共起して性別を表示する場合を新しく「性別表示型」と名付ける。その定義は後述する。

採取したデータの総数は 1678 で、それぞれの語順の出現頻度は次のとおりである。〈homme + N〉: 592、〈femme + N〉: 911、〈N + homme〉: 94、〈N + femme〉: 81。femme は 92% が前置されている。

3.3　調査項目

以下の 5 点が本稿の調査項目である。

- a. 前置の femme と後置の femme の頻度分布
- b. femme の一般的特徴：「性別表示型」以外
- c. 語順：femme の前置と後置にどのような機能の差があるか
- d. 意味構造：修飾型・併置型の解釈と「性別表示型」の解釈の関係
- e. 形態法上の femme の役割

3.4　分類の枠組

名詞間の関係の分析は Noailly(1990) に従い、N1 と N2 の関係を以下の 4 つのカテゴリーに分類した。既述のように Noailly は HN を対象にしていない。

表 1　Noailly による複合語の分類

構造	例	指示対象数	特徴
修飾 Qualification	homme clé（キーパーソン）	1	N2 のような N1、N2 である N1
併置 Coordination	hôtel-restaurant（ホテル兼レストラン）	1 または 2	N1 と N2 は対等、入れ替え可
同一 Identification	la catégorie-adjectif（形容詞というカテゴリー）	1	N1 は N2 の上位語
補足 Complémentation	bébé-éprouvette（試験管ベビー）	2	N1 と N2 の指示対象は別

この 4 つのうち、同一構造 (Identification) は本稿の対象例の中に存在しないために、考察対象からはずす。

Fradin (2009) は Noailly のこの区分を支持した上で、補足 (Complémentation) は 2 つの指示対象から構成されるので、他の 3 つとは根本的に異なったタイプであるとし、2 つの名詞の間に前置詞の挿入が可能であることが多いと述べている (例：stylo bille (ペン - ボール)／stylo à bille (ペン -with- ボール (英)) (どちらもボールペン))。英語やドイツ語のゲルマン系言語にはこの補足構造タイプの複合語が多数存在するが、ロマンス語系言語ではマイ

ナーである[12]。ドイツ語では、arztfrau（医師 - 女 / 妻）は複合語として「医師（の）妻」を意味し[13]、女性医師は接尾辞添加によって arztin として示される。英語では woman doctor は一般的には「女性医師」を意味するが「婦人科医」の意味でも用いられうる。フランス語では femme médecin も médecin femme も意味するのは単純に「女性医師」である[14]。本稿の対象の〈femme + HN〉は一人の対象を指示することは明白であって「補足」の例は本稿とは直接関係がないので、それに相当する例はデータから除外する[15]。

　残る修飾構造と併置構造の間の違いは、指示対象が単一かどうか、および、N1 と N2 が対等かどうかという点にある。併置型の複合語に関する言語類型論的研究（Arcodia et al. 2010）は、東アジアの言語と西ヨーロッパの言語を比較して、東アジアの言語では、構成要素のそれぞれが別の対象を指示するタイプのものが多いのに対して、西ヨーロッパの言語ではこのような例は珍しいと述べている。西ヨーロッパの言語では singer-actor は singer の集合と actor の集合の積であり、限定的になる。一方東アジアでは、集合の和になる。確かに日本語では「手足」は「手と足」、「松竹梅」は「松と竹と梅」を意味する。フランス語では、physique-chimie（物理・化学）、Alsace-Lorraine（アルザス・ロレーヌ）などがそれに当たるが、この語構成は 2 つの構成要素が対等で均等な関係でなければならないなどの、大変強い制約を受けている（Noailly 1990 : 79）。フランス語において生産性が高いのは、Fradin (2009)、Arccodia et al. (2010)、Noailly (1990) の言うとおり、boulanger-pâtissier（パン屋兼ケーキ屋（パン屋（m.sg.）- ケーキ屋（m.sg.）））、canapé-lit（ソファ兼ベッド（ソファ（m.sg.）- ベッド（m.sg.）））、robe-manteau（コート兼ドレス（ドレス（f.sg）- コート（m.sg）））のように、同じ 1 つの指示対象が 2 つの側面を持つときにその 2 つを併置するタイプの複合語である。このタイプは、Kageyama (2009 : 514) が次のように言うとおり、日本語では大変作りにくい："Curiously, 'copulative compounds' like singer-song-writer seem to be systematically missing in Japanese, where the conjunctive morpheme –*ken* 'cum' is used instead." 確かに、フランス語の enseignant-chercheur は日本語で「教育者兼研究者」とは言えても、「教育者研究者」や「研究者教育者」とは言えない。（ただし、「社会人学生」という表現はある。）[16]

フランス語では、併置型が 2 つの指示対象をもつことは制約されているために併置型と修飾型の境界は曖昧である。たとえば、単一の指示対象を指す canapé-lit（ソファベッド）の「ソファ」と「ベッド」の関係が併置型の「ソファ兼ベッド」なのか、修飾型の「ベッドのようなソファ」なのかを判定することは難しい。どの意味になるのかは複合語を構成する 2 つの名詞の特徴、指示対象の特徴および文脈によって定まる。

3.5　定義

　「性別表示型」は先行研究が扱っていないのでここで定義する。「性別表示型」とは、femme か homme が HN と結びついた複合語とする。2 つの N の意味的関係はコピュラで結ばれうる関係とする。ただし比喩は含まないこととする。「性別表示型」の N1N2 は上記の修飾型、併置型と排他的に競合するものではない。「性別表示型」の中には、修飾型や併置型の一種と見なしうるものもある。これについては、5.3 で検討する。

3.6　データの概要

　修飾型、併置型、「性別表示型」の 3 種類の複合語の分布は表 2 のとおりで、総計は 1576 例である。

表 2　femme / homme・前置／後置・構造別の分布

	femme / homme + N	N + femme / homme	総計
femme	902	58	960
修飾（Qualification）	195	0	195
併置（Coordination）	4	2	6
「性別表示型」	703	56	759
homme	593	23	616
修飾（Qualification）	564	0	564
併置（Coordination）	3	7	10
「性別表示型」	27	16	42
総計	1495	81	1576

〈femme + N〉は「性別表示型」の例が 703 例と極めて多く、〈homme + N〉は修飾型が 564 例と多い。femme / homme が前置され、N が後置される例は全 1576 例のうち 1495 例と、圧倒的に多い。homme や femme が後置されて「homme / femme のような N1」の意味になる修飾型の例は存在しない。「性別表示型」においては、femme は前置の場合が後置の場合よりも 12 倍以上と、圧倒的に多い。「性別表示型」の homme は femme に比べると極めて少ない。homme の前置は後置の 2 倍程度であり femme よりは後置の割合が高い。

表 3 は出現頻度上位 10 の複合語である。

表 3　出現頻度上位 10 位

順位	homme, femme を含む複合語[17]	頻度	N1N2 の関係	N の種類
1	homme clé（男 - 鍵）（キーパーソン）	172	修飾	モノ
2	homme orchestre（男 - オーケストラ）（ワンマンオーケストラ）	98	修飾	抽象
3	femme médecin（女 - 医師）（女性医師）	56	性別表示	人間
4	femme victime（女 - 犠牲者）（女の犠牲者）	49	性別表示	人間
5	femme écrivain（女 - 作家）（女性作家）	44	性別表示	人間
6	femme flic（女 - 警官）（女性警官）	37	性別表示	人間
7	femme chef（女 - 責任者・長[18]）（女性責任者・長）	36	性別表示	人間
8	femme enfant[19]（女 - 子供）（子供のような女）	35	修飾	人間
9	femme journaliste（女 - ジャーナリスト）（女性ジャーナリスト）	34	性別表示	人間
10	femme cadre（女 - 管理職）（女性管理職）	34	性別表示	人間

homme clé（キーパーソン）、homme orchestre（ワンマンオーケストラ、沢山のことを一人でこなす人）、femme enfant（子供のような女）の 3 つは修飾型であり、「N2 のような N1」という比喩の関係によって N1 を修飾している。homme clé と homme orchestre の出現頻度の合計は 270 回もあり、homme の修飾型 564 例のうち約半数を占めている。これに比べると「性別表示型」の femme（759 例）の分布の偏りは小さい。

4 「修飾型」と「併置型」の femme の特徴

　本節では、収集した修飾型と併置型のデータを観察する。本節の目的は、「性別表示型」の〈femme + NH〉の語順を説明するような現象をこれらのデータの中に探すことである。

4.1 修飾型構造

　以下に呈示するのは修飾型の複合語を、名詞の意味的カテゴリー別に分けた結果である。修飾型の述べ数は 759 個であり、異なり数は 61 種である。（単複、大文字小文字はまとめて計算されている。）なお、原則的に N1N2 の意味は曖昧なので、代表的なものを除いて以下には記さず、構成要素の単語の意味のみを示す。

・homme / femme ＋抽象

homme modèle（男 - 模範）, femme modèle（女 - 模範）, homme orchestre（男 - オーケストラ）, femme orchestre（女 - オーケストラ）, homme symbole（男 - シンボル）, femme symbole（女 - シンボル）, homme miracle（男 - 奇跡）, homme providence（男 - 富）, homme puzzle（男 - パズル）, femme relais（女 - 中継）

　これらの中には、種々の N1 に接続して、品質形容詞のように機能するものも含まれている（homme miracle（奇跡のような人））。

・homme / femme ＋モノ

homme caoutchouc（男 - ゴム）, femme caoutchouc（女 - ゴム）, homme clé（男 - 鍵）, femme clé（女 - 鍵）, homme fleur（男 - 花）, femme fleur（女 - 花）, homme objet（男 - モノ）, femme objet（女 - モノ）, homme sandwich（男 - サンドウィッチ）, femme sandwich（女 - サンドウィッチ）, homme squelette（男 - 骸骨）, femme squelette（女 - 骸骨）, homme tronc（男 - 幹）, femme tronc（女 - 幹）, homme arbre（男 - 木）, homme charnière（男 - 蝶番）, homme livre（男 - 本）, homme machine（男 - 機械）, homme phare（男 - 灯台）, femme chocolat（女 - チョコレート）, femme jardin（女 - 庭）

N2がモノの場合の意味が凝結した表現には次のようなものがある。hommeとfemmeは一般に入れ替えが可能である。homme caoutchouc（ゴムのような男→軽業師）, homme tronc（幹のような男→手足のない人）, homme sandwich（サンドウィッチマン）, homme clé（キーパーソン）。

・homme / femme ＋動物

homme araignée（男 - 蜘蛛）, femme araignée（女 - 蜘蛛）, homme chat（男 - 猫）, femme chat（女 - 猫）, homme insecte（男 - 昆虫）, femme insecte（女 - 昆虫）, homme grenouille（男 - 蛙）, femme grenouille（女 - 蛙）, homme loup（男 - オオカミ）, femme loup（女 - オオカミ）, homme serpent（男 - 蛇）, femme serpent（女 - 蛇）, femme singe（女 - 猿）, homme singe（男 - 猿）, homme tigre（男 - 虎）, femme tigresse（女 - 雌虎）, homme oiseau（男 - 鳥）, femme oiseau（女 - 鳥）, homme poisson（男 - 魚）, femme poisson（女 - 魚）, homme chien（男 - 犬）, homme ours（男 - 熊）, femme fantôme（女 - 幽霊）, femme papillon（女 - 蝶）, femme vampire（女 - 吸血鬼）

動物の場合には比喩が基本となる。以下の(6)や(7)のような自由な結合も可能であるが、意味が凝結している場合もある（homme grenouille（蛙男→潜水夫））。ケンタウロス（homme cheval（人 - 馬）半人半馬）のような半人半獣を指すときには、修飾ではなく併置の構造と分析し、4.2で扱う。

(6) La Femme insecte (1963). L'histoire d'une femme soumise et trahie.

(*LM* 2006)

（昆虫女（定(f.sg.) - 女(f.sg.) - 昆虫(m.sg.)）(1963) 支配され裏切られる女の物語）

(6)の"La Femme insecte（昆虫のような女）"は日本映画『にっぽん昆虫記』（今村昇平監督）のフランスでの封切りタイトルである。日本語の題名は「昆虫のような女」であるヒロインに由来している。

（7） Tarzan, l'homme singe Film américain (...)　　　　　（LM 1996）
　　　（ターザン，類猿人（定(sg.) - 人間(m.sg.) - 猿(m.sg.)）アメリカ映画）

（7）も映画のタイトルである。Tarzan, l'homme singe は、日本語の翻訳タイトルでは「類猿人」と聞き慣れない語に訳されているが、日本語の主要部後置の原則から、猿の一種でなく、人の一種であることはすぐにわかる。

・**homme / femme ＋人間**
femme enfant（子供のような女、ロリータ（女 - 子供）），homme enfant（子供のような男（男 - 子供）），homme dieu（神のような男（男 - 神）），homme médecin（医者のような男（男 - 医者））

　これらの4つは femme や homme が HN と接続しているにもかかわらず、「性別表示型」ではなく比喩の関係を構築している稀な例である。 femme enfant、homme enfant は決して「女児」「男児」の意味にはならないし、homme dieu は「男神」ではない。

（8）　« Voyage au pays des hommes médecins »　　　　　（LM 1996）
　　　（民俗医療者（人間(m.pl) - 医者(m.pl.)）の国への旅）

（8）の homme médecin は男の医者を指すのではなく、「医者のような男（英語の Medicine Man ＝シャーマンなどの民俗的医療者）」を示している。
　以上の全ての複合語において、主要部の homme と femme の指示対象は人間である。（6）（7）の femme と homme は、昆虫や猿に喩えられている人間であって、雌の昆虫や、雌ザルなどではない[20]。修飾型構造では、N1 の femme と homme は N2 によって限定される主要部である。femme は常に成熟した人間の女を指示する。

4.2　併置型構造（内心型、かつ指示対象が1つの構造）
　併置型複合語は先述のように1つの指示対象が2面的属性を持つときにそれに言及して用いられる。修飾型複合語とこのタイプの併置型複合語には

連続性があり、客観的に境界を引くことは困難である。併置型であるためには、2つのNが多かれ少なかれ同等のものでなければならないが、femme や homme と同等の対象はこの世に多くは存在しないので例も少ない。

　まず、人間と動物の姿が合体した架空の生き物の例としては(9)がある。(10)の singe homme は「人間と猿の中間」のピテカントロプスのことである。(7)の homme singe は人間の一種であるが、(10)の singes hommes は人間と猿の両方の性質を持つ生物という解釈が可能であるので、このカテゴリーに入れた。しかし「人間のような猿」を意味する修飾型とも解釈は可能である。(11)の le Dieu homme は「人間でありかつ神であるイエス・キリスト」を指している。これは homme が後置されている極めて稀な例である。最後の(12)は、ロボットと人間のハイブリッドとして挙げてある。

（9）　Anna transformée en <u>femme cheval</u> (...)　　　　　(*LM* 2006)
　　　(<u>半人半馬（女(f.sg.) - 馬(m.sg.)）</u>に姿を変えられたアンナは…)

(10)　(...) les pithécanthropes ou « <u>singes hommes</u> » (1891), (...)　(*LM* 2000)
　　　(ピテカントロプスあるいは，<u>人猿（猿(m.pl.) - 人(m.pl.)）</u>)

(11)　(...) les différences constatées entre les quatre versions de Matthieu, Marc, Luc et Jean, et évidemment, le dogme de l'incarnation du <u>Dieu homme</u>).
　　　　　　　　　　　　　　　　　　　　　　　　　　　　(*LM* 1988)
　　　(マタイ，マルコ，ルカ，ヨハネの4つの福音書間の差異，及び<u>人間である神(定(m.sg.) - 神(m.sg.) - 人(m.sg.))</u>の受肉のドグマ)

(12)　(...) Michael Fassbinder, qui joue ici <u>un homme robot</u> (...)　(*LM* 2012)
　　　(M.F はここでは<u>人間ロボット(不定(m.sg.) - 男(m.sg.) - ロボット(m.sg.))</u>を演じている。)

併置型構造は定義的には N1 と N2 が同等であるので、相互の入れ替えが可能であるものをいう。しかし、実際にはここに挙げた(10)〜(12)の例で、意味を変えずに語順を入れ替えることはできず、特に(9)で femme を後置するのは不可能である。

4.3 まとめ

femme / homme と N からなる複合語の修飾型構造と併置型構造を観察した結果、次のことがわかった。圧倒的多数の修飾型構造では、主要部はいつも前置要素の N1 であり、後置の N2 が前置の N1 を限定する。主要部後置の例は皆無である。また、homme と femme は必ず成熟した人間の男女を指す（homme は「人」を指すこともあるがここではこの問題には立ち入らない）。さらに、ほとんどの例において、femme と homme は前置の N1 として出現し、N2 の位置に現れることは稀である。特に、femme は前置位置にのみ出現している。femme が前置される (13) のような例は多数存在するが、後置の例は存在しない。

(13)　(…) on admire son ballet de <u>femmes fleurs</u> pour une scène de La Traviata.
　　　　　　　　　　　　　　　　　　　　　　　　　　　　　　　(*LM* 2000)
　　（「椿姫」のワンシーンのための<u>花女（女 (f. pl.) - 花 (f.pl)）</u>のバレーを楽しむ。）（「花女」とはこの例では、花がモチーフの衣装を着た女））

花女 (femmes - fleurs 女 (f. pl.) - 花 (f.pl)) は存在しても、女花 (fleurs - femmes (花 - 女)) はなく、蛇女 (femme serpent (女 - 蛇)) はあっても 女蛇 (serpent femme (蛇 - 女)) は存在しない。femme を後置できないのは、意味上の理由ではない。女を意味する形容詞の féminin を使えば、女らしい花 (fleur(s) féminine(s) (花 - (f.pl.) - 女 (adj.f.pl.))) のように、前置の「花」を修飾することができる。femme を後置できない理由は、femme という語に備わる統語的な特性によると考えられる。

第 4 節で行った観察からは、femme médecin (女 (f. sg.) - 医師 (m.sg.)) のような「性別表示型」において、N1 による N2 の限定が可能な理由をみつけることはできなかった。

5 「性別表示型」の femme

第5節では、「性別表示型」の〈femme + HN〉を観察対象とする。5.1でデータの概要を紹介した後、5.2では語順による意味の違いを調査する。次に5.3では修飾型と併置型と「性別表示型」の関係について考察する。5.4では前置の femme の果たす形態法の核としての働きを扱う。

5.1 データ

〈femme + HN〉、〈HN + femme〉、〈homme + HN〉、〈HN + homme〉の延べ数はすでに表2に挙げたとおりで、femme は、Schafroth (2003) の観察とも一致して、前置の傾向が極めて強い。前置が 703 回、後置は 56 回である。homme の出現数は少なく、前置が 27 回、後置が 16 回と大きな差はない。表4は femme または homme と結合する HN の種類を語順に基づいて分類したものである。この表からも、femme が前置される構造が多数であり、またその種類も多様で生産性が高いことがわかる。

表4 femme / homme と HN[21] の語順別分類

	f/h –HN のみ	両方の語順	HN - f/h のみ
femme	actrice（女優）, agent（主体）, architecte（建築家）, astronaute（宇宙飛行士）, avocate（弁護士）, cadre（幹部）, chauffeur（運転手）, chercheuse（研究者）, compositeur（研究者）, conseiller（議員）, député(e)（代議士）, détective（探偵）, directrice（管理者）, entrepreneur, entrepreneuse（企業家）, flic（警官）, gardien（守衛）, ingénieur（エンジニア）, juge（裁判官）, maire（市長）, maître（主人）, membre（メンバー）, peintre（画家）, photographe（写真家）, prisonnier（囚人）, réalisateur（演出家）, sculpteur（彫刻師）, secrétaire（書記長）, sénateur（上院議員）, soldat(e)（兵士）, tailleur（仕立屋）, tête（頭）, troubadour（吟遊詩人）, victime（犠牲者） （33種）	athlète（アスリート）, auteur(e)（作家，作者）, candidat(e)（候補者）, chef（シェフ）, cinéaste（映画監督）, commissaire（警視）, écrivain（作家）, évêque（司教）, journaliste（ジャーナリスト）, médecin（医師）, ministre（大臣）, officier（士官）, pasteur（牧師）, président(e)（長）, prêtre（司祭）, professeur(e)（教師）, robot（ロボット）, témoin（証人） （18種）	collègue（同僚） （1種）
homme	architecte（建築家）, cadre（幹部）, cinéaste（映画監督）, juge（裁判官）, maire（市長）, membre（メンバー）, prisonnier（囚人）, robot（ロボット）[22], tailleur（仕立屋）, victime（犠牲者） （10種）	écrivain（作家）, médecin（医師） （2種）	candidat（候補者）, collègue（同僚）, entrepreneur（企業家）, journaliste（ジャーナリスト）, pasteur（牧師）, prêtre（司祭）, professeur（教師） （7種）

5.2 語順

5.2.1 femme の情報量

　femme が後置されやすいのは、第1に、文中において性別が情報として重要な価値を持っている場合である。たとえば女の職業としてめずらしく、

その性別がメディアで話題になりやすい prêtre（priest（英））、évêque（bishop（英））、pasteur（minister, pastor（英））などの聖職者の場合には後置の例が存在する。

(14) Il est assez probable qu'avant la fin de l'année, il y aura un évêque femme dans la Communion anglicane. (*LM* 1988)
（年末までには、英国国教会に女の司教（不定（m.sg.）- 司教（m.sg.）- 女（f.sg.））が誕生するだろう。）

また(15)や(16)のように、性別がテキストの中心的な話題になっている場合にも後置が見られる。

(15) (...) à Lille, ville de Martine Aubry, les femmes musulmanes qui refusent de se faire soigner par des médecins hommes dans les hôpitaux, (...)
(*LM* 2012)
（M.Aの町のリルでは、イスラム教徒の女は病院で男の医師（不定（pl.）- 医師（m.pl.）- 男（m.pl.））に治療されるのを拒絶する。）

(16) "En ce moment, confie le commandant Lawlor, nous avons deux médecins femmes , donc nous voyons beaucoup plus de patientes, (...)" (*LM* 1996)
（L司令官は言う。「現在、我々のところには2人の女の医師（医師（m.pl.）- 女（f.pl.））がいる。そのために女の患者が大変増加している」）

イタリア語では、「医師」に男性名詞と女性名詞がある。女医は un dottore（医師（不定（m.sg.）- 医師（m.sg.））に女性の接尾辞 -ssa をつけて表現され、una dottoressa（不定（f.sg.）- 医師 - 女性接尾辞）となる。しかし男女の別を特に強調する必要が生じた場合には、フランス語と同じように、donna（女（f.sg.））と uomo（男（m.sg.））を男性名詞の「医師」に後置させて、un dottore donna（女性の医師（不定 - 医師（m.sg.）女（f.sg.））、un dottore uomo（男性の医師（不定 - 医師（m.sg.）- 男（m.sg.））とする[23]。同じロマンス系言語で主要部前置型言語のフランス語とイタリア語において同じ原理が働いていて、対比的

な強調の場合に後置の語順が選ばれると考えられる。

5.2.2　HN の個体性

次に HN の指示の問題を検討する。表4からわかるように、femme と homme に接続する名詞の中で collègue（同僚）は特殊である。9回の出現数（collègue femme（7例）、collègue homme（2例））の全てにおいて femme と homme は collègue の後ろに置かれている。またこれらの前置は文法的に不可能である。さらに、femme がいつも後置される HN は表4の中では collègue のみである。

(17)　« Ce sont surtout des femmes qui sont agressées, remarque Isabelle Adrey, professeur d'histoire géographie. Voir la peur de mes <u>collègues femmes</u> m'est insupportable. »　　　　　　　　　　　　　　　(*LM* 2006)

（「暴力を受けたのは特に女性達です。」地理と歴史の教員である Isabelle Andrey は言う。「私の<u>女性の同僚（私の (pl.) - 同僚 (n.pl.) - 女 (f. pl.)）</u>の恐怖を見ることは私には耐えがたいです。」）

(18)　Contrairement à <u>leurs collègues hommes</u>, les nouvelles recrues, (...)

(*LM* 2000)

（新しい女性新入社員は、<u>彼女らの男の同僚（彼女らの (pl.) - 同僚 (n.pl.) - 男 (m. pl.)）</u>とは違って、…）

(17) と (18) の femme と homme は単純に性別を表示しており、他の HN とともに使われる homme や femme と違いはない。故にこの後置は collègue に理由があると考えられる。

collègue は西山（2003：32–42）が日本語の名詞に関して提案した「非飽和名詞」にあたる。「非飽和名詞」とは、別の名詞に支えられて飽和すると、特定の個人を指示する名詞で、親族語や職位語などがそれである。実例では9例すべてにおいて、(18) と同じく所有形容詞が collègue の前にある。それによって collègue は飽和している。しかし、所有形容詞の付加そのものが問題なのではない。(19) のように所有形容詞が先行していても、femme が前

置される場合もある。

(19) (...) dans l'Eglise épiscopalienne des Etats Unis, qui, déjà, ne compte pas moins près de mille femmes prêtres et qui aura bientôt <u>ses femmes évêques.</u>　　　　　　　　　　　　　　　　　　　　　　　　(*LM* 1988)
(すでに 1000 人ほどの女性司祭がいて、まもなくその女性主教(その(＝米国聖公会の) - 女性 f.pl.) - 主教(m.pl.))が誕生するであろう米国聖公会では (…))

évêque(bishop(英))は普通の職業名詞であり、「非飽和名詞」ではないので所有形容詞が付加されても個人を指さない。この点が collègue(同僚)とは異なる。逆に言うと femme、homme の前置は、後続の HN が叙述的名詞の場合にのみ可能であると言える。

　本節では、「性別表示型」において femme が後置される場合を検討した。femme が後置されるのは、第 1 にその情報的な価値が高い場合、第 2 に HN が個人を指す場合であることを述べた。フランス語においては一般に、要素の前置と後置は情報構造と関連のあることが多い。後置の femme は複合語の要素ではなく、独立性の高い単語と認定するのが適切であると思われる。

5.3　意味構造
本節では femme NH の意味を分析する。

5.3.1　femme auteur(女性作家)
　最初に HN を auteur(e) に限って、4 例の femme auteur(e)(女 - 作家)を観察する。

　(20)は明らかに femme を主要部とする修飾型の例である。しかし 4.1 で挙げた〈femme ＋ HN〉の例とは異なり、femme と auteur の関係は比喩によるものではなく、auteur は femme の属性を示している。femme は先行する homme と対をなして、文のトピックになっている。homme と femme に後続する「ミステリアスな」と「推理小説作家の」は文中の必須の要素ではな

く、削除可能な修飾要素である。

(20) VOICI un curieux film (...). Et pourtant le sujet est simple : un huis clos dans un train entre un homme mystérieux et une <u>femme auteur</u> de romans policiers. 　　　　　　　　　　　　　　　　　　　　　　　(*LM* 1996)
（これは奇妙な映画である。しかしテーマは単純だ。ミステリアスな男と推理小説<u>作家の女（女（f.sg.）- 作家（m.sg.））</u>の間の列車内での閉塞状況。）

(21)は別のタイプの femme auteur である。固有名詞（NR）で示されている人間の２つの属性、すなわち、「女でもあり作家でもあること」を表し、併置型と解釈できる。あるいは、(20) と同様に、「作家である女」という修飾型の解釈も可能である。

(21) (...) on entendait enfin les mots de Noëlle Renaude, <u>femme auteur</u> dont nous avions découvert l'essentiel des écrits à Théâtre ouvert (...).
　　　　　　　　　　　　　　　　　　　　　　　　　　　　(*LM* 1996)
（最後に、NR の言葉を聞いた。NR は、我々が野外劇場にて彼女の作品の本質を発見した<u>女性作家（女（f.sg.）- 作家（m.sg.））</u>である。）

(22)はごく平凡な「性別表示型」の用例と考えられる。先行文脈内に elles（彼女たち）という代名詞があるので、情報として、女であることをさらに強調する必要はないが、femme の添加により男性名詞の auteur を女性名詞に変化させることができ、そうすると、女性の代名詞を無理なく使用し続けて、テキストの結束性を高めることができる。

(22) (...) dans l'impossibilité de modifier le monde, <u>elles</u> le scrutèrent et l'interprétèrent », remarque Shuichi Kato, critique et historien de la littérature. <u>Ces femmes auteurs</u> constituent des cercles. <u>Elles</u> expriment leurs pensées et leurs sentiments à travers la fiction et utilisent leurs personnages comme des portes-parole. 　　　　　　　(*LM* 2000)

(「(…)世の中を変えることはできない中、彼女たちはそれを観察し解釈した。」と批評家で文学史家の加藤周一は言う。これらの女性作家（これら (pl.) - 女 (f.pl.) - 作家 (m.pl.)）はサークルを作っている。彼女たちはフィクションを通して自分たちの考えや感情を表現し、登場人物をスポークスマンとして使っている。)

　最後に (23) では、auteure は女性形になっているが、語形はこの語が限定要素なのか被限定要素なのかに直接的には関与せず、femme と auteure はどちらも主要部と解釈可能である。普通は auteure が主要部の解釈となり、「女」と「男」が対比され、première femme auteure は「男ではない最初の作家」の意味になる。別の解釈では、「作家」と「作家以外」が対比されて、「作家となった最初の女」の意味になる。

(23)　« Première femme auteure vivant de sa plume », Christine de Pizan (1365 vers 1430) suscit aujourd'hui un intérêt considérable chez les chercheurs et (...) 　　　　　　　　　　　　　　　　　　　　　　(*LM* 2006)
（「ペンのみで生きた最初の女性作家（最初の (adj.f.sg.) - 女 (f.sg.) - 作家 (f.sg.)）」クリスチーヌ・ドゥ・ピザン（1365 年 -1430 年ごろ）は今日、研究者の興味を大いに惹いている。)

5.3.2　修飾型構造・併置型構造・「性別表示型」構造

　Noailly (1990) は明言してはいないが、「性別指示型」の〈femme + HN〉は femme を主要部とする修飾型構造の一種と考えていると思われる。femme-chercheur のタイプの例（femme auteur も同様）で N1 と N2 の間に性の一致が起こらないのはおかしなことだと述べている (Noailly 1990 : 23)。また、フランス語では N1N2 は修飾型の意味に解釈されやすく、ゲルマン系言語は補足型の意味に解釈されやすい強い傾向があることを述べるための例の 1 つとして une femme médecin を挙げている (Noailly 1990 : 199–200)。しかしすべての femme + HN を修飾型の一種と考えることには無理がある。前節の (20) のような例のみが確実にこれに当てはまる。実際、une femme auteur を併置型構造と考えれば文法上の性の不一致は全く問題にならなくなる。(22) の ces femmes auteurs を「作家でもあり女でもある (人々)」と併置型に解釈することは可能である。

　しかしいずれにせよ、一般的な「性別表示型」の解釈、すなわち、femme が後置名詞を限定する、修飾型とは逆の語順の解釈がなぜ可能かを説明せねばならない。既述のとおり、社会言語学的観点の文献においては、femme は HN に付加されていると考えられている (Dister 2004、Schafroth 2001 など)。Dister (2004) は femme が女性名詞に接続して一致が起こることには冗長性があるととらえているが、語順に関する説明はなされていない。

　(24) では文脈から判断して、femme を主要部とする修飾型の解釈も、併置型の解釈も不可能である。chef (シェフ) はこの文脈の最も重要な省略不能のトピックであり、先行する femme と後続する最上級の形容詞 la plus médiatique (メディアで最も有名な) とが chef を修飾する構造になっている。

(24)　Timide mondaine, conquérante fragile, cette blonde Landaise est <u>la femme chef</u> la plus médiatique de France. Il n'y a pas si longtemps, l'homme avait en cuisine le privilège de la création, quand une femme, derrière ses casseroles, ... 　　　　　　　　　　　　　　　　　　　(*LM* 2006)
（臆病だが社交界好きで、自信がありながらもか弱い、この金髪のランド地方の女性はフランスのメディアで最も有名な<u>女性シェフ (女 (f.sg.) – シェフ (m. sg.))</u>である。調理場では男が調理の実権を握り、女は鍋の後ろの方にいたのはそれほど昔のことではない。）

Arcodia et al. (2010：210) は、woman doctor に関して、'a doctor belonging to the female sex (性が女性である医師)' の分析が 'someone who is both a woman and a doctor (女であり医師でもある (人))' の分析に勝ると述べている。英語の woman doctor も日本の「女性医師」も、後置要素を主要部と考えることに統語的な問題は何もないが、これまでに見てきたように、フランス語は逆の語順の言語である。「女性医師」や「woman doctor」と同じ意味と考えられるフランス語の femme médecin に対しては、英語や日本語とは

全く異なる説明が必要と思われる。

最後に以下では、「性別表示型」において前置の femme の果たす、英語や日本語には存在しない形態法上の機能について考察する。

5.4　形態法

N1N2 の複合語の文法上の性と数は、稀な例外を除いて、(25) のように前置される N1 の性と数によって定まる (Noailly 1990 : 21–24, Grevisse & Goose 2008 : §476)。

(25)　La collection homme
　　　（紳士服コレクション（定 (f.sg.) - コレクション (f.sg.) - 男 (m.sg.)））
　　　La descente hommes（男子滑降（定 (f.sg.) - 滑降 (f.sg.) - 男 (m.pl.)））
　　　Un groupe femmes（女の集団（不定 (m.sg.) - グループ (m.sg.) - 女 (f.pl.)））

femme N の場合には、後続する N が何であろうとも文法上の性が女性の複合語になる。前置の femme は女性名詞を作る形態法の機能を持っていると言える。

表 5 は、femme が接続する名詞の文法上の性の分布を集計したものである。既述のように、「性別表示型」の〈femme + HN〉、〈homme + HN〉、〈HN + femme〉、〈HN + homme〉（総計 806 例）の中では、〈femme + HN〉が圧倒的に多い (703 例)。その中で高頻度であるのは後続の HN が男性名詞の場合で、476 例（〈femme + HN〉のうちの 67%）と大部分を占めている。続いて、女性名詞は 135 例（同 19%）、通性名詞は 95 例（同 13%）である[24]。

表 5　文法上の性／指示対象の性の分布　（「性別表示型」）[25]

指示対象	複合語	合計	HN の文法上の性				
			女性	男性	通性		
女	femme HN		女性			複合語の文法上の性	
		703	132	476	95	頻度	
	HN femme		女性	男性	通性	複合語の文法上の性	
		56	6	19	31	頻度	

			男性			複合語の文法上の性
男	homme HN	26	12	12	2	頻度
	HN homme		女性	男性	通性	複合語の文法上の性
		16[26]	0	12	4	頻度

(26) と (27) は femme が男性名詞の前に置かれている例である。HN が男性名詞の時、femme は 2 重の役割を果たす。1 つは「女」の情報の追加である。もう 1 つは形態法上の核の機能で、男性を女性に変える。単に「女」という語が追加されて性別が表示されるだけでなく、まるで衣装が取り替えられるように、冠詞や形容詞が入れ替わり、un soldat américain が une femme soldat américaine に、le premier compositeur が la première femme compositeur に変わる。このようにして femme は形態法の核として機能する。この 2 つに加えて、femme は意味上の主要部としての機能を同時に果たす場合と、果たさない場合とがある。(26) では意味上の主要部は soldat（兵士）であり、femme が soldat を女性名詞に変え、その全体を américaine（アメリカ人の (adj. f.sg.)）が修飾している[27]。(27) では femme を主要部とする解釈も compositeur（作曲家）を主要部とする解釈も可能である。前者は「作曲家となった最初の女」の意味となり、後者は「最初の、男ではない作曲家」の意味になる。

(26)　(...) ce qui a permis à <u>une femme soldat américaine</u> de saisir (...) deux revolvers et une grenade.　　　　　　　　　　　　(*LM* 1994)
　　　（そうして、<u>一人のアメリカ人の女兵士（不定 (f.sg) － 女 － 兵士 (m. sg) － アメリカ人の (adj.f.sg.)）</u>が二丁のリボルバーと手榴弾を手に入れた。）

(27)　<u>La première femme compositeur</u> du Brésil fut Chiquinha Gonzaga (1847–1935), (...)　　　　　　　　　　　　　　　　　　(*LM* 1996)
　　　（ブラジルの<u>最初の女性作曲家（（定 (f.sg.) － 最初の (adj.f.sg.) － 女 － 作曲家 (m.sg.)）</u>は Chiquinha Gonzaga (1847–1935) である。）

男性名詞に比べて数は少ないが、femme は女性名詞に後続される場合もある。(28) の femme は指示対象の性別が男ではないことを強調する働きをし

ている。意味機能のみを果たし、形態法上の働きはない。この例においてもfemmeを主要部とする修飾型の解釈「チリの大統領となる最初の女」は可能である。

(28) Il n'y a pas de doute, dimanche je serai la première femme présidente du Chili.　　　　　　　　　　　　　　　　　　　　　　　　　(*LM* 2006)
（間違いなく、日曜日に、私はチリの最初の女性大統領（定(f.sg.) - 最初の(adj.f.sg.) 女 - 大統領(f.sg.)）になるだろう。）

femmeは男性名詞の前に置かれることが頻繁であり、その場合には文法上の性を示す接辞のような働きをする。しかし、一般の女性化のための接尾辞とは異なり、男性名詞だけではなく女性名詞にも接続するし、もとの独立語としての「人間の女」の意味を保っているので、十全な女性化の接辞であるとは言えない。女性化の接尾辞は動物を表す名詞に接続して動物の雌を示すこともあるが（tigre（虎(m.sg.)）→ tigresse（雌虎(f.sg.)）、chien（犬(m.sg.)）→ chienne（雌犬(f.sg.)））、4節で見たようにfemmeにはこのような用法は全く存在しない。

5.5　まとめ

本節では最終的に、性別表示の前置のfemmeを接辞の一種（= 准接辞(affixoid)）、正確には准接頭辞(prefixoid)と考える。affixoidとは複合語の要素と派生語の接辞の中間的な性格のものである（cf. Booij 2009, 2010, 2012）。femmeが准接頭辞(prefixoid)なのであれば、後ろのHNを意味上の主要部と考えることに問題はなくなる。複合語の前置要素のN1の文法上の性が、複合語全体の文法上の性を決定するという特徴がある以上、femmeのような基礎的で高頻度で語形の短い単語が再解釈されて、女を表示するための准接頭辞となるのは容易であると思われる。

以上、種々の角度から〈femme + N〉を観察して、性別表示の〈femme + HN〉におけるfemmeの限定機能について考察してきた。femmeの形態法上の機能に焦点を当て、femmeを形態法上の役割を果たす准接辞と分析す

る以外に、この現象に合理的な説明を与えることは一切不可能と思われる。femme の prefixoid 化の詳細に関しては稿を改めて論じることにしたい[28]。

6　おわりに

　本稿では、日仏対照言語学的な見地から、フランス語の〈femme + HN〉を取り上げてこの複合語の語順について考察した。日本語は N1N2 の複合語では必ず主要部が後置されるのに対して、フランス語では前置されるのが原則である。それにも関わらず、femme médecin（女性医師）、femme maire（女性市長）などの「性別表示型」の複合語において、日仏語の両方において同じ語順位をとる理由をみつけることを本稿の課題とした。方法としては大規模コーパスから得た実例の観察を行った。

　まず、3.3 に掲げた 5 つの設問に答える。

a. 前置の femme と後置の femme の頻度の分布　（cf. 3.6）

　修飾型構造において femme の前置は femme の後置に比べて圧倒的に多い（902 対 58）。「性別表示型」も同様であり、femme の前置は後置よりも圧倒的に多い（703 対 56）。日本語との対照において、修飾型の場合に femme の前置が多いことは予想通りであるが、「性別表示型」におけるこの結果は理論的な予想の外にあり、説明が必要である。

b. femme の一般的特徴：HN 以外の名詞との共起の場合の記述　（cf. 4）

　femme は、併置型と分析できる 2 例を除いて全ての例で前置され、また被限定要素となっている。femme は前置要素でしかも被限定要素である傾向が極めて強く、「性別表示型」の femme の原型となるような用法は存在しない。

c. 語順：femme の前置と後置にどのような機能の差があるか　（cf. 5.2）

　「性別表示型」には femme が後置される例が少数ではあるが存在する。femme は、それ自体が強調されているか、HN が個人の場合に後置されうる。後置の femme は複合語の要素というよりは独立した語とみなしうる。

d. 意味構造：修飾型・併置型の解釈と「性別表示型」の解釈の関係　（cf. 5.3）

femme と NH の関係は曖昧である。ces femmes auteurs の場合、後置の NH が前置の femmes を限定する修飾型の解釈の「作家であるこれらの女性」も併置型の解釈の「これらの、作家でもあり女性でもある（人々）」も不可能とは言えない。しかし、最も一般的と考えられる性別表示の解釈の「これらの女の作家」は、femme の他の用い方からは全く説明できない。

e. 形態法上の femme の役割　（cf. 5.4）

N1N2 の複合語では前置要素が形態法の核となる。〈femme + HN〉の場合、HN が男性名詞の例は女性名詞に比べて 3 倍以上多く、この場合の femme は男性名詞を女性名詞に変える機能を果たしている。この場合の femme は女性化の接尾辞と似た機能を果たしているが、異なるのは femme は男性名詞だけではなく女性名詞にも接続することと、「人間の女」を意味する機能を保っている点である。本稿ではこれを准接辞（affixoid）と認定し、性別表示の〈femme + HN〉を〈女性の准接頭辞 + HN〉と分析する。

〈femme + HN〉の 2 語の間の構造は、修飾型の〈主要部 + 補足部〉、併置型の〈主要部 + 主要部〉、性別表示の〈准接頭辞（prefixoid）+ 主要部〉の 3 つのパターンに解釈できる。日本語の「女性医師」にあたる femme-médecin は〈女（准接頭辞）+ 医師（主要部）〉と分析され、主要部前置の原則に抵触することなく、本稿の冒頭の問題に回答を与えることができる。

日本語とフランス語の間の最も大きな差異は、フランス語では、性別の表示に名詞の文法上の性が関与するのに対して、日本語では性別に関係するような形態法は存在しないという点である。この問題は複合語の形成にも影響を及ぼしている。

複合語内の語順に関しては、日本語にも「女」が前置される〈女 + HN〉のタイプ（女教師、女刑事、女社長）と「女」後置される〈HN + 女〉のタイプ（百姓女、子守女、召使い女）とがある。前置タイプが圧倒的に多く、同じ指示対象が日本とフランスで une femme gouverneur de Tokyo、「女性都知事」のように表現されるために、フランス語の〈femme + HN〉の語順が不

思議に思えるが、本稿の〈femme + HN〉は日本語の〈HN + 女〉に共通する点も多いように思われる。Booij (2009) は Kageyama (1982) を引用して、日本語には接尾辞と複合語の要素との中間的なタイプのもの (affixoid) が数多く存在すると述べている。Kageyama (1982) が参照している野村 (1978 : 136) においては、接辞と語基の中間的なものを認める必要性が主張されており、音読みではあるが「女」の例も挙げられている (前置の接辞性語基の1つとして「女生徒」、後置の接辞性語基の1つとして「修道女」)。日本語では准接辞の「女」は准接頭辞にも准接尾辞にもなりうるが、フランス語の femme は准接頭辞にはなるが、後置の場合は准接辞ではなく独立語のままと考えられる。この問題に関する更なる検討は次の課題としたい。

注

1 本稿は 2014 年度〜 2018 年度科学研費助成基金基盤研究 (C) 課題番号 26370483「大規模コパースに基づく名詞と形容詞の使用パターンと構造化に関する日仏語対象研究」(研究代表者：藤村逸子) の助成を受けて行われた研究成果の一部である。本稿を草稿段階でお読みくださり、貴重なコメントをくださった丸山岳彦先生 (専修大学) に感謝いたします。
2 N + N 以外の構造の場合には前置要素が主要部になるものもある (影山 1993)。
3 本文中の例文は全て *Le Monde* 誌から採取した。*LM* と略し、出版年と共に記す。
4 西山 (2003 : 129) には、日本語の「医者は金持ちだ。」は英語で「Doctors are rich.」のように形容詞文になるという議論はあるが、日本語の「金持ち」が名詞であるかどうかを問題にするような議論はない。
5 通性名詞 (épicène) とは、語形は男性・女性で共通であるが、冠詞や形容詞の一致が男性・女性で異なる名詞のことである。le / la ministre (大臣)、le / la linguiste (言語学者)。
6 Yaguello (1995) や辞書の記述による。しかし本稿のデータには、féminin が人間を修飾している例がある。Kiriko Nananan, (...) <u>auteur féminin</u> de mangas (*LM* 2006) (K.N., 女性の漫画作家 (作家 (m.sg.) - 女性 (adj.m.sg.))。また、ses collègues masculins (彼の男の同僚 (彼の (所有 pl.) - 同僚 (n.pl.) - 男の (adj.m.pl.)))、ses collègues féminines (彼の女の同僚 (彼の (所有 pl.) - 同僚 (n.pl.) - 女の (adj.f.pl.)) はインターネット上では多数見られる。

7 Office québécois de la langue française, L'emploi de « homme » et de « femme » *http://bdl.oqlf.gouv.qc.ca/bdl/gabarit_bdl.asp?t1=1&id=3956* 2016/09/13

8 内心複合語に対立するのは外心複合語である。Kageyama（2009）では、外心複合語を主要部のない複合語（Headless Compound）と定義している。Kageyama and Kishimoto（2016）に詳しい説明がある。

9 auto-école（自動車 - 学校）、ciné club（映画 - クラブ）、femme quota（女性 - クォータ制）などがある。

10 *Le Monde* は ELRA（European Language Resources Association）から配布されているテキストデータを使った。http://catalog.elra.info/product_info.php?products_id=438t 2017/04/28

11 頻度順に、以下のとおりの N1N2 が得られた。NOM_site NOM_Internet：2312 回、NOM_centre NOM_ville：1675 回、NOM_start NOM_up：1578 回、NOM_assurance NOM_maladie：1547 回、NOM_dimanche NOM_soir：1447 回、NOM_pays NOM_membre：1446 回。

12 英語の影響が話題になるのはこのタイプである（cf. Arnaud 2003）。

13 80–90 年代に化粧品の広告などで用いられた。小学館独和大辞典（第 2 版）にも見出し語として掲載されている。

14 フランス語で、ドイツ語の複合語の「医師（の）妻」に多少なりとも相当するのは femme de médecin（女 / 妻 (f.sg.)-of- 医師 (m.sg.)）である。「婦人科医」には gynécologue 以外の表現は使われない。なお、gynéco- はギリシャ語の「女」に由来する接頭辞である。

15 Femme information（女（のための）情報（女 (f.sg.) - 情報 (f.sg.)))、la femme quota（女性クォータ制（定 (f. sg.) - 女 (f. sg.) - クォータ制 (m.sg.)））、Mode Homme（紳士服モード（モード (f. sg.) - 男 (m. sg.)))、styliste hommes（紳士服デザイナー（デザイナー (n. sg.) - 男 (m. pl.)))、la descente hommes（男子滑降（定 (f. sg.) - 滑降 (f. sg.) - 男 (m. pl.)))などの例がある。Femme information, la femme quota はフランス語としてはイレギュラーな主要部後置の表現である。

16 複合語の分類の方法に関しては多数の提案があり用語が混乱している。併置型に、外心型と内心型の 2 種類を設け、指示対象が 1 つのものを内心型、2 つのものを外心型と呼んでいる研究（Scalise & Bisetto 2009）もある。Kageyama（2009）は外心型を「金持ち」のように主要部が複合語内にない場合と定義し、「手足」のように 2 つの指示対象がある場合を "Double-headed compound" と呼んでいる。本稿は Kageyama（2009）の定義に従っている。

17 名詞の単複、大文字小文字は 1 つにまとめて辞書形で計算されている。

18 chef には種々の chef がある。料理長を始め、企業の長、オーケストラ指揮者など。
19 femme enfant が（女 - 児）「女の子」と解釈されることはない。主要部が複数個からなる femmes enfants vieillards（女・子供・老人）は 1 例のみ存在するが、引用符で囲まれていて特殊である。homme(s) femme(s)（男 - 女）は大量に存在する（la différence hommes-femmes（男女の差異）など）。3.2 において既述のように、このような主要部が複数個の例は計算に含まれていない。
20 この点、bébé とは異なる。bébé は人間の赤ん坊とは限らず、bébé singe は「猿の赤ちゃん」のことであるし、bébé univers は「生まれたばかりの宇宙」である。
21 表の中の名詞は単複と大文字・小文字を含んでいる。
22 ロボットは人間ではないにも関わらず、女性型のロボットを la femme robot（定 (m.sg.)- 女 (f.sg.)- ロボット (m.sg.)）と呼ぶことができる。この例は、femme は人間以外は指さないという原則の違反である。ロボットと人間のハイブリッドのアンドロイドを l'homme robot と呼んだこと（cf. 例 (12)）に端を発するアナロジーと考えられる。
23 Emanuela Cresti（パーソナルコミュニケーション）による。
24 〈HN + femme〉の語順の場合、HN が男性のときには、femme が追加されても次例のようにルールに従い、複合語としては男性名詞のままである。

> En créant auprès des personnages principaux deux autres personnages, un <u>commissaire femme</u> et un inspecteur jeune et séducteur, j'espérais glisser un peu d'air pur. (*LM* 1988)
> （主役以外に、<u>女の警視（不定 (m.sg.)- 警視 (m.sg.)- 女 (f.sg.)）</u>と若くて魅力的な（男の）刑事の二人の登場人物を作って、澄んだ空気を吹き込むようにした。）

25 femme と homme の極めて大きな不均衡には、純粋に言語学的な理由と社会（言語）学的な理由の両方がある。日本語には文法上の性はないが、HN につく「男」と「女」の頻度分布は大きく異なり、「女」が圧倒的に多い。BCCWJ には「女社長」「女やくざ」は実例が存在するが、「男社長」「男やくざ」は存在しない。「女教師」の出現は 33 回、「男教師」は 2 回である。
26 本稿のデータには、〈女性名詞 + homme〉の例、すなわち男を指示する女性名詞の例は存在しなかった。victime（被害者）は男を指示しうる女性名詞であるが、homme victime、femme victime のみが存在し victime homme、victime femme は存在しなかった。
27 形容詞が後続している場合の可能な解釈の問題に関しては改めて論じたい。
28 フランス語の准接辞 (affixoid) については Amiot (2005), Amiot & Van Goethem (2005), Van Goethem (2010) が論じている。

参考文献

Académie française, Féminisation des noms : la mise au point de l'Académie française, http://www.lefigaro.fr/livres/2014/10/15/03005-20141015ARTFIG00163-feminisation-des-noms-la-mise-au-point-de-l-academie-francaise.php 2016/09/14

Amiot, Dany. and Kristel Van Goethem. (2005) A constructional account of French -clé 'key' and Dutch sleutel- 'key' as in mot-clé/ sleutelwoord 'key word'. *Morphology* : 1–21, Springer Verlag.

Amiot, Dany. (2005). Between compounding and derivation: Elements of word-formation corresponding to prepositions. Wolfgang U. Dressler. et al. (eds) *Morphology and Its Demarcations: Selected Papers from the 11th Morphology Meeting, Vienna, February 2004*, pp.183–213. Amsterdam / Philadelphia: John Benjamin's.

Arcodia, Giorgio F., Nicola Grandi. and Bernhard Wälchli. (2010) Coordination in compounding, Sergio Scalise and Irene Vogel (eds) *Cross-Disciplinary Issues in Compounding*, pp. 177–197. Amsterdam / Philadelphia: John Benjamin's.

Arnaud, Pierre J.L. (2003) *Les Composés Timbre-poste*. Lyon : Presses Universitaires de Lyon.

Becquer, Annie., Bernard Cerquiglini. and Nicole Cholewka (1999) *Femme, j'écris ton nom... : guide d'aide à la féminisation des noms de métiers, titres, grades et fonctions*. La Documentation française. Centre national de la recherche scientifique/Institut national de la langue française.

Booij, Geert. (2009) Compounding and construction Morphology. Rochelle Lieber & Pavol Štekauer. (eds) *The Oxford Handbook of Compounding*, pp. 201–216. Oxford: Oxford University Press.

Booij, Geert. (2010) Compound construction: Schemas or analogy? A construction morphology perspective. Sergio Scalise and Irene Vogel (eds) *Compounding*, pp.93–108. Amsterdam / Philadelphia: John Benjamin's.

Booij, Geert. (2012) *The Grammar of Words, An Introduction to Linguistic Morphology*, Oxford: Oxford University Press.

Dister, Anne. (2004) La féminisation des noms de métier, fonction, grade ou titre en Belgique francophone : État des lieux dans un corpus de presse. Gérard Prunelle et al. (eds) *Le poids des mots Actes des 7ème journées internationales d'Analyse Statistique des Données Textuelles*, pp.313–324. Presses Universitaires de Louvain.

Eskénazi, André. (1998) Madame la ministre ? Mais non ! « Hubert et Madeleine sont dans le même bateau » Madame la Ministre. *Linx* 39 : 185–253.

Fradin, Bernard. (2009) IE, Romance : French. Rochelle Lieber & Pavol Štekauer. (eds) *The Oxford Handbook of Compounding*, pp. 417–35. Oxford: Oxford University Press.

Fujimura, Itsuko. (2005) Politique de la langue: La féminisation des noms de métiers et de titres dans la presse française (1988 - 2001), *Mots* 78 : 37–52. Lyon : ENS Editions.

Grevisse, Maurice. (1980) *Le bon usage*, 11éd. Duculot.

Kageyama, Tarō. (2009) Isolate: Japanese. Rochelle Lieber & Pavol Štekauer. (eds) *The Oxford Handbook of Compounding*, pp. 512–526. Oxford: Oxford University Press.

Kageyama, Taro. and Hideki Kishimoto. (2016) Word Structure and Headedness. Taro Kageyama and Hideki Kishimoto. (eds) *Handbook of Japanese Lexicon and Word Formation*, pp. 237–273. Mouton De Gruyter.

Noailly, Michèle. (1990) *Le substantif épithète*. Paris : Presses Universitaires de France.

Office québécois de la langue française *L'emploi de « homme » et de « femme »* http://bdl.oqlf.gouv.qc.ca/bdl/gabarit_bdl.asp?t1=1&id=3956　2016/09/14

Scalise, Sergio. and Antonietta Bisetto. (2009) Classification of Compounds. Rochelle Lieber & Pavol Štekauer. (eds) *The Oxford Handbook of Compounding*, pp. 34–53. Oxford: Oxford University Press.

Schafroth, Elmar. (2003) Gender in French, Structural properties, incongruences and asymmetries. Marlis Hellinger. and Hadumod Bußmann. (eds) *Gender across Languages the linguistic representation of women and men* vol. 3, pp.87–117. Amsterdam / Philadelphia: Benjamin's.

Yaguello Martina. (1978) *Les Mots et les Femmes*. Paris: Payot.

Yaguello Marina. (1995) *Le Sexe des mots*. Paris: Seuil.

Van Goethem, Kristel. (2010) The French construction *nouveau* + past participle revisited: Arguments in favour of a prefixoid analysis of nouveau. *Folia Linguistica* 44/1 : 163–178. Mouton de Gruyter.

影山太郎（1993）『文法と語形成』ひつじ書房．

古賀健太郎（2013）「関係形容詞の欠如を補完する名詞について」『ふらんぼー』39：110–130．東京外国語大学フランス語研究室．

西山佑司（2003）『日本語名詞句の意味論と語用論』ひつじ書房．

野村雅昭（1978）「接辞性字音語基の性格」『電子計算機による国語研究 IX 国立国語研究所報告 61』：102–138．国立国語研究所．

藤村逸子・糸魚川美樹（2001）「フランス語における職業名詞の女性化 ―カスティーリャ語との比較」『言語文化論集』23–1：141–156．名古屋大学言語文化部．

藤村逸子（2015）「フランス語質問箱―文法上の性の話」『フランス語学研究』49：145–149．日本フランス語学会．

使用コーパス

European Language Resources Association. Text corpus of « Le Monde ». ELRA –W0015.

http://catalog.elra.info/product_info.php?products_id=438t.
国立国語研究所(2011)『現代日本語書き言葉均衡コーパス』.

ヨクとbienと評価モダリティについて

フランス・ドルヌ、青木三郎

1　はじめに

　本稿の目的は、日本語とフランス語の比較対照的分析を通じて、1つの言語だけを見ていただけでは気がつかない言語現象を発見することにある。そこから両言語の違いを際立たせる固有の特徴および両言語に通底する一般性に迫っていく。本稿では具体的に日本語の形容詞ヨイの連用形に由来する副詞ヨクとフランス語の副詞 bien を取り上げ、その機能の類似と相違について観察と考察を行う。

　さて多くの仏和辞書が記述しているように、ヨクと bien は意味的に対応する場合が少なくない[1]。

（1）a. Ah, j'ai *bien* mangé aujourd'hui.
　　　b. ああ、今日はヨク食べたなあ。
　　　　（Mmm, I ate really well today[2].）

(1a,b)はともに「今日はおいしく、たくさん食べた」という満足を表しており、ヨクと bien はほぼ同義であると言ってよい。しかし次の例ではこの2語は、必ずしも同義とは限らない。

（2）　Il est nécessaire de *bien* manger pour être en bonne santé.
　　　　（To be healthy one must eat well.）

（健康のためにはちゃんと食事をすることが必要です。）

（2）は「おいしく・たくさん」食べるという意味ではなく、健康維持のために「適切に」「ちゃんと」食べる、と理解される。つまり栄養のバランス、人体・環境への影響などを配慮して、適切な食べ方をするという広がりをもつ。この文脈で日本語のヨクの使用は不自然である。

（３）　?健康のためにはヨク食べなければなりません[3]。

日本語では「バランスよく」「よく噛んで」あるいは「適度に」「規則的に」などのように動詞タベルの修飾句に「健康維持のために適切な食事の仕方」を明示的に補わなければならない。
　ヨクと bien に対応関係が見られない最も顕著な場合は、次の例のような頻度を表す場合である。

（４）　太郎君は、ヨク学校を休むね。
　　　（Taro est souvent absent à l'école.）
　　　（Taro is often absent from school.）
（５）　ヨク断食は健康によいと言う人がいますね。
　　　（Bien souvent on dit que la diète est bonne pour la santé.）
　　　（They often say good dieting practice is good for the health.）

（4）（5）のヨクはフランス語では頻度副詞 souvent（英 often）に近い意味をもつ。この用法は bien では表すことができない。さらに両語に対応関係の見られないのは、ヨクが予期しない事柄に対する驚愕あるいは憤慨を表す場合である。

（６）　2階から落ちて、ヨク死ななかったね[4]。
　　　（Tu es tombé du second étage, mais comment as-tu pu échapper à la mort ?）
　　　（You fell from the second floor, you are lucky not to have been killed!）

（7） 子ども一人でヨク東京まで出てこられたね。
(Comment as-tu pu venir tout seul à Tokyo ?)
(You came to Tokyo all by yourself?)

（8） ヨク言うよ、お前！
(Comment oses-tu dire ça ?)
(How dare you say such a thing!)

（9） ヨクモのこのこ帰ってきたな。
(Comment ose-t-il revenir à la maison ?)
(I wonder how he dares to come back here.)

このような例は、日本語では日常的に聞かれる自然な発話だが、bien で表すことのできないニュアンスをもつ。（6）は普通であれば死んでしまうところを死ななかった意外な驚き。（7）は、まさか子ども一人だけでは出来ないことを子どもがやってのけたことへの驚き。（8）は普通ならば許せないようなことを発言した人への憤慨。（9）は禁止を破って行動に出た人への強い憤りを示す。

また反対に日本語のヨクに対応しない bien の用法も多い。程度の強調、確認、概算、対立を表す bien である。

(10) a. Elle a la peau *bien* lisse.[5]
b. 彼女の肌は結構すべすべしている。
c.*彼女の肌はヨクすべすべしている。
(Her skin is really smooth.)

(11) a. C'est *bien* Pierre ?
b. 確かにピエールさんですよね。
c.*ヨクピエールさんですよね。
(Is that really Pierre?)

(12) (Pour le repas de la soirée)
a. Ça doit *bien* coûter 50 euros.
b. (ディナーは)優に 50 ユーロはするでしょう。

  c.*（ディナーは）ヨク 50 ユーロはするでしょう。
   (For the dinner.... It must be a good 50 Euros.)
(13) a. Il part *bien* en vacances, lui. Pourquoi pas moi ?
  b. 彼だってバカンスに出るのに、何で僕は行けないの？
  c.*彼はヨクバカンスに出る。何で僕は行けないの？
   (He is going on holiday! Why not me?)

 (10)は肌の滑らかさなの強調、(11)は人物の確認、(12)は値段の見積・算定、(13)は反論を表し、日本語では「結構」、「確かに」、「優に」、「だって〜なのに」のように様々な表現で理解されるが、ヨクは全く許容されない[6]。以上のような観察をするだけでも、ヨクと bien には共通する部分と、まったく振る舞いの異なる用法があることが明瞭である。
 ヨクと bien は副詞として機能し、そのスコープにより述語修飾と文修飾に大別されるという点で共通する。文修飾は文の構成要素間の修飾限定であり、命題内容の「内側」において作用する。例文(1)(2)のように述語の表す程度や量を問題にする場合、および(4)(5)のように出来事の頻度を表すヨクがそれに相当する。文修飾とは、命題内容に関する発話者の評価、評言、発話行為等が関わる。いわば命題内容の「外側」において作用する。意外性、感情表出を示す例文(6)〜(9)はこのレベルで機能していると考えられる。確認、概算を表すフランス語の(11)〜(12)も命題内容の「外側」から修飾限定するという点では文副詞である。(13)は譲歩を表すが、さらに2つの命題内容の推論関係を問題にしているという意味で、よりマクロレベルの文副詞である。
 このようにヨクと bien は、文の構成要素から発話に至るまで幅の広いスコープをもつという点では共通している。それに対して、意味的には(1)のように述語（句）レベルで述語の表す量・程度の強意を表す場合に極めて類似するが、それ以外は異なった振る舞いをする。直感的には両語とも「良い」というプラス評価をもつという点では同じである。実際、日本のフランス語学習者は〈bien = 良く〉という意味等式を立て、「雨がヨク降る」というつもりで il pleut *bien* と言うことがある。またフランスの日本語学習者も〈良く

= bien〉という意味等式をあてはめ、Mangez *bien* のつもりで「よく食べてください」と言ってしまうことがある。ともに意味は通じるが、どこか不自然な発話である。両語とも評価を表すにもかかわらず、なぜ同じように使うことができないのだろうか。

　この問題を解くために、本稿では日本語とフランス語の対照的アプローチによる分析を行う。まずヨクと bien の交点において同義となる意味がどのようなプロセスで形成されるのかを明確にする。それによりヨクと bien の類似と相違を浮き彫りにする。さらに交点のない各語の用法を考察し、ヨクに通底する機能と bien に通底する機能を明確にする。そこから日仏両語の一般化可能な機能と、両言語の独自の現れ方を捉える。

　以下では、ヨクと bien の構文上のスコープを述語（句）修飾の場合と文修飾の場合に大別し、各用法について順次考察していくことにする。

2　述語修飾のヨクと bien

2.1　規範的評価

2.1.1　bien の評価的用法

　意味的に能力を含む一連の動詞には、フランス語ではその能力の発揮を評価する bien がある。

(14)　Il chante *bien*.
　　　(He sings well.)
　　　(彼は上手に歌を歌う。)

(14)は述語（chanter）が現在形におかれており、「彼の歌のうまさ」を評価した文である。評価が行われるためには評価者と、評価対象と評価基準が必要である。ここでの評価者は行為者自身ではなく、この文の発話者である。評価対象は、行為主体（歌い手）の「歌を歌う」というパフォーマンスである。bien は歌い手のパフォーマンスが十分に満足のいくもの、期待に沿うものであるという判断を示す。その評価判断の基準は、細部にわたってみれば、

声の張りとか、声の質とか、情感の表現の仕方だとか、歌い手の醸し出す雰囲気など多種多様である。しかし bien は、発話場面において、具体的にどの点からの評価なのかは明示することなく、発話者にとって「良い」か「悪いか」の評価基準に合致することを示している[7]。ここで注意しておきたいのは、評価対象は「彼が歌う」という事態(行為)であり、評価基準は、いわば発話者の心の中で機能する理念・規範であるという点である。これらを考慮しつつ、あえて(14)をパラフレーズすると「彼は歌を歌うが、その歌いのパフォーマンスは、そのつど、評価基準に十分合致するもので、彼は歌を歌うという才能を十分に発揮しているといえる」ということになる。結果、彼の歌のパフォーマンスは、歌の見本・手本となる。類似するフランス語の例を以下に挙げておく。

(15) Il nage *bien*.
(He swims well.)
(彼は泳ぎがうまい。)

(16) Il écrit *bien*.
(He writes well.)
(彼は上手に字を書く。)

(17) Il parle *bien* le japonais.
(He speaks Japanese well.)
(彼は上手に日本語を話す。)

(18) Il dessine *bien*.
(He draws well.)
(彼は上手にデッサンする。)

これらの動詞述語はすべて、主体の「泳ぎぶり」「筆づかい」「話し方」「素描」に関する評価を示している。行為主体がもつ才能を発揮し、お手本となるようなパフォーマンスを実現できることを評価したものである。それができない場合は bien ではなく、mal(悪く)という評価になる。Il chante *mal* は「彼は歌が下手だ。(音痴だ。)」という意味である。またプラス評価を否定すれ

ば、il ne chante pas *bien*（彼は上手に歌えない）となり、マイナス評価の方向に向かうことになる。反対に評価がよりプラスの方向に向かえば、*très bien*（トテモ・ヨク）、*merveilleusement bien*（スバラシク・ヨク）のように程度が強められる。また歌の上手・下手について、*Chante-t-il bien ?*（彼は歌を上手に歌いますか）という疑問を発することも可能である。あるいは *Comment chante-t-il ?*（彼はどのように歌を歌いますか。）と質問することもできる。このように il chante（彼は歌う）だけでは、行為だけが表され、歌が上手か下手の評価は未決定であるが、bien は規範（理念）に照らし合わせて、それと合致した評価を示すのである。

このような評価の仕方は、次のような例においても同様に考えることができる。

(19) Aujourd'hui on dit que l'économie roule *bien*.
（They say the economy is doing really well at present.）
（今日経済はうまく回っている。）

(20) On a besoin d'un couteau qui coupe *bien*.
（We need a sharp knife.）
（ヨク切れる包丁が必要だ。）

(19)は状態が好転の方向に向かうか、悪い方向へ向かうかの判断である。(20)は包丁の「切れ」がよいか、悪いかの判断を含む。いずれも bien は対象（経済状態、包丁の性能）が発話者の評価基準に合致することを示す。

2.1.2 ヨクの評価的用法

ヨクも bien と同様に対象の性質に関する評価を表すことができる。

(21) この包丁はヨク切れる。
（Ce couteau coupe *bien*.）
（This knife is very sharp.）

(22) ここからは富士山がヨク見える。

(D'ici on voit *bien* le Mont Fuji.)
   (We can get a fine view of Mt. Fuji from here.)
(23)　彼はとても頭が良い。そのうえヨク勉強する。
   (Il est très intelligent. De plus il étudie sérieusement.)
   (He is very bright, and what is more, he studies hard.)

　(21)〜(23)では bien とヨクがプラス評価を表すという点で一致している。これらの例では、評価対象になっているのは包丁の切れのよさ、富士山の見えのよさ、勤勉さである。つまり対象の性能、状況可能性、態度などである。これらの例ではヨクを付加せず、述語のみで対象の性質の良さを示すことができる。実際「この包丁は切れる」という発話は「ヨク切れる」ことを含んでいる。ではヨクは余剰なのだろうか。余剰でなければヨクが付加するものは何のだろうか。(21)におけるヨクは、包丁は研がなければ切れが悪くなることを示唆しているように思われる。研がずに普通に使えば切れが劣化する。しかし実際に使ってみると、切れるというのにふさわしい切れがあるのである。(22)では他所の普通の場所からは、富士山がなかなか見えないか、見えても大した見え方をしないのだが、この場所に来ると、視界を遮るものがなく、きれいに富士が見える。(23)は主体の知性と勤勉さを羅列したものだが、頭がよくても、普通に勉強するか、何も努力・工夫をしなければ、勉強はできるようにはならないことを含んでいる。しかし実際、彼は一生懸命、努力して勉強し、成績がよいのである。
　このように日本語のヨクが用いられる背景には、フランス語の bien のもつ評価判断とは異なった機能があるように思われる。ヨクは対象に関する発話者の認識の仕方を表す。ヨクはまず対象を「普通の価値をもつもの」と把握する。「普通の価値」とは、包丁ならば「切れる」のが当然であり、眺めであれば「見える」のが当然であり、学生ならば「勉強する」のが当たり前である。「普通、当然、当たり前」という価値付けは、同時に、現実にはそうでない場合があってもかまわない。つまり「普通の価値」は常に「そうならない可能性(時に危険性)」を含んでいる。ヨクはその次の段階として対象を「理念的価値をもつもの」と把握しなおす。「理念的価値」とは「対象が

本来もつ価値」であり、発話者の主観によって変えることのできないものである。包丁ならば非の打ち所のない「鋭い切れ味」であり、眺めであれば、遮る物のない眺めであり、学生ならば「勤勉そのもの」である。ヨクは対象を「普通の価値付け」から「理念的価値付け」へと認識を新たにすることを示す形式である。現実の対象が変化するのではなく、発話者の認識の仕方が変わるといえる。

　もう一度まとめておく。対象の性質・性能・品質に関する評価を表すフランス語の bien は、対象（述語句）を、発話者のもつ規範的評価軸に乗せて、プラスかマイナスかを査定した上で、プラス評価に合致させる。それに対して、日本語のヨクは「普通の価値付け」をする対象の性質・性能・品質が、実際には「理念的価値」をもつものと捉え直す。

　この仮説が妥当だとするならば、述語修飾の bien とヨクの共通点と相違点が浮き彫りになる。すなわち両語ともに「対象の性質」に関する価値判断という点では共通する。しかし相違点が重要である。bien はプラス評価とマイナス評価の可能性をともに考慮した上で、発話者がプラス評価判断を行う。それに対して、ヨクはまず「包丁で切る、富士山を見る」という事態を経験し、その経験した事態に関して、発話者は評価の仕方を捉え直す。発話者は評価判断を行っているのではなく、対象を発話者が「普通に評価する価値」から、発話者は評価できない「対象自体のもつ本来の価値」へと、いわば価値付けをプロモートしているのである。変化するのは対象ではなく、対象に対する発話者の主観的な価値付けなのである。

　以上の考察を行ったところで、さらに bien とヨクの比較を続けよう。前節の (14)〜(18) における bien はそのままではヨクに対応しない。(24) で観察できるように、ヨクは頻度（英 often、仏 souvent）を表し、歌の上手・下手を評価することはない。

(24)　彼はヨク歌う。

しかしながら、あえて許容できる用例を観察してみると、bien とは異なり次のような「感心」のニュアンスを伴う場合が多い。

(25)　彼はヨク働くなあ。
　　　　（Il travaille dur.）
　　　　（He works very hard.）
(26)　彼はヨク食べるねえ。
　　　　（Il mange beaucoup.）
　　　　（He eats well.）

　(25)は一生懸命働いている姿、(26)は子どもがよほどお腹が空いているのか、ぱくぱく（または、がつがつ）食べている様を思い浮かべることができる。「熱心に」「一生懸命に」「がつがつ」というのは「歌がうまい」のような才能の問題ではなく、行為の取り組み方の熱心度が激しいことを示している。つまり行為主体はただ普通に働き、食べるのではなく、普通とはちがった力を発揮し、そのまま続ければ、ついに「絵上手」「働き者」「食いしん坊」と言われる域に到達するほどなのである。ここでも価値評価を問題にしていることでは bien と共通しているが、bien のようなプラス価値とマイナス価値の両極をもった評価軸はない。(25)(26)では、働く姿、食べる姿を目の当たりにし、発話者は、普通にしていては到達できない理想の域（程度、レベル、ステージ）が実現した行為として価値づける。「感心」というニュアンスは、発話者の介入できない価値付けから生じるものである。
　(21)〜(23)の述語は対象の性能を示し、(25)(26)の述語は目的性を備える活動動詞であるという違いはあるが、ヨクが共起できるのは、(21)〜(23)では性能の理念状態を想定し、(25)(26)では実現をめざす目的という理念的達成状態が想定できるからだと考えられる。
　活動の目的性に関しては、対象変化を目的とする他動詞はヨクと共起しやすい。

(27)　このズボン、泥だらけなの。ヨク洗ってね。
　　　　（Ce pantalon est plein de boue. Lave-le *bien*.）
　　　　（Theses trousers are really muddy. Please wash them well.）

この例では「ごしごし洗う」「入念に洗う」といったニュアンスが付随する。泥だらけのズボンは普通に洗っては汚れが落ちない。汚れを落としてきれいにするには、汚れが落ちるまで入念に洗わなければならない。「洗う」という意志的行為（プロセス）に打ち込み、次第に対象を変化させ、対象変化が完成するところまでもっていくのが「ヨク洗う」の意味である。その結果は、泥がまったく洗い落とされた状態であって、普通に洗っては到達できない域である点が重要である。ここでもヨクは理念的状態（普通には到達できない域）を念頭にして、そこに到達しようと取り組む行為を捉えるといえる。

2.1.3　ヨクと bien の評価的交点

前節では bien とヨクの評価判断の相違について考察したが、(27) で見たような目的性を問題にする述語において、ヨクと bien は最も重なる部分が大きい。この目的性をもつ述語と評価について、本節ではさらに詳しく見てみることにしたい。例えば以下の例を考察してみよう。

(28) a. お財布、見つからないわけないよ。ヨク探しなさい。
　　 b. Ton porte-monaie doit être quelque part. Cherche-le *bien*.
　　　　（Your purse must be around here somewhere. Look for it properly.）
(29) a. ヨク見てごらん。似ているけれど、違うよ。
　　 b. Regarde bien. Ils sont pareils en apparence, mais ils sont différents.
　　　　（Take a good look. They seem similar, but they are very different.）

(28a) は紛失した財布がなかなか見つからない相手に向かって発する発話である。この文におけるヨクは、ふつうに探していてはなかなか見つからない現実に対して、探し当てた状態（目的性を持った理念的状態）を志向する。したがって入念に、くまなく、見つかるまで探すことを命令する文となる。(28b) も同様の文脈で現れる発話だが、bien は「探す」という行為は探し物を見つけてこそ、「探す」にふさわしい行為（規範的行為）であることを示す。見つけられないのは、探し方が悪いからであり、ちゃんと探しなさい、という解釈になる。ともに志向する目的の実現により、満足のいく結果をもた

らす点では共通する。(30) も同様に考えることができるだろう。(30a) は、何気なく眺めていてはどれも同じに見えるが、違いが分かるという域に達するためには、目をこらして、注意深く見なければならないという意味である。(30b) は何気なく眺めていては、見るというにはほど遠い。見るというのは、注意深く見てこそ見ると言える。そうすればちゃんと違いが見えてくる、とパラフレーズできよう。

「紛失物を探す」、「違いを調べる」などのような結果を求める行為では、その結果が理念状態であり、規範的であるという点において、ヨクと bien は経路は異なるが、最も用法が近似する。しかし命令文においてヨクには共起制限があり、ヨクと bien では使用範囲が異なる。

(30) a. ヨク食べなさい。
 b. Mangez *bien*.
 (Eat well.)

すでに (3) で観察したように、(30a) のようなヨクと命令形の共起は非常に不自然に感じられる。それに対して (30b) は様態副詞として何通りかの解釈をもつ。例えば「今日はめったにないご馳走だから、しっかり食べてきなさい」とか「お皿からこぼさないで、お行儀よく食べなさい」とか「偏食しないで、ちゃんと食べなさい」のように、「かくあれかし」という食べ方をするように相手に促すのである。それに対して (30a) では、ヨクは普通の食べ方では実現しない状態を想定できず、またどのような結果状態を志向しているのが不明確なために不自然な発話になると理解できるだろう。

2.2 量・程度の強調

述語修飾の副詞として bien もヨクが交差するもう1つの場合は「量・程度の強意」(intensité) に関わる場合である。

(31) a. Il a *bien* plu cette nuit.
 b. 昨夜は(雨が)ヨク降ったもんだな。

(Last night it rained hard.)

(31a, b) はいずれも予想外にひどく雨が降ったことを示しており、事態の「良悪」に関する規範的評価判断はない。したがって、bien の反義語として mal を持ち出すことはできない。また très を付加することもできない。ただし次の例のように、目的性を持った述語であれば、評価判断と程度の強調が共存する。その場合目的達成とその結果のもたらす充足感を同時に示すことになる。その場合は très を付加することができる。

(32) a. Je vous remercie beaucoup ; j'ai (très) *bien* mangé ce soir.
　　 b. 今日はありがとうございました。(とても) ヨクいただきました。
　　　　(Thank you so much, I had a really good meal this evening.)
(33) a. J'ai (très) *bien* dormi cette nuit.
　　 b. 昨夜は (とても) ヨク寝ました。
　　　　(I slept really well last night.)

(32a, b) はともに量的にたくさん食べたことと、質的においしく食べたことが重なって解釈される例である。(32a) の bien は、単に「食事をした」だけではなく、内容的にも、量的にも満足のいく、食事というのにふさわしい食事をしたことを示す。(32b) も同様にたっぷり、おいしく食事をしたという意味だが、ヨクは、食事が終わって、普段では得られない満足な状態になったことを表している。それほどにたっぷりとおいしく食事をしたわけである。(32a, b) は睡眠をたっぷりと、ぐっすりと寝ること意味する。これらも行為が達成され、快眠による満足感をともなう例である。

　(32)〜(33) に比べて、規範的評価判断を伴わない (31) における bien とヨクはどのように理解すればよいだろうか。そのためには、bien とヨクの程度用法をより詳しく考察する必要がある。

2.2.1 bien の程度と主観性
　ヨクに比べると bien の用法はこの場合もより幅が広い。日本語のヨクは

形容詞とは共起できないが、フランス語では無意志動詞にも状態動詞にも形容詞とも共起する。その場合、強調の副詞 très（英 very）との競合が問題となる。

(34) a. Elle est très belle.
　　　 (She is very beautiful.)
　　　 （彼女はとても美しい。）
　　b. Elle est *bien* belle.
　　　 (She is rather beautiful.)
　　　 （彼女は結構美しい。）
(35) a. Il est très sympathique.
　　　 (He is very nice.)
　　　 （彼はとても感じがよい。）
　　b. Il est *bien* sympathique.
　　　 (He is rather nice.)
　　　 （彼は結構感じがよい。）

(34a)は「彼女が美しい」という判断が前提となり、その美しさの程度について、度を超えた美しさであるという断定を行う。つまり「彼女が美しい」ことは確定しており、その上で、「美しさの程度」を「普通の基準を越えた」程度として査定する。(34b)は普段はお化粧やおめかしなどしない女性が、おめかしをして、ドレスアップで現れた時などに言われる発話である。trèsと異なり「彼女が美しいこと」は前提とならず、したがって、確定した事態ではない。bien は確定しない彼女の美について、その美しさが半端なく美しいと断定するのである。「確定しない彼女の美」とは、つまり、「美しい」とも言え、また「美しくない、やぼったい」とも言える主観的に未確定な判断状態である。bien はその未確定な判断状態が、そうではなく、異論の余地のない状態として確信的に判断する表現形式である。(35)も同様に考えることができるであろう。(35a)は感じの良い彼の「感じの良さ」の程度をさらに強める強意表現である。それに対して(35b)は「彼の人のよさ」について、

人が悪いかもしれない、といった不安を起こさせるネガティフな判断状態を一掃し、異論の余地のない人のよさであることを確定的に判断する。(34b)(35b)のようなbienを含む発話には、判断すべき状態に対して、懐疑、疑心、意外などのニュアンスが付随することが多い[8]。

このように考察してみると、いわゆる程度の強調と言われるbienの用法には、実はtrèsとは異なり「程度の強調・強意」はない、ということになる。むしろbienは発話者の懐疑・意外性等、否定的な主観性や批判的視点の伴うことが特徴である。次の例文はこの点をさらに明確に表す例である。

(36) a.　Je voudrais un melon *bien* mûr.
　　　　（I would like a rather ripe melon）
　　b. ?Je voudrais un melon *très* mûr.
　　　　（I would like a very ripe melon）
　　　　（よく熟れたメロンをください。）

例えば、市場で熟れたメロンを買う場合、(36a)のように言うのが自然な発話である。(36b)のtrèsは熟れた上に熟れたメロンについて言及するので、ほぼ解釈はtrop mûr（熟れすぎる）に近く、市場で求めるメロンでは不自然である。それに対して(36a)のbienはメロンが望んだとおりに熟した状態（ちょうど食べ頃）であることを示す。ここでもbien mûrは不確定的な判断状態が文脈に反映する。すなわち店に陳列してあるメロンの食べ頃について、店の方は食べ頃とは言えないメロンを選ぶかもしれない。「食べ頃とは言えないメロン」の可能性を排して、bienは発話者の確信的判断を表す。すなわち確実に食べ頃といえる熟れたメロンを問題にする。

Martin (1990 : 83) はtrèsと比較して明らかになるbienの主観的評価について、興味深い例を論じている。

(37)　Cher Monsieur, vous avez écrit là une thèse *bien* intéressante.　　　(Ibid.)
　　　（My dear Sir, you have written a rather interesting thesis.）
　　　（あなたは案外面白い博士論文をお書きになりましたね。）

論文審査員が論文の内容がどれほど興味深い (intéressant) かを強調したければ、une thèse très intéressante（非常に興味深い論文）という賛辞を送るべきである。それに対して bien intéressante は、興味深いかどうかが未確定の疑義状態から、主観的に「（読んでみたら）異論無く興味深い」と確信判断をする。このような審査員から疑義状態を基にしての評価を受ける論文著者にとっては、決して喜べる賛辞とは言えない。

　以上の観察をまとめると、bien には発話者の確信的判断に至るのに、判断未決定から出発している、といえる。判断未決定とは、発話者にとって、他の判断が可能な場であり、いわば他者の視点が介入する場である。ここが疑義、疑心の生まれる場である。それを排除し、発話者自身の判断を示すのが bien である。他者の主観と対峙することが基本にあるという点において、bien は間主観性の評価判断形式ということができるだろう。

2.2.2　bien と行為・現象の実現

　前節で考察した bien は形容詞述語に係る副詞であり、日本語のヨクにはないパターンである。しかし très との比較によって、bien の機能が、間主観性を踏まえた、発話者の主観的判断に関わることを明らかにした。その場合常に現れるのは、発話者の判断未決定状態から確信判断への主観の動きである。bien の特徴は、規範的評価にせよ、主観的確信判断にせよ、述語内容（行為、状態、性質）の判断に関して、判断未決定から評価判断へと意味を作るダイナミズムを内包している点にある。

　この考察を基にして、再び (31a) に戻り、bien の機能を検討してみよう。(31a) では「昨夜の雨降り」に関して、「一晩中降り続く」か「夜中のうちに雨があがる」の可能性を考慮していると考えられる。bien はその可能性を排除して、その夜中じゅう雨が降り続いた事実を確認する。結果として、「雨があがった」という余地はまったくなく、ひどい土砂降りの雨であったと捉えられる。この例では cette nuit（昨夜）という時間的限定のあることに注意したい。その限定された期間のどの時点をとっても、ずっと雨なのである。(32)(33) における bien も同様に、プロセスは途中で途切れず、最後まで完璧に実現したことを示しているといえる。

ヨクと bien は述語の表すプロセス（行為、現象、状態変化）が対象となり、それが完遂・達成するという文脈において共通点が見出される。しかしながら、(31b)のヨクは、実現した事実（昨夜雨が降ったこと）を確認して、「普通（普段）の雨の降り方」に対して「普通（普段）ではない雨の降り方」であると再定義するのであり、プロセスの完全な実現という経緯はたどらずに意味を形成する。
　ところでプロセスの完遂とは一見関わらないが、ヨクと bien がともに自然な用例がある。

(38) a. Ça fait 20 ans qu'il vit à Paris. Il connaît *bien* Paris.
　　　b. 彼はパリに 20 年住んでいる。パリのことはヨク知っている。
　　　　（He has been in Paris for 20 years. He knows Paris very well.）

(38a)はパリについての知識の度合いを問題にしている文である。どれほどパリを知っているのか。bien が表す度合いは、知らないところがないほどに申し分ない程である。対象に関して少しでも知識があれば connaître を用いることができる。しかしその程度では、知らないこともまだ多くある。どの程度の知識かを「探索」してみると、知らないところがないほどに、すなわち、知悉と言うにふさわしい知識をもっているのである。「探索」というプロセスが完遂するところまでいくのである。ここには主体の受益・充足感の解釈はないが、bien が程度に関するプラス極とマイナス極の間で価値評価を問題にしているという点では上で論じてきた規範的評価判断の bien と共通している。(38b)はどうか。ヨクは、対象に関する知識の度合いを「探索」してみると、「普通の知り方」ではあり得ないほど、知らないことがない深さの域に到っていることと理解することができるだろう。文脈上は、20 年という歳月が、普通では到達できない知識の深さを越えて、一段高い知識の程度、すなわち物知りの域、あるいは「パリ通」の域に達していることが理解される。ここでも受益のニュアンスはないが、bien が不十分な程度から十分（十二分）の程度へ移行し、申し分のない程度を評価する動きと、ヨクが普通では達成しない域に到達する動きは、結果的に共通の意味を構築する。

2.3 ヨクの頻度的用法

ヨクには、bien と異なり、文の表す出来事の頻度を修飾限定する用法がある。一般にこの場合のヨクは他の頻度副詞(マレニ、トキドキ、タエズ等)と同列に記述される。頻度とは、ある区切られた期間において事象が生起する回数のことである。ヨクは事象の生起が高頻度であることを示している。

(39) 　近頃はヨク雨が降る。
　　　(Il pleut souvent ces jours-ci.)
　　　(It has rained a lot lately.)
(40) 　この頃その人をヨク駅で見かけます。
　　　(Je l'aperçois souvent à la gare.)
　　　(I often see him at the station.)

(39)を観察すると、(31b)のヨクの構文的特徴とまったく同じである。しかし(31b)は一晩の雨降りなので、頻度の解釈はできず、「程度の強調」と理解される。反対に(39)は「近頃」という期間の限定があるため、頻度副詞として解釈される。そこで一晩に限らず、期間を限定する時の副詞を、今日(41a)、今週(41b)、今月(41c)のように広げていくと近頃(39)もその中の1つとして見ることができる。

(41)a. 今日はヨク雨が降る。
　　b. 今週はヨク雨が降る。
　　c. 今月はヨク雨が降る。
　　　(Qu'est-ce qu'il pleut aujourd'hui (a) / cette semaine (b) / ce mois-ci (c).)
　　　(This has been a very rainy day (a) /week (b) / month (c).)

(39)の近頃、(41a, b, c)の今日、今週、今月は、雨降りを限定した期間であり、ヨクは「タエズ、シキリニ、頻繁ニ」のような高頻度回数に近似する。しかし事象の生起回数を修飾する頻度副詞とは異なり、生起回数に注目しているようには感じられない。むしろ(31b)と同様に、限られた期間における

状態を「普通ではない」事態であると再定義しているとは解釈できないだろうか。つまり、普段ならば「雨が降ると言えるほどに雨は続かない」が、それに比べて「今日(今週、今月、近頃)は、雨降りというに十分なほど、雨降りが続く」という解釈である。一度の雨であれば(31b)のように程度の強調(どしゃぶりのひどい雨)であるが、一定の期間の状態に関しては、一回の現象ではなく、現象の起こりやすい傾向を示し(42)、行為であれば習慣、性向を示す(43)。ヨクの表す傾向、習慣、性向は、頻度の多寡の問題ではなく、発話者の主観的判断の問題である。

(42)　あの人はあわて者でヨク物忘れをする。
　　　（Etourdi qu'il est, il est devenu oublieux.）
　　　（His hastiness often makes him forgetful.）
(43)　最近は会社の帰りにヨク映画館に行く。
　　　（Après le travail, je vais souvent au cinéma.）
　　　（After work, I often go to the movie theater.）

頻度副詞としてのヨクの特徴は2点にまとめることができる。1つは、ある期間における事象をスコープとすること。もう1つは、その事象に関して単に生起の回数を数量化するのではなく、「普通は回数を数える程度の状態」であるが、実際は「習慣、傾向」と言えるのほどに価値づけられた状態であると言い切るという点である。

2.4　ヨクとbienの機能的特徴

以上見てきたヨクは、スコープの違いにより、評価的(様態副詞)、強意的(程度副詞)、頻度的解釈(頻度副詞)などの解釈を産むが、事態の変化(生成、過程、完了、状態等)のあり方を「普通の価値」と「理念的価値の状態(特段、想像外、予想外等)」との比較で判断するという点が共通の特徴である。この「理念的価値」の実現こそがヨクのもつ評価である。ヨクは、道徳的・倫理的規範による評価判断ではなく、理念的事態へと事態把握が変化することを「ヨクなる」ものとして捉えるのである。このようにヨクは、発話者の事

態に対する心的把握の変化という特徴があり、「対事的価値付け」と特徴づけることができる。これに対して、bien の評価の源は、理念状態の実現ではなく、事象に対する発話者と共発話者の判断の拮抗にある。bien は、述語の表す事態の規範的評価、量・程度評価に関わるが、その評価判断は、直接に述語内容を修飾限定するのではなく、あくまで、発話者と他者（共発話者）との評価判断の比較を通じて、主観的に確定するものである。規範的評価であれば、「悪くはなく、良好である」という判断であり、動作のプロセスであれば「最後まで完遂し、達成した」という判断であり、程度であれば「申し分のない程度」であった。いずれの場合においても、他者の判断との拮抗を経て発話者が評価判断を行うのが bien であり、総じて間主観的評価判断というべきものである。

3 文修飾の bien とヨク

3.1 bien と確認用法

bien が文修飾レベルで機能する場合、ヨクと異なり頻度（習慣、性向、傾向）を表すことはない。bien が示すのは発話者による事象の確認（confirmation）である。日本語ではヨクは対応できず、タシカ（ニ）、ヤハリが近似する。

(44)　Demain nous sommes *bien* le jeudi 17, n'est-ce pas ?
　　　（Tomorrow is Thursday the 17th, right?）
　　　（明日は確か 17 日木曜日ですよね。）

(44) は、発話者が明日は 17 日木曜日だと思っているが、しかし本当にそうかどうかを言い切る自信がないために、相手に情報を確かめる文である。ここでは文内容全体が断言（assertion）の対象である。「明日が 17 日木曜日であること」について、発話者は暫定的に断言するが、確信のない断言なので、より確かに断定できる権利をもつ共発話者に真偽の同定をゆだねるのである。

(45) Demain nous sommes *bien* le jeudi 17.
　　　(Tomorrow is Thursday the 17.)
　　　(明日はやっぱり 17 日木曜日だ。)

(45)では「明日が 17 日木曜日であること」という暫定的な断言に対して、実際にカレンダーで確認するなど、発話者が確証を得て、再断言を行う。つまり発話者は、誰にとっても異論の余地のない事実を確証として、断言をし直すわけである。

　次の例の bien も「確認」を表すが、相手の疑義に対して、それを明確に退ける文脈である。

(46) Mais j'ai *bien* réglé mon loyer, je vous assure. (『白水社ラルース仏和辞典』)
　　　(But I really have paid the rent, believe me!)
　　　(いや、家賃はちゃんとお支払いしましたよ。間違いありません。)

この文は会話の相手が「あなたは家賃をまだ払っていない」という非難に対して、それを一度受け直し、「家賃を払ったか、払わなかったか」という相手の疑念として受けとめ、その疑念を払うべく、「家賃を払った」と主張するのである。この場合は、対話の中で、相手の発言（非難）に対して、発話者が自分の発言の正当性を表明する。相手の発言を受ける、という対話的な文脈が(44)(45)と異なるが、そこから「家賃を払った／払わなかった」を議論するのは、未決定の断言のという点で、(44)(45)における発話者の暫定的断言と通じた特徴であるといえる。(46)は対話的・口論的なので、相手の主張に対して、発話者は自分の発言を正当性の根拠にする。

　このように文内容に対する断言を対象とする bien は、その文脈によって、断言を相手（共発話者）にゆだねる場合(44)、事実を判断の根拠におく場合(45)、そして発話者自身の主観的主張を論拠とする場合(46)がある。いずれの場合も、bien には判断の拮抗があり、発話者間での調整が問題となる。

　bien の確認用法は、さらに論争的な文脈の中で展開される。bien は相手の論理（P ならば Q だ／P だから Q だ）の前提にある P を事実として受け入

れる。しかしそこから引き出される結論 Q に関しては、対立する結論（Q'）を主張する。

(47) Il y a *bien* Pierre.
　　　（Pierre is indeed here.）
　　　（確かにピエールがいることはいる。）

「ピエールがいるのだから（P）、彼に頼めば何とかしてくれるよ（Q）」という相手の論理に対して、発話者は P を承認する。ただし相手の論理の前提としての P を認めるのではなく、P を事実として確認する。「確かに（君がいうように）ピエールがいることは事実として認める」と解釈できよう。しかしその事実確認は、同時に、「君の論理の前提としては認められない」ことを含む。したがって、「彼に頼めば何とかしてくれる」という結論を導くことにはならない、という発話者の主張につながっていく。

　この種の bien の用法は、談話における発話者間の調整、さらには談話標識の用法、間投詞（フィラー）としての eh bien などに関連づけて記述されるべきものである。これらの発話者間調整機能は、ヨクにはまったく見られない bien の特徴である。近年のフランス語研究では発話者間調整の bien に関する研究が多い[9]。

3.2　bien と概算用法

　bien の確認用法と並んで記述しておかなければならないのは、概算を表す用法である。

(48)　（= 12)（Pour le repas de la soirée）Ça doit *bien* coûter 50 euros.
　　　（For the diner.... It must be a good 50 Euros.）
　　　（食事の値段は、優に 50 ユーロはする。）
(49)　Cette fille a *bien* vingt cinq ans.
　　　（That girl is at least 25 years old.）
　　　（この娘は 25 才はいってるよ。）

(48)ではレストランでの食事の予算に関して、安くても50ユーロはかかることを示す。50ユーロでは高すぎる（もっと安くしてほしい）という反論があるかもしれないが、50ユーロは反論の余地のない最低限の値段として述べられる。したがって、50ユーロ以上になることはあっても、50ユーロを下ることはない。この場合は、前節で見てきたような事実の確認ではなく、発話者による最低限の算定、すなわち見積の確定である。(49)も同様に理解できる。25才よりも若く見えるのに対して、発話者は25才を下ることはないと算定する。

　bienは、確認も算定も様々な可能性を調整して、対立・反論のない点を同定する点において一貫した機能があるといえる。

3.3　文修飾のヨク
3.3.1　意外性・驚愕のヨク
　ヨクにもbienと同様に事態全体を1つの出来事として確認する用法がある。発話者の事態に関する判断という点では共通のスコープをもつ。しかし表す意味はまったく対応しない。bienで訳せない(50)(51)を検討してみよう。

(50)　ヨク来てくれましたね。
　　　(I'm so glad you made it.)
　　　(Je suis vraiment content que vous soyez venu.)
(51)　(＝6) 2階から落ちて、ヨク死ななかったね。
　　　(You fell from the second floor, you are lucky not to have been killed!)
　　　(Tu es tombé du second étage, mais comment as-tu pu échapper à la mort ?)

(50)は直訳するとbien-venu（よく・来た）となり、bienvenuと対応しているように見えるが、bienvenuは来訪者を歓迎する表現であり、「あなたは招かざる闖入者ではなく、歓迎されるべき人である」という挨拶である。日本語ではヨウコソに相当する。ヨウコソは語形成的にはヨクと密接に関わるが、歓迎の慣用句であり、(50)とは別な扱いをしなければならない。(50)のヨクは「まさか来てくれるなどと期待していなかった人が来てくれた」という

驚きを表している。このヨクも基本的にはすでに論じてきたヨクの機能を持っている。ヨクは、一方で「普通はあなたが来るのは望めない」という発話者の事態把握と、他方では「あなたが来ることを期待する」という発話者のもう1つの事態把握を導入する。実際に「君が来たこと」という事象に対して、「叶わないと思っていたことが、実際に叶って嬉しい」という肯定的評価となる。

　ヨクの述語副詞的用法と頻度副詞的用法との違いは、ヨクで表される評価判断の源が発話者の願望、期待、予想等にある点であり、述語のもつ様態、程度、あるいは事象の頻度ではない。対象は、普通は望み得ないこと、期待しても無理なこと、どんなに意志をもっても実現できないことであり、ヨクはその実現に関する評価である。

　しかし(51)は(50)とは異なり、願望、期待は含まれていない。(51)は「普通ならば2階から落ちれば(不幸にも)死ぬ」という推論が含まれている。しかし実際には「推測しえなかったこと、すなわちあり得ないこと」が実現する。フランス語にするならば、当該の状況(死なずに済んだ)に対して Tu as eu de la chance(君は幸運を持った)と評言しなければならない。しかし、次の(52)では、必ずしも「幸運」を表しているわけではない。

(52)　ヨク一人で帰れたね。
　　　(Tu as réussi à rentrer tout seul, quel exploit /ce n'est pas pensable !)
　　　(You came back alone? No way!)

　ここでも、発話者によって「君が一人で帰宅できたこと」への肯定的な評価が表明されている。しかし単にその事態が「よい」(肯定的だ)というのではなく、すでに見てきたように、「普通は、君は(まだ幼くて)一人では帰れない」と推測している事態が実際に実現するのである。(51)には(50)と異なり幸・不幸の評価は付随しない。しかし予想を超えた行為の実現に対して驚くほどの「賞賛」が与えられる。

(53)　あいつ、ヨク東大に受かったなあ。

(Dis donc ! Il a réussi à entrer à l'Université de Tokyo !)
(What a suprise! He was accepted by the University of Tokyo.)

(53)においても、東大合格が「幸運」と解されるべきか、「努力の結果」と解されるべきかは、実は、発話そのものには言及はない。発話者は「普通は相当に努力しなければ受からない」という前提に立てば「あいつは、ヨク努力した」という解釈になるだろう。また合格という結果だけを見れば、「あいつは、努力もせずに、ヨク受かった」という解釈もできるだろう。ヨクは、「普通ではないこと」が実現すること、すなわち、ある事象を発話者の主観的把握の変化を「ヨク」と捉えるのであり、事象の当事者の態度を評価判断しているのではないのである。

3.3.2　ヨクの対人用法と発話行為

ヨクは bien と異なり、対話における発話者間の調整機能はない。しかし対話の場面で 2 人称の対話者に対して、しかも発言にかかわる場合が頻出することも確かである。そのもっとも簡潔な形は、次のような発話である。

(54)　ヨク言うよ、おまえ。
　　　(Comment oses-tu dire une chose pareille ?)
　　　(How dare you say such a thing.)

この言い方は、3 人称でも可能である。

(55)　課長ったらこれは自分の努力の成果だなんて、ヨク言うよな。
　　　(Comment ose-t-il dire que c'est le résultat de ses propres efforts.)
　　　(How dare he say it was the result of his own hard work.)
(56)　課長は「これは自分の努力の成果だ」とヨク言うけど…
　　　(Il dis souvent : "C'est le résultat de mes propres efforts.")
　　　(He often says : "It is the result of my own hard work.")

（55）と（56）を比較してみると、（56）は頻度を表す解釈だが、（55）では課長の発言に対する非難を含んでいる。（55）は対話者の発言に対する即座の反応であり、相手の発言内容を明示的に受け直さず、「課長ったらヨク言うよな」だけで批判的発言となる[10]。反対に（56）では、頻度を問題にする発言内容は必ず明示されなければならない。さらにもう１つ「ヨク言う」がその発言内容を明示しない場合に注意したい。

(57)　ヨク言った！
　　　（Vous l'avez *bien* dit.）
　　　（You so rightly said.）

（57）は対話者は発話者の期待どおりの発言をした場合である。発話者は、「相手に言って欲しいが、普通はなかなか言ってくれない」と思っていることを対話者が発言したときの文である。（54）と（57）のように対話者の発言を受け直さない場合に共通していることは、発話者の感情的反応という点である。では（54）の非難の口ぶりと、（57）の期待どおりの褒め言葉の違いはどこから出て来るのだろうか。（57）では対話者の発言を受けて、ヨクは発話者の次ぎのような把握を示す。発話者にとってその発言は「勇気、大胆さ、努力がなければ普通は言えない」ものであるが、実際に受けとめた発言は、「対話者が勇気を出し、大胆さをもって発言した」ものとして肯定的に把握される。それに対して、（54）の場合は、やや複雑である。発話者と対話者との間には同調できない関係がある。発話者は「普通では言って欲しくない」と思っていることを、共発話者は「普通に、軽々しく、言ってしまう」のである。共発話者の発言は、共発話者にとっては当然の主張である。しかし発話者にとってそれは普通には言うべきではない、許容できない（不愉快な）発言なのである。ヨクは、対話者の発言内容が、発話者にとって「普通では言わない」ことだが、共発話者には「特別に言うだけの価値のある発言である」と捉える。しかしこの発話者の主観的把握は、発話者の心中のことであり、共発話者には預かり知らぬことである。自らの不愉快な心的状態を共発話者に伝える発話行為の印は、終助詞ヨが担っている。終助詞ヨは相手が知らな

い情報、または、知りえない発話者の心中を相手に伝える形式である。ヨがなければ心中の不愉快な反応は相手に伝達できないという意味で、(54)はヨは必須である[11]。ヨを省いた発話は容認が難しい。容認するためにはかなり激しい口調が必要となる。

(54′) ??ヨク言う、おまえ。

(54)と近似するが、述語が「言う」ではなく、(58)のように可能態の「言える」になる場合がある。(58)では終助詞はヨよりもナの方が出現しやすいようである。あるいはヨナとなる。ヨのみの場合は、文末のイントネーションで調整しなければならない。

(58) おまえ、ヨクそんなことが言える(よ)な。
　　　(Comment tu oses me dire une chose pareille ?)
　　　(How could you say that to me?)

「言える」は発話行為の権利に関わる。つまり発話者にとって、発言することの権利があるか、どうか、という問題に関わる。普通の発話では暗黙のうちに発話の権利を行使し、また自分の発話は自分が責任をもつ。しかし口論の時などは、「誰に向かって言っているのか」とか「そんなことを言う権利はない」とか「それを言ってはおしまいだ」とか、発話の権利の行使について言及することがある。(58)では対話者の発言に対して、それは「普通は言う権利がない、したがって言うことのできないこと」であるという認識から出発して、「それを無視して実行に移した」という事実の確認にいたる。この発言の事実を「普通ではあり得ないこと、許されないこと」であると把握するのである。終助詞ナは、発話者が反論できない内容、変更できない事実など、発話者が介入できない立場であることを明示する。そこから様々なニュアンス(賞賛、諦め、ため息)が生じる。(58)では発話者の認めたくない事実の確認が終助詞ナによって示されていると言えるだろう。

4　結論にかえて

　本稿では、ヨクと bien という 2 つの副詞のみを取り上げ、その意味の類似と相違を明らかにすべく観察と考察を行ってきた。共通の枠組みとして、副詞のスコープにより述語修飾と文修飾とに大別し、両語の共通する部分を中心に対照的分析を試みた。大まかには、様態副詞、程度副詞、頻度副詞、文副詞、および副詞の語用論的用法を検討してきたことになるが、本稿の目的は副詞の用法の整理と分類ではない。フランス語学あるいは日本語学といった一言語の文法記述研究の枠内では、用法の分類と整理は最も基本的な作業であり、不可欠である。しかし本稿で見たように、2 つの語のもつ根本的な機能を詳細に検討しなければ、各言語で意味が作られる過程の類似と相違は明らかにはならず、また文中の他のファクターと関わりも明確にはならない。ヨクと bien が一対一対応しないかぎり、他のファクターとの複雑な絡み合いを考察することが極めて重要な作業となる。

　確かに、この 2 語の対照的分析だけで、日本語とフランス語の特徴の違いを一般化することは性急である。しかしながら、ヨクと bien は、分析のすべてのレベルにおいて、発話者の事態に対する価値付けという問題に関わっていることは注目するに値する。価値付けの仕方の相違は、事態をどのように認識し、把握するかという根本的な問題に他ならない。本稿で一貫して主張したことは、bien の間主観性とヨクの理念的認識モードである。

注

1　フランス語の副詞 bien に関する記述的・理論的研究は主要なものとしては Culioli (1978, 1988), Duprey (1981, 1995), Bourquin (1983), Gaatone (1990), Martin (1990), Peroz (1992), Michiels (1995, 1997), Hansen (1998), Margerie (2005) などの論考がある。また *Travaux de linguisque* 65 (2012) は bien en perspective（副詞 bien の展望）という特集号であり、中でも Moline (2012) は bien の用法の詳細な記述と参考文献の網羅的な紹介をしている。日本ではキュリオリの発話理論を援用して行った小熊 (1994, 1995a, b) の考察が bien の複雑な用法間の関係を深く捉えている。日本語のヨクに関

する記述的・理論的研究はさほど多いとは言えないが、日本語教育の経験をベースにした近藤(1986)、萩原(2004, 2005)、森本(1992)、佐野(2006)、森川(2008)がある。これらの研究において、用法の分類は論者によって多少の異なりはあるが、日本語においてもフランス語においても概ね adverbe de consituant（述語修飾副詞）、adverbe de phrase（文修飾副詞）に大別する点は日仏両語で共通している。本稿はドルヌ・小林(2005 : 131–155)で論じられたヨクと bien の対照的考察が出発点となり、考察を深めようと試みたものである。対照的アプローチでは、共通の構文的振る舞いによる分類を踏まえた上で、用法間に通底する機能の相違を浮き彫りにする。用法間の機能を明確にするためには、例文のパラフレーズをその都度行うことが主要な作業となる。

2 本稿で取り上げる例文は必要に応じて英訳をつけるが、英語としての自然さよりも、フランス語および日本語との対比を目立たせるために、多くの場合逐語訳を行った。

3 例文(3)は不自然だが、(3′)ヨク食べ、ヨク眠り、ヨク笑わなければなりません、のように述語を羅列すると容認可能となる。これは「食べる、眠る、笑う」が健康維持の方法として理解されるためだと考えられる。

4 例文(6)～(9)はドルヌ・小林(ibid.)において論じられたヨクの例文を若干改変したものである。

5 例文(10a)は Martin (1990 : 83)の例である。Martin によればこの例は plénitude（完璧な程度）を表す場合と excès（過剰）を表す場合がある。後者は Elle ne pourra pas se faire passer pour un homme.（彼女は肌がなめらかすぎて、男性と取り違えられることはない。）というコメントが可能である。

6 見積を示す文脈で(12c)のようなヨクは容認不可であるが、ヨクテ(モ)に置き換えれば容認可能である。ただし「ヨクテ(モ) 5000 円でしょう」は「多く見積もっても 5000 円」であって、bien（少なくても）とまったく反対の解釈となる。

7 具体的な観点からの「歌い方」を記述するならば、例えば、*Il chante professionnellement*（英：He sings professionally、日：彼はプロ並みに歌う）のように観点を明示する様態副詞となるが、bien は「歌い方」の記述ではなく、発話者の主観に基づく評価を表す。

8 bien の出現が「懐疑、疑心、意外」の文脈に多いことはほぼすべての先行研究が指摘するところであるが、それが bien の機能に内在するものなのか、文脈上の解釈として結果的に現れるのかについての議論はさらに深める必要がある。

9 これに関しては注 1 で言及した *Travaux de linguistique* 65 所収の論考を参照されたい。

10 明示するならば発言内容は「それ」ではなく「そんな」こと、という代名詞で受け直される。

11 この終助詞ヨの用法は仲嶋(2005 : 79)が論じる「事態に対する心的態度の存在を顕在化させる」ヨに相当するように思われる。具体的には、注文したピザが予定よりずっ

と早く届いてしまい、「もう、早すぎるんだよー」のような場合のヨである。

参考文献

Aslanov, Cyril. (2012) Bien face à ses homologues en d'autres langues romanes : divergences, influences, convergences. *Travaux de linguistique* 65 : 27–43. Louvain-la-Neuve : De Boeck Supérieur.

Barbet, Cécile. (2012) *Pouvoir bien. Travaux de linguistique* 65 : 65–84. Louvain-la-Neuve : De Boeck Supérieur.

Bourquin, Guy. (1983) Les opérations linguistiques sous-jacentes aux emplois de *bon, bien et beau* en français, *Studia linguistica* 37–1 : 49–82.

Culioli, Antoine. (1978) Valeur modale et opérations énonciatives. *Le Français moderne* 46–4 : 300–317, réédité dans Culioli Antoine. (1990) *Pour une linguistique de l'énonciation. Tome 1. Opérations et Représentations,* pp.135–155. Paris : Ophrys.

Culioli, Antoine. (1988) Autres commentaires sur *bien*. Blanche-Benveniste Claire. Chervel André. and Maurice Gross. (eds) *Grammaire et histoire de la grammaire : hommage à la mémoire de Jean Stefanini, Aix-en-Provence,* pp.169–180, Université de Provence, réédité dans Culioli Antoine. (1990) *Pour une linguistique de l'énonciation. Tome 1. Opérations et Représentations,* pp. 157–168. Paris : Ophrys.

Dhorne, France (2009) *Yoku iu yo* ou la particule *yoku* dans tous ses états. *Modalités et discours, Études japonaises* 4 : 73–86. Université Paris 7-Denis Diderot, GReJa.

Duprey, Daniel. (1981) *Bien* et le concept : existence et modalité. *BULAG* 8 : 16–58. Université de Besançon.

Duprey, Daniel. (1995) L'universalité de *bien*. Bern : Peter Lang.

Gaatone, David. (1990) Eléments pour une description de *bien* quantifieur. *Revue de linguistique romane* 54 : 211–230. Strasbourg : Société de Linguistique Romane.

Hansen, Maj-Britt Mosegaard. (1998) La grammaticalisation de l'interaction. Pour une approche polysémique de l'adverbe *bien*. *Revue de sémantique et pragmatique* 4 : 111–138. Université d'Orléans.

Larrivée, Pierre. and Estelle Moline. (2012) Un parcours de subjectification. *Bel et bien* : du redoublement de la manière au renforcement de l'assertion. *Travaux de linguistique* 65 : 45–64. Louvain-la-Neuve : De Boeck Supérieur.

Margerie, Hélène. (2005) Comparaison entre *pretty* en anglais et *pas mal* et *bien* en français : grammaticalisation de la notion d'évaluation scalaire », *Travaux du CERLICO* 18 : 67–79. Presses Universitaires de Rennes.

Martin, Robert. (1990) Pour une approche vériconditionnelle de l'adverbe *bien*, *Langue française* 88 : 80–89. Paris : Larousse.

Michiels, Sonia. (1995) Les valeurs appréciatives, intensives, confirmatives et concessives de l'adverbe *bien*. *Scolia* 3 : 155–163. Université de Strasbourg.

Michiels, Sonia. (1997) L'interaction de l'adverbe *bien* avec la modalité thétique et interrogative. *Actes du 8e colloque international de psychomécanique*, pp.115–128. Paris : Édition Champion.

Moline, Estelle. (2012) Aperçu des emplois de *bien* en français contemporain. *Travaux de linguistique* 65 : 7–26. Louvain-la-Neuve : De Boeck Supérieur.

Peroz, Pierre. (1992) *Systématique des valeurs de* bien *en français contemporain*. Genève : Droz.

荻原孝恵(2004)「『よく』の用法調査とその分析—〈頻度〉と〈程度〉を中心に—」『昭和女子大学大学院日本文学紀要』15: 21–30.

荻原孝恵(2005)「副詞『よく』の意味を探る—誤用文をもとにしたアンケート結果からの考察—」『昭和女子大学大学院日本文学紀要』16: 1–12.

小熊和郎(1994)「Bien の図式化をめぐる問題について」『フランス語フランス文学論集』31: 63–94. 西南学院大学学術研究所.

小熊和郎(1995a)「Bien と pouvoir の共起について—Culioli の発話分析をめぐって—」『フランス語フランス文学論集』33: 121–139. 西南学院大学学術研究所.

小熊和郎(1995b)「Bien の多義性と形式化の問題」『フランス語学研究』29: 12–24. 日本フランス語学会.

近藤仁美(1986)「多義の副詞『よく』についての考察」『国語学研究』26: 100–89. 東北大学文学部国語学研究室内「国語額研究」刊行会.

佐野由起子(2006)「ありかたに関わる副詞としての「よく」について」益岡隆志・野田尚史・桑山卓郎編『日本語文法の新地平 1 形態・叙述内容編』pp.157–178. くろしお出版.

ドルヌ＝フランス・小林康夫(2005)『日本語の森を歩いて—フランス語から見た日本語学』講談社.

仲嶋崇(2005)「終助詞「ヨ」の機能に関する一考察」『語用論研究』7: 75–92. 日本語用論学会.

森川結花(2008)「頻度の副詞「よく」をめぐって—文末表現との共起制限を通して見られる「よく」の素性—」『大阪樟蔭女子大学日本語研究センター報告』15: 21–34.

森本順子(1992)「副詞的機能とモダリティ—「よく」について」『京都教育大学紀要』A80: 71–79.

索引

A

aller   285
au contraire   254, 262

B

Blanche-Benveniste   198, 199

C

certain   289
certainement   300
convaincu   291

D

Debaisieux   198
devoir   280
dire   69
Dモード   23

E

être sur le point de   286

Evans   195
éventuellement   292

I

intentionnalité   89, 90, 91
Iモード   23, 24

M

Moeschler   196

O

on dit que   274

P

persuadé   291
peut-être   293
possible   287
pouvoir   275
probable   288
probablement   296

R

risquer de　283

S

sans aucun doute　296
sans doute　296
sûr　289
sûrement　300
Sweetser　196

V

visée　89, 90, 91

い

言い切り　214
言い切り表現　195
言いさし　214
言いさし表現　195, 223
言い尽くし　214, 215
言い残し　214
言う　69
イタリア語　328
一般性　248, 251, 257, 261
韻律的特徴　207

う

右方周辺（Right Periphery）　219, 223, 224, 225

お

おそらく　304

か

蓋然性　269
確信度　269
関係的辞項　1, 5, 9, 15, 25, 26
間主観性　360, 372
間主観的　364
感情認識　129
感情表出　145, 146, 160
慣用的表現　112

き

基礎水準カテゴリー　120
規範　350, 351, 355, 356, 357, 360, 361, 363, 364
義務性　37, 38, 42, 43, 56
義務モダリティ　178, 184
凝結　322
競合　54, 57

く

空間移動　40
空間メタファー　232

け

形態法　334, 335, 336, 338
結束性　331

言語活動　　21, 22, 27
言語決定論　　51
謙遜の複数形　　98
現働化　　9, 11, 26, 78, 91

こ

語彙的複数形　　96, 98, 104, 125
コーパス　　311, 315
語構成　　310, 314
コミュニケーション的自立性　　200, 214, 215, 217

さ

最大限の置換　　135, 137
左方周辺（Left Periphery）　　219, 221, 225

し

時間的な未来性　　188
指示詞　　129, 130
事態把握　　34, 363, 368
質量的下位カテゴリー　　122
詩的複数形　　98
視点　　231, 262
社会言語学　　312
集合複数形　　98
修飾（型）　　315, 316, 317, 318, 319, 320, 321, 323, 325, 331, 332, 336, 337, 338
主観性　　35, 36, 37, 38, 39, 64
述語修飾　　348, 356, 372

述語副詞　　368
主要部　　309, 314, 323, 325, 338
主要部右方型（right-headed language）　　219
主要部左方型（left-headed language）　　219
準助動詞　　275
准接辞　　336, 338, 339
准接頭辞　　336, 338, 339
准接尾辞　　339
上位概念　　155
情意的ニュアンス　　133, 134, 135, 137, 161
状況の限定性　　188
条件法　　298
条件法過去形　　274
条件法現在形　　273
譲歩　　299
情報構造　　330
女性化　　312
助動詞　　182, 184
真理条件　　53

す

数量的下位カテゴリー　　113
スキーマ　　248, 262

せ

性別表示（型）　　313, 316, 319, 320, 325, 332, 333, 337
絶対複数形　　98
接尾語　　183

潜伏疑問文　72
前文脈　248, 257
前方照応　233

そ

相対主義　32

た

ダイクシス　33, 34, 35, 44, 63, 64
対事的　364
対比の文脈　251
代名詞的アプローチ　198
対立　231
多義性　6, 16
他者の視点　360
たぶん　303
断言　364, 365
単複　101, 117, 125
談話的コネクター　204, 212
談話的連続性・断絶性　151
談話標識　222
談話標識的機能　225

ち

調整　365, 369, 371
直示　21
直示動詞　34
直説法前未来形　272
直説法単純未来形　270
直説法未来形　298

て

程度の強調　359
程度副詞　372
伝聞　273

と

問いの妥当性　252
「どころか」と「それどころか」の対応　241
「どころか」の3用法　238
捉え方　31, 32, 33, 62, 63

な

内的複数形　98

に

人間名詞　310

は

発話（énoncé）　198, 199, 210, 211
発話行為　210
発話者間　365, 369
発話者間調整　366
発話的自立性　200, 207, 208, 209, 210, 212, 213
発話内行為力の自立性　212, 217
発話内行為力的モダリティ　211, 212
発話内効力的自立性　200, 209, 210

発話内効力的モダリティ　211
発話の自立性　198, 200, 224
発話媒介行為　216
話し手の引き受ける情報　239
話す　75
場の（非）共有　53, 54, 56, 57, 58, 59, 60, 61, 62
判断未決定　360

ひ

非言語的（ノンバーバル）情報　129
非節化　195, 196, 217, 218, 219, 220, 225
否定　239, 241, 262
非飽和名詞　329, 330
比喩　322
評価基準　349, 350
評価者　349
評価対象　349, 350, 352
評価的意味　130
表現効果　139, 140
頻度副詞　362, 363, 368, 372

ふ

普通　361, 363, 370
普通の価値　352, 353
不特定多数　124
不特定複数　116, 117
プラス評価　348, 352
分化（範疇化）　136
分化・未分化　154
文修飾　348, 372

文副詞　372
文法上の性　312
文法的自立性　200, 202, 203, 204, 207, 208, 213
文法的複数形　98

へ

併置（型）　315, 316, 317, 318, 319, 324, 325, 331, 333, 338

ほ

ポリフォニー　273

ま

マイナス評価　351
マクロ統語論　198, 199, 204

み

未確定　358
三上章　205, 206
ミクロ統語論　198, 199
未決定　351
南不二夫　205, 206
未分化（未範疇化）　136

も

目的性　354, 355, 357

ゆ

優越感　135, 161
有効化　9, 11, 26

よ

様態的下位カテゴリー　113
様態副詞　356, 372

り

理念　350, 351, 354, 355, 356, 363, 364, 372
理念的価値　352, 353
量・程度の強意　348, 356

ろ

論証　248, 251, 252, 257

わ

話者の感情　129, 130

執筆者紹介 ※論文掲載順（*は編者）

渡邊淳也（わたなべ　じゅんや）
1967 年生まれ。1997 年筑波大学文芸言語研究科博士課程単位取得退学。2003 年筑波大学博士（言語学）。筑波大学人文社会系准教授。
（主著）『フランス語における証拠性の意味論』（早美出版社、2004 年）、『フランス語学概論』（共著、駿河台出版社、2010 年）、『フランス語学小事典』（共著、駿河台出版社、2011 年）、『フランス語の時制とモダリティ』（早美出版社、2014 年）。

ダニエル・ルボー（Daniel LEBAUD）
1947 年生まれ。フランシュ・コンテ大学名誉教授。
（主著）*Les figures du sujet*（共著、Ophrys, 1990）、*D'une langue à l'autre*（共著、Presses universitaires de Franche-Comté, 2005）、*Constructions verbales et production de sens*（共著、Presses universitaires de Franche-Comté, 2006）、*Variation, ajustement, interprétation*（共著、Presses universitaires de Franche-Comté, 2015）。

守田貴弘（もりた　たかひろ）
1978 年生まれ。2009 年フランス国立高等社会科学研究院修了。博士（言語学）。京都大学大学院人間・環境学研究科准教授。
（主論文）「言語の規範性と私的言語のジレンマ―標準語批判を越えて」『人間科学総合研究所紀要16』（東洋大学、2014 年）、「接続法の多元的拡張―Le fait que の分布と法の選択」『フランス語学の最前線 3』（ひつじ書房、2015 年）。

須藤佳子（すとう　よしこ）
2008 年フランシュ・コンテ大学博士課程修了。言語学博士。日本大学商学部准教授。
（主論文）Contingent et nécessaire ? Analyse de l'emploi interpropositionnel de la particule japonaise *to*, *Faits de langues Les Cahiers* 2（Ophrys, 2010）、「発語動詞の日仏対照―非人間主語をとる用法をめぐって」『総合文化研究』17(3)（日本大学商学部、2012 年）、「Intentionnalité をめぐって―伝達動詞を例に」『総合文化研究』19(3)（日本大学商学部、2014 年）。

バティスト・プヨ(Baptiste PUYO)
1982 年生まれ。2012 年筑波大学大学院人文社会科学研究科博士前期課程修了。修士(言語学)。青山学院大学非常勤講師。上智大学非常勤講師。跡見学園女子大学非常勤講師。
(主論文) Sur l'emploi illocutoire de *merci*『フランス語フランス文学研究』108（日本フランス語フランス文学会、2016 年）、Les fantômes existent-ils ? Une réponse linguistique『フランス語学研究』50（日本フランス語学会、2016 年）、「フランス語の定冠詞の単数形 le と定冠詞の複数形 les における数的相関性について」『ロマンス語研究』49（日本ロマンス語学会、2016 年）。

稲葉梨恵(いなば りえ)
1980 年生まれ。2011 年筑波大学大学院博士課程人文社会科学研究科文芸・言語専攻修了。博士(言語学)。筑波大学、神田外語大学非常勤講師。
(主論文)「動詞の直接目的補語におかれる照応詞 ça と le の比較的考察」『フランス語学研究』44（日本フランス語学会、2010 年）、Étude du pronom neutre 'ça' sur le plan fonctionnel, *Inter Faculty* 2 (Graduate School of Humanities and Social Sciences, University of Tsukuba、2011)、「日仏語対照研究による指示詞の一考察―フランス語の ça / le と日本語の「その」「そんな」の対照研究」『筑波大学フランス語フランス文学論集』27（筑波大学フランス語フランス文学会、2013 年）。

奥田智樹(おくだ ともき)
1963 年生まれ。1993 年パリ第 7 大学 DEA（言語学）、名古屋大学大学院人文学研究科准教授。
(主論文)「avec ＋名詞、de façon (manière)＋形容詞、-ment の副詞の意味・用法の違いについて」『言語文化論集』31(1)（名古屋大学、2009 年）、Autour des expressions de l'obligation / nécessité en japonais『言語文化論集』34(2)（名古屋大学、2013 年）。

秋廣尚恵(あきひろ ひさえ)
2004 年 Ecole Pratique des Hautes Etudes（高等研究実習院）言語学博士号取得。東京外国語大学大学院総合国際学研究院准教授。
(主著)『フランス語を探る―フランス語学の諸問題 III』（共著、東京外国語大学グループセメイオン、三修社、2005 年）、「『フランス語をとらえる―フランス語学の諸問題 IV』（共著、東京外国語大学グループセメイオン、三修社、2013 年）、『フランス語学の最前線 4』（ひつじ書房、2016 年）、『言葉から社会を考える』（共著、東京外国語大学言語文化学部編、白水社、2016 年）。

田代雅幸（たしろ　まさゆき）
1987年生まれ。2012年獨協大学外国語学部フランス語学科卒業。修士（言語学）。筑波大学大学院人文社会科学研究科博士一貫課程在学中。
（主論文）「フランス語の副詞句 au contraire の論証的な用法について」『日本フランス語フランス文学会関東支部論集』23（日本フランス語フランス文学会関東支部、2014年）、「フランス語 au contraire の対話的構造について」『筑波大学フランス語・フランス文学論集』30（筑波大学フランス語・フランス文学研究会、2015年）、「対立を表す3つの連結辞」『フランス語フランス文学研究』110（日本フランス語フランス文学会、2017年）。

石野好一（いしの　こういち）
1953年生まれ。1982年上智大学博士後期課程単位取得退学。新潟大学人文学部教授。
（主著）『フランス語を読むために』（共著、白水社、1990年）、『フランス語の意味とニュアンス』（第三書房、1997年）、『パターンで覚えるフランス基本熟語』（白水社、1998年）、『フランス語を知る、ことばを考える』（朝日出版社、2007年）。

藤村逸子（ふじむら　いつこ）
1987年パリ第3大学博士課程修了。第3期課程博士（言語学と音声学）。名古屋大学人文学研究科教授。
（主著・主論文）『言語研究の技法―データの収集と分析』（共編著、ひつじ書房、2011年）、Politique de la langue : La féminisation des noms de métiers et de titres dans la presse française (1988–2001), *Mots* 78（2005年）、A New Score to Characterise Collocations : Log-r in Comparison to Mutual Information, *Computerised and Corpus-Based Approaches to Phraseology: Monolingual and Multilingual Perspectives*（共著、2016年）。

フランス・ドルヌ（France DHORNE）
1954年生まれ。1981年パリ第7大学言語学科博士課程修了。第3課程博士（言語学）。1994年パリ第7国家博士課程終了。言語学国家博士。青山学院大学文学部フランス語科教授。
（主著）白水社ラルース仏和辞典（共著、白水社、2001年）、『日本語の森を歩いて』（共著、講談社現代新書、2005年）、*Aspect et temps en japonais* (Ophrys, 2005)。

青木三郎*(あおき さぶろう)
1956年生まれ。1984年パリ第7大学言語学科博士課程修了。第3課程博士(言語学)。筑波大学人文社会系教授。
(主著・主論文)『ことばのエクササイズ』(ひつじ書房、2002年)、「仏語の空間表現の対照的研究」『フランス語学の現在』(白水社、2005年)、Impressif et énonciation en français et en japonais, *Antoine Culioli, Un homme dans le langage. Originalité, diversité, ouverture* : Actes du colloque de Cerisy-la-Salle. (Ohrys, 2006年)。

フランス語学の最前線 5　【特集】日仏対照言語学

Studies at the forefront of French linguistics
Volume 5: French-Japanese Cross-Linguistic Studies

Edited by Saburo Aoki

発行	2017 年 5 月 27 日　初版 1 刷
定価	5000 円 + 税
編者	ⓒ 青木三郎
発行者	松本功
装幀	井上智史
印刷・製本所	株式会社 ディグ
発行所	株式会社 ひつじ書房
	〒 112-0011 東京都文京区千石 2-1-2　大和ビル 2 階
	Tel.03-5319-4916　Fax.03-5319-4917
	郵便振替 00120-8-142852
	toiawase@hituzi.co.jp　http://www.hituzi.co.jp/

ISBN978-4-89476-869-7

造本には充分注意しておりますが、落丁・乱丁などがございましたら、小社かお買上げ書店にておとりかえいたします。ご意見、ご感想など、小社までお寄せ下されば幸いです。